厦门国家会计学院云顶文库



# 新发展格局下的国际财经研究

## 识变、应变、求变

厦门国家会计学院“一带一路”财经发展研究中心　著

中国财经出版传媒集团
中国财政经济出版社

**图书在版编目（CIP）数据**

新发展格局下的国际财经研究：识变、应变、求变 / 厦门国家会计学院“一带一路”财经发展研究中心著 . -- 北京：中国财政经济出版社，2022. 2

（厦门国家会计学院云顶文库）

ISBN 978 -7 -5223 -1083 -1

Ⅰ. ①新… Ⅱ. ①厦… Ⅲ. ①国际经济 - 财政经济 - 研究 Ⅳ. ①F811

中国版本图书馆 CIP 数据核字（2022）第 009476 号

责任编辑：武志庆　　责任校对：张　凡
封面设计：陈宇琰　　责任印制：党　辉

**新发展格局下的国际财经研究：识变、应变、求变**
**XINFAZHAN GEJU XIA DE GUOJI CAIJING YANJIU：SHIBIAN、YINGBIAN、QIUBIAN**

中国财政经济出版社 出版

**URL**：http：//www. cfeph. cn
E - mail：cfeph@ cfeph. cn

社址：北京市海淀区阜成路甲 28 号　邮政编码：100142
营销中心电话：010 - 88191522
天猫网店：中国财政经济出版社旗舰店
网址：https：//zgczjjcbs. tmall. com
北京富生印刷厂印刷　各地新华书店经销
成品尺寸：185mm × 260mm　16 开　16. 25 印张　380 000 字
2022 年 2 月第 1 版　2022 年 2 月北京第 1 次印刷
定价：76. 00 元
ISBN 978 - 7 - 5223 - 1083 - 1
（图书出现印装问题，本社负责调换，电话：010 - 88190548）
本社质量投诉电话：010 - 88190744
**打击盗版举报热线：010 - 88191661　QQ：2242791300**

# 序　言

党的十九届六中全会通过的《中共中央关于党的百年奋斗重大成就和历史经验的决议》，对习近平新时代中国特色社会主义思想做了“十个明确”的系统概述，其中强调要加快构建以国内循环为主体、国内国际双循环相互促进新发展格局。加快构建新发展格局是实现第二个百年奋斗目标的重大战略选择，是统筹中华民族伟大复兴战略全局和世界百年未有之大变局的重大战略谋划。建党百年以来，我们党分别形成了新民主主义革命时期革命与生产相互促进的发展格局，社会主义革命和社会主义建设时期国内循环为主、基本自给自足的发展格局，党的十一届三中全会以后的国际大循环为主导的发展格局，以及2008年国际金融危机后国际大循环为主导、逐步向国内大循环为主体演变的发展格局。党的十八大以来，中国特色社会主义进入新时代，以习近平同志为核心的党中央面对严峻复杂的外部环境和深刻变化的内部发展条件，指出要准确识变、科学应变、主动求变、完善战略布局，做到化危为机，实现新发展格局正是党中央在党的百年奋斗重大成就和历史经验基础上，深刻把握发展大势，对这一新的历史课题做出的科学回答。

2017年5月14日，习近平总书记在首届“一带一路”国际合作高峰论坛开幕式致辞中宣布，中国将成立“一带一路”财经发展研究中心。经财政部党组批准，研究中心被批准于2017年6月16日正式成立。研究中心以“传承丝路精神，服务‘一带一路’”为宗旨，以“决策咨询，启迪民智”为基本功能，具体职责包括：开展与“一带一路”建设、国内外财经问题相关的研究，举办“一带一路”财经系列交流活动，承办“一带一路”国家会计准则合作论坛，致力于搭建国际化的政策、信息、学术交流平台，开展“一带一路”

财经人才培养。研究中心成立以来，积极服务财政中心工作，取得了丰富成果：主持国家级课题两项，承担省部级及以上课题、重要横向课题20多项，在国内外重要学术刊物上发表论文上百篇。

2021年，“一带一路”财经发展研究中心立足新发展阶段，完整、准确、全面贯彻新发展理念，服务和融入新发展格局，推动“一带一路”建设高质量发展，开始通过政策研究报告在决策影响力方面进行突破，以服务财政中心工作，持续推进“一带一路”财经发展建设。研究中心定期发布《厦会财经研报》，多篇研究报告被上级机关采纳，获得领导批示。同时，研究中心也关注社会影响力的扩大，因此，将质量上乘的政策研究报告编辑成册，形成《新发展格局下的国际财经研究：识变、应变、求变》一书，供社会各界共同探讨。本书共分为三部分，既有把握国际发展大势的研究报告，也包括推动绿色经济发展的智库对策，还有促进国内大循环发展的政策文章。

由于本书涉及的领域广，所讨论的问题热点、难点和焦点较多，加之作者的视野和水平有限，特别是编著时间比较仓促，书中瑕疵和错误之处在所难免。热忱欢迎专家和读者批评指正。此外，本书在编写过程中查阅了大量国内外学者的相关研究成果，并汲取了许多宝贵的思想，因受版面所限，未能对参考的所有文献一一标注，在此谨致诚挚谢意，也请予以谅解。

# 目 录

# 上篇
# 新发展格局中的绿色经济研究

# 欧盟碳边境调节机制对我国的潜在影响及对策建议

邓建平[①] 杨光[②]

欧盟是全球应对气候变化重要的“风向标”。2021 年 7 月 14 日，欧盟委员会通过了一揽子立法建议，作为欧盟实现《欧洲绿色协议》及其碳减排目标的具体措施。其中，欧盟此次建议的关键对外措施——碳边境调节机制（Carbon Border Adjustment Mechanism，CBAM）受到了国际社会的广泛关注。本文通过分析 CBAM 的运作机制及其面临的挑战，进而论述 CBAM 对我国可能造成的影响，并据此提出应对建议。

## 一、碳边境调节机制——应对气候变化的重要国际贸易举措

### （一）关键动因：降低碳泄漏，引领规则制定，提升本土企业竞争力

2020 年 12 月，欧盟各国领导人在制定新的气候变化目标上达成协议，宣布到 2030 年将其温室气体排放量较 1990 年减少至少 55%，并于 2050 年实现碳中和。根据《巴黎协定》要求，缔约方应当从 2020 年开始每五年提交新的 NDC 计划（National Determined Contributions，国家自主贡献）或者更新原有的 NDC。《巴黎协定》相关部门则通过审议各个国家的提出的 NDC 计划来督促国家自主制定气候目标并治理气候。欧盟据此条约更新了其做出的自愿减少温室气体排放的承诺，提出其“碳减排”和“碳中和”的具体目标。在此基础之上，欧盟陆续通过了《欧洲气候法提案》《打造应对气候变化新战略》，以及“Fit for 55”一揽子建议。欧洲理事会已在其《2019—2024 年战略议程》中提出将把建设气候中立，绿色，公平和社会化的欧洲列为主要四个优先事项之一。同时在《欧洲绿色协议》审议中给出意见：在尊重公平竞争环境的同时，所有相关欧盟立法和政策都必须与实现气候中和目标保持一致，并为之做出贡献。

欧盟碳排放权交易体系（EU ETS）是欧盟最主要的减排政策工具。但随着 EU ETS 进

① 邓建平：厦门国家会计学院“一带一路”财经发展研究中心主任，教授。
② 杨光：厦门国家会计学院在读研究生。

入第四阶段，配额总量将每年减少 2.2%，用于配额免费分配的基准值也进一步收紧，市场稳定储备机制（MSR）和更加严格的 2030 年减排目标也助推了配额价格的上涨，这再次引发欧盟境内企业关于其竞争力和碳泄漏的担忧。为解决这一困境，欧盟提出制定碳边境调节机制（CBAM）。

欧盟委员会极其看重此次 CBAM 的提案，究其原因：一是 CBAM 的核心目标在于降低碳泄漏——阻止碳密集产业的对外转移，继而实现真正意义上的碳减排。目前欧盟碳减排的速度逐渐放缓，而 CBAM 将成为打开减排新的突破口。2019 年欧盟 27 国全年温室气体排放总量为 3.33Gt，占全球温室气体排放总量 6.81%，居世界第三位。纵观欧盟历史的温室气体排放数据，在 1990 年以前欧盟整体已实现碳达峰，之后则在不断下降。排放数据在一定程度上说明，欧盟的经济现代化转型是行之有效的，其 1990—2018 年最低点 2014 年，为 2.99Gt，较 1990 年下降 30.11%。与此同时，相较于 1990 年，其 2018 年的 GDP 增长了 61%。欧盟的碳中和进程走在世界前列，部分国家非常接近实现碳中和（如马耳他，Malta，2.52Mt，2018），甚至有些国家数年为负（如拉脱维亚，Latvia，1998—2011 年中和 LUCF 后的碳排放量均为负数）。单位 GDP 碳排放从整体的趋势是随时间变化而逐渐减少的，也在一定程度上证明其绿色经济发展的尝试是有意义的。尽管欧盟减排成绩斐然，但要达成新一轮的目标并不乐观。除去近几年的逆势上涨外，在现有基础上继续减排必然面临着众多困境。从气候角度分析，节能减排技术应用程度高则代表着降低排放空间低，减排曲线很可能符合“S”形，即低速—高速—低速减排趋势。在存在技术变革的可能性下，也有可能会出现双“S”形——即“低速—高速—低速—高速—低速”，减排目标的实现无法仅依赖于新型环保技术（见图 1、图 2）。

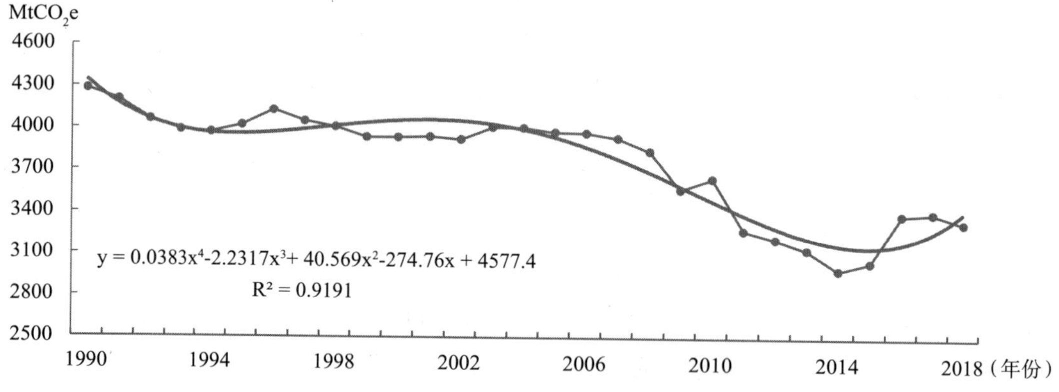


**图 1　欧盟碳排放变化趋势（1990—2018 年）**

资料来源：CAIT，CLIMATEWATCH。

二是高昂的欧盟碳排放价格正在不断提高欧盟本土企业的生产成本，而 CBAM 能够对冲这部分生产成本，使本土产品保持与进口产品相同的竞争力。欧盟的气候雄心措施对本土企业具有极其重要的影响。自从欧盟开始实施碳排放交易系统（EU – ETS）及限定配额措施，欧盟的本土企业生产成本不断上升。截至 2021 年 7 月 19 日，美国洲际交易所（ICE）中的欧盟碳排放权配额期货（EUA Futures）价格最高已经于 2021 年 7 月 5 日达到 57.79 欧元/吨。极其高昂的碳排放成本毫无疑问将会对本土能源效率较低的行业造成极大冲击。

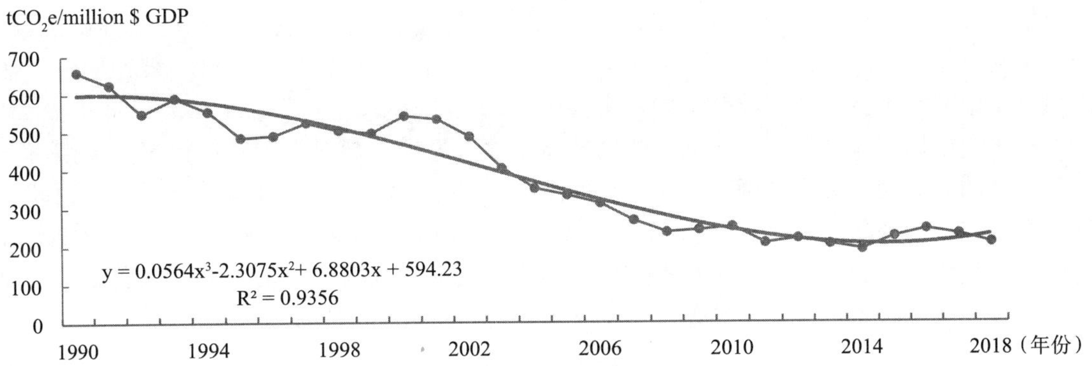


**图 2 欧盟单位 GDP 碳排放变化趋势（1990—2018 年）**

资料来源：CAIT，CLIMATEWATCH。

尽管在以往欧盟出台的政策中，欧盟会对部分行业发放免费的碳排放配额，还会对部分行业进行补贴以提高这些企业在国际上的竞争力，但就目前来看，欧盟不断缩紧的免费碳排放配额发放以及补贴的降低毫无疑问正在对欧盟本土的企业造成一轮又一轮的冲击。在这种情况下，企业通常只有三种方式继续生产：①更新换代节能环保技术，减少生产过程中的碳排放；②购买碳排放配额以进行生产，并在过程中排放温室气体；③将碳密集型生产工厂转移到相对碳排放政策相对宽松的国家和地区。由于技术与成本限制，很多企业都选择通过转移工厂来降低排放，这就不可避免地造成了碳泄漏。以往国际上通用的碳排放衡量标准为以碳生产计量（即生产产品的国家承担碳排放的责任），而不是碳消费计量（即实际使用产品的国家承担产品生产过程中碳排放的责任），所以转移碳密集型生产工厂即可实现低成本生产。但这在实际上并没有实现碳减排的真正目标，而且也造成了大量的企业外流和税收流失。

三是率先建立 CBAM 将有助于欧盟在新一轮国际贸易规则竞争中占据领先地位，并为欧盟的绿色转型提供资金支持。尽管绿色贸易壁垒目前仍存争议，但构建国际新型绿色贸易关系大势所趋，欧盟应发挥引领作用。

在欧盟最新出台的“Fit for 55”一揽子建议中，在气候、能源、土地利用、运输和税收政策五大方面都加入了更为严格的要求，如 2035 年后不允许出现传统能源新车售卖，航空能源转型为低碳电动燃料，2030 年在欧洲各地种植 30 亿棵树等。在理论上如果这些要求能够实现，确实具有加速碳减排的可能性。但毫无疑问这些目标都将对政策、气候、本土企业以及公共预算造成极大的压力。在这种角度下，CBAM 的出台对欧盟来说具有必要性，也将为欧盟带来极其可观的未来预期收入（欧盟委员会预测将会超过 140 亿欧元），这对于欧盟的气候雄心是不可缺少的一环。

### （二）实施范围：设立缓冲期，征收品类将逐步扩大

如果顺利通过立法，本次欧盟推出的碳边境调节机制预计将于 2026 年正式启动。在这之前，欧盟将设立一段缓冲期（the Transitional Period）——于 2023—2025 年推出并实施。加入这段缓冲期的目的在于促进 CBAM 的顺利推出，并降低 CBAM 可能会对贸易造成

的破坏性影响。在缓冲期间，进口商作为申报人必须每季度报告进口商品的实际碳足迹，详细说明进口商品的直接和间接排放量以及进口商在国外支付的任何碳价。缓冲期也会辅助最终实施的定价方式及征收范围的调整。

在碳边境调节机制运行的初期，欧盟拟将水泥、电力、肥料、钢铁、铝五类碳密集且易于管理的商品纳入碳边境调节机制的征收范围，其中水泥产品细分为 4 个子类，农药分为 5 个子类，钢铁分为 12 个子类，铝产品分为 8 个子类。未来将根据具体实施的技术可能性、征收所带来的收入和行政管理费用，逐步扩大征收范围直至全品类进口商品。在此之上，欧盟也划定了免征国家及地区（见表 1）。

**表 1　　　　CBAM 免征国家及地区**

| | |
|---|---|
| 免征国家 | 冰岛、列支敦士登、挪威、瑞士 |
| 免征地区 | 布辛根、赫里戈兰、利维尼奥、休达、梅利利亚 |

### （三）实施方式：许可证制度最有可能落地

欧盟此次出台碳边境调节机制，其运作方式可以分为三类：许可证制度、征收进口碳税或消费税。根据欧盟的相关评估报告，最终落地可能性最大的方案是许可证制度，原因如下：一是许可证制度下减排效果最佳；二是这种方式并不是直接征收关税，更容易融入 WTO 体系；三是这种方式对经济贸易的冲击影响较低。

欧盟委员会投放的调查问卷显示，民众更倾向于选择进口碳税以及消费税这两种方式，相对来说这两种方式的征收方法比较简单，便于理解和具体实施。但是在综合考虑各方面影响之后，尤其是直接征税对于国际贸易及成员国经济造成的不利影响，欧盟委员会更倾向于其中一种方案——采用许可证的运作方式。在这种方案下，自 2026 年的未来 10 年内，分配给欧盟本土生产企业的免费配额分配将每年逐步减少 10 个百分点，与此同时逐步开始实行 CBAM 体系（见表 2）。

**表 2　　　　CBAM 可能运作方式**

| 运作方式 | 具体实施 |
|---|---|
| 进口碳税 | 对进口产品直接征收进口碳税 |
| 许可证制度 | （1）进口商提交商品的碳排放信息<br>（2）进口商根据货物的数量购买许可证<br>（3）许可证购买总量未设上限，没用完许可证的进口商可以在次年申请退费 |
| 消费税 | 对所有商品（包括国内与国外）征收消费碳税 |

CBAM 的定价机制均可以简化为内嵌排放量 × 碳价，碳价的主要参考标准为欧盟碳排放权交易价格。内嵌排放量是与该商品相关的所有碳排放总量，包括直接、间接以及所用材料的碳排放量。如果内嵌排放量无法确定，CBAM 将会采用相关进口商品类别的内嵌碳排放总量默认值。按照顺序，首先将采用进口国家这种产品的平均排放强度，否则采用欧盟排放量最大的相关生产设备的加权平均排放强度。

在征收基础上如若进口商能够证明：进口商品内嵌碳排放量较低，或者已经支付过碳价（比如在中国缴纳过碳排放权费用），CBAM 将会给予进口商退税或减免优惠。

1. 定价机制

这三种运作方式的定价机制在参数选择上有所不同，但可以简化为差别比例税率税额的一般计算方法："计税依据" × "税率"。"计税依据"，即进口商品的碳足迹①——内嵌排放量②；"税率"，即 CBAM 对碳的定价。

应纳税额（或购买费用）= 进口商品碳排放总量×碳排放量单价　　（1）

2. 内嵌排放量的计算

在价值链中，商品或材料的内嵌排放量通用公式可以表示如下：

$$EE_P = EM_P + IE_P + \sum_{i=1}^{n} MC_i \times (EM_i + IE_i) \quad (2)$$

其中：

$EE_P$——$p$ 商品的内嵌碳排放总量；

$EM_P$——$p$ 商品生产过程中直接产生的碳排放量；

$IE_P$——$p$ 商品生产过程中间接产生的碳排放量；

$MC_i$——$p$ 商品生产过程所用到 $i$ 的数量；

$EM_i$、$IE_i$——与 $EM_P$、$IE_P$ 定义类似。

在实际征收过程中，内嵌排放量的计算公式可以简化为以下两种：

（1）简单商品（原材料或原材料直接加工）：

$$SEE_g = \frac{AttrEm_g}{AL_g} \quad (3)$$

其中：

$SEE_g$——$g$ 商品的内嵌碳排放总量；

$AttrEm_g$——$g$ 商品的归因排放总量（可以理解为工厂排放总量）；

$AL_g$——$g$ 商品的活动水平（可以理解为工厂的产量）。

$$AttrEm_g = DirEm \quad (4)$$

其中：

$DirEm$——生产过程中产生的排放总量。

（2）复杂商品（有中间品或其他材料加入生产过程）：

$$SEE_g = \frac{AttrEm_g + EE_{InpMat}}{AL_g} \quad (5)$$

其中：

$EE_{InpMat}$——生产过程中添加材料或中间品的内嵌碳排放总量。

$$EE_{InpMat} = \sum_{i=1}^{n} M_i \times SEE_i \quad (6)$$

其中：

---

① 碳足迹：企业或个人在生产、经营、生活过程中因消耗能源或资源而产生的碳排放的总和。

② 内嵌排放量：与该商品相关的所有碳排放总量（包括直接、间接，以及所用材料的所有碳排放量）。

$M_i$——在生产过程中添加材料或中间品的数量。

（3）默认值。在实际计算过程中，如果上述公式所需要的基本数据都无法确定，CBAM 将会采用相关进口商品类别的内嵌碳排放总量默认值。这个默认值的确认顺序如下（按照顺序，本项无法采用后选择下一项）：

①根据最新及最可靠的信息确认出口国相关商品的平均排放强度（来自世界组织或进口国家提供）；

②欧盟排放量最大的（取前 10%）相关生产设备的加权平均排放强度。

3. 碳定价的依据

虽然征收方式有所不同，但碳定价的依据相对一致，主要参考标准为欧盟排放交易体系下的配额价格，即 EU－ETS 指定时间的价格。如果采用进口碳税或消费税，则是征税当日的碳价；如果采用许可证与配额结合的制度，则是申请进口许可证时，所购买的指定日期配额价格。

4. 退税或减免

通过不同的运作机制，CBAM 相关管理部门可能会采用退税或减免的方式给予进口商一些补贴。CBAM 鼓励进口商证明：

①该部分进口商品的实际内嵌碳排放量低于所征收的排放量；

②该部分进口商品已在出口国缴纳过部分相关碳排放费用。

如若经过 CBAM 相关管理部门核实，将会给予进口商退税或减免优惠。与此同时在许可证与购买配额的方式下，没用完的配额进口商可以在次年申请退费。

## 二、碳边境调节机制面临的挑战

### （一）合法性：以贸易督促全球减排，但难以融入 WTO 贸易框架

CBAM 的三种运作方式等同于提高了部分商品的准入门槛，设置一道新的“关税”壁垒。在这种方式下，其还将针对不同的国家、地区、行业及产品制定不同的准入价格，具体价格将依照进口商品的实际碳足迹制定。这种区别对待可能违背 WTO 制定的“不允许区别对待来自不同缔约国的相同产品”的普遍最惠国待遇原则。此外，CBAM 还可能与国民待遇原则不一致，国民待遇原则不允许区别对待进口商品与本土产品。欧盟在文件中宣称：将构建一个基于 WTO 贸易框架的 CBAM 体系，但如何将 CBAM 融入 WTO 需要欧盟与成员国达成国际共识。

全球气候变化日益受到各国重视，CBAM 的退税减免制度也带来了一种新的可能：绿色贸易圈——成员国间将享受商品贸易免征碳税。将国际贸易引入低碳领域也带来了一种新的思路：通过贸易手段督促全球各国一同保护地球环境生态，但同时也更容易引发贸易争端。无论 CBAM 如何发展，各国都将激烈争夺新贸易规则的制定权以保护本国利益。

### （二）技术性：产品碳排放量如何衡量？谁将制定标准？

CBAM 的核心焦点是内嵌排放量的衡量。一个产品从原材料的开采到生产出产品经过

了许多繁杂的步骤，要将这些步骤中的所有碳排放分摊到每一个产品上具有极大的技术复杂性。衡量一个产品全生命周期的碳排放需要大量基础数据的计算，而这些基础数据大部分源于国家部门的统一采集，针对单一企业某种产品的计算极其困难。同时，由于不同国家间核算标准及数据基础并不一致，许多国家既没有能力，也缺乏资金和技术建立与 EU ETS 水平相当的核算体系，无法保障与欧盟碳核查（MRV）要求相符的透明度和可靠性，因此核算规则争议将成为未来国际气候变化谈判的核心挑战之一。由于标准在贸易中的重要性——掌握标准制定的国家即掌握主导权，因此产品内嵌排放量标准的制定权也将成为国家竞争的关键。

### （三）公平性：与“共同但有区别的责任原则”相冲突

从《京都议定书》到《巴黎协定》，共同但有区别的责任已成为国际气候治理的基石，即要求不同国家承担不同程度的法律义务，以反映各国的实际发展情况和对气候变化问题的历史责任。欧盟推行 CBAM 的实质是强迫其他贸易国与欧盟一起，进行对等程度减排，这本身违背了“共同但有区别的责任原则”。巴黎协定提出“国家自主贡献方案”，即由各国自己提出减排目标，并定期更新自主贡献目标。CBAM 的实施或引发全球气候治理机制是否由自主治理转向强制执行的争议。

### （四）政治性：欧美绿色贸易规则制定竞争

节能减排与绿色环保是未来全世界聚焦的重点方向，将会成为新一轮政治博弈的关键领域。由生产者计量转为消费者计量可能会是国际减排的大方向，包含 CBAM 在内的气候治理新政策将会成为影响世界各国关系的重要因素。CBAM 的进展影响国际关系及利益，会相对谨慎和缓慢。由于美国拜登政府的“污染者进口费（Polluter Import Fee）”制度进度远落后于欧盟，美国将可能施加阻力以延缓 CBAM 的正式立法，从而推出自己的绿色贸易规则。双方将就产品的内嵌排放量及碳价标准制定权展开新一轮竞争。

## 三、碳边境调节机制对我国的影响及应对策略

### （一）影响几何？——短期影响不大，长期不可忽视

1. 从短期来看，由于所涉商品出口额占比不高，对我国贸易影响不大。如若 CBAM 正式落地，根据 2020 年中欧贸易数据及 CBAM 目前的征收目录，中国对欧盟的五类商品（混凝土、电力、肥料、钢铁、铝）出口额只有 53.03 亿美元，约占出口欧盟总额的 1.20%（见表 3）。考虑到混凝土、电力、肥料贸易量较小，我们主要关注 CBAM 对于中国钢铁与铝行业出口的影响。表 4 显示，以 2020 年中国出口欧盟的数据为例，钢铁及相关产品征收总额达到了 3.2 亿美元，占该商品中欧贸易总额的 8.3%，铝及相关产品征收总额达到 3.5 亿美元，占该商品中欧贸易总额的 26.1%。以上数据说明，短期内 CBAM 对中欧贸易总体影响有限，但针对部分商品仍然能产生较大影响。

表 3　五类商品受 CBAM 影响的出口总额

| 商品种类 | 受影响出口总额（亿美元） | 受影响金额占出口欧盟的比例（%） |
|---|---|---|
| 钢铁 | 38.55 | 0.8711 |
| 铝 | 13.54 | 0.3059 |
| 肥料 | 0.87 | 0.0200 |
| 混凝土 | 0.06 | 0.0014 |
| 电力 | 0.00 | 0.0000 |
| 总计 | 53.03 | 1.1982 |

注：以上仅统计 CBAM 征收目录涉及的商品子类；出口额数据来自联合国统计署，行业划分基于欧盟 CBAM 覆盖行业范围的 HS 海关编码。

表 4　预计 CBAM 影响我国出口欧盟产品的情况

| 商品种类 | 出口欧盟总量（万吨） | 单位碳排放量（吨 $CO_2e$/吨商品） | 单位碳价（美元/吨） | 单位税负（美元/吨） | 征收总额（亿美元） | 碳关税占价格比重（%） |
|---|---|---|---|---|---|---|
| 钢铁及钢铁制品 | 250 | 1.8 | 71 | 128 | 3.2 | 8.3 |
| 铝及铝制品 | 443 | 11.2 | 71 | 796 | 3.5 | 26.1 |

注：以上仅统计 CBAM 征收目录涉及的商品子类；出口欧盟总量来自联合国统计署；单位碳排放量的数据来源于世界钢铁协会、安泰科；单位碳价采用截至 2021 年 7 月 14 日欧盟碳排放权配额交易最高价格；欧元对美元汇率采用 2020 年 12 月 31 日汇率。

2. 从中长期来看，中国对欧出口很可能受到 CBAM 的较大影响，同时，CBAM 还将引导产业转移，并形成绿色贸易圈。①实施 CBAM 将导致课税范围扩大、企业贸易成本增加。当 CBAM 完成试点工作后，必将扩大征税范围，从而显著影响我国商品的出口。2020 年中国向欧盟的出口总额达 3910 亿美元，占欧盟全年进口的 20%，中国已经成为欧盟最大的贸易伙伴。中国出口欧盟贸易中，占比高的机电产品、纺织品、金属制品和化学品都已被列入欧盟 ETS 的碳泄漏清单之中。②实施 CBAM 将导致碳价提高、企业生产成本增加。目前国内的碳价大约仅有欧盟的 1/7，CBAM 将会带动国内碳价上升从而提高国内成本。CBAM 的实施可能会导致一些制造企业在中国的总成本高于欧盟或其他国家，这些企业可能会进行转移，将原来在中国的工厂转入环保产业较为完善的国家或地区。因此，CBAM 将可能推动中国产业价值链重构。③ CBAM 将形成绿色贸易圈，具有较高准入门槛。CBAM 的实施从贸易角度体现了低碳环保的重要性，碳排放水平低的国家将在国际贸易中具有更强的优势，从而形成绿色贸易圈。绿色贸易圈将囊括碳排放程度较低的国家，准入标准可能包括：一是产品碳排放强度低于世界行业标准；二是有成熟的内嵌排放量核算方法及碳监管机制；三是具有完善成熟的碳交易市场，在国内已就碳排放支付过碳价，且碳排放成本相当。

**（二）如何应对？——短期不必反应过度，长期应加以重视。**

1. 从短期来看，CBAM 对我国影响并不大，总体上不必过度反应，要稳扎稳打，对外加强中欧对话，对内逐步完善碳交易市场，探索建立碳税制度，防止“运动式”减排。

①中国应该就 CBAM 的关键问题（工作机制、核算体系和透明度等）与欧盟加强对话。要求欧盟充分考虑“共同但有区别的责任”原则，合理地评估中国碳减排政策的力度及其对企业施加的成本，为中国出口企业争取相应的碳边境调节义务减免。②完善内嵌排放量核算方法及碳监管机制，综合考虑各方面成本，制定科学有效的碳足迹核算标准，进而为与欧盟就 CBAM 实施细则的对话创造有利条件。③进一步扩大碳市场的覆盖行业范围。尽快明确国家碳市场除电力之外其他行业的纳入时间表与路线图。④加快研究我国未来的碳边境调节机制。这既可以保护中国出口行业的市场竞争力，激励企业创新，更为重要的是也对欧盟对华出口商品形成对等约束关系，丰富我国面临歧视性碳关税的反制政策工具箱。⑤在推进碳市场建设的同时，适时推出碳税制度，两者互为补充。碳市场比较适合排放量较大的行业，而相对灵活的碳税可以很好地覆盖那些排放量较小的行业和企业，这是对全国碳市场的有益补充。

2. 从中长期来看，大力发展清洁能源，积极参与国际绿色规则标准的制定。首先，从企业角度，减碳才是硬实力。积极响应“3060”双碳目标，稳步推进减碳目标。引导企业环保改革，推动企业进行 ESG（环境、社会、治理）评估与可持续发展，增强企业未来的环保竞争力。其次，从技术角度，加强与欧盟的环保技术交流合作，关注国际前沿环保领域科研动向，从降低企业生产过程中的碳排放，以及物理固碳和生物固碳两个角度一同发力，实现碳排放－碳吸收的动态平衡，打造我国绿色竞争力。最后，从规则角度，一方面，关注碳足迹核算标准的制定，参与全球碳定价机制的建设；另一方面，对 CBAM 融入 WTO 保持敏感，积极参与 WTO 框架下绿色贸易规则相关协议的制定。

## 参考文献

[1] Proposal for a Regulation of the European Parliament and of the Council Establishing a Carbon Border Adjustment Mechanism, European Commission, 2021. 7. 14

[2] 安琪. 碳边境调节机制与世界贸易组织规则适应性探讨与启示 [J]. 国际石油经济, 2020, 28 (11): 10－13.

[3] 林伯强. 欧盟“碳边境调节税”真的可以减少碳排放? [N]. 21 世纪经济报道, 2021－5－7.

# 绿色转型背景下我国国际发展合作的机遇与挑战

洪祥骏　陈丽芳　翁若宇[①]

## 一、引言

近年来，世界各国逐渐重视在国际发展合作中平衡经济发展与生态环境保护，积极推动绿色低碳转型。一方面，各国更加注重平衡减贫发展和应对气候变化的关系，在可持续发展和减贫背景下统筹考虑国际发展合作；另一方面，各方也更加注重权衡历史责任与发展权利的关系，落实共同但有区别的责任原则。二十国集团（G20）达成共识，发展中国家面临抗击疫情、发展经济和应对气候变化多重挑战时，应充分照顾自身发展需求和具体关切；发达国家从历史排放中获得额外收益，应展现更大减排雄心，采取补偿性行动，为发展中国家提供资金、技术、能力建设等多方面支持。在绿色转型的时代趋势下，各国都在谋求合理的国际发展合作机遇，共同面对历史挑战。

在绿色低碳转型背景下，各国逐步达成共识，在气候行动方面进行更密切的国际协调，以促进全球向低排放、更繁荣、可持续和包容的经济发展方式过渡。各国纷纷出台绿色转型相关政策，如投资可持续基础设施和创新技术，推动去碳化和碳循环经济，设计支持清洁能源的机制，以及在适宜的前提下使用碳定价机制和激励措施等。特别地，以美国和欧盟为代表的发达国家实行“绿色新政”以及整合能源政策和气候变化政策，重塑应对环境问题的国际秩序，对我国国际发展合作带来新的发展机遇与转型挑战。本报告将据此梳理气候转型国际新变局，剖析我国国际发展合作面临的机遇，研判美欧气候政策新动向对我国的挑战，关注我国国际发展合作绿色转型之路，提出我国的应对举措，为各国通过合作共赢和加强沟通对话，应对气候变化挑战、向更绿色和可持续经济转型发展建言献策。

---

① 洪祥骏、陈丽芳、翁若宇：均为厦门国家会计学院“一带一路”财经发展研究中心教师。

## 二、美国应对气候变化政策新变局

2021年1月20日，美国总统拜登宣布美国重新加入《巴黎协定》，其本质目的在于恢复美国的全球领导力和遏制中国发展。与此同时，美国与欧盟等西方国家，提出类似“一带一路”倡议计划与中国抗衡。如美国提出“国际气候融资计划”，欧洲则提出全球开展基础设施建设，意图遏制中国的“一带一路”倡议，以对抗中国的国际影响力。在新时期的气候转型变局下，有必要深入了解以美国为代表的发达国家气候政策对我国国际发展合作的影响，寻求气候议题上的共同利益关切点，在适当情况下开展项目合作，避免气候变化成为中美新的冲突点。

气候领域的竞争是中美之间潜在的良性竞争，但在2020年疫情、种族平等运动等声音中，气候变化议题在美国被暂时忽视。尤其在特朗普退出《巴黎协定》后，中国逐渐展现出全球领导能力和赶超美国长期主导的全球价值观的可能性。如果美国“右翼”继续对气候变化采取狭隘态度，可能使其错过重组美国经济，甚至是价值观与快速变化的世界相关联的机会。2021年1月27日拜登政府签署了“关于在国内外应对气候危机的行政令”，推出一揽子应对气候变化政策，在国际和国内层面开展多项气候变化应对政策实践。

### （一）拜登政府“绿色新政”的国际层面政策实践

在国际层面的举措上，拜登政府在多双边各领域针对气候变化议题重塑领导者地位，将扩大绿色产业的政府投资作为美国全球合作的核心，加大对发展中国家可再生能源的投资，寻求美国绿色复苏。具体措施如下：

1. 在多双边渠道全面推进应对气候变化议程。美国在2021年4月22日世界地球日当天召集气候变化领导人峰会，并重新召集“主要经济体能源安全与气候变化会议”；设立总统气候特使一职；继宣布重返巴黎协定后，美将着手制定并于气候变化领导人峰会前提交《巴黎协定》下美国国家自主贡献目标；由总统气候特使、财政部长及国务卿共同牵头，制定并于90日内向总统提交气候融资计划，通过多双边机制和机构，帮助发展中国家扩大应对气候变化投资，减少高碳排放投资；通过G7、G20等机制、推动国际社会重视清洁能源、航空航运、北极、海洋、可持续发展、移民等气候相关议题。具体而言，美国通过G20等多边场合推进具体领域全球减排合作，包括要求各方支持《蒙特利尔协定书》的“基加利修正案”，减少污染物排放，并要求排放大国承担更多责任。在4月“领导人气候峰会”达成共识基础上，美国在G20框架内推动“对等原则”，取代现有“国家自主贡献”“共同但有差别责任”的原则，导致中、印等新兴经济体做出更多承诺；要求中国等发展中国家减少高额碳补贴和禁止污染外包，甚至开展政策透明性审查。

2. 以“全政府”模式参与应对气候变化国际合作。财政部负责确保美国在各类应对气候变化相关金融风险的国际论坛和机构中占一席之地；利用美国在世行、IMF等国际金融机构的话语权，促进实施与《巴黎协定》目标一致的融资项目、经济刺激计划及减债倡议。美国国务院会同财政部、能源部、美国进出口银行等机构，制定终止化石能源项目国际融资的具体步骤。美国能源部通过国际合作在全球范围内推动清洁能源技术的创新与应用。此外，所有涉及国际业务的机构应与气候特使合作，在 90 天内向总统提交如何将气候议题纳入其国际业务战略计划和实施方案。

3. 将气候变化置于国家安全的核心位置。国家情报总监应在 120 日内就气候变化对国家安全和经济安全的影响编制国家情报评估报告。国土安全部表示将自 2022 年 1 月起每年提交气候变化对国土安全影响的报告。特别地，美国白宫发布了该国历史上第一份国际气候融资计划，将增加公共气候融资，帮助贫困国家减少温室气体排放并适应气候变化。计划到 2024 年的气候融资规模比奥巴马执政时期平均水平高一倍，并将气候适应项目的融资规模扩大两倍。一方面，美国呼吁终止国际投资对“以碳密集型化石燃料为基础的能源项目”的支持，向发展中国家提供的公共气候融资数额制定“雄心勃勃但可实现的目标”。在国际上从私营部门筹集资金，呼吁美国财政部与国务院寻找“金融创新”的方式。另一方面，美国政府希望提高其气候融资的透明度，管理与气候有关的金融风险，终止对碳密集型化石燃料能源的国际官方融资，使资本流动与低碳排放、适应气候变化的途径保持一致。

### （二）拜登政府“绿色新政”的国内层面政策实践

在国内层面的举措上，拜登政府的气候计划全方面覆盖美国经济社会，包括基建、工业自动化、清洁交通、低碳转型、清洁能源技术研发、绿色数字化等多方面。在各部门协调下开展能源转型升级，加强政府预算和行政举措，推广绿色基础设施理念和标准，实现绿色基础设施互联互通。具体表现在以下三点：

1. 设立专职机构负责政策制定与跨部门协调。在总统行政办公室下设白宫国内气候政策办公室，由国家气候顾问牵头，负责制定美国国内气候变化相关政策，确保气候变化目标得到落实；设立跨部门的国家气候工作组，负责统筹协调应对气候变化的全政府措施，减少环境污染、增强气候韧性、保护公众健康、提振就业与经济增长等。

2. 提出联邦政府采购、政府投资、行政审批三大抓手。政府采购方面，制定联邦清洁电力和零排放汽车采购战略，在 2035 年前实现电力部门无碳化，确保美国各级政府和美国邮政系统全部使用零排放车辆，培育国内电动车市场，相关政府采购需符合拜登新近签署的“购买美国货”行政令要求。政府投资方面，自 2022 年开始，将联邦预算向清洁能源技术研发与商业化倾斜，在预算中彻底消除化石燃料补贴；提出“工作 40”倡议，将基础设施、教育等联邦投资的 40% 向受气候变化影响的弱势群体倾斜；振兴煤炭等传统能源社区，帮助其发展绿色经济。行政审批方面，暂停在公共土地或近海水域开采石油和天然气的行政审批，并严格审查现有行政许可；推动实现 2030 年海上风力发电量翻番；将温室气体排放和气候变化影响纳入联邦基建许可的考量范畴，促进清洁能源和输电网络加速部署；通过提高政策透明度、健全市场规则和标准等方式，引导私营部门参与清洁能源投资。

3. 重视绿色基础设施建设，应对气候变化。2021 年 3 月美国公布《更好的绿色基础设施和就业方案》，该法案计划在 10 年内投资 5000 亿美元用于州、地方的绿色基建项目。拜登政府推出的大规模基础设施计划旨在建设现代化、可持续的基础设施，为实现公平的清洁能源目标奠定基础，有助于实现增加就业、技术创新、减少碳排放三大目标。拜登政府还投入4000亿美元资金用于为期10年的清洁能源研究和创新项目，支持绿色可持续基础设施投资，终止化石燃料补贴，以确保2035年美国实现电力系统无碳化，希望最迟在2050年达到净零排放，实现碳中和目标。

### （三）美国“绿色新政”的目的与对我国的影响

拜登政府上台后重视气候问题，将大量财政资金投入应对气候变化相关的基础设施建设、科技研发和产业发展当中。该政策旨在建设现代化、可持续的基础设施，创造更多就业岗位，以提高美国中产阶级收入，释放国内消费潜力。与此同时，拜登政府的政策举措本质上是金融救市方案，通过拉动气候领域基建，解决美国制造业萎缩、工人失业等社会问题，实现美国经济复苏。而美国重返《巴黎协定》则具有两面性，一方面，拜登政府在气候问题上积极寻求对华合作。2021年4月，拜登政府气候变化特使访问中国，习近平总书记出席拜登总统发起的气候峰会，表现出美国在气候问题上对华合作的态度，也说明了两国在气候问题上具有合作的基础和共同的利益关切。另一方面，美国发布气候问题的政策方案，敦促中国强化减排目标，对中国做出的碳减排承诺大加指责。拜登政府多次在多边平台上强调气候领域的义务“对等”，要求中国承担更多减排责任。

拜登政府应对气候变化的政策对我国的具体影响有三点。一是在此次“绿色新政”计划下，利用在全球气候变化问题共同目标拉拢G7国家向中国施压，以碳排放污染为由质疑中国“一带一路”项目给沿途国家造成的碳排放污染。二是在“绿色经济”方案上，加大绿色基础设施投资中对美国企业的扶持力度，如政府购买车辆严格使用美国生产的电动车和美国企业制造的零部件，限制中国新能源汽车产业海外市场份额。三是拜登政府可能联合德、英、美等G20成员，在气候环境问题上实施硬性执行机制，配合贸易手段牵制中国，在碳出口补贴问题上向中国施压，以化石燃料过度使用为由压制中国“一带一路”倡议具体实施，以美国气候基础设施压缩中国战略空间，抗衡我国“一带一路”基础设施项目。

## 三、我国国际发展合作面临的机遇与挑战

“一带一路”绿色发展是通过以基础建设为载体，可持续发展为准则的区域整体发展模式，加大自然生态系统和环境保护力度，让沿“带”沿“路”的发展中国家和地区共享中国发展的成果。积极有效的“一带一路”绿色发展应能巩固和发展中国同沿线各国的经贸关系，在发展的同时注重环保合作与交流，重视结合当地的减贫、就业基建，推动当地的绿色可持续发展，赢得沿线国家的支持，扩大中国的影响力。在全球绿色转型的背景下，中美在气候变化领域拥有广泛共同利益和合作空间。然而，拜登通过“绿色新政”布局内政外交，最为重要的目的还在于恢复美国日益衰退的国际影响力。因此，美国应对气候变化政策和具体实践对我国国际发展合作带来机遇的同时，也具有潜在的挑战。

### （一）中国与各国气候绿色转型合作的新空间

尽管拜登“绿色新政”对推行“一带一路”倡议带来挑战，但随着倡议逐步成熟以

及碳中和愿景的提出，拜登“绿色新政”也可能为我国气候、能源和环境政策的长足进步以及大型能源企业转型创造机遇，主要表现在以下三点：

1. 拓宽中美环保领域的合作空间。美国重新领导世界的野心，使中美在环境领域有新的合作空间。中美两国在环境保护方面具有广泛的共同利益，在环境问题上开展功能性合作，能够一定程度化解中美之间的“战略不信任”，有助于两国围绕清洁技术和产业升级提出联合政策建议。我国可借助美国资金与技术优势，合作设立节能减排的国际投资基金，为“一带一路”发展中国家市场提供资金与项目支持。

2. 推动能源国际合作的高质量发展。拜登政府“绿色新政”的推行，证明全球应对气候变化、绿色发展及各国能源转型需求的大趋势短期内不会改变。我国可以借此机会，发挥在光伏、风电、水电等方面的综合优势，强化与“一带一路”沿线国家清洁能源研究和创新领域的合作，填补沿线国家的能源资源缺口，缓解生态环境压力。这不仅促进沿线各经济体的互利共赢和高质量发展，也是对美国污名化“一带一路”最好的回应。

3. 促进多边主义的国际合作。过去数年，全球单边主义、贸易保护主义频发，加之新冠疫情肆虐，导致各国深层次经济合作意愿下降，出现部分国家不同形式的“脱钩”战略。全球化停滞甚至倒退对于“一带一路”倡议的推行极为不利。此次拜登通过“绿色新政”力图重拾“全球化”“多边主义”等概念，尽管有其政治限度，但我国仍然可以借此形势引领新一波全球变革浪潮，推进全球治理新模式，加强多边主义国际合作，增进“一带一路”沿线各国人民福祉。

### （二）美欧气候绿色转型对我国的潜在挑战

拜登“绿色新政”表面体现美国承担全球气候治理的大国责任，实质上主要目的是为其遏制中国发展以及恢复美国全球领导力的全球战略服务。因此，拜登“绿色新政”对我国国际发展合作也存在潜在挑战，具体表现在以下四个方面：

1. 加剧新能源产业的国际竞争。拜登政府的“绿色新政”意在以清洁能源为杠杆撬动美国经济，同时借由气候变化问题的溢出效应，重振美国在新能源技术发展和基础设施建设方面的全球领导力。拜登政府出台相关产业政策扶持本土新能源行业，保护美国在新能源领域的国际市场占有份额。而近年来随着“一带一路”国家发展新能源产业的积极性上升，我国在沿线国家新能源项目投资不断增加，这将不可避免加剧中美两国在“一带一路”沿线国家新能源市场的竞争。在生产调整具有黏性的情况下，我国新能源行业可能面临严重的产能过剩。

2. 承受减排责任的舆论压力。从中美竞争的角度，环境问题为美国向“一带一路”倡议施压提供了新的抓手。拜登任内可能将在多边舞台上强调气候领域的义务“对等”，在减排责任上向我国施压，以“一带一路”倡议向其他国家“转移碳排放”“过度使用”化石燃料以及碳排放信息“缺乏透明度”等借口，阻碍我国在“一带一路”国家的大规模基础设施建设项目。通过要求债务国在获得气候融资时需要落实减排倡议对发展中国家施压，或者向中国企业投资较多的“一带一路”国家发放更多气候融资以监测中国企业的减排情况。

3. 遭受美国传统盟友的围堵。美国围堵“一带一路”有地缘政治的因素存在。美国曾联合多国依靠“印太战略”“蓝点网络计划”阻碍“一带一路”基础设施建设，在舆论上利用“中国威胁”“债务陷阱”等概念抹黑“一带一路”倡议的初衷。但在过去4年，特朗普政府主打“美国优先”，不断从国际组织与条约中“退群”，在贸易关税、军费分担等问题上与主要盟友不断产生摩擦，损害了美国国际领导力。而拜登政府可能将借由环保这一公共议题，重新拉拢西方传统盟友，重塑环境、劳动力、贸易、技术以及透明度等领域的国际规则，形成围堵“一带一路”倡议的包围圈。美国势必会连同其他国家以环境保护的名义提升对“一带一路”项目的环保标准，要求中国披露“一带一路”项目的碳排放量等信息。

4. 美欧发达国家可能开征碳关税转嫁成本。绿色新政将导致本国传统制造业面临更高的环境成本，美欧政府可能将其通过开征“碳关税”的形式转嫁给其他国家。2020年11月，CFR（美国外交关系协会）提到拜登承诺重返《巴黎协定》，且希望以征收“高碳关税”作为贸易手段。如果美欧等国家将贸易政策与气候目标挂钩，以符合自己利益的排碳标准征收或联合发达盟国共同征收“碳关税”，将提高中国大部分产品的出口成本，进一步阻碍我国出口贸易的发展。

## 四、我国国际发展合作绿色转型之路

2021年9月21日，国家主席习近平出席第七十六届联合国大会一般性辩论并发表题为《坚定信心 共克时艰 共建更加美好的世界》的重要讲话，提出加快绿色低碳转型，力争实现双碳目标，同时大力支持发展中国家能源绿色低碳发展。在国际发展合作中，绿色转型举措主要集中在通过鼓励企业海外投资到注重环境、社会和公司治理（ESG）的低耗能项目和可持续基础设施上以实现全球绿色发展，以及将海外能源贷款投向低碳行业。

### （一）我国海外能源贷款的绿色转型

多年来，向海外能源项目提供贷款融资，一直是我国推动发展中国家基建能源发展的重要手段。因此，在引领全球能源转型、促进绿色低碳发展的行动中，我国海外能源贷款也逐步进行绿色转型。

据波士顿大学全球发展政策研究中心的“中国开发性与政策性银行全球能源贷款数据库（CGEF）”统计，2000—2020年我国两家政策性银行（中国进出口银行和国家开发银行）共为海外能源项目提供281笔贷款，累计金额达2458亿美元；其中78%流向“一带一路”沿线国家。最新数据显示，2020年两家政策性银行共发放8笔能源项目贷款，总金额约46亿美元，较2019年的81亿美元下降43%。整体趋势上，2000—2020年我国海外能源贷款发展大致可归纳为四个阶段：起步阶段（2000—2008年）、金融危机后的快速发展阶段（2009—2012年）、“一带一路”倡议推动阶段（2013—2016年）以及近年的放缓阶段（2017—2020年），详见图1。

20年来我国海外能源贷款具有以下趋势和特征：

（1）在贷款区域分布方面，近年欧洲、中亚和拉美地区贷款急剧减少，但非洲地区贷

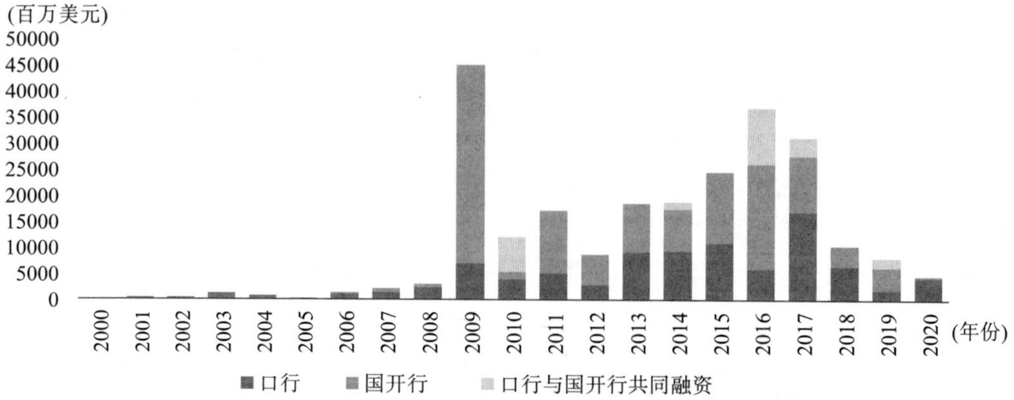


**图1 2000—2020 年我国政策性银行海外能源贷款金额**

款规模仍较大。2017 年以来，我国政策性银行海外能源贷款总额的下降主要源于对欧洲、中亚和拉丁美洲地区贷款的大幅下滑。南亚和东南亚的贷款额度略有下降，中东、东亚地区的贷款占比持续处于低位，这些地区能源贷款对总量变化的影响较小。然而，在总体规模缩小的情况下，非洲国家的贷款额度依然保持高位，导致非洲地区贷款金额占比大幅提升（见图 2）。

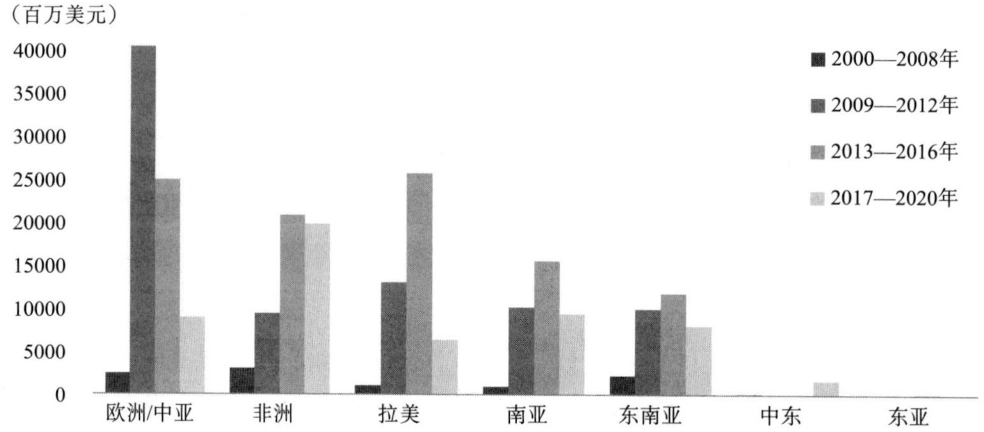


**图2 2000—2020 年我国政策性银行海外能源贷款地区分布**

（2）在贷款类型分布方面，近年石油、天然气项目贷款减少较多，水电项目累计贷款金额持续增加。2017 年以来，我国以石油、天然气以及核能为代表的不可再生能源项目贷款逐渐减少，可再生能源项目贷款逐渐增加。在可再生能源项目贷款方面，水电项目的贷款规模持续扩大，而非水电可再生能源项目（包括太阳能、风能、地热能、生物能）贷款占比始终处于较低水平（见图 3）。

（3）在贷款国家分布方面，我国海外能源贷款主要面向发展中国家，近年来向“一带一路”国家倾斜。2000—2020 年，我国海外能源贷款的借款国共计 73 个，其中 71 个是发展中国家；2013 年以后，借款国主要为“一带一路”沿线国家，占比 78.3%，这充分凸显我国帮助和支持其他发展中国家加快发展的国际责任。2017 年以来，虽然可再生能源贷款规模整体上有所下降，但我国向“一带一路”沿线国家提供的可再生能源贷款却有所提升，占比显著增加（见图4）。这说明近年来我国海外能源贷款正助力推动绿色“一带一路”建设，彰显了我国促进全球绿色发展的大国担当。

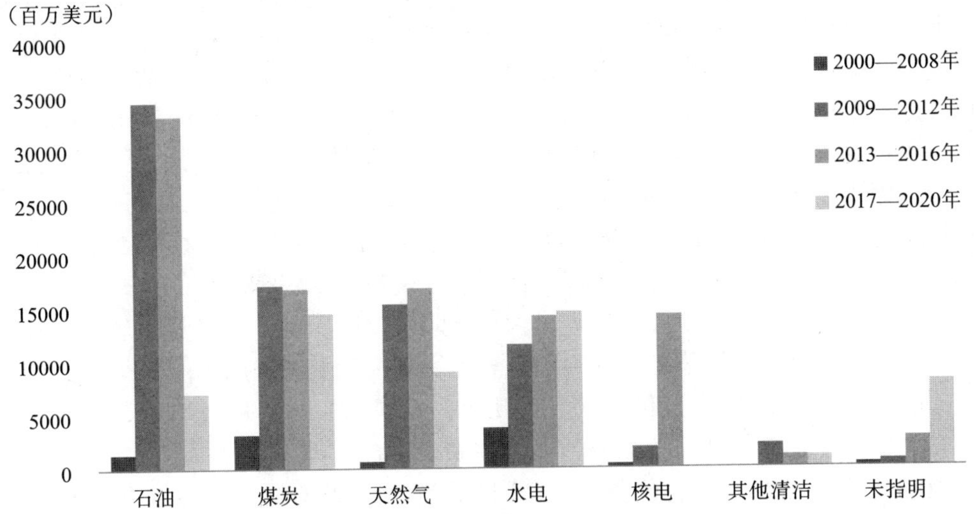


**图3　2000—2020 年我国政策性银行海外能源贷款类型**

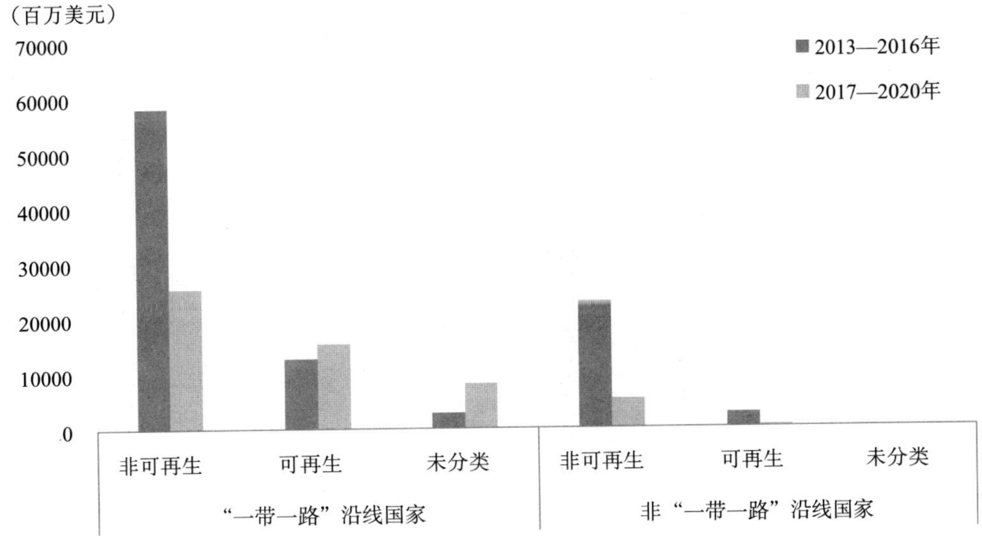


**图4　2013 年后我国政策性银行海外能源贷款对象**

## （二）我国海外投资的绿色转型

近年来，我国企业海外投资过程中不断增加环境友好项目的投资力度。全球海外投资主体主要包括主权财富基金、海外并购基金等金融机构。因此，以下将从主权财富基金 ESG 发展、绿色产业海外并购两个方面介绍海外投资的绿色转型：

1. 主权财富基金 ESG 发展

主权财富基金是我国与世界各国建立国际发展合作的主要方式。主权财富基金是一个国家将其拥有的金融资产，由国家储备的一部分组建成一个国家控制的基金，通过投资运营获取高额收益，包括了中投公司、中国外管局的中国华安投资公司、全国社会保障基金、中非发展基金等。主权财富基金在近年来越发重视 ESG 投资理念，特别是在新冠肺炎疫情影响下，全球各国的主权财富基金的投资更倾向于有助于减少碳排放或适应气候变化影响的技术。ESG 即环境（Environmental）、社会（Social）和治理（Governance）的英文缩写，是一种关于环境、社会和治理如何协调发展的价值观。ESG 的主要要素包括环境、社会和治理因素。环境因素主要指碳及温室气体排放、环境政策、废物污染及管理政策、能源使用/消费，自然资源使用和管理政策、生物多样性、合规性。社会因素包括了性别及性别平衡政策、人权政策及违反情况、社团、健康安全、管理培训、劳动规范、产品责任、合规性。治理因素涵盖了公司治理、贪污反贿赂政策、反不公平竞争风险管理、税收透明、公平的劳动实践、道德行为准则、合规性等。国际上，采用 ESG 投资方式的机构投资者管理的资产已增至近 40 万亿美元。近几年，我国主权财富基金加大了对能源和农业领域的友好型投资。2020 年，主权财富基金在农业科技、林业和可再生能源等与气候变化相关的领域进行了 23 项投资，价值超过 20 亿美元，比 2016 年增加了 4 倍。在过去 5 年中，主权财富基金在这些类型的投资中总共投资了超过 65 亿美元。主权财富基金目前更关注低碳转型，通过可再生能源发电，以及电池存储来平衡供应（见图 5）。

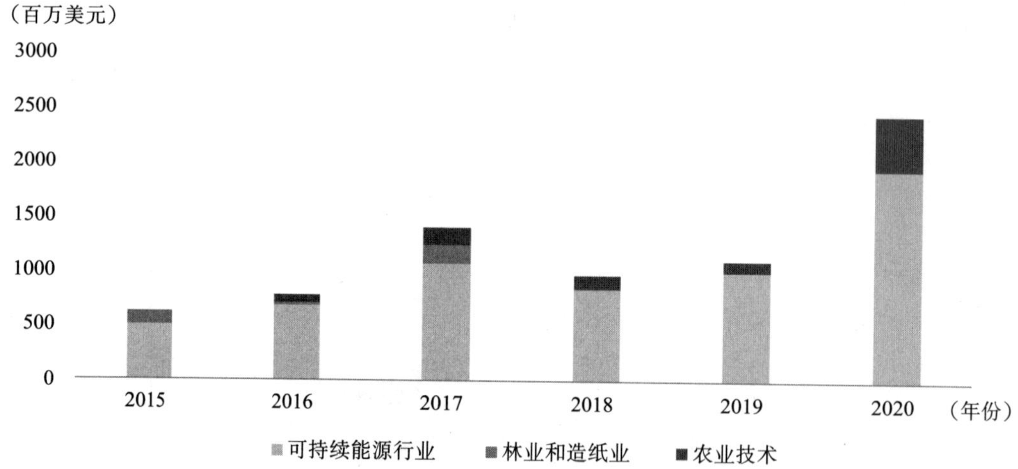


**图 5　主权财富基金投资在农业、林业和可持续能源类总量**

资料来源：IFSWF 数据库，2021。

与此同时，粮食安全正成为主权财富基金日益重要的投资主题。对于长期储蓄基金来说，减少粮食生产对环境影响的投资是应对气候变化的重要投资策略。垂直农业是主权财富基金支持的技术之一，以使粮食生产更可持续。2020 年，我国主权财富基金对农业科技进行了 14 笔投资，价值 9200 万美元，是此前 5 年平均支出的 4 倍。这表明 ESG 相关的环境、社会因素对于主权财富基金产生重要影响（见图 6）。

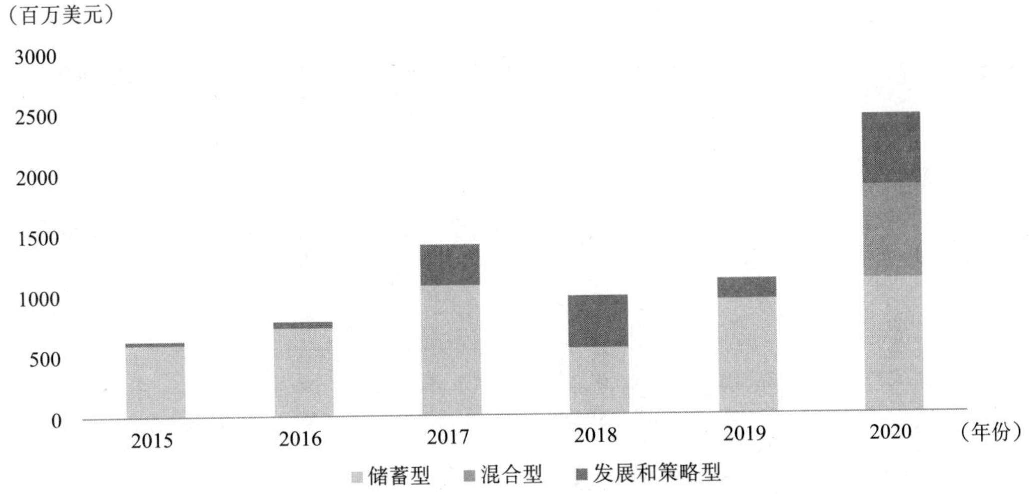


**图 6　不同类型主权财富基金的绿色投资金额**

我国的绿色转型注重以国家主权基金为代表的海外 ESG 投资，通过可持续发展和绿色金融的理念，纳入社会责任性的投资标准。以我国最大的主权财富基金——中投公司为例。中投公司遵循圣地亚哥原则，在 ESG 投资实践中，重视与国际组织开展合作，运用被动 ESG 指数投资公开股债市场，在直接投资中，全流程跟踪，积极参与标的公司的公司治理。未来，我国主权财富基金应当加强与国外主权基金的合作，聚焦“一带一路”沿线国家绿色发展。一方面，采用 ESG 投资理念的同时，多元化资产组合，推动构建符合中国国情的 ESG 评价体系，促进 ESG 定量信息的披露。另一方面，在选取投资公司时建立 ESG 相关的责任制度，持续监测，担负促进目标国家经济、科技发展的重担，加大对新兴科技产业和新能源公司的融资，改善目标公司的环境、社会和公司治理方面表现，实现可持续发展。

2. 绿色产业海外并购

中国绿色产业中的企业在海外并购中收购绿色项目的数量不断增加，在 2016 年左右达到峰值，并在近些年有所减少（见图 7）。绿色产业的定义参照《绿色产业指导目录（2019 年版）》，考虑节能环保产业、清洁生产产业、清洁能源产业、生态环境产业、基础设施绿色升级、绿色服务等。海外并购的降低主要与 2017 年新出台的对外投资管理办法对海外投资监管趋严有关。不过，我国整体对绿色产业的海外投资增加趋势尤为明显。在绿色并购金额上，近 20 年来，我国企业海外绿色并购也主要呈现增长态势。2013 年并购金额的高峰主要原因是国家电网国际发展公司以 28.5 亿美元收购了澳大利亚的能源企业 SPI（澳大利亚）资产公司与 SPI（澳大利亚）信托公司 60% 的股份。

我国企业对于绿色转型的诉求也可以通过我国上市公司对国内环境投资的重视来体现，2009—2019 年，参与环境投资的上市公司也在 2018 年高达 350 家（见图 8）。我国上市公司环境投资总额一度在 2016 年增加到超过 3 万亿元，其中金额最大的单笔投资为爆破企业雷鸣科化（600985；后更名为淮北矿业）与环境相关的投资（3000 亿元）。

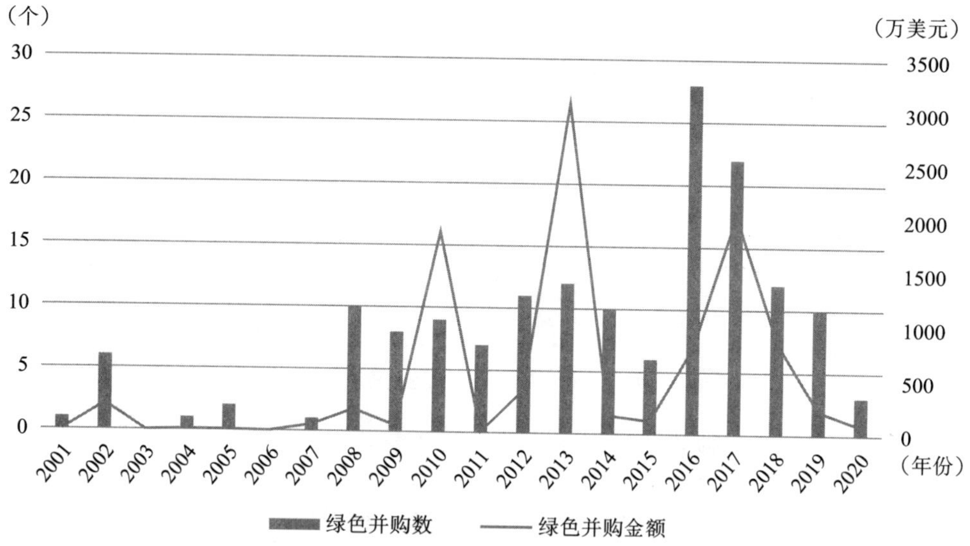


**图7　中国企业绿色产业海外并购**

资料来源：Thomson Reuters SDC 数据库，作者计算。

备注：绿色并购的定义为标的方所在行业为农业、林业、新能源产业，清洁能源产业、木业、造纸业等。

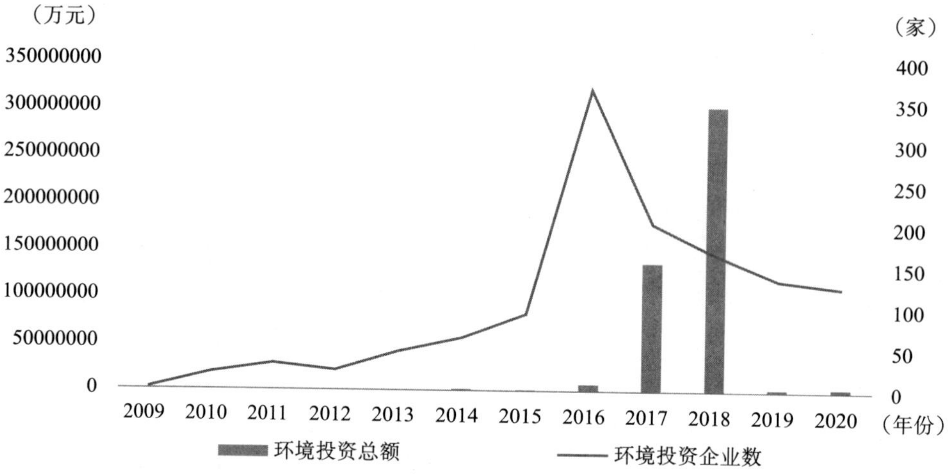


**图8　中国上市企业环境投资趋势**

资料来源：国泰安（CSMAR）数据库，作者计算。

## 五、绿色转型下我国国际发展合作的应对举措

### （一）应对美欧绿色新政新举措

1. 针对拜登政府可能的政策影响，应提高我国自身实力。面对能源转型的国际趋势以及拜登政府的政策影响，我国应加快调整能源结构，以技术创新为支撑，加快向绿色低碳循环的可持续发展经济转型，打造低碳技术和低碳发展能力的核心竞争力。首先，完善

优化相关财税和绿色融资以及行业规范等政策，促进新能源行业的研发创新和健康发展，降低产品的生产成本，提高产品质量，提升其国际竞争优势。其次，动员多方资金参与新能源基础设施的投资，完善我国新能源产业链。与此同时，我国应密切关注能源转型的风险，警惕传统能源行业在经济转型过程中可能出现的坏账、资金链断裂以及债务违约风险，确保产业转型的安全性。

2. 针对美国的全球战略，应加强国际合作。针对美国的全球战略，我国应联合发展中国家，加强国际合作。首先，利用二十国集团、金砖国家、亚太经合组织等多边平台宣介我在绿色发展方面作出的贡献，深度参与并引导相关国际规则的制定，进一步提升我国在多边气候领域的领导力并贡献中国方案。其次，密切关注美西方涉ESG动向，防范其在多双边领域对我量身定制刚性标准，炮制针对中国企业的“ESG壁垒”。再次，转变“一带一路”合作思路，从高碳放量的合作项目逐渐转向新能源合作，尽快打开“一带一路”沿线国家的新能源产品市场，深化能源合作。最后，强调发展中国家命运共同体的概念，联合其他发展中国家共同反对“碳关税”，同时尽早准备应对方案，做到未雨绸缪。

3. 多举措应对中美新能源产业竞争。面对竞争不利影响，我国应加快新能源产业升级，促进中美双方优势互补合作，将“一带一路”倡议同新能源发展战略对接。一是发挥我国在新能源行业的相对优势，探索差异化发展路径。以技术创新为支撑，提升新能源产品质量，打造低碳技术和低碳发展的核心竞争力，加快向绿色低碳循环的可持续发展经济转型。二是同美方就有关问题保持沟通，抓住美国在气候变化、环保等领域与我国合作的上升机会，阐明立场，晓以利害，敦促美国尊重中方利益，避免采取单边行动。与此同时，加强同俄罗斯、印度、南非等新兴市场和发展中大国协调，充分利用现有气候变化和世贸规则，维护我国同发展中国家正当权益和发展空间。三是合理使用财政政策和金融政策扶持新能源企业，鼓励研发创新，提升产品质量，降低生产成本，以拓展我国在“一带一路”沿线国家的新能源市场。

4. 加强沿线国家能源和气候合作。在“一带一路”倡议推行中，我国应与“一带一路”沿线国家加强国际合作，促进资源的可持续利用。一是鼓励并推动在“一带一路”国家采用共同的ESG标准框架，披露“一带一路”的碳排放信息，提升“一带一路”沿线国家在全球气候领域的参与度与自主贡献度。二是完善投融资机制，运用可持续金融手段提供资金支持，强化与“一带一路”沿线国家清洁能源研究和创新领域的合作，填补沿线国家的能源资源缺口。三是推动我国在“一带一路”沿线国家间的碳定价主动权。围绕做好碳达峰、碳中和工作，推进“一带一路”沿线国家碳排放权交易市场建设，完善政策法规，拓展至更多高排放行业。考虑“一带一路”沿线国家市场的特殊性，我国应推动不受欧美国家主导的、适合“一带一路”沿线国家的碳定价机制，建立完备的碳定价体系，为今后同国际碳市场衔接、建设全球领先碳市场预做铺垫。

5. 参与国际新能源规则制定。随着美国重返《巴黎协定》，可预计国际上将针对绿色发展掀起新一轮的规则制定热潮。我国应重视并把握机会，掌握规则制定的主动权。一是我国应利用G20、金砖国家、亚太经合组织等多边平台以及国际媒体，在国际上宣介我国应对环境问题的已有成果和政策主张，深度参与并引导相关国际规则的制定，进一步提升我国在多边气候领域的领导力并贡献中国方案。二是在G20重启的可持续金融工作小组中积极表明中方立场，坚持气候问题上合作共赢，提供促进可持续增长和确保能源转型的有效政策途径，防止个别国家利用减排问题对我国进行施压。三是同各国，尤其是“一带一路”沿线国家，就能源政策加强沟通，积极参与制定适应绿色能源多边合作模式的贸易和投资准则，推动能源贸易标准化、透明化、简易化，提升能源优化配置。

### （二）我国海外能源贷款绿色化转型举措

1. 寻求中美气候共识，加强全球气候合作。随着科技进步以及全球供应链重构，应对气候变化将从“负担”和“全球责任”逐渐转变为“机遇”和“各国利益的交汇点”，这将显著改变气候变化领域全球合作与博弈的格局。中美作为两个大国，在全球气候治理问题上存在共识，气候议题有条件成为除经贸议题外双方开展务实合作并引领全球绿色转型的重要抓手。在双边层面，美国拥有全球领先的研发能力及清洁能源技术，中国拥有强大的生产制造能力、庞大的市场规模以及相对充足的资金，双方应发挥各自比较优势，加强气候领域合作。同时，双方可加强节能减排、清洁能源转型等方面的经验交流与分享，共同推动国内和国际低碳转型。在多边层面，中美应借助 G20 和世界银行等多边平台，推动各方进一步支持发展中国家绿色基础设施建设和低碳发展。同时，加强与主要经济体的合作，如通过建立中美欧三方合作机制，共同应对全球气候挑战。在竞争性议题上，中美双方应本着互相尊重的原则，妥善管控分歧，尊重对方底线红线，为气候合作创造良好氛围，引导竞争朝着积极方向发展，避免零和博弈与两败俱伤。

2. 把握能源转型机遇，优化能源贷款结构。一是优化贷款类型结构，谋求国内政策和国际战略的协调，在确保发展中国家整体利益的前提下，通过优化海外贷款结构引导海外能源投资逐步向可持续能源行业转变，为“一带一路”沿线国家加速能源转型和实现全球绿色发展做出中国贡献。二是优化贷款地域结构，2020 年我国对非洲国家能源贷款共计 30.7 亿美元，占当年贷款总额的 66.8%，贷款集中度高。我国应结合不同国家的“碳中和”目标，重新平衡海外能源组合结构，做好国别、市场、项目的战略性选择，分散风险。

3. 加强海外贷款管理，促进金融投资保护。充分做好新能源项目的贷前调查、贷中监测以及贷后评估。贷前加强尽职调查的充分性和专业性，以减少转型热潮驱动的过度放贷行为，设计合理的融资结构与期限安排，以抵御新能源项目潜在的隐患成本。贷中做好各国债务风险评估和预警工作，防止部分国家可能因债务不可持续而集中爆发违约风险。贷后严格监测贷款现金流回收情况，提前预警坏账风险，商讨应急处置预案。特别应重视绿色转型对传统能源贷款资金回流造成的冲击，警惕其风险。

4. 发挥贷款杠杆作用，撬动其他资金投资。一是发挥公共财政在国际能源领域投资的杠杆效应，将贷款资金与财政资金相结合，引入“政府增信”机制加大银行业金融机构资金进入海外可再生能源项目。二是撬动私营部门投资，确保资金流动和可持续目标相一致，发挥私人资本在应对气候变化和清洁能源转型的作用。大力发展政府公共资金与私人资金相结合的融资创新，如政府和社会资金本合作（PPP）和基础设施领域不动产投资信托基金（REITs）等方式，降低私营部分资金准入门槛，扩大准入空间。三是发挥中国对外贷款对国际资金的投资示范作用，在具体海外清洁能源项目上吸引更多国际资本跟投，特别是推动发达国家切实履行其为发展中国家提供气候资金和技术转移的承诺，使其落实为发展中国家提供清洁能源技术资金的责任。

### （三）建立适应绿色转型的投融资体系

在投融资制度体系的建设上，气候投融资的来源包括双边或多边金融机构赠款和贷款为主的国际资金、以信贷市场和股权投资市场为主的金融市场投融资活动以及企业直接投资等。

1. 探索国际多边开发机构气候投融资实践。深入了解在《联合国气候变化框架公约》（UNFCCC）下多边开发银行的具体举措、世界银行的气候变化与发展战略框架（SFC-CD）、全球基础设施基金（GIF）、亚洲基础设施投资银行（AIIB），以及欧委会与欧洲投资基金共同成立的“蓝色投资基金”采取的举措。

2. 研究全球金融机构在气候投融资出台的产品。产品包括绿色债券、绿色信贷和绿色保险等产品的表现情况，分析在“一带一路”建设中借鉴并引入“赤道原则”等国际惯例和规则的效果，考察企业绿色信用评估和征信体系建设，实行绿色信贷政策的实施条件及实操举措。

3. 分析探讨金融机构在绿色转型中的作用。了解丝路基金、亚洲基础设施投资银行、国家开发银行等与世界银行、亚洲开发银行等机构开展绿色金融交流合作的可行性，如在“丝路基金”下筹划设立“丝路环保基金”以应对“一带一路”沿线欠发达国家的环境基础设施建设与环境突发事件处理等。深入分析环保企业和项目的信贷支持，开发专门的绿色信贷金融产品的流程，考察绿色产能输出以及“一带一路”沿线国家绿色投资的可行性。

4. 探索开发环境金融服务创新。研究气候融资中的绿色资产证券化创新举措，商业性股权投资基金和社会资金共同参与绿色“一带一路”重点项目建设可行性，针对各类环保资金来源的现金流稳定性和风险波动进行分析。梳理中国－东盟海上合作基金、亚洲区域合作专项资金、中国－东盟投资合作基金等双边及多边合作资金的作用。探索引导更多社会资本投入的气候投融资体制，通过案例分析政策性基金、绿色 PPP 相结合的绿色金融工具，建立绿色损失分担、风险补偿、担保增信等机制。

# 我国新能源汽车政府补助实践可供 G20 无形资产融资议题参考

李诗　洪祥骏[1]　于骁然[2]

二十国集团（G20）财金渠道下增长框架工作组将无形资产融资作为2021年重要议题，意大利主席国讨论了缩小无形资产融资缺口政策工具包的政策措施，分为股权融资、债权融资和政府融资等手段。特别地，如何运用好政府资金支持问题引发关注。政策措施应能确保疫情期间对中小企业的创新提供稳定支持，政府可通过转移支付、赠款及贷款等直接方式或税收补贴等间接方式为企业研发提供支持。通过政府引导弥合无形资产投资缺口，加速各国疫后向知识经济过渡。

无形资产融资是赋能新经济环境下产业发展的重要手段，中国政府对无形资产投资的资金支持主要体现在政府补助上。新能源汽车行业作为新经济下涌现的新兴产业，受到我国政府的密切关注和大额资金补助。但是政府资金支持如何使无形资产融资真正提升企业创新能力值得深入研究。为此，厦门国家会计学院“一带一路”财经发展研究中心以新能源汽车行业为例，研究如何通过国家调控手段提升以专利权为代表的企业无形资产，并提出应对无形资产融资问题的相关建议。

## 一、新能源汽车行业政府补助与创新能力

世界经济论坛（达沃斯）公布的2019年全球竞争力报告显示，技术创新领域是我国竞争力排名较为靠后的项目，位列全球第24位。我国整体社会研究投资占GDP的比重相较发达国家存在一定的差距，特别是国家基础研发投资仅为社会研究投资的6%，远低于发达国家15%~25%的占比，这导致我国企业的创新实力较弱，自主知识产权不足，缺乏核心技术使我国制造业企业只能赚取利润微薄的加工制造费，同时我国还需要在生态环境上付出极大代价。目前，我国已经进入经济发展的新常态，经济增长模式从投资、要素驱动转变为创新驱动，发展创新型经济是民族振兴和社会进步的基石，也是一个国家的核心

① 李诗、洪祥骏：厦门国家会计学院“一带一路”财经发展研究中心教师。
② 于骁然：厦门国家会计学院在读研究生。

竞争力。企业作为创新的主体，其创新水平是我国经济发展活力的重要源泉，建设创新型经济的首要任务就是要激励企业进行自主创新。从激励企业自主创新的制度基础来看，政府对企业的补助制度是政府鼓励企业创新最重要的制度。因为企业的研发创新具有外部性，高风险、低收益的研发模式会降低企业的研发热情，为了弥补市场失灵，政府会提供补贴以降低企业创新成本，同时传递企业创新行为认证效果的信号，激发企业自主创新积极性和主动性，全方位提升企业的创新水平。

汽车制造工艺彰显出国家的工业水平，汽车行业为整个国民经济的发展提供了强有力的推动力，如表 1 所示，2014 年以来汽车制造业规模以上企业主营业务收入占全国规模以上工业企业营业收入的比重从 6.13% 不断增长到 2020 年的 7.68%，成为工业体系中重要的组成部分。2020 年全国汽车产量达到 2522.5 万辆，相比于 1978 的 14.9 万辆，增长了 169 倍，目前汽车行业已经从迅猛增长时期进入平稳增长时期，持续为国民经济的发展提供强劲动力。

**表 1　2014—2020 年汽车行业营业收入和产量**

| 年份 | 汽车制造业规模以上企业主营业务收入（亿元） | 全国规模以上工业企业营业收入（亿元） | 汽车行业营业收入占比（%） | 汽车产量（万辆） |
|---|---|---|---|---|
| 2014 | 67818.48 | 1107032.52 | 6.13 | 2372.52 |
| 2015 | 71069.40 | 1109852.97 | 6.40 | 2450.35 |
| 2016 | 81347.16 | 1158998.52 | 7.02 | 2811.91 |
| 2017 | 84637.11 | 1133160.76 | 7.47 | 2901.81 |
| 2018 | 80484.6 | 1057327.30 | 7.61 | 2782.74 |
| 2019 | 80846.7 | 1057824.9 | 7.64 | 2567.67 |
| 2020 | 81557.7 | 1061433.6 | 7.68 | 2522.50 |

资料来源：国家统计局。

我国汽车年销量自 2013 年开始一直保持在 2000 万辆以上，截至 2020 年底，全国机动车保有量为 3.72 亿辆，汽车保有量为 2.81 亿辆，由于燃油汽车仍然在汽车市场中占据主导地位，我国每年都要进口大量不可再生的石油资源，2019 年我国原油进口量 50572 万吨，石油对外依存度高达 70.8%，我国交通用油量占到国家石油消耗量的 70%，能源紧缺问题凸显①；全球化进程、能源消费的现代经济发展特征下化石燃料的大量燃烧，导致温室气体排放持续增加，全球变暖现象不断加剧，汽车数量的快速增长在方便居民日常生活的同时，大量化石燃料燃烧对城市环境和居民身体健康都产生了较大的影响。

因此，世界各国意识到传统燃油汽车对国家能源安全以及环境带来的影响，节能减排、保护环境的呼声也日益高涨，各国逐步实施对燃油汽车的相应管控措施。英国、以色列、美国加州、韩国首尔市、法国等多个国家或地区相继出台文件，计划在 2030—2040 年禁售燃油车。在实现碳达峰、碳中和的目标背景下，新能源汽车具有低污染、低排放的特点，不仅可以降低对传统化石燃料的依赖，还有助于我国环境保护、实施可持续发展战

① 《中国油气产业发展分析与展望报告蓝皮书（2019—2020）》。

略。“十四五”规划中也明确提出要重点发展新能源汽车等战略性新兴产业，加强核心技术的创新发展。因此推进汽车产业转型升级、走绿色健康发展之路是时代发展的必然结果。

新能源汽车行业作为技术密集型行业，创新能力的高低决定着企业的核心竞争力。欧美、日本等国家自工业革命以来通过数百年的技术积累，拥有完善的管理体系、先进的科学技术、高效的供应链体系，而我国整体的汽车工业化水平还略显薄弱。同样的，在新能源汽车领域我国相比于发达国家起步较晚，整体技术创新能力和研发技术积累较为薄弱。而该行业为技术密集型产业，前期的研发成本相当高昂，仅凭自己的资金和实力难以实现科技创新能力的快速提升。党的十八届三中全会提出，对于一些技术和市场还未成熟的重大战略性新兴产业，需要通过相关政策加以引导，推进企业创新能力的提升，提高产业整体的核心竞争力；党的十九大报告也指出，要发挥投资对优化供给结构的关键性作用，旨在以定向普惠、稳定透明的政府投资政策引导企业在关键核心技术领域加大研发投入，以支撑汽车共性科技研究发展，释放全社会的创新活力。新能源汽车行业作为践行国家节能减排、发展低碳经济、实施可持续发展战略要求的代表性行业，受到高度关注，政府通过政策扶持和资金支持促进新能源汽车行业的发展也显得十分重要。

### （一）新能源汽车行业政府补助情况

新能源汽车行业作为新兴产业，研发成本高、资金占用大、市场竞争力差，政府通过市场干预的方式提供资金，不仅能创造优越的外部环境，降低企业的经营风险，更能助力企业创新，提供企业发展的动力。本文以 WIND 数据沪深 A 股整车制造分类下新能源整车公司为研究样本，剔除 2018 年借壳上市的北汽蓝谷对行业数据的影响，整理出 16 家新能源汽车公司 2016—2019 年计入当期损益的政府补助数据（见表 2）。

**表 2　2016—2019 年 16 家新能源汽车企业政府补助金额明细**　单位：亿元

| 年份 | 2016 | 2017 | 2018 | 2019 | 合计 |
|---|---|---|---|---|---|
| 上汽集团 | 25.47 | 26.59 | 35.84 | 47.18 | 205.34 |
| 长安汽车 | 8.64 | 16.13 | 28.73 | 15.38 | 78.65 |
| 比亚迪 | 7.11 | 12.76 | 20.73 | 14.84 | 76.00 |
| 广汽集团 | 2.23 | 4.42 | 11.7 | 29.02 | 54.39 |
| 江淮汽车 | 4.11 | 6.02 | 12.78 | 11.17 | 40.84 |
| 福田汽车 | 8.57 | 3.74 | 2.01 | 1.43 | 36.72 |
| 江铃汽车 | 5.18 | 6.41 | 3.98 | 4.67 | 34.87 |
| 长城汽车 | 1.34 | 4.39 | 3.22 | 6.09 | 24.18 |
| 宇通客车 | 3.59 | 2.93 | 2.77 | 2.2 | 17.72 |
| 小康股份 | 0.51 | 1.03 | 2.05 | 5.31 | 10.73 |
| 金龙汽车 | 1.79 | 1.12 | 0.95 | 1.29 | 9.49 |
| 曙光股份 | 0.38 | 0.22 | 0.19 | 0.27 | 5.10 |
| 一汽解放 | 0.69 | 0.37 | 0.38 | 2.17 | 4.55 |
| 东风汽车 | 0.5 | 0.45 | 0.3 | 0.2 | 3.59 |

续表

| 年份 | 2016 | 2017 | 2018 | 2019 | 合计 |
|---|---|---|---|---|---|
| 中通客车 | 0. 25 | 0. 59 | 0. 4 | 1. 14 | 2. 87 |
| 亚星客车 | 0. 02 | 0 | 0 | 0. 03 | 1. 17 |
| 合计 | 70. 38 | 87. 17 | 126. 03 | 142. 39 | 606. 21 |
| 均值 | 4. 40 | 5. 45 | 7. 88 | 8. 90 | 37. 89 |

资料来源：Wind。

新能源汽车行业政府补助呈现出金额大，增长迅猛的特点。如表 1 所示，在 2016—2019 年，16 家新能源汽车公司共获得了 425. 97 亿元的政府补助资金，补助金额巨大。补助金额呈现大幅增长趋势，同期年均复合增长率为 26. 46%，4 年间政府补助的金额已经扩大 1 倍之多（见图 1）。

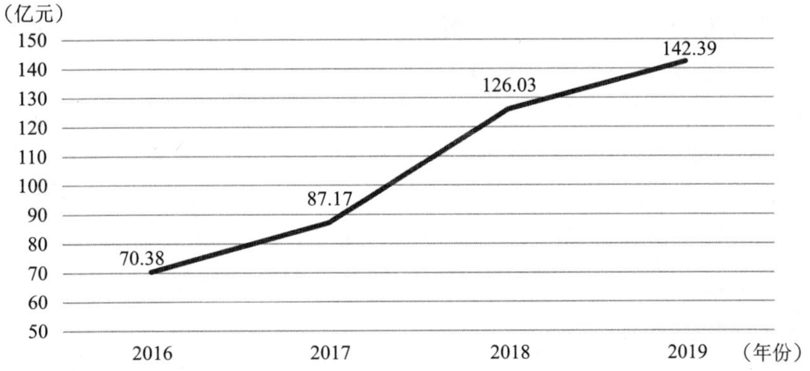


**图 1　新能源汽车行业计入当期损益的政府补助金额**

资料来源：Wind。

与此同时，新能源汽车行业政府补助力度远高于 A 股其他公司。如图 2 所示，2016—2019 年，该行业每公司获得的政府补助金额是 A 股其他上市公司的 12. 43 ~20. 28 倍。足以体现出我国对于新能源汽车行业发展的重视。

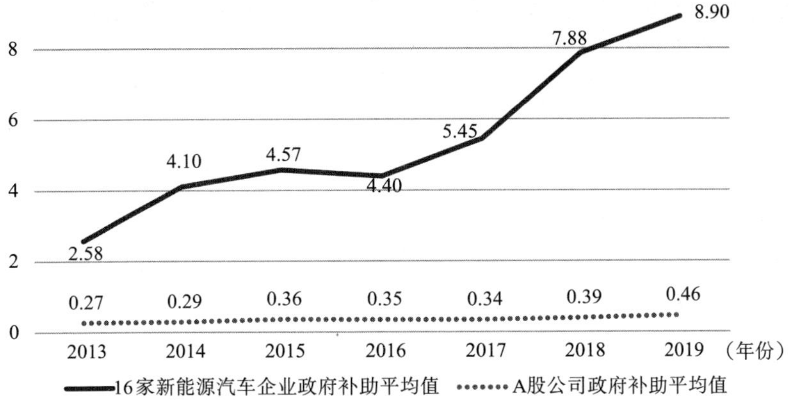


**图 2　新能源汽车行业与 A 股企业计入当期损益的政府补助平均值**

资料来源：Wind。

2020 年新冠肺炎疫情之后，我国政府也出台了相应政策进行宏观调控，加大政府补助支持力度，保障新能源汽车行业的稳定发展。2020 年 10 月，国务院颁布《新能源汽车产业发展规划（2021—2035 年）》，指出要增强新能源汽车行业科技创新能力，保持整车和零部件并重，推动电动化与网联化、智能化技术相互融合协调发展，构建互融共生、分工合作、利益共享的新型产业生态，有效降低疫情对该产业的直接冲击，助力新能源汽车产业平稳发展。我国采取的积极财政措施涵盖了补贴、税政和奖励等多种渠道。一是下达资金 107.7 亿元，补贴新能源汽车购置资金。同时，集中资金支持东风、吉利、比亚迪、上汽等新能源汽车龙头企业，通过龙头稳定整体产业链；二是对新能源车补贴车型限定价格在 30 万元，拉动新基建需求端发展，同时倒逼部分具有竞争力的产品降价至 30 万元以内；三是每年补贴规模上限高达约 200 万辆，提高产品质量，帮助规模大的龙头企业获得更多政策支持；四是对 2020 年底到期的新能源汽车免征车辆购置税政策延长至 2022 年底，提振市场信心，释放消费潜力；五是启动充电基础设施建设奖补工作，补齐产业发展短板，降低“车多桩少”对产业发展的制约。此外，工业和信息化部结合疫情对新能源汽车产业带来的一系列影响，于 2020 年 6 月发布了新的“双积分”政策，使新能源汽车积分制度更加灵活，进一步提高了新能源汽车考核比例。此政策要求车企在制造燃油车的同时制造一定比例的新能源汽车，否则将会受到企业停止申报生产或停业的惩罚，同时，引导企业加大新能源汽车领域的技术研发投入，通过市场调节，促进技术研发与新能源汽车产业协调发展；另外，该政策通过政府强制力，刺激企业为满足政策要求约束自身行为，将补助资金真正用到产品的研发与创新当中，因此，在一定程度上强化了政府补助对企业研发活动的影响程度。

我国政府重视对新能源汽车行业的补助主要是因为技术、生产及使用成本居高不下，需要利用补贴手段为发展新能源汽车市场创造“比较优势”，除了财政补贴、减税降费、双积分政策外，国家还出台政府采购、不限行限购、无须车牌摇号等相关政策。

### （二）新能源汽车行业创新投入和专利产出情况

新能源汽车行业属于高新技术产业，创新能力是产业的核心竞争力，政府补助的存在大大激发了新能源车企的研发热情，加快了新能源汽车技术的研发进程。

研发投入是企业进行创新的重要资金来源，研发人员数量是企业进行创新的重要支撑，都体现出企业对于创新的重视程度和支持力度，本文借鉴应晓妮（2020）的研究，用二者表征创新投入。如图 3 所示，2016—2019 年新能源汽车行业研发支出金额巨大，研发支出均值远远高于 A 股上市公司，为后者的 15 倍左右。同时，新能源汽车行业研发支出增长迅速，2018 年增长率达到 29.77%。

技术研发人才是实现技术突破和创新的重要方式，随着新能源汽车行业对研发需求的不断加大，对研发人员的需求也不断增加，如图 4 所示，自 2015 年以来新能源汽车行业的研发人数和研发人员占总员工比都呈现出稳步增长的态势。

专利数量是衡量新能源汽车行业研发产出效果的重要数据，也是衡量政府补助助力企业技术研发效用的重要标准。2016—2019 年，新能源汽车行业专利申请与授权数均值呈现出震荡上升的趋势（见图 5）。

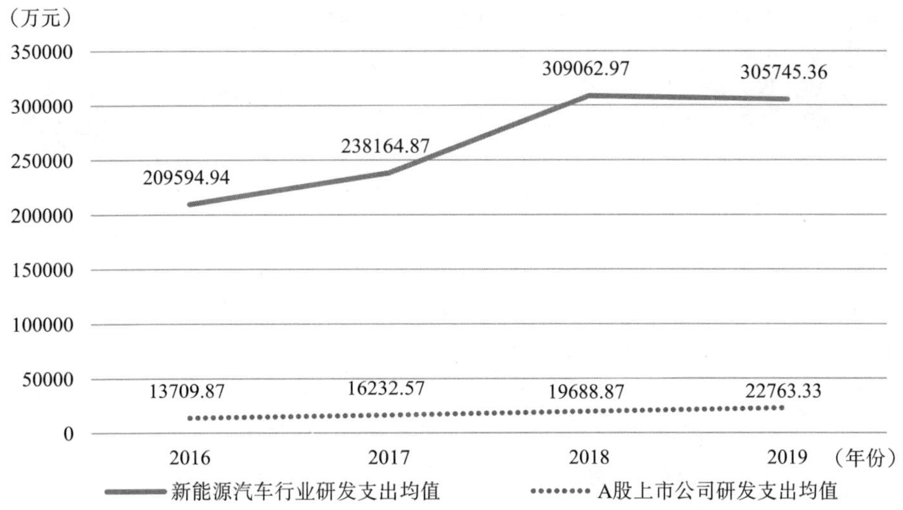


**图 3　新能源汽车行业与 A 股上市公司研发支出均值**

资料来源：Wind。

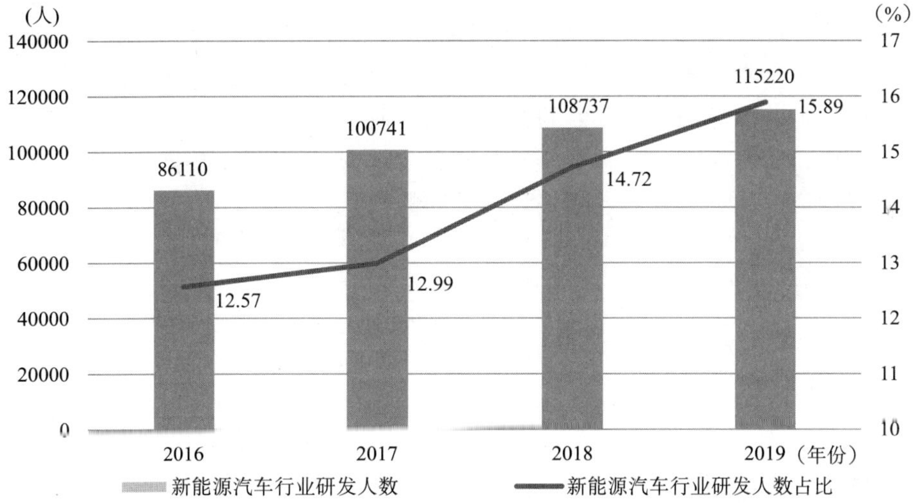


**图 4　新能源汽车行业研发人数与研发人数占比**

资料来源：Wind。

## 二、政府补助对新能源汽车行业专利产出的激励效应

政府补助作为新能源汽车行业无形资产融资的重要抓手，目前补助种类较多，按照补助目的可分为研发相关、推广应用型及非研发相关政府补助。一是研发相关政府补助，指政府对于企业研发投入的直接补贴和对技术创新的资金激励，是鼓励企业进行科技创新的直接资金来源；二是非研发政府补助，包括推广应用型和非研发相关政府补助，主要是向新能源汽车购买者提供车辆购置补贴、地方政府招商引资、财政贡献奖励、拆迁补偿等。

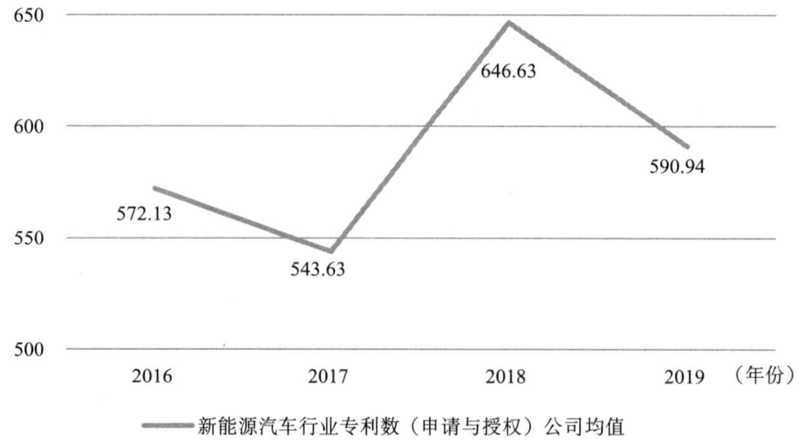


**图 5　新能源汽车行业政府补助与专利数**

资料来源：Wind。

其中，研发相关与非研发相关政府补助数据来自公司年报手工整理，二者之和为计入当期损益的政府补助。由于上市公司获得研发相关政府补助的相关信息尚未形成统一的披露形式，因此本文借鉴郭玥（2018）的研究，当政府补助明细条目中包含与研发相关的关键词的条目（如研究、开发等）则计为研发相关政府补助。推广应用型政府补助数据来自工信部。

新能源汽车行业各类型政府补助的金额如图 6 所示。从中可以看出三种类型政府补助的占比明显不同，研发相关政府补助金额远远小于非研发相关以及推广应用型政府补助，呈现出非研发政府补助远大于研发相关政府补助的现状。

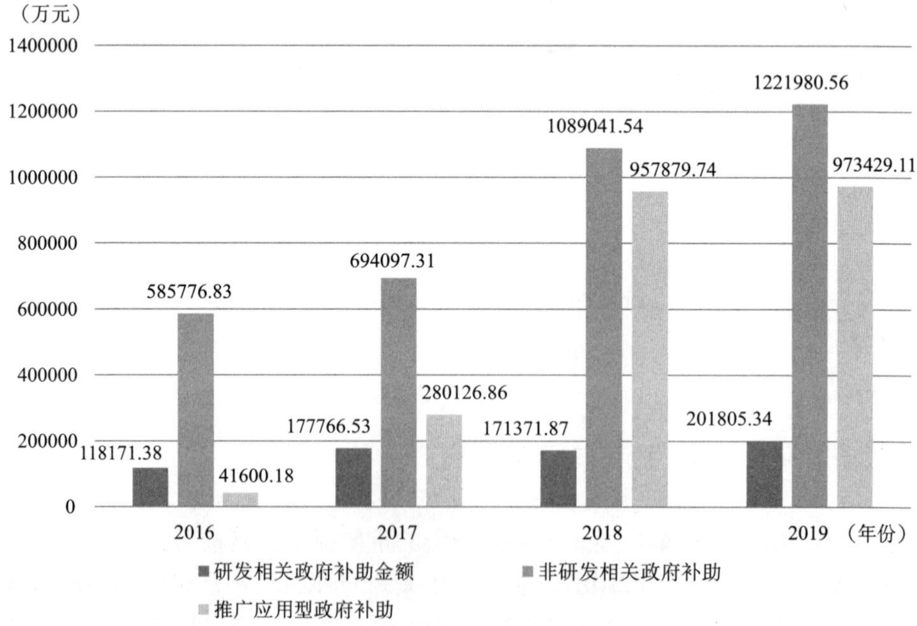


**图 6　新能源汽车行业各类型政府补助金额**

资料来源：公司年报、工信部。

2016—2019 年，新能源汽车行业研发相关政府补助占政府补助总额的比值依次为 15. 85%、15. 43%、7. 73%、8. 42%，而推广应用型政府补助占比为 5. 58%、24. 32%、43. 18%、40. 61%，非研发政府补助占比更是高达 78. 57%、60. 25%、49. 09%、50. 98%，差距悬殊（见表 3、图 7）。

**表 3　　2016—2019 年新能源汽车行业各类政府补助金额**　　单位：万元

| 年份 | | 2016 | 2017 | 2018 | 2019 |
|---|---|---|---|---|---|
| 研发相关政府补助金额 | | 118171. 38 | 177766. 53 | 171371. 87 | 201805. 34 |
| 非研发政府补助 | 非研发相关政府补助 | 585776. 83 | 694097. 31 | 1089041. 54 | 1221980. 56 |
| | 推广应用型政府补助 | 41600. 18 | 280126. 86 | 957879. 74 | 973429. 11 |

资料来源：公司年报、工信部。

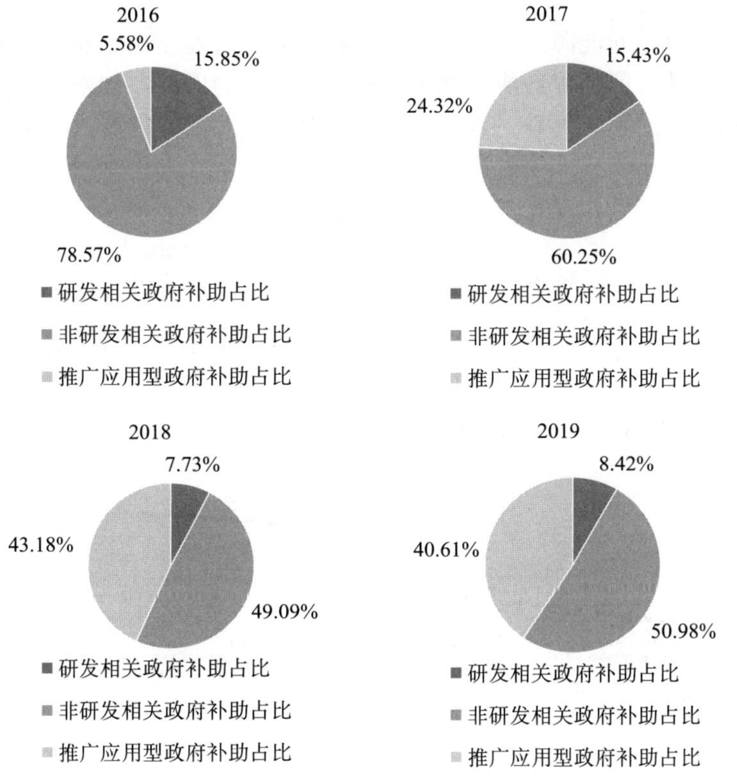


**图 7　2016—2019 年新能源汽车行业各类型政府补助占比**

资料来源：公司年报、工信部。

技术创新的高投入、高风险特性，使规模效应和资金效应更加明显，大企业通过政府补助资金的大力支持，再依托自身完善的研发体系，所获得的创新产出能力也更加强劲。

上汽集团、长安汽车、比亚迪、广汽集团、江淮汽车五家公司 2016—2019 年每年收到的政府补助占到新能源汽车行业补助资金的 64. 74%～76. 96%，五家公司申请、授权专利数量的占比基本维持在 65%左右（见表 4），二者具有明显的配比效应，政府补助对无形资产产出的推动作用显著。

表 4　　2016—2019 年部分企业政府补助金额及专利数

| | 政府补助金额（万元） | | | | 申请、授权专利数（个） | | | |
|---|---|---|---|---|---|---|---|---|
| | 2016 年 | 2017 年 | 2018 年 | 2019 年 | 2016 年 | 2017 年 | 2018 年 | 2019 年 |
| 上汽集团 | 258389 | 288013 | 406104 | 610976 | 2842 | 3052 | 3607 | 3005 |
| 长安汽车 | 86495 | 184499 | 324847 | 158220 | 886 | 611 | 1284 | 1341 |
| 比亚迪 | 73609 | 218561 | 522484 | 584213 | 444 | 535 | 395 | 345 |
| 广汽集团 | 22850 | 44844 | 119661 | 323025 | 150 | 441 | 739 | 1018 |
| 江淮汽车 | 41302 | 73422 | 155378 | 168414 | 1689 | 1108 | 787 | 649 |
| 五家合计 | 482645 | 809339 | 1528474 | 1844848 | 6011 | 5747 | 6812 | 6358 |
| 行业占比 | 64.74% | 70.26% | 68.90% | 76.96% | 65.67% | 66.07% | 65.84% | 67.24% |

资料来源：公司年报、工信部。

由图 8 可以看出，新能源汽车行业政府补助金额与研发支出金额、研发人数、专利申请数大致呈正向变动，即随着新能源汽车行业政府补助的增加，创新投入随之加大，进而促进了行业专利产出的不断提升，表明政府补助对新能源汽车行业的专利产出存在明显的激励作用。

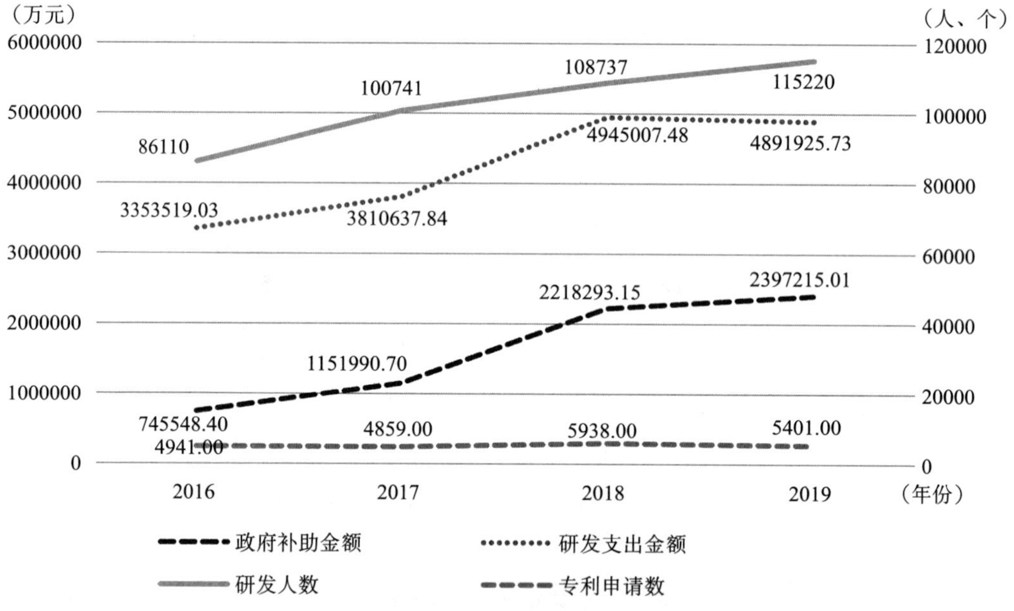


**图 8　新能源汽车行业政府补助与研发投入强度**

资料来源：Wind、公司年报、工信部。

然而政府补助在新能源汽车行业的实践中存在资金投入与创新激励错配问题，不利于无形资产融资的专利产出。一方面，研发相关政府补助创新效果显著。2016—2019 年，每千万元研发相关政府补助能够产生的专利授权数为 20.09 ~ 35.65，反观非研发相关政府补助，该数据仅为 3.31 ~ 7.19，差距明显。这表明，研发相关政府补助能够比非研发政府补助实现更高的专利授权，对无形资产的形成具有更大的贡献（见图 9）。

**图 9　不同类型的政府补助金额产生的授权专利数**

资料来源：Wind、公司年报、工信部。

另一方面，研发相关政府补助的资金投入增长匮乏。近四年来，新能源汽车行业非研发相关政府补助金额增长 109%，推广应用型政府补助金额增长 2240%，二者构成的非研发政府补助合计增长 250%，而更高投入产出效应的研发相关政府补助仅增长 70%（见图 10），二者相差 180 个百分点。政府补助的错配问题影响了政府补助在无形资产融资的创新激励作用，需引起重视。

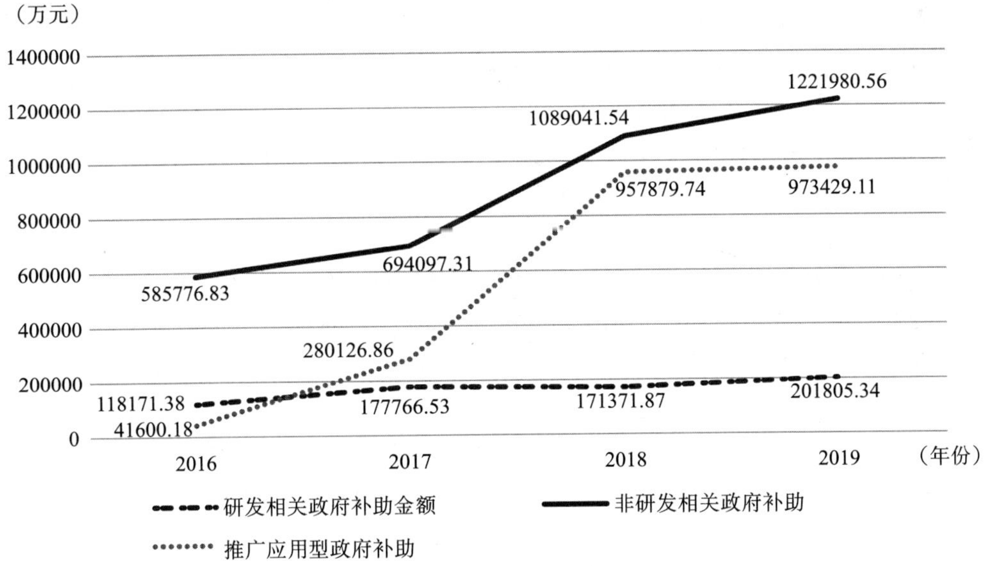


**图 10　新能源汽车行业各类型政府补助金额**

资料来源：公司年报、工信部。

新能源汽车行业的政府补助错配问题可归结为两个原因。

（1）研发相关补助往往较难核实真实用途，且仅对初创与扩张期企业效果明显。首先，与研发活动直接相关的费用包括人工费用，材料、燃料和动力等直接投入费用，折旧费，资料费、差旅费、办公费等其他相关费用等，但这些费用难与企业生产管理销售费用实现精准切割。其次，研发补助更多地在产业起步阶段为新型产业带来盈利优势，但产业稳定后，政府补助对企业研发的激励效用显著减弱，产生同质化与产能过剩。研发相关补助对产业长期提升的动能不足导致了政府在产业平稳后的扶持力度减缓。

（2）非研发政府补助中的“以奖代补”能激发市场新活力。中央财政“以奖代补”大幅提升了龙头企业的盈利和研发能力。同时，非研发补助中的奖励龙头企业做法能够建立合理公正的评价机制，防止上市公司粉饰业绩以获取政府补助。因此，近年来的非研发政府补助的投放力度更大。

## 三、政府补助助力无形资产融资的国际经验

新能源汽车行业的政府补助促进无形资产融资可借鉴国际上的政策举措，以发挥以政府补助为代表的财政政策的积极宏观调控作用。

（1）实施政府担保举措助力中小企业加大无形资产融资。美国成立了小企业管理局（The U. S. Small Business Administration）为中小企业的无形资产融资提供担保。与此同时，美国设立了一个总量250亿美元的新能源汽车行业低息贷款基金和45亿美元的政府贷款担保。

（2）设立政府投资基金拉动私营部门的无形资产投资。韩国政府以非市场的政府资源设立各种融资机构，直接投资或间接融资于高科技产业，同时也在资产评估、完工保证、技术评价和其他相关服务等方面由政府主导建立相应的扶持机构[6]。

（3）政府在商业信贷、财政补贴、税收优惠等方面给予创新企业更多的政策倾斜与扶持。美国政府辅助以低息贷款和税收优惠形式支持企业对新能源汽车的研发和生产。法国政府也在2014年开始实施财政补贴、税收优惠、加大电池研发经费投入等一系列举措，提高各大车企对新能源汽车领域的重视程度。

（4）试行无形资产证券化。耶鲁大学曾在2000年以其拥有的艾滋病药物Zerit未来销售收入的现金流量权为底层资产，针对公认具有社会影响力的专利，发行专利资产证券化产品。专利资产证券化方式相较于传统的专利质押担保，能够获得金额更多利率更低的贷款，同时在赋予社会投资者信心和保障的同时，能够集结社会闲散资金支持无形资产的发展壮大。

（5）对消费者提供减税补贴，减少消费者购置成本。美国各州和地方政府一方面为消费者提供额外的减税补贴基金，该基金可以与联邦政府补贴同时使用；另一方面，针对符合补贴标准的车型，美国允许消费者进行退坡式个税减免，以销量3万辆、4.5万辆、6万辆为分界线，累计超过以上数量可分别享受50%、25%、0的减税额。日本政府则免除电动汽车购置税和排放税以及一半的车辆税。德国政府出台减免5年或10年的车辆保有税的税收优惠政策，即使优惠结束，所需缴纳的税金额度仍将低于传统燃油汽车。同时德国在2015年便实施了高额度电动汽车补贴计划，根据该计划，从2016年5月起，购买纯电动汽车、混合动力汽车的消费者可以分别获得0.4万欧元和0.3万欧元的补贴，计划

总补贴额度高达 12 亿欧元。挪威本身工业缺乏，汽车加工业薄弱，购车成本高昂，需缴纳超过车价本身的高额税款。因此，挪威政府规定自 2013 年开始，前 5 万辆新能源汽车无需缴纳道路税和购置税，相较于同价位燃油汽车，消费者可节约一半以上的税金支出。

（6）通过增收方式为新能源汽车企业减负。其一，美国各州政府通过电费减免等配套政策降低新能源汽车的使用成本。与此同时，推行零排放积分交易机制，通过出售积分等方式给新能源汽车企业带来直接的收入。积分制政策的优势不仅于此，它一方面有效减轻了政府的财政负担，一方面鼓励企业去开发制造满足消费者需要的清洁能源车型，同时政府部门也会通过市场反应调整相关标准，从而促使政府和市场之间更为配合。这一政策的实施使市场上出现了专门在新能源汽车领域深耕研发与销售的企业，而对于传统汽车企业而言，该政策的出现也为其开辟了新的发展方向。各大车企的涌入参与打造了良性的市场竞争环境，有效激发了市场的创新活力。美国 10 个实施该机制的州销售量占整体车辆销售市场的比例不足 30%，而在新能源汽车销量份额中，其所占比例为前者 2 倍之多，达到 62%。

（7）完善构建新能源汽车的使用环境，助力新能源汽车产业的全方位发展。其一，为提高用户使用电动汽车的积极性，创造更为便利的使用场景，德国在 2014 年 10 月发布了有效期至 2030 年的《电动汽车法》，该法案给予电动汽车道路交通特权，如电动汽车在德国将获得停车费部分或全数豁免；在充电站周围为电动汽车设置专属停车场；一些限制车辆通过的路段，例如防噪音或防废气排放路段，也可对电动汽车允以放行等。在美国加州，电动汽车可以走多乘员车道，该车道不对车内乘员数量做出限定，美国其他各州县也提出了汽车免费停放的优惠政策，在道路交通方面也可以获得专用车道使用权利。其二，多政府部门联动开展产业研究。德国经济与能源部、交通和数字基础设施部、教育与研究部以及环境、自然与核安全部等多部门于 2009 年共同设立了“国家电动汽车平台”（NPE），得益于德国政府给予的研究经费支持，该平台共开展了 82 个研究项目，目光聚焦在多个电动汽车核心技术领域。

综上所述，各国政府在促进无形资产融资方面都发挥着举足轻重的作用，从不同维度开展顶层设计及落实政策措施，为驱动企业创新和更好发挥政府补助在助力无形资产融资方面的功能保驾护航。从具体的方式上来看，国外政府一方面直接为电池等研发项目提供经费支持，另一方面也采用间接补贴的方式，如车价补贴、各项减税降费举措。美国政府更是另辟蹊径，率先采用创新型的积分制政策，在减轻政府财政负担的同时，更好地发挥市场的调节功能，激发企业的研发和创新潜能。同时各国政府均注重新能源汽车领域的生态环境构建，在法律法规的制定上给予相应“特权”，完善消费者的使用场景，联动各部门开展产业研究，从宏观层面给予数据和决策支持。除新能源汽车领域，为助力无形资产融资，各国政府在金融领域也大显身手，不仅牵头设立担保贷款、政府投资基金等，同时积极创新金融产品，很早便开展无形资产证券化，引导民间资本向无形资产融资领域倾斜，在资产评估等第三方服务机构的建设上也给予相应的扶持，加快解决无形资产融资过程中的难以定价、风险高等系列问题，进一步完善无形资产融资的金融市场建设。

## 四、我国政府补助支持无形资产融资的政策建议

通过对国内外新能源汽车行业的政府补贴政策进行比较，可以发现，各国政府均在财政补贴、税收优惠、税费减免等方面给予了强有力的支持。我国新能源补贴政策借鉴了各国的成功经验，通过减免各类税费、进行价格补贴以及双积分政策等，一方面刺激消费者购买，另一方面充分发挥市场作用；通过形成良好竞争环境，激发企业研制新能源汽车的内生动力。然而，目前新能源汽车行业的政府补助在实践中存在资金投入与创新激励错配问题，严重弱化了资金的利用效率和无形资产的产出效果。同时在外国政府牵头的政府担保、投资基金、无形资产证券化等多样化无形资产融资建设方面，我国政府的支持或有缺失。结合我国新能源汽车行业中政府对以专利为代表的企业无形资产提供资金支持的实践成效，以及政府补助助力无形资产融资的国际经验，我们针对无形资产融资的相关政策措施提出建议。

（1）进一步优化研发相关政府补助结构，提高政府补助的资源配置效率，最大化创新补助的激励效果。我国新能源汽车领军者比亚迪 2016—2019 年获各项政府补助资金共计 183 亿元，其中仅 16.54 亿元为研发相关补助，占比 9.04%；而推广应用型补助金额则高达 127.56 亿元，占比 69.70%。新能源汽车行业的政府补助呈向市场而非技术倾斜的状况。而从上文分析中得知，研发相关政府补助对创新的激励作用实则更加显著。因而，政府补助要发挥促进无形资产融资的最大效能，就要将研发领域作为政府补助的投放重点，鼓励企业进行技术研发，追求技术进步，而不是给企业促销扩大市场。此外，政府还可以增加国家和省级技术奖励中新能源汽车行业关键性科技突破的占比，以提高政府扶持资金的应用效益和导向性，并通过各类国家重点科学技术平台吸引龙头企业参加国家重要共性技术研发突破计划，以促进企业科技成果的转化。

（2）尝试推行政府投资基金、融资担保与无形资产证券化等多样化的无形资产融资渠道。一方面，借鉴国外经验，充分发挥政府在信贷、投资等领域的干预职能，尝试利用政府背书引导产业投资等方式进行无形资产融资。一是有效借鉴美国小企业管理局为中小企业的无形资产融资提供担保举措。二是妥善采取韩国以政府投资基金拉动私营部门的无形资产投资的新渠道。三是积极探索日本对新兴产业的信贷政策倾斜，督促各类融资机构完善融资配套工作。另一方面，可尝试推行无形资产证券化。无形资产证券化具有盘活企业无形资产价值、开辟科技型企业直接融资新渠道、降低科技型企业资金成本、提供长期稳定资金支持、加快科技型企业技术成果转化、引导商业银行重视科技型企业等一系列优势。我国专利资产证券化处于发展初期，运作复杂烦琐，潜在风险因素较多，2019 年 9 月广州开发区发行了首个纯专利资产证券化产品，远晚于美国等发达国家。考虑到以专利权为代表的无形资产定价难、风险高等特点，可建立知识产权交易所①，并引入科学的专利价格评定制度，通过市场定价和标准化条款促进知识产权非独家授权和交易的透明公平。同时政府应推动完善无形资产证券化中的法律法规，明确市场的交易规则以及各方参与主

① 全球第一家知识产权交易所 Intellectual Property Exchange International 于 2009 年在芝加哥成立。

体的法律责任和义务，提高职业道德素养，畅通沟通渠道，从而保障交易准则与相关法律法规的深入贯彻与落实。

（3）政府应在确保企业市场化发展的前提下，支持无形资产融资。我国的新能源汽车产业补助政策对行业发展也起到了积极作用，但仍需要对相关政策进行优化改进，可以考虑借鉴发达国家经验，更多采用税收抵减、低息贷款支持等措施逐步取代直接的现金补助，还可考虑降低车辆使用成本、配套相应的电动汽车交通法规、提升配套设施水平。

## 参考文献


［1］2020 年全国汽车保有量达 2.81 亿辆，新能源车增量连续 3 年超 100 万辆［J］. 汽车与配件，2021（1）：12.

［2］潘卓伦. 到底什么时候禁售燃油车？各国时间表来了［N］. 时代财经，2020 - 11 - 30.

［3］应晓妮. 政府补贴对新能源汽车企业创新投入的影响研究［J］. 中国物价，2020（02）：33 - 35，39.

［4］周子彭，徐丽军. 双积分政策下政府补贴对车企研发力度的影响研究［J］. 上海商业，2021（7）：190 - 192.

［5］郭玥. 政府创新补助的信号传递机制与企业创新［J］. 中国工业经济，2018（9）：98 - 116.

［6］李建英，欧阳琦. 知识产权质押贷款走向市场化的路径研究［J］. 河北经贸大学学报，2012，33（2）：66 - 70. DOI：10.14178/j.cnki.issn1007 - 2101.2012.02.006.

［7］袁晓东. 美国专利资产证券化研究［J］. 科技与法律，2006（3）：57 - 61.

［8］曹钟雄. 美国新能源汽车产业补贴政策启示［J］. 能源研究与利用，2018（2）：25 - 26. DOI：10.16404/j.cnki.issn1001 - 5523.2018.02.013.

［9］刘世磊，张厚明. 国外电动汽车产业发展现状及启示［J］. 中国国情国力，2020（10）：63 - 66.

［10］张长令. 德国电动汽车补贴政策的经验与启示［J］. 中国发展观察，2016（17）：58 - 61.

［11］高亚丽. 我国新能源汽车产业扶持政策问题研究［J］. 企业科技与发展，2020（9）：1 - 2，5.

［12］唐飞泉，谢育能. 我国首个纯专利资产证券化产品探析［J］. 银行家，2020（4）：97 - 98.

# ESG、气候中性与商业银行资产管理创新

江日初[①]

## 一、引言

ESG 相关理念早在 20 世纪五六十年代就已经开始孕育（黄世忠，2021），ESG 概念的正式提出，则归功于 2004 年与 2006 年联合国的倡议。2004 年，20 家金融机构为响应联合国秘书长科菲·安南（Kofi Anon）的号召而在发布的一份报告中提出了环境、社会和治理（Environment、Society 和 Governance）原则，其首字母缩写为 ESG，指的是企业和投资者如何将环境、社会和治理问题融入他们的商业模式中。2006 年，联合国责任投资原则组织（PRI：Principles for Responsible Investment）正式提出 ESG 概念。ESG 的孕育与提出，反映的是一种社会思潮变化，即企业发展不能仅仅关注自身获利的多寡，更应以可持续发展观为基础，同时甚至优先关注企业运营对环境与社会的影响，而且，这种自觉性与关注点要以有效的公司治理为基础。

ESG 从理念到行动，宗教信仰、政府与跨政府组织起了重要的推动作用。英国是最早响应 ESG 倡议的国家之一，它在其制定的 2006 年版《公司法》（Companies Act 2006）中，鼓励所有公司披露 ESG 信息，对上市公司则强制要求披露。欧盟尽管在 2014 年就发布了《非财务信息报告指引》（Directive 2014/95/EU），要求公众企业必须披露 ESG 信息，但各成员国则在 2017 年颁布指引并开始执行。新加坡在 2016 年发布《可持续发展报告指引》，强制要求上市公司披露 ESG 信息。美国直至 2019 年才由众议院金融服务委员会发起《ESG 信息披露简化法案（2019 版）》（ESG Disclosure Simplification Act of 2019），通过 SEC 强制要求上市公司披露 ESG 信息。

近年来，ESG 广受重视，与《巴黎协定》（The Paris Agreement）有很大的关系。《巴黎协定》是由全世界 178 个缔约方共同签署的气候变化协定，是对 2020 年后全球应对气候变化的行动作出的统一安排。当前，全球应对气候变化已经由政治共识到共同行动。《巴黎协定》的长期目标是将全球平均气温较前工业化时期上升幅度控制在 2℃ 以内，并

① 江日初：厦门国家会计学院“一带一路”财经发展研究中心副教授。

努力将温度上升幅度限制在1.5℃以内。

2020年下半年，习近平总书记在联合国大会和气候雄心峰会上先后两次向世界做出中国二氧化碳排放力争于2030年前达到峰值，努力争取2060年前实现碳中和的庄严承诺。此后，不少中国企业纷纷表示将积极响应两碳目标，强化ESG相关信息披露。诚然，ESG理念是对企业运营的约束。然而，有趣的是，它最初的倡议对象却并非针对企业主或企业高级管理人员，而是金融机构。本文将着重研究以下三个问题：首先，欧美发达国家倡导的气候中性对我国企业有何影响？其次，金融机构，尤其是欧美商业银行在气候中性方面如何发挥作用？最后，我国商业银行如何通过资产管理创新促进双碳目标？

## 二、相关文献综述

国际国内有大量文献对企业践行ESG的绩效进行实证研究，实证结果指向并不具有一致性，部分研究认为践行ESG理念的企业具有较好的绩效结果，如Freeman（1997）、Ruf et al.（2001）、杨熠（2008）、乔海曙和谭明（2009）等。相反，部分研究则发现遵守ESG规则反而会使绩效变差，如Freeman和Jaggi（1982）、李正（2006）、邵君利（2009）等。事实上，这两种看似截然相反的实证研究结果并不必然矛盾。根据经济学原理，当企业将此前可能外部化的社会成本（如直接原始的排污等）内化为企业内部成本时，毫无疑问会导致企业成本上升，进而导致效益下降。然而，在形成环保等可持续发展的社会共识后，在绿色发展资金的支持、监管对非环保行为的惩罚等外力干预的条件下，践行ESG行为良好的企业会获得更多的支持，相反，未达到ESG标准的企业则可能受到来自社会的抵制、监管的惩罚，如此，企业践行ESG的绩效才会具有正向显著性。

工业化力量是环境问题最主要的推手。最初，银行业是被排除在环境问题名单之外的，因为从简单直观的角度看，它们很少直接损害环境（Ahmed & Uchida 2012；Cowton & Thompson，2000；Sahoo & Nayak，2008）。进一步看，银行通过融资活动与制造企业的环境损害联系在一起（Smith，1993），制造企业通过有争议的生产过程直接污染土地、空气和水（Sarokin & Schulkin，1991），因此，银行在信贷管理方面任何轻率的贷款过程，都可能被认为是银行对环境的不负责任行为，进而对银行造成负面影响，包括批评、负面宣传和处罚，如此，银行也将面临风险（Wanless，1995）。当然，尽管银行业不会产生严重的环境污染问题，但如果采取纠正措施改善环境，可以在电费、水费、燃料费、纸张费等方面实现巨大的节约（Miralles - Quirós et al.，2019）。

关于社会绩效和财务绩效之间关系的理论基础，存在两种相互补充的假说，Preston和O' Bannon（1997）的社会影响假说认为，公司的行为可能产生积极与消极的两方面影响。当公司能够有效地管理与利益相关者的关系，即产生积极影响时，它将获得竞争优势，随着时间的推移，它将为公司创造价值（Freeman，1984）。反之，消极的结果可以通过权衡假说来解释，高成本的社会责任行动意味着显著减少企业的利润，使他们处于不利地位相比，防止他们产生股东价值（Friedman，1970，1962；Aupperle et al.，1985）。除社会影响假说外，以Gómez（2008）为代表的研究者们则强调了社会、法律、文化等因素对社会绩效和财务绩效之间关系的调节作用。

对于商业银行促进双碳目标的作用与机理，还需回归商业银行自身功能进行解释。理论界对作为主要金融中介机构的商业银行的功能探讨异常丰富。古典经济学家强调商业的信用媒介与信用创造功能，前者如亚当·斯密、大卫·李嘉图和约翰·穆勒等，后者如约翰劳、熊彼得等。随着制度经济学与信息经济学的发展，经济学家还认识到商业银行还能够节约信息费用和交易费用，同时，基于商业银行的规模优势和信息优势，银行具有分摊风险的功能（Mayer et al.，1987）。Meton（1995）将商业银行作为金融中介的核心功能概括为六个方面，即支付功能、融资功能、资源配置功能、提供信息功能、解决信息不对称与激励问题的功能，并认为资源配置功能是其中的核心功能。盛松成（2006）强调了商业银行的筛选功能，意即商业银行基于自身利益，对贷款项目进行评估和选择，以发现企业价值并决定信贷配给。由于企业大部分收支活动都通过商业银行体系完成，银行体系能较充分地掌握企业的经营活动。同时，大型商业银行对于关键企业的上下游商业活动均了如指掌，所以具有垄断信息和持续利用信息的优势。再次，商业银行具有通过各种渠道生产信息的能力，包括对企业及项目实际调查所获得的信息、通过中介机构审计的财务报表以及征信系统获得的企业历史信用记录以及对国家政策和经济、产业的研究等。商业银行具备筛选功能关键在于其信息与规模优势。也正是在这种意义上，Mishkin（1995）认为，银行的工作就是生产信息。

## 三、当前国际流行的气候中性政策对我国经济的可能影响

近年来，受国际社会，尤其是欧盟相关组织的推动影响，ESG 日益成为金融机构以及国际投资者评估公司的标准。许多共同基金、经纪公司和机器人顾问现在都提供采用 ESG 标准的产品。摩根大通（JPMorgan Chase）、汇丰银行（HSBC）、富国银行（Wells Fargo）和高盛（Goldman Sachs）等金融服务公司要么发布了专门的 ESG 报告，要么在年报中披露了他们的 ESG 方法和底线结果（如表 1 所示）。

自《巴黎协议》签署以来，国际上要求引入 ESG 报告的国家显著增多，与此同时，ESG 在资本市场影响力也在逐步扩大。根据联合国负责任投资原则组织（PRI）最新数据，2019—2020 年度，负责任投资原则新增签署组织 662 个，比上一年增长 28%，签署组织总数达到 3038 个（其中中国为 39 个，同比增长 77%）。除了投资者自律外，市场约束也日益成为重要因素，如评级体系的制约作用，明晟指数（MSCI）、道琼斯可持续发展指数（DJSI）、富时罗素（FTSE Russell）等大多数指数已得到 PRI 的推动并融入 ESG 投资实践。与此同时，拥有世界影响力的商业巨头们，如谷歌、苹果等纷纷承诺加入逐步实现零碳排放供应链行列。

2021 年 3 月，欧洲议会通过了一项决议，主张引入与 WTO 兼容的碳边界调整机制（CBAM）。2021 年 7 月 14 日，欧盟委员会正式公布了 CBAM 提案—— “fit for 55”①，该

① 即欧委会提出的“在全面影响评估的基础上，到 2030 年将温室气体（“GHG”）的排放量比 1990 年的水平至少减少 55%，并在 2050 年实现气候中和”的目标及其一揽子政策措施，其重点是解决工业排放从欧盟向不受限制的第三国转移的挑战（即碳泄漏）问题。

表1　　部分国际大型银行 ESG 关注的气候与环境部分内容

| | 摩根大通 | 汇丰银行 | 德意志银行 |
|---|---|---|---|
| 环境 | 制订金融解决方案，推动应对气候变化的行动，并产生其他积极的环境影响 | 2030 年成为运营与供应链净零碳排放银行；2050 年成为零碳排放银行 | 联合国环境规划署金融倡议（UNEP FI）的成员，承诺遵守联合国全球契约的 10 项原则 |
| | 管理环境风险，包括气候相关风险 | 支持客户低碳与零碳转型 | 2019 年，约 80% 的电力来自可再生能源，已承诺到 2025 年将这一比例扩大到 100% |
| | 尽量减少实际运作对环境的影响 | 开启新的气候解决方案 | 加大减碳力度与逐步实现碳中和的气候目标① |
| | 与相关组织合作，促进可持续发展 | 帮助将可持续基础设施转变为一种全球资产类别，并创建一个有银行担保的项目管道 | 挑战在于帮助企业尽快减少二氧化碳排放 |

资料来源：根据相关银行 2020 年 ESG 报告（摩根大通与富国银行）与德意志银行 2020 年气候声明整理。

提案在欧洲议会和理事会 2003/87/EC 文件建立的“欧盟温室气体排放限额交易体系”的基础上，试图从贸易与供应链途径阻止碳泄漏②，以期逐步收紧全球范围内的碳排放总量。根据欧委会公布的 CBAM 提案，其基本方案主要包括两类：一是征收进口碳税。即在产品进入欧盟时，由边境海关向进口商征收碳税，征税基础为产品碳强度与欧盟碳价格，为避免重复征税，进口商有机会根据碳足迹以及生产国支付的碳税，要求减少征税额；二是由进口商购买进口商品的 CBAM 证书③。也即复制应用欧盟的 ETS（排放交易体系）机制。无论采用哪种方法，关键在于进口产品内嵌的碳排放强度与欧盟碳价格的高低。对于产品的碳排放强度，申报时可基于默认值④，也可以基于第三国生产者的实际排放量⑤。同时，为确保进口和国内产品的碳定价相等，自 2026 年开始，欧盟将以每年 10 个百分点的幅度逐步取消欧盟排放交易体系下的免费配额。

综合来看，欧盟的绿色转型途径主要是通过绿色投资培育绿色科技发展、通过碳排放交易与绿色融资限制并促进高碳企业转型与向低碳绿色发展，这对全球可持续发展可能是有利的。但欧盟主导的较为激进的气候中性行动，CBAM 将适用于钢铁、铝、水泥、化肥产品和电力，几乎涉及工农业的各个方面，很可能将从以下三方面对我国经济产生不利影响：

第一，尽管向进口商征收的碳关税属于流转税，其最终负担取决于需求与供给弹性，

① 德意志银行的气候目标：2025 年可持续融资目标为 2000 亿欧元；2025 年全球煤炭开采业务活动结束；停止为北极地区新的油气项目或新的油砂项目提供融资——立即生效；在 2022 年底前介绍测量气候影响的方法；2025 年前完全使用可再生电力。

② 由于与气候政策有关的成本原因，某些工业部门或分部门的企业将生产转移到其他低排放或无排放成本的国家（或地区），或从这些国家（或地区）进口相同产品以取代同等但温室气体排放较低的产品，就会发生碳泄漏。

③ CBAM 证书是指与货物中一吨嵌入式排放相对应的电子格式证书。

④ 默认值是指由代表货物内嵌排放的次级数据计算或提取的值。

⑤ 实际排放量是指按货物生产过程的原始数据计算的排放量。

然而，正如该提案所附的影响评估报告所述，“影响评估详细研究了该问题的跨国方面，包括对受 CBAM 影响的货物进出口的影响，以及通过上游或下游工序间接相关的影响”。而且，“实施 CBAM 将为联盟带来有限的行政费用。欧盟将从 CBAM 带来的收入增加中受益，CBAM 将为与措施相关的实施成本提供资金，并由成员国当局承担。它还将为欧盟带来新的自身资源”。这表明欧盟委员会的影响评估将会兼顾该方案欧盟成员国的影响，但其将不可避免地侵蚀我出口产品利润，甚至将部分碳密集型产品排除于（欧美）国际市场之外。第二，由于欧盟部分银行 ESG 目标为成为“运营与供应链净零碳排放银行”，而我国火力发电占 60% 以上，传统制造业及其下游产业很可能成为碳密集度较高产业，而被排除在国际产业链体系之外，这无疑是最糟糕、也是最严重的后果，这将涉及我国产业链安全问题。第三，受欧洲银行业影响，苹果等国际影响力巨大的商业巨头公司也纷纷承诺实现供应链碳中和行动。综合而言，如果我国经济不加速向低碳与气候中性转型，由于气候中性带来的经济与非经济壁垒可能会将我国制造业排除在国际供应链体系之外。

## 四、国内商业银行在推动减碳目标中大有可为

2020 年 9 月 22 日，习近平总书记在第七十五届联合国大会一般性辩论上表示，中国将提高国家自主贡献力度，采取更加有力的政策和措施，二氧化碳排放力争于 2030 年前达到峰值，努力争取 2060 年前实现碳中和。2021 年 3 月，《中华人民共和国国民经济和社会发展第十四个五年规划和 2035 年远景目标纲要》明确提出“推动绿色发展，促进人与自然和谐共生”，这与全球范围内的 ESG 理念是高度契合的。2021 年两会期间，“碳达峰”“碳中和”成为热词。国务院总理李克强在政府工作报告中提出，2021 年的重点工作包括扎实做好碳达峰、碳中和各项工作，制定 2030 年前碳排放达峰行动方案。3 月中旬，全国政协常委、社会与法制委员会驻会副主任吕忠梅提交了《关于碳达峰碳中和目标实现立法“三步走”的建议》。吕忠梅认为，碳达峰目标和碳中和愿景的实现触及多领域多行业主体的利益，利益的冲突与协调需要法治手段。能源、工业、交通、建筑等重点领域和钢铁、建材、有色、化工、石化、电力、煤炭等重点行业是碳达峰目标和碳中和愿景实现的关键。

减碳目标的实现不能简单地依靠碳排放规制，更多地需要依靠低碳生活、科技进步与产业结构转型三者的合力来加以实现。在实施过程中也必然涉及相关企业主体、管控部门、核查机构、地方政府、社会公众、碳交易机构、投资者、金融机构等多元主体的利益。自 2013 年 2 月以来，习近平总书记多次指出，坚持社会主义市场经济改革方向，让市场在资源配置中起决定性作用，更好发挥政府作用。为避免单纯依赖政府调控可能出现的“一放就乱，一抓就死”的局面，在促进碳达峰与碳中和的过程中，应充分理解把握并合理运用习总书记关于市场与政府两只手的作用论断，政府要在越位处主动收缩，在缺位处主动强化功能，让市场在资源配置中起决定性作用，更好发挥政府作用。

图 1 总结了我们构想的碳达峰与碳中和的三大支柱与六大基础。其中，第一支柱是以政府行为为主体、以减排目标规划、定期约束减排与限期淘汰减排为基础的规划与管控支柱，即政府及其相关部门在做好减排目标规划的基础上，将减排目标数量在重点排放行业

进行分解，而对于行业内碳排放企业，根据具体情况，对于落后与过剩产能部分，通过限期关停淘汰的方式实行减排，对于符合国民经济需求的，定期检查进行约束式减排。第二支柱为以行业与企业为主体、以科技为支撑、以产业发展规划、发展环保产业与采用清洁能源为基础的转型与替代支柱。第二支柱及其三大基础的含义为，我国是以工业为主的发展中国家，钢铁、建材、有色、化工、石化、电力、煤炭等既是碳排放的重点行业，又是关系国计民生的重点行业，简单地进行约束式甚至直接淘汰式减排肯定是不利于国民经济发展的。唯有通过科技支持走节能降耗与能源替代之路，同时，通过环保产业的发展，以光电等清洁能源替代石化能源，从而实现碳达峰与碳中和的目标。第三支柱为以市场为主体、以信息披露以及投资者与消费者市场约束为基础的披露与约束支柱。尽管我国不少企业已经发布了社会责任报告，但对于碳排放披露仍较为少见。为实现“碳 30/60”目标，披露与约束支柱是与转型与替代支柱相互作用与促进的两大支柱。在企业主动信息披露的基础上，信用评级机构、银行、债券、权益投资者以及消费者均可根据企业主体减碳情况予以督促，按照减碳情况奖优罚劣，促进市场主体在碳达峰与碳中和方面早日达标。

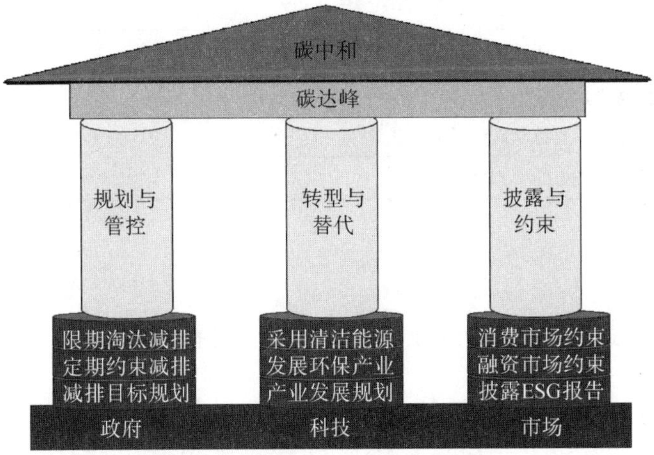


**图 1 碳达峰、碳中和的三大支柱与六大基础**

截至 2020 年末，中国金融体系依然是以间接融资为主体的金融体系，2021 年 1 月 12 日，中国人民银行披露 2020 年社会融资规模存量为 284. 83 亿元。根据 Wind 数据库显示，2020 年底，金融机构各项贷款余额为 172. 75 万亿元，金融机构贷款占比为 60. 65%。14 家国有及全国性股份制上市银行贷款总额为 102. 04 万亿元，占金融机构贷款总额的 59. 07%，其中，工农中建交邮 6 家大型国有银行占总额的 44. 14%。

融资约束是国内企业重要而有力的约束手段之一。涉及碳排放的重点行业绝大多数是较为成熟的工业企业，其融资来源主要依赖于银行体系的融资，而且，2015 年以来，受中国经济步入新常态、中国经济结构性转型调整等因素影响，其资产负债率均较为高企（见表 2）。

综合上述融资市场的供给与需求两方面的影响，大型商业银行是涉碳企业必不可少的融资供给主体，其融资导向性要求将对涉碳企业行为产生重大影响。

表 2　　2020 年末碳排放重点行业资产负债率

| 一级行业 | 二级行业 | 资产负债率（%） |
|---|---|---|
| 钢铁 | 黑色金属矿采选业 | 61.32 |
| | 黑色金属冶炼及压延加工业 | 60.33 |
| | 黑色金属锻造 | 51.23 |
| 建材 | 非金属矿物制品业 | 55.06 |
| 汽车制造 | | 59.33 |
| 有色 | 有色金属矿采选业 | 56.21 |
| | 有色金属冶炼及压延加工业 | 62.29 |
| 化工 | 石油、煤炭及其他燃料加工业 | 65.54 |
| | 化学原料及化学制品制造业 | 54.09 |
| | 化学纤维制造业 | 58.41 |
| | 橡胶和塑料制品业 | 50.27 |
| 电力、煤炭和石化 | 采矿业 | 60.06 |
| | 煤炭开采和洗选业 | 66.08 |
| | 石油和天然气开采业 | 46.62 |
| | 开采专业及辅助性活动 | 62.19 |
| | 电力热力的生产和供应 | 58.74 |

资料来源：Wind。

## 五、商业银行资产管理对企业减碳影响的创新机制

碳排放是工业时代的产物，商业银行与工业经济既有着密不可分的血肉联系，同时又是工业经济的助推器。因此，正如前文所述，大型商业银行在推动企业实现减碳目标中大有可为，可以通过资产管理创新以引导与促进企业减少碳排放。具体而言，需要从以下几个方面着手：

### （一）融资扶助碳数据核算、计量等相关企业发展

碳计量即计算碳排放量，又称碳核查或编制温室气体清单。通过碳计量获得碳排放的基础数据，可用来评价低碳经济的发展状况，反映节能减排的效果。早在 1991 年，政府间气候变化专门委员会（以下简称“IPCC”）就开始开发温室气体排放量可采用的数据与计算方法。2007 年，《巴厘路线图》对各国碳计量提出了框架要求。同年，《中国应对气候变化国家方案》出台，明确了碳排放统计、监测、考核办法。经过多年的试运行与补充，温室气体清单的框架内形成了不同行业的碳计量体系。2021 年 10 月 26 日，国务院发布《中共中央关于完整准确全面贯彻新发展理念做好碳达峰碳中和工作的意见》，明确提出要建立健全碳达峰、碳中和标准计量体系。

在加快完善地区、行业、企业、产品等碳排放核查核算报告标准，建立统一规范的碳

核算体系，积极参与相关国际标准制定，加强标准的国际衔接的同时，还需要推进相关科技企业的发展，这一方面有利于检测与监测国内涉碳企业碳排放，为我国碳税征收打下基础；另一方面，有利于在对欧盟贸易涉及碳排放量争议时，更有底气与技术基础应对绿色壁垒与相关争议。我国经济正面临转型升级与高质量发展阶段，气体排放自动检测与监测，烟气分析等传感与检测行业在我国正处于起步阶段，碳达峰与碳中和促进了相关市场的发展，也有利于培育行业内优质企业的成长与壮大，行业内优质企业的发展所带来的人才、技术规模效应会促进技术扩散，进而推动我国技术创新与进步。商业银行拥有高素质人才队伍，对企业监控功能较为强大，有利于通过融资支持培育与促进行业内企业与技术发展。

### （二）助力做好碳交易与碳税征收试点工作，完善碳定价机制

碳定价机制作为作应气候问题的重要机制，涵盖了碳税与碳交易制度。2021 年 7 月 16 日，全国碳排放权交易市场开市交易，首批纳入发电行业重点排放单位 2126 家，覆盖约 45 亿吨二氧化碳排放量，成为全球覆盖温室气体排放量规模最大的碳市场。截至 10 月 19 日，全国碳市场碳排放配额（CEA）累计成交量达 1877. 68 万吨，累计成交额达 8. 49 亿元。

目前首批纳入交易的主要是电力企业，在参考电力行业配额分配方案的基础上，开展其他行业的配额分配研究，在建立合理价格保护机制、风险控制机制的基础上，扩大全国碳市场覆盖范围，纳入其他具备条件的行业；稳步扩大主体交易范围，引入合格投资人入市；结合市场发展阶段有序推动创新交易业务和交易品种的落地；进一步完善碳交易细则，完善市场监督机制，设定专业、独立的第三方机构，对关键环节进行监督，以确保公平公正。

在不断完善碳交易机制的同时，适时推出碳税，统筹考虑碳交易与碳税两种政策手段综合应用。择时研究开征碳税一方面可以作为价格失灵的有益弥补；另一方面，为应对欧盟、美国等国家与地区对进口产品实施碳边界调整机制以及加征碳税，可以通过财税手段增强碳减排环保意识，同时将碳排放成本留在国内，避免资金外流，特定税收收入可用于投资开发新减排技术。

在碳金融服务活动中，商业银行可发挥三方面作用：一是碳交易过程中的交易结算、资金清算和托管等业务；二是为节能减排企业提供资金支持，增加碳交易市场的流动性；三是通过积极参与碳市场建设，增强碳市场的金融属性，促进形成全国统一、反映涉碳资产真实价值的价格发现机制。

### （三）构建商业银行 ESG 战略框架，引导与强化涉碳企业的 ESG 信息披露工作

上市公司披露 ESG 信息已经为越来越多的国家和地区所接受，并且逐步从“鼓励自愿性披露”向“不遵守即解释”的半强制甚至完全强制披露过渡。根据联合国可持续证券交易所倡议组织统计，截至 2020 年底，加入该组织的各国交易所已达 98 家，其中有 55 家交易所为上市公司 ESG 信息披露提供了指引，有 24 家交易所强制性要求披露 ESG 信息。2018 年，中国证监会修订的《上市公司治理准则》中明确了上市公司 ESG 信息披露

的基本框架，2021 年初，证监会修订上市公司信息披露相关规则，并新增环境和社会责任章节，强化了以 ESG 为框架的披露要求，目前沪深两个证券交易所也在制定上市公司 ESG 信息披露的具体框架指引。

银行业金融机构已成为环境信息披露政策关注的重点领域之一。在 ESG 理念的践行中，多家商业银行都已制定明确的 ESG 战略框架，如渣打银行以“符合渣打银行宗旨与价值行为的可持续与公平方式，促进经济和社会发展”为其 ESG 理念，设计了“可持续金融、负责任公司、包容性社区”三大支柱为核心的 ESG 战略总体规划，并在此基础上细化了 37 项 ESG 具体目标，形成了一套完整的 ESG 战略框架。我国银行业金融机构可持续发展意识也明显增强，越来越多的银行业机构接受国际绿色、可持续原则，主动适应国际银行业可持续发展标准。中国工商银行于 2015 年启动了“ESG 绿色评级与绿色指数”的研究工作，在国内商业银行中首家构建了 ESG 绿色评级体系，在借鉴国际经验的基础上，构建了一个包含三大维度、17 个子项、32 个关键指标以及对应评级方法学的 ESG 绿色评级体系，形成绿色发展指数和绿色投资指数，并以上证 180 家企业为样本进行试算。在 ESG 信息披露方面，银行业相较于其他行业更为规范与全面。除了做好自身 ESG 信息披露工作，商业银行还需要充分掌握客户的 ESG 表现，可以通过构建评级指数等方式对客户进行评估，提供针对企业可持续发展能力的评判依据，引导授信并为贷款的绿色转型提供支持。

### （四）落实有保有限的理念，帮助重点企业减碳与脱碳技术创新

在 2021 年政府工作报告中，有 20 次提到“市场主体”这个词。报告指出：要调动一切可以调动的积极因素，推进改革开放，更大激发市场主体活力和社会创造力，用发展的办法解决发展不平衡不充分问题。减碳与脱碳问题尤其如此，对于钢铁、建材、有色、化工、石化、电力、煤炭等碳排放的重点行业，在信贷资产管理过程中，要坚持稳中求进工作总基调，立足新发展阶段，贯彻新发展理念，构建新发展格局，以推动高质量发展为主题，以深化供给侧结构性改革为主线，以改革创新为根本动力，帮助重点企业减碳与脱碳技术创新。对于行业内的属于落后过剩产能且市场主体缺乏进取意识的，要有壮士断腕的精神。落实有保有限的理念，鼓励先进，淘汰落后。

密切关注与合理借鉴国际知名金融机构的最新实践，做好重点行业与重点企业的减碳与脱碳资产管理创新。例如，水泥是世界上社会经济中最重要的材料之一，也是碳密集程度最高的材料之一。在减碳与脱碳趋势下，需要长期的改变来帮助水泥生产商减少他们对环境的影响。总部位于瑞士的拉法基豪瑞（Lafarge Holcim）是全球最大的水泥生产商之一，其目标是引领行业走向更环保。2020 年 11 月 17 日，汇丰银行为拉法基豪瑞 8.5 亿欧元的可持续发展挂钩债券定价，2031 年到期票面利率为 0.5%。如果拉法基豪瑞不能实现到 2030 年将其生产的水泥的碳强度从 2018 年的水平降低 17.5% 的目标，就必须支付溢价。很明显，这一创新方式同样可用于激励其他涉碳贷款客户的减碳脱碳创新。

### （五）在信贷资金可得方面大力扶持新能源与环保企业创新发展

2021 年政府工作报告提出，扎实做好碳达峰、碳中和各项工作。制定 2030 年前碳排

放达峰行动方案少不了金融支持。中国人民银行行长易纲此前表示，2030 年前，中国碳减排需每年投入 2.2 万亿元；2030—2060 年，每年需投入约 3.9 万亿元。商业银行在优化产业结构和能源结构的信贷支持方面大有可为。具体而言，在推动煤炭清洁高效利用、新能源发展、培育壮大节能环保产业、建设全国用能权、碳排放权交易市场等多个方面提供信贷资金供给，扶持新能源与环保企业创新发展。2020 年末，中国绿色贷款余额约 1.8 万亿美元，绿色债券存量约 1250 亿美元，规模分别居世界第一和世界第二。2021 年，相关市场主体已发行 40 多只碳中和债，规模超过 100 亿美元。一些银行已经发布了 ESG 相关金融产品，部分银行也在研究将 ESG 纳入银行授信机制，以引导与扶持新能源与环保企业创新发展。

### （六）与绿色债券、绿色基金相协调，共同助力减脱碳创新企业

2021 年 4 月中旬，人民银行、发改委、证监会联合发布《绿色债券支持项目目录（2021 年版）》。《绿债目录（2021 年版）》的发布，将使我国绿色债券更加聚焦绿色低碳发展战略，更好地为我国绿色金融发展赋能，推动绿色金融领域的国际合作，也将有助于引导和支持符合条件的金融机构和企业发行绿色债券支持符合条件的绿色项目。

2020 年 7 月 15 日，国家绿色发展基金股份有限公司在上海市揭牌运营，首期募资规模 885 亿元，其中，中央财政出资 100 亿元，出资方还包括长江经济带沿线 11 省市、部分金融机构和相关行业企业等 24 个出资主体。随着投资者对绿色低碳投资理念的进一步深化，未来，绿色基金规模将更加壮大。

绿色债券融资有利于促进较为成熟技术的转化与应用，而绿色基金有利于创新性理念的技术孵化。当前，我国仍是以银行融资为主体的间接金融体系，商业银行与债券、基金共同探索协力发展模式，共同助力减脱碳技术创新企业的应用与发展，无疑会使资金投入效率倍增，进而切实保障碳达峰、碳中和目标的实现。

## 参考文献

[1] Miralles – Quirós M. M. , Miralles – Quirós J. L. , Redondo Hernández J. ESG performance and shareholder value creation in the banking industry: International differences [J]. Sustainability, 2019, 11 (5): 1404.

[2] Preston, L. E. ; O'Bannon, D. P. The corporate social – financial performance relationship: A typology and analysis. Bus. Soc. 1997 (36): 419 –429.

[3] Freeman, R. E. Strategic Management: A Stakeholder Approach; Pitman: Boston, MA, USA, 1984.

[4] Friedman, M. A Friedman doctrine: The social responsibility of business is to increase its profits. N. Y. Times Mag. 1970 (13): 32 –33.

[5] Friedman, M. Capitalism and Freedom; University of Chicago Press: Chicago, IL, USA, 1962.

[6] Aupperle, K. E. ; Carroll, A. B. ; Hatfield, J. D. An empirical examination of the rela-

tionship between corporate social responsibility and profitability. Acad. Manag. J. 1985 (28): 446 – 463.

[7] García F. G. Responsabilidad social corporativa y performance financiero: treinta y cinco años de investigación empírica en busca de un consensol [J]. Principios: estudios de economía política, 2008 (11): 5 – 24.

[8] Ruf B. M., Muralidhar K. R., Brown M., et al. An Empirical Investigation of the Relationship Between Change in Corporate Social Performance and Financial Performance: A Stakeholder Theory Perspective. Journal of Business Ethics, 2001, 32 (2): 143 – 156.

[9] Freeman, R. Edward, Jeanne, et al. Stakeholder Capitalism and the Value Chain. European Management Journal, 1997, 15 (3): 88 – 106.

[10] Freeman M., Jaggi B. The SEC's pollution disclosure requirements, are the meaningful? California management re – view, 1981, 14 (2): 62 – 65.

[11] Ingram R. W., Fraziner K. B. Narrative disclosures in annual reports. Journal of Business Research, 1983 (112): 49 – 60.

[12] EUROPEAN COMMISSION. Proposal for a Regulation of the European Parliament and of the Council establishing a carbon border adjustment mechanism [EB/OL]. https://ec.europa.eu/info/sites/default/files/carbon_border_adjustment_mechanism_0.pdf.

[13] 黄世忠. ESG理念与公司报告重构 [J]. 财会月刊, 2021, 17 (7): 60 – 68.

[14] 杨熠, 沈洪涛. 我国公司社会责任与财务业绩关系的实证研究 [J]. 暨南学报: 哲学社会科学版, 2008, 30 (6): 60 – 68.

[15] 乔海曙, 谭明. 金融企业社会责任与财务绩效关系的实证研 究 [J]. 财经理论与实践, 2009, 30 (162): 17 – 21.

[16] 李正, 向锐. 中国企业社会责任信息披露的内容界定、计量方法和现状研究 [J]. 会计研究, 2007 (7): 3 – 11.

[17] 邵君利. 企业社会责任活动对企业价值的影响——根据中国化学制品行业上市公司的经验证据 [J]. 审计与经济研究, 2009, 24 (1): 75 – 80.

[18] 盛松成. 商业银行的筛选功能与宏观调控 [J]. 金融研究, 2006 (4): 82 – 89.

[19] 沈小燕. "双碳"目标下择时开征碳税 [J]. 探索与争鸣, 2021 (9): 20 – 22.

# 迈向“碳达峰、碳中和”的税收政策研究：国际经验与启示

王智烜[①] 荣超 雷自如[②]

2021年10月12日，习近平主席在《生物多样性公约》第十五次缔约方大会领导人峰会上指出，“为推动实现碳达峰、碳中和目标，中国将陆续发布重点领域和行业碳达峰实施方案和一系列支撑保障措施，构建起碳达峰、碳中和‘1+N’政策体系”。实现碳达峰、碳中和是立足新发展阶段、贯彻新发展理念、构建新发展格局的必要要求，是总结“十三五”实践经验、展望“十四五”发展历程研判出的长期目标，是推动高质量发展、建设社会主义现代化强国的必由之路。2021年9月22日，中共中央、国务院印发《关于完整准确全面贯彻新发展理念做好碳达峰碳中和工作的意见》（以下简称《意见》），为实现碳达峰、碳中和目标提供了一条正确的道路选择。税收作为实现宏观调控的政策工具，在助力实现碳达峰、碳中和过程中理应找准定位，发挥税收在国家治理中的基础和重要支柱作用。可以看到的是，《意见》第三十二条中也指出，“完善财税价格政策，研究碳减排相关税收政策”。这就要求在构建中国特色社会主义绿色税收体系过程中要体现税收制度对碳达峰、碳中和的支撑和调控作用。当前，我国碳达峰、碳中和任务仍处于起步阶段，国内可参考的案例和经验尚属空白，针对碳达峰、碳中和的税收支持政策也有较大的调整空间。相比之下，国外部分国家已经率先实现碳达峰、碳中和目标，具有较为成熟的实践经验可提供参考。由此，对比各国现有碳减排税收政策，从我国的实际国情出发，总结国际上有关碳达峰、碳中和的减碳税收经验，提出符合我国国情的税收政策建议，对我国有条不紊实现碳达峰、碳中和目标具有深刻现实意义。

## 一、多国提出“碳达峰、碳中和”目标

（一）大多数国家2050年将实现碳中和。截至2021年6月，全球已有127个国家或地区宣布碳中和目标，绝大多数国家将在2050年前实现。目前有53个国家已经实现碳达

① 王智烜：厦门国家会计学院“一带一路”财经发展研究中心副教授。

② 荣超、雷自如：厦门国家会计学院在读研究生。

峰，这些国家的碳排放量占据全球的40%。到2030年，碳达峰国家将达到57个，碳排放量占据全球的60%（见表1）。

表1　　世界各国碳达峰碳中和时间表

| 2020年 | 2030年 | 2050年 |
| --- | --- | --- |
| 53个国家碳达峰 | 57个国家碳达峰 | 127个国家宣称将达到碳中和 |
| 占据全球碳排放40% | 占据全球碳排放60% | |

资料来源：根据《联合国气候变化框架公约》的网站资料汇集整理。https：//newsroom. unfccc. int/process/the-paris-agreement/long-term-strategies。

（二）国际横向对比，中国实现碳中和具有用时短、体制优、力度大的特征。所谓用时短，中国将用30年走完发达国家50~60年的碳中和之路（见表2）。2021年4月21日，国家主席习近平在出席领导人气候峰会发表重要讲话时提到，“中国承诺实现从碳达峰到碳中和的时间，远远短于发达国家所用时间，需要中方付出艰苦努力”。中国提出2030年实现碳达峰目标，2060年实现碳中和目标，相比于西方发达国家用时需要40~60年，中国仅计划用时30年完成目标，时间之短任务之重，深刻体现了中国牢牢坚持绿色可持续发展的要求毫不动摇。所谓体制优，中国实现碳中和过程中具有“集中力量办大事”的体制优势。自提出碳达峰、碳中和目标以来，各省、自治区、直辖市坚决拥护中央决策和国家部署，因地制宜出台相应的碳达峰、碳中和目标规划。包括财政部在内的国务院各部委也在陆续推出支持政策，助力碳达峰、碳中和目标的实现。相比之下，主流西方国家均为联邦制国家，国内各地方成员利益不同，在面对碳减排这一需要共同努力实现的目标时，各地在目标制定、政策实施等各方面难以达成一致。例如，美国加利福尼亚州将碳中和目标设定在2045年，实现时间和具体政策推出时间均早于美国其他州。同时，必须认识到二氧化碳的排放具有强烈的负外部性，二氧化碳排放的测量也存在较大难度，这就要求坚持全国一盘棋，在党中央的领导下令行禁止，协同配合做好碳达峰、碳中和工作。所谓力度大，中国每亿美元GDP的$CO_2$（二氧化碳）排放量10年间将下降39.6%。当前中国每亿美元GDP的$CO_2$排放量为68.69千吨，远高于七国集团20千吨/亿美元的水平。2030年，中国将达到七国集团本世纪初碳达峰时的排放水平，这需要包括税收在内的多种政策工具有效配合。同部分新兴发展国家相比，中国每亿美元GDP的$CO_2$排放量远低于印度（80.49千吨/亿美元）、俄罗斯（93.38千吨/亿美元），中国作为世界上最大的发展中国家，也承担着相应的国际责任，在碳达峰、碳减排方面体现大国担当。一方面不断优化产业结构，提升技术水平保持新兴发展国家中较低的碳排放；另一方面也在不断砥砺前行摸索出适合新兴发展国家国情的实现碳达峰、碳中和之路，为世界提供中国经验和中国方案（见图1）。

表2　　主要国家和中国的碳达峰及碳中和时间路线表

| 国家 | 碳达峰时间 | 目标碳中和时间 | 碳达峰至碳中和耗时年 |
| --- | --- | --- | --- |
| 美国 | 2007 | 2050 | 43 |
| 加拿大 | 2006 | 2050 | 44 |

续表

| 国家 | 碳达峰时间 | 目标碳中和时间 | 碳达峰至碳中和耗时年 |
|---|---|---|---|
| 日本 | 2013 | 2050 | 37 |
| 意大利 | 2004 | 2050 | 46 |
| 德国 | 1991 | 2050 | 59 |
| 英国 | 1991 | 2050 | 59 |
| 法国 | 1991 | 2050 | 59 |
| 俄罗斯 | 1992 | — | — |
| 印度 | — | — | — |
| 中国 | 2030（预计） | 2060 | 30 |

资料来源：世界银行数据库 https：//databank. worldbank. org。

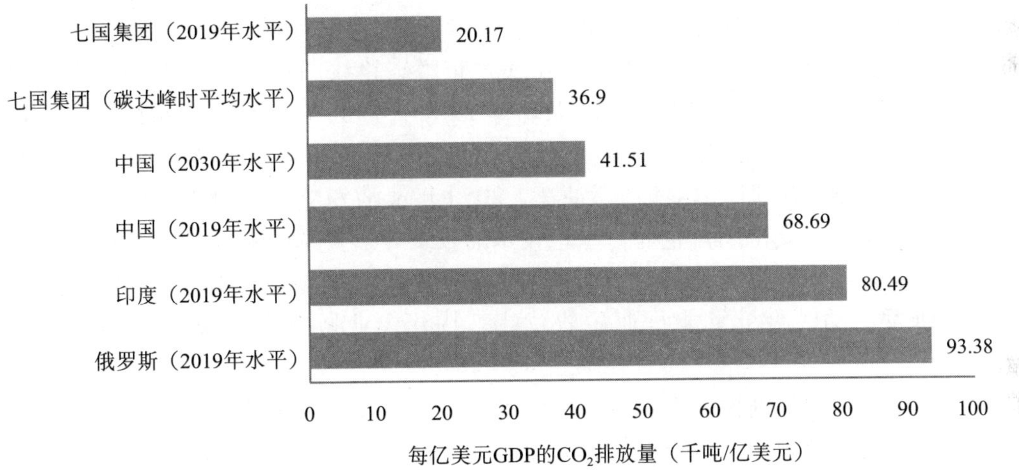


**图 1　主要国家每亿美元 GDP 的 $CO_2$ 排放量**

但也要清醒地认识到，我国实现"双碳"目标还面临着一系列困难和挑战。我国仍是最大的发展中国家，在降碳减排、保护环境的过程中，还要完成一系列改革发展稳定的任务。因此，要借鉴发达国家减排过程中包括税收政策在内的经验，把握好降碳减排的"时"和"度"，避免经济受到重大冲击，依据我国现实发展阶段创新性地拿出相关举措。

## 二、碳中和的国际经验

税收政策作为降碳减排的有效措施之一，各国均出台相关政策开启碳中和行动。目前，已有上百个国家和地区提出碳中和目标，其中 33 个国家和地区提出了具体的实施路线图和远景策略，其中，税收政策作为各国策略重要政策组成部分，在助力实现碳达峰、碳中和目标的过程中发挥重要力量。

美国作为碳排放大国，十分重视节能减碳，拜登上台后，美国重返《巴黎协定》并提出 2035 年前实现无碳发电、2050 年前实现清洁能源经济的目标。同时拜登政府计划推行一系列“绿色新政”：承诺投入2万亿美元的气候支出用于高铁扩建、电动汽车生产、节能家电及住宅补贴、风能、太阳能等可再生能源技术的推广；为各州低碳制造业提供税收抵免及资金援助；加大对低碳创新研发投资力度促进清洁能源技术发展；增加太阳能电池板安装数量，将海上风能增加一倍；同时联邦政府每年增资4000亿美元扩大清洁汽车采购力度；加速制定出台《美国能源创新法案》等法律。

欧盟早在2019年12月发布《绿色新政》推动实现2050年碳中和目标，计划涵盖农、工、交通、建筑等领域的全面转型内容，明确能效、可再生能源、循环经济等领域的立法计划以及每年新增2600亿欧元绿色投资的资金保障机制。此后制定一系列配套措施：公布《欧洲气候法》草案及欧盟气候公约；建立1000亿欧元公平供给机制助力成员国经济转型；加快制定边境调节碳税草案；积极推动绿色经济复苏计划，为发展绿色经济、数字化转型提供财政支持；率先设定气候中和总体目标，通过减排、立法、绿色技术投资及保护自然环境等手段实现欧盟国家整体“净零排放”；提出氢能发展战略推进清洁能源建设等重塑未来发展方式，引领全球绿色转型。

作为低碳技术领军者的日本于2020年底发布脱碳路线图草案，加大投资力度鼓励海上风电、核能、汽车、海运、农业、碳循环等14个行业的技术创新和潜在增长，利用监管、补贴和税收优惠等激励措施动员超过240万亿日元（约合2.33万亿美元）的私营领域绿色投资。日本提出15年内淘汰燃油车、2050年清洁发电占比过半、设立一个2万亿日元的绿色基金，以支持民营企业对绿色技术的投资等。日本政府在实施碳税基础上计划引入碳价机制来助力减排，拟制定一项根据二氧化碳排放量收费的制度，同时通过补贴氢能源技术研发活动、给予氢能行业税收优惠、构建产业链全程法律体系等发展氢能源社会。

除此之外，韩国计划投入114万亿韩元推进“绿色新政”发展以数字技术为动力的环境友好产业。德国计划推动绿色电力发展、实施国家氢能战略、促进汽车行业绿色转型。为达碳中和目标，各国从顶层制度设计、鼓励技术创新、推动产业升级等路径协同推进低碳发展。

整理主要国家碳中和税收政策、具体情况及政策重点如表3所示。

**表3　主要国家碳中和税收政策概览**

| 国家 | 税收政策 | 具体情况 | 政策重点 |
|---|---|---|---|
| 美国 | 绿色税种 | 能源税、固体废物税及碳税，以能源开采利用行为、各类固体废物、二氧化碳污染物为课税对象，考虑征收碳关税 | 节能、新能源开发 |
| | 税收优惠 | 为节能产品、清洁能源技术、低碳产品消费、新能效住宅建设提供税收减免、抵免等优惠 | |
| 欧盟 | 绿色税种 | 能源税（含碳税）、交通运输税及污染类资源类结合税三类，以能源产品、交通运输服务、污染物及使用自然资源行为为征税对象，且计划于2023年开征碳关税 | 提高能效、发展新能源 |
| | 税收优惠 | 对能效技术及设备、能源投资、可再生能源及替代能源实施减免税、退税、税收返还等优惠 | |

续表

| 国家 | 税收政策 | 具体情况 | 政策重点 |
|---|---|---|---|
| 日本 | 绿色税种 | 碳税、能源税、交通税，对二氧化碳排放量、化石燃料及电力、交通运输服务予以征税。计划引入碳价机制，制定一项根据二氧化碳排放量收费的制度 | 节能减排、开发新能源 |
| | 税收优惠 | 为节能设备及技术、新能源技术及设备提供税收减免和特别折旧政策 | |
| 南非、印度等发展中国家 | 绿色税种 | 环境税、消费税、资源税，对环境污染物、高耗能产品、化石燃料等进行征税 | 提高能效、发展可再生能源 |
| | 税收优惠 | 为能源效率提高、可再生能源及生物燃料的开发利用提供补税、减免税、加速折旧等优惠 | |

由此，本文总结了美国、欧盟等西方发达经济体在实现碳达峰、碳中和目标过程中制定的税收政策，以期为我国未来迈向碳达峰、碳中和提供相关参考和借鉴。

1. OECD 与 G20 国家碳排放税征收情况。根据经济合作与发展组织（Organization for Economic Co - operation and Development，OECD）2021 年报告，OECD 和二十国集团（Group 20，G20）国家 60% 的碳排放未纳入征税范围。即便征税，OECD 和 G20 国家对碳排放征税水平只达到 12 欧元每吨（我国目前碳交易市场价格约为 7 欧元每吨），远低于碳中和目标下国际共识要求的 60 欧元/吨。具体来看，OECD 和 G20 国家中仍有大量的发展中国家，如中国、印度、印度尼西亚、南非、墨西哥等，这些国家由于尚处于初级发展阶段，产业结构不够合理，主要以劳动密集型产业和资源密集型产业为主，粗放式、高耗能产业在国民经济中占据较大比重，必然会导致大量二氧化碳的排放。同时，这些发展中国家税收征管制度还处于完善阶段，税收执法人员素质参差不齐，税收征管水平仍有较大提升空间，针对碳排放这种新兴应税行为，在征管上仍未形成科学合理有效的税收征管体系。2016 年 4 月 22 日，由全世界 178 个缔约方共同签署的气候变化协定《巴黎协定》（The Paris Agreement）正式签署，中国作为缔约方同日完成签署并于同年 9 月 3 日经全国人大审议批准通过。在 2021 年 10 月 30—31 日二十国集团领导人第十六次峰会上通过的《二十国集团领导人罗马峰会宣言》也强调，“我们重申致力于全面有效落实《联合国气候变化框架公约》和《巴黎协定》，在这关键 10 年采取减缓、适应和资金行动，基于现有最佳科学知识，体现共同但有区别的责任和各自能力原则，并考虑不同国情”。中国作为国际上具有影响力的大国和目前仍处于转型升级过程中的发展中国家，也始终在基于国情的基础上推进绿色发展。2021 年 7 月 16 日，全国碳排放权交易市场上线交易正式启动。交易首日的碳排放配额成交量 410.4 万吨，总成交额 2.1 亿元，全天成交均价 51.23 元/吨。全国碳市场第一个履约周期以发电行业为主，后期相应会将钢铁、水泥等建材、航空、石化、化工、有色、造纸等高排放行业纳入其中。基于此，气候变化是全球性的公共产品，需要全球一致行动共同推进碳达峰、碳中和目标的实现。个别国家的积极行为既难以达到目标，也容易导致部分碳排放产业丧失国际竞争力。

2. 开征税种多采用固定税率，税收优惠通常以直接激励与间接引导相结合。各国低碳税收政策中绿色税种税率大多固定，征税范围均含化石能源及环境污染物。例如，根据欧盟发布的2020版《欧盟税收趋势报告》（Taxation Trends in the European Union），欧盟环境税体系包括能源产品税（包含碳税）、运输税（不含由能源产品税涵盖的燃料税）和资源税。能源产品税主要是针对煤炭、石油、天然气、电力、二氧化碳等用于固定用途和运输用途的能源产品征税。2019年，能源产品税达到欧盟环境税收入77.9%。运输税的课税对象是与机动车拥有和使用的相关行为，是仅次于能源产品税的欧盟第二大环境税种。资源税在欧盟环境税收入中占据比例较小，且部分国家会在资源税下再进行细分为污染税和资源税，这一税种主要是对原材料开采、氮氧化物等空气污染物排放、污水排放、噪音污染等行为进行课税。站在碳达峰、碳中和的角度来看，碳税在近些年逐渐得到重视。目前，已经有部分欧盟国家开征碳税，实行固定税率。可以看到的是，不同国家由于实际情况不同，征收碳税的标准也差异巨大。如波兰碳税标准不到1欧元/吨，而瑞典碳税标准已经超过100欧元/吨。其原因在于以瑞典为代表的北欧国家社会高度发达，对环境要求十分苛刻，征收高额碳税有利于维持北欧发达国家的环境水平。而以波兰为代表的东欧国家，经济发展水平远不如北欧、西欧国家，国内仍存在煤炭加工、贱金属开采等资源密集型产业，过高的碳税势必会对国内尚未完成转型的产业造成严重打击。在税收优惠政策上，西方国家当前的优惠包含减免税、税收抵免等直接优惠，以及加计扣除、加速折旧等间接优惠措施。这些税收政策运用简便灵活，在产生税收激励的同时，还能降低税收征管成本。

3. 发达国家减排以交通、建筑部门为着力点，发展中国家侧重能源、工业部门。发达国家第三产业发达，交通及生活部门碳排放比重较高。根据2021年3月欧盟统计局发布数据，家庭部门对欧盟环境第一大税种能源产品税的贡献达到40%以上，斯洛文尼亚（64%）和丹麦（60%）等国家占据比例更是达到60%及以上。此外，除去家庭部门，服务业缴纳的能源产品税也达到27%，其中克罗地亚、波兰和捷克均超过40%。而制造业、建筑业、采矿业等仅占据欧盟能源产品税收入的21%。由此可以发现发达国家的家庭和第三产业贡献了大量的碳排放和能源消耗，所以其针对交通、建筑、家庭部门的减排税收政策较多。例如，为了促进减排，欧盟许多国家对家庭拥有和使用机动车进行课税，欧盟运输税中由家庭贡献的税收收入达到67%。相比较而言，发展中国家经济增长依赖传统能源消耗，能源、工业及交通部门排放占比大，减排税收政策侧重能源及工业部门。对于绝大多数的发展中国家，环境税仅针对部分高耗能污染企业进行课税，并且课税范围也相对有限，家庭部门完全不需要支付任何环境税。例如我国2018年出台的《环境保护税法》对环境保护税纳税人的界定为“在中华人民共和国领域和中华人民共和国管辖的其他海域，直接向环境排放应税污染物的企业事业单位和其他生产经营者为环境保护税的纳税人”，同时根据《环境保护税税目税额表》，税目仅包括大气污染物、水污染物、煤矸石等固体废物以及工业噪声，可以看到家庭部门使用纳税人界定的情况几乎不存在，税目表所列税目均为工业生产产生的污染物。同时考虑到征管因素，存在部分企业处于征管真空地带。因此，可以看到，发达国家第三产业发达，税收征管体系完善，社会对环境保护税接受度较高，所以发达国家对于碳减排侧重于家庭部门和交通部门。而发展中国家由于发展水平限制，主要产业集中在第二产业，尤其是能源开采与冶炼、化学化工企业等是环境保护税主要纳税人。并且由于社会接受度较低和征管水平不足，难以对家庭部门实施有效课税。所以发展中国家碳减排的侧重点在于能源和工业等部门。

4. 税收政策侧重能源升级，强制与引导税收政策并重。必须认识到，虽然西方发达国家均制定了相应的税收政策支持碳达峰、碳中和目标的实现，但基于各国实际国情、能源结构、产业结构、发展阶段、社会认同等因素的差异，税收政策的侧重点也不尽相同。美国等传统能源消耗大国难以立即采取严格减排、限排措施，税收政策注重引导现有能源体系进行升级改造，强调以税收优惠引导而非强制措施。如 2015 年版的《美国国家创新战略》中提出，对进行技术研发和创新试验研究的企业在所得税和环境税上实行减免优惠政策，同时也简化其税收减免措施，其意义在于降低企业的研发成本，促进更多有利于能源升级和环境质量改善的技术得到应用。此外，美国也大量出台环境税减免优惠政策，引导现有能源体系升级改造。如针对生产可再生能源的企业，企业投资的设备自开始使用起 10 年内，按照企业实际用电量乘以 1.5 美分/千瓦时得到的数额作为税收抵免额。通过这一系列的税收优惠政策，以达到引导绿色能源消费、促进双碳目标的实现。与美国税收政策以引导为主不同，欧盟清洁能源占比大，科技方面占据优势。同时欧盟环境税体系的建立有雄厚的经济实力和先进的环保理念，社会各方对政府环境保护税收政策的接纳度也较高，因此欧盟主要采用传统能源抑制机制，强制与引导税收政策并重，减、限排措施更为严格。例如丹麦通过法律规定到 2050 年建立“气候中性社会”计划，该计划包括 2030 年起禁止销售新的汽油和柴油汽车。丹麦这一计划，也与丹麦针对家庭部门购买和持有汽油和柴油汽车课以重税相印证，2018 年丹麦交通运输税中超过 50% 的税收收入来自家庭部门。

5. 高度重视节能环保和新能源开发利用。各国对节能设备技术、清洁能源予以税收激励，降低节能产品及相关技术税负。税收优惠政策贯穿新能源产业发展全阶段，重视新能源技术研究、产品生产、消费使用环节的税收支持。美国等西方国家对于纳税人缴纳的环境税，均执行“专款专用”的原则，对于美国而言，环境税一部分用于环境治理，另一部分则用于扶持和帮助节能环保产业、新能源产业的发展，以达到减少传统高碳能源的使用减少碳排放的目的。例如，从减税角度来看，美国 2005 年发布的《能源政策法案》提出，针对生产电动汽车、清洁煤技术的企业实行高达 140 亿美元的税收减免，对家庭房屋购买安装节能设备的，可以实行最高 2000 美元税金的抵减。从免税角度来看，美国针对购买和使用节能循环产品设备的企业免征销售税。同时为了支持太阳能产业发展，联邦政府还通过了再生能源发电税收抵免政策和联邦商业能源投资税收抵免政策。从补贴角度来看，美国相继提出了《清洁能源安全法案》《美国恢复和再投资法案》、1603 财政补贴计划等一系列财政补贴措施，针对碳捕捉技术、光伏技术、光热技术等新能源技术的研发工作提供财政支持。在具体实施过程中，灵活运用加速折旧、税前扣除、减税免税、税收抵免等优惠政策，助力节能环保技术和新能源技术的开发利用。

## 三、政策建议

中国作为全球主要碳排放国里设定碳中和限期的重要发展中国家，短期应以尽早达峰为目标、发展清洁能源，中期加速脱碳、调整产业结构降低全社会碳排放，长期结合能源替代及脱碳技术实现全面中和。税收政策作为重要经济手段，应当找准在国家治理中的基础和重要支柱作用，助力实现碳达峰、碳中和目标保质保量早日达成。由此，从我国国情出发，结合国际经验提出以下建议：

1. 进一步完善和发展现代绿色税制。“十三五”期间我国建立了以环境保护税、资源税、消费税等为主体的绿色税制。“十四五”时期，“双碳”目标对绿色税制提出更高层次的要求。一是优化环境保护税税制。在考虑碳排放因素的前提下，提高大气污染物当量值。当前《中华人民共和国环境保护税法》所附《应税污染物和当量值表》绝大多数是原有《排污费征收使用管理条例》平移，对于部分环境保护税纳税人行为的引导作用不足，所设定的大气污染物当量值标准已经无法满足当前生产生活的需要，更不满足碳达峰、碳中和目标的需要。因此，在考虑大气污染物和碳排放之间关系的情况下，提高大气污染物当量值，保证标准确定的前瞻性，促使环境保护法律法规的政策引导作用更强；同时扩大环境保护税课税范围，将甲烷（$CH_4$）、氢氟碳化物（HFCs）、全氟碳化物（PFCs）等温室气体纳入课税范围，保证环境保护税实施效果。二是扩大资源税征收范围。完善对森林、草场、滩涂等自然资源使用行为的征税制度，根据其对碳吸收的能力不同差别制定税率。对于吸收碳能力较强的自然资源，资源税要其使用行为提高课税力度，政策侧重点要在于寓禁于征，减少这一类行为的发生，非必要不使用。三是扩大消费税征收范围。将近年来新出现的高档木制家具、高档装修材料、不可降解包装物等高耗能、高污染产品纳入消费税征收范围，在消费税征收环节后移的改革路径下，引导地方向绿色消费发展。要进一步完善包括环境保护税在内的绿色税收体系，通过税收政策减少高排放、高耗能、高污染产品的碳排放外部性，引导各地向绿色经济发展。

2. 探索“碳交易 + 碳税”双轮驱动机制。“碳交易 + 碳税”减排效应强于单一机制，高效减排与双重红利并存，研究“碳交易 + 碳税”双轮驱动机制，能够在促进推动减排的同时，通过征收环境税引导减少破坏环境行为达到绿色红利的效果，以及征收环境税以获取税收收入，再将部分税收收入投资到市场减少税收对市场的扭曲作用，从而实现经济增长的蓝色红利。由此，基于“碳交易”和“碳税”两种强有力政策工具的双轮驱动，将能产生正向积极的社会效应，起到促进地区经济增长的作用。一是发展碳排放计量技术。当前减排的重点任务是取得精确和及时的排放数据，要认真研究“碳排放图谱”等卫星追踪碳排放新技术，为实现科学减排奠定基础，完善碳排放征管相关配套制度。二是健全全国统一碳市场机制。我国在区域碳市场间配额分配方式、减排目标等方面存在较大差异。当前要解决碳排放交易活跃度低，缺乏统一标准，以及罚则条款不明等问题。目前，我国已经建立了全国的碳排放交易市场，但当前碳市场碳排放配额价格仍然过低，参与交易主体和交易金额仍有上涨空间。三是考虑引入碳税机制。考虑在现有的环境保护税中新设置“二氧化碳”税目，科学合理确定其征收范围、环节及税率。目前，丹麦、法国、芬兰、葡萄牙等国已开征碳税，奥地利等国计划于 2022 年开征碳税。我国要根据我国国情及发展需要，研究合理可行的碳税方案。四是强化碳交易与碳税协调配合。目前，丹麦、挪威等国并行应用碳税与碳交易，在覆盖范围与价格机制上互补，强化减碳政策效果。我国可建立相关机制，协调两者调控范围，避免双重征税，以“碳交易 + 碳税”双轮驱动机制助力碳中和。

3. 税收应推动新能源开发和能源消费升级。一方面煤炭等高碳能源是中国主要能源，也是双碳目标的关键着力点。当前用电紧张反映了我国能源政策与能源供需结构需进一步匹配。煤炭既是减排重点也是短期难以大幅替代的能源，相关税收政策出台应把握好“控煤”的“度”，既要稳步推进煤炭企业技术升级和产业转型，以税收支撑先进煤炭管理技术和设备引进推动集约式发展，也要考虑改革节奏和发展阶段，避免政策力度过大对行业造成负面影响，从而达到稳妥推进绿色低碳发展，进一步完善税收政策促进我国能源消费升级。另一方面，我国税收政策在鼓励新能源、绿色环保、新能源汽车等重点领域和重点行业发展方面取得了显著成绩。欧盟对新能源研发企业采取较低企业税率，鼓励新能源企业深度参与电力市场，实现新能源高度消纳。我国应当适时给予研发企业适当税收优惠政策倾斜，使用减免税等直接优惠措施和加速折旧等间接优惠措施助力战略性新兴行业发展，支持研发新能源和可再生能源开发、消纳、储存技术。同时，也要在推动能源清洁低碳安全高效利用方面持续发力。出台针对低碳企业的税收激励政策，扩大《环境保护、节能节水企业所得税优惠名录》，以税收优惠政策引导企业绿色发展、低碳发展。

4. 积极参与国际绿色规则竞争，加强碳关税研究，提出中方主张。当前国际秩序进入规则竞争阶段，以绿色为代表的国际新规则正密集出台。近期欧盟通过了“碳边界调整机制”（CBAM）议案，将对进口商品征收碳关税。短期来看，CBAM 征收范围较窄（仅限水泥、电力、肥料、钢铁、铝五类），影响有限，但长期来看有可能对包括 WTO 在内的多边贸易、金融体系产生重大影响。目前判断有二：一是掌握绿色规则制定权是维护国家核心利益的基本路径。当前国际竞争已经转化为规则制定权的竞争，只有在国际舞台上具备话语权，才能够切实维护国家利益，为本国利益发声。当前国际形势波诡云谲，单边主义、保护主义、霸权主义不断抬头，不确定性不稳定性增加。由于发展阶段的不同，以欧盟各国为主的西方各国已率先实现碳达峰，国内产业转型基本完成，第三产业高度发达。相比较而言，以中国为首的发展中国家产业结构仍需要完善，能源结构仍不够合理。由此，不能盲目跟从西方国家制定规则，警惕部分国家以碳关税为由实行新型贸易壁垒，应该根据本国实际情况，考虑本国人民利益发声，共同谋求各方利益最大化的方案。二是符合大部分国家利益是我国绿色规则得到广泛支持的基本原则。中国在国际上始终是负责的大国，作为世界上最大的发展中国家，中国也始终代表着广大发展中国家的利益。只有提出符合大多数国家利益的绿色方案，才能得到国际上的广泛支持。习近平总书记在庆祝中国共产党成立 100 周年大会上的讲话中提到，“弘扬和平、发展、公平、正义、民主、自由的全人类共同价值，坚持合作、不搞对抗，坚持开放、不搞封闭，坚持互利共赢、不搞零和博弈”，这也要求中国在国际上发声时必须考虑到和平发展，必须考虑到公平正义，必须考虑到民主自由。不能以牺牲他国发展利益为代价推动本国发展，中国始终秉持全人类共同价值推动全球低碳绿色方案的制定和实施。从这一角度出发，就是既要研究已有绿色规则，也要提出中方的主张和规则，更要突出公平正义的核心价值观。

# 绿色金融与“一带一路”高质量发展

邓建平[1]　杨光　丁军[2]

“一带一路”沿线的很多国家都属于发展中国家，当前仍处于高耗能的经济增长模式，面临较为严峻的环境和气候风险，而发展绿色金融是帮助这些国家实现绿色转型的重要抓手。本文从“一带一路”沿线国家面临的绿色转型压力出发，分析了“一带一路”沿线国家绿色金融发展现状，并为推进绿色金融建设提供了政策性建议。

## 一、“一带一路”沿线国家面临绿色转型的压力

2020 年 9 月 30 日，习近平主席在联合国生物多样性峰会上指出，中国的二氧化碳排放将力争于 2030 年前达到峰值，努力争取 2060 年前实现碳中和。根据《联合国气候变化框架公约》网站公布的数据，2020 年已经有 53 个国家实现碳达峰，2030 年将有 57 个国家实现碳达峰。有 127 个国家宣称将于 2050 年实现碳中和，这说明全球多数国家都存在绿色转型的压力（见表 1）。

**表 1　　全球碳达峰和碳中和的情况**

| 2020 年 | 2030 年 | 2050 年 |
|---|---|---|
| 53 个国家<br>碳达峰 | 57 个国家<br>碳达峰 | 127 个国家<br>宣称将达到碳中和 |

资料来源：《联合国气候变化框架公约》网站。

“一带一路”沿线国家以发展中国家为主，经济增长模式较为粗犷，面临较为严峻的环境和气候风险，绿色转型压力更大。如中亚国家哈萨克斯坦，其煤炭生产在国家经济发展中占有关键位置。目前全国 78% 的电力和 100% 的焦炭化工生产依靠煤炭，4/5 的温室气体排放来自能源生产与使用的各个环节，包括开采、运输、储存和使用等。根据哈萨克斯坦政府的评估，2012—2016 年，其温室气体年均排放量约为 3.298 亿吨，人均 18 吨，每 1 万美元 GDP 平均排放 800 千克二氧化碳。从排放源看，能源始终是最主要的温室气体

① 邓建平：厦门国家会计学院“一带一路”财经发展研究中心主任，教授。
② 杨光、丁军：厦门国家会计学院在读研究生。

排放源，年均排放 2.6 亿吨，约占排放总量的 82%，主要是电力和热力生产燃烧各种燃料以及资源开采过程中产生的挥发性气体；工业年均排放量为 3000 万吨，主要来自冶金、矿产加工和化工三个行业。哈萨克斯坦国土面积广大且纬度较高，人口和经济区比较分散，能源在传送途中损耗大，加上工业以高耗能的采掘业和冶金业为主，很多行业的生产设备较落后、能耗大。除哈萨克斯坦外，乌兹别克斯坦和俄罗斯等发展中国家也存在类似问题。乌兹别克斯坦在《2019—2030 年乌兹别克斯坦向绿色经济过渡战略》中指出，受限于自然资源储量有限和低效利用、技术创新和发展滞后等问题，乌兹别克斯坦在绿色经济发展方面能力十分薄弱。俄罗斯的可再生能源在能源总消费中的占比一直非常低，2015 年约为 3%，远低于中国 12.4% 的水平，也低于经合组织成员国和世界平均水平。

根据联合国气候变化框架公约秘书处（UNFCCC）的最新数据，以 140 个与中国签订“一带一路”合作协议的国家为例，只有 29 个国家实现碳达峰，占共建“一带一路”沿线国家比重仅有 20.71%。2018 年“一带一路”沿线国家碳排放总量占全球比重高达 37%，显著高于其 GDP 占全球比重的 22%。这说明“一带一路”沿线国家减排的压力更大（见图 1）。

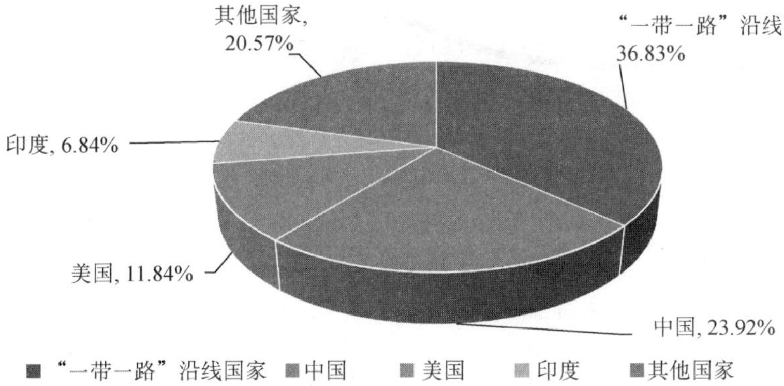


**图 1　全球碳排放比例**

资料来源：《联合国气候变化框架公约》网站。

此外，柴麒敏（2020）指出，根据当前《巴黎协定》下已提交的国家自主贡献的相关数据，“一带一路”沿线国家到 2030 年预期每年减排的二氧化碳约 32 亿吨。那就意味着，沿线国家的非化石能源在能源消费中的占比需要从 2015 年的约 12.2% 提升至 2030 年的 21% 以上，到 2050 年占比约 46% 以上，同时，碳移除技术（CDR）在化石能源中的使用比例需要达到 41% 左右；“一带一路”沿线国家的电力装机容量将从 2015 年的约 2570GW 上升至 2030 年的 4170GW，到 2050 年将达到 8740GW 左右，年均增速将达到 3.6% 以上，与此同时，非化石电力装机的占比将上升至 2030 年的 41% 和 2050 年的 61% 以上。但是，可以想象的是，要最终实现这些规划和全球碳中和目标，如果没有额外的资金、技术和能力支持，这对于沿线国家来说，压力非常之大。

### （一）从排放量看，“一带一路”沿线国家碳排放规模不断增加

1990 年，除了没有统计数据的巴勒斯坦和科特迪瓦两个国家，其余 138 个“一带一

路”沿线国家共排放二氧化碳136亿吨。到2018年，碳排放总量达到了180亿吨，28年增加了32%。2019年，清华大学五道口金融与发展研究中心联合Vivid Economics与气候工作基金会（Climate works Foundation）联合发布了关于“一带一路”沿线国家绿色投资和碳排放路径的量化研究报告。报告指出，除中国外，目前参与“一带一路”倡议的126个国家碳排放量约占全球碳排放总量的28%。如果这些国家继续沿用传统发展模式，而全球其他国家及地区均实现“2℃温升情景”目标所要求的减排，到2050年，“一带一路”沿线国家的碳排放总量在全球碳排放总量中的占比将高达66%，届时全球碳排放总量将高达“2℃温升情景”允许的碳排放总量的2倍（见图2）。

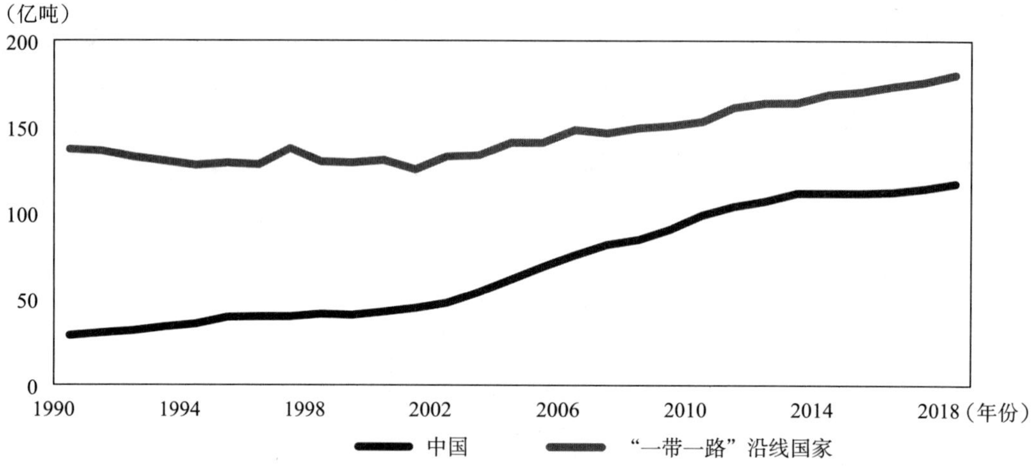


**图2 “一带一路”沿线国家碳排放情况（2018）**

资料来源：《联合国气候变化框架公约》网站。

全球前10大碳排放国中（不包括中国），以2018年的数据为例，共建“一带一路”沿线国家占据3个，分别是俄罗斯、印度尼西亚、伊朗。而全球前20大碳排放国中，“一带一路”沿线国家占据9个（见图3）。

全球十大人均碳排放国中，共建“一带一路”沿线国家占据了9个，其中，所罗门群岛的人均碳排放量高达71吨，居全球之冠；其次是文莱，人均碳排放量达39.51吨；再次是卡塔尔，人均碳排放量达35.89吨；巴林的人均碳排放量也高达31.19吨。人均碳排放排名前20位的国家中，“一带一路”沿线国家占据14个（见图4）。

### （二）大规模基础设施建设带来大量温室气体排放

世界资源研究所（2020）发布报告，2016年全球温室气体排放总量为494亿吨二氧化碳当量，能源消耗贡献73.2%的温室气体排放，其中，工业能源24.2%；交通16.2%；建筑物17.5%。同时一带一路沿线国家主要是发展中国家，基础设施缺口普遍较大，在建基础设施项目较多。而基础设施建设碳排放量较高，世界银行2018年研究指出，约70%的碳排放源于基础设施建设与维护。可以预见的是，未来全球多数的基础设施建设还会主要集中在“一带一路”沿线国家，大规模的基础设施建设将消耗大量的能源，进而增加温

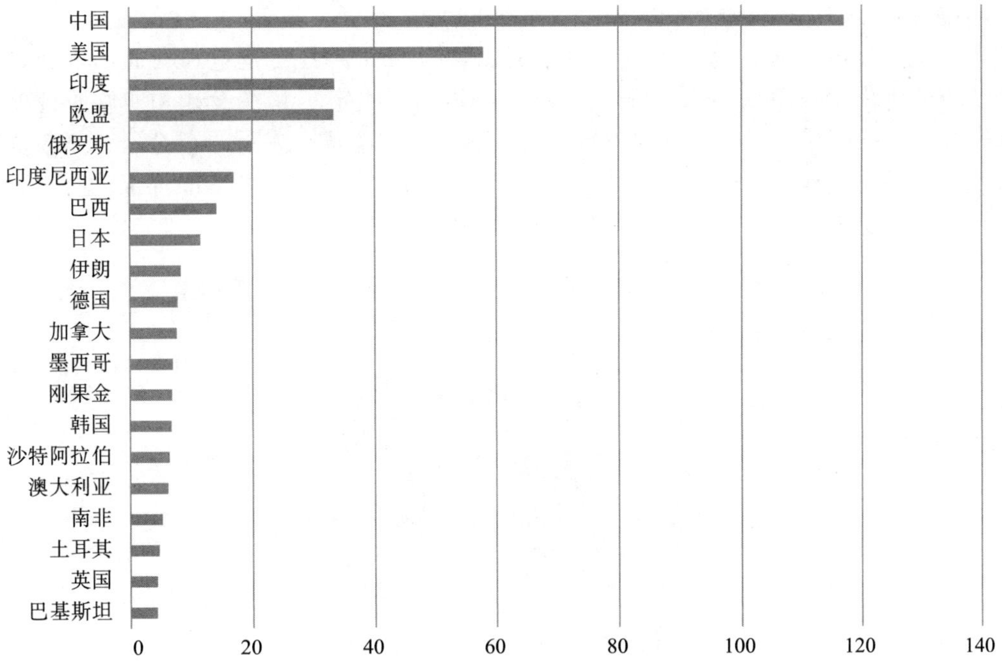


**图 3　全球 20 大碳排放国家（2018）**

资料来源：《联合国气候变化框架公约》网站。

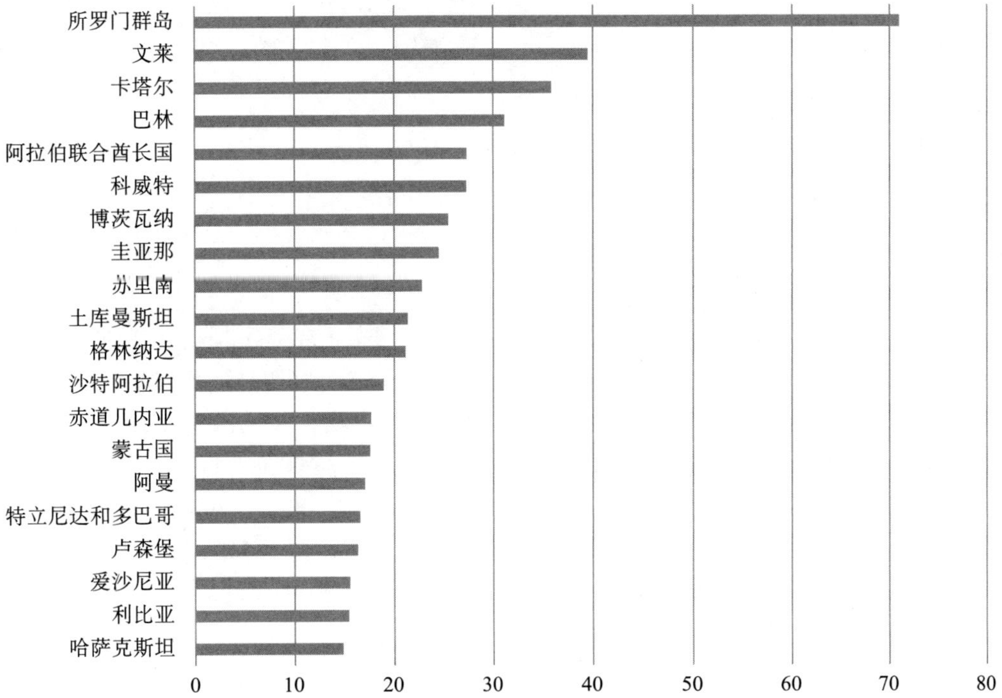


**图 4　全球 20 大人均碳排放国家（2018）**

资料来源：《联合国气候变化框架公约》网站。

室气体排放。比如，世界银行2019年发布《“一带一路”经济学》报告显示，“一带一路”沿线国家发电和交通运输项目占总投资比重为71%，其中发电和交通运输项目占总投资比重分别为46%和25%。基础设施项目的性质，决定了其在设计和实施阶段就会锁定未来几十年的碳排放量，由此对气候变化的影响引人担忧。发展绿色金融，不仅能为大规模建设基础设施提供所需资金支持，更能引导市场资源流向更加节能环保的技术，助推基础设施建设更加绿色化，有效减少碳排放（见图5）。

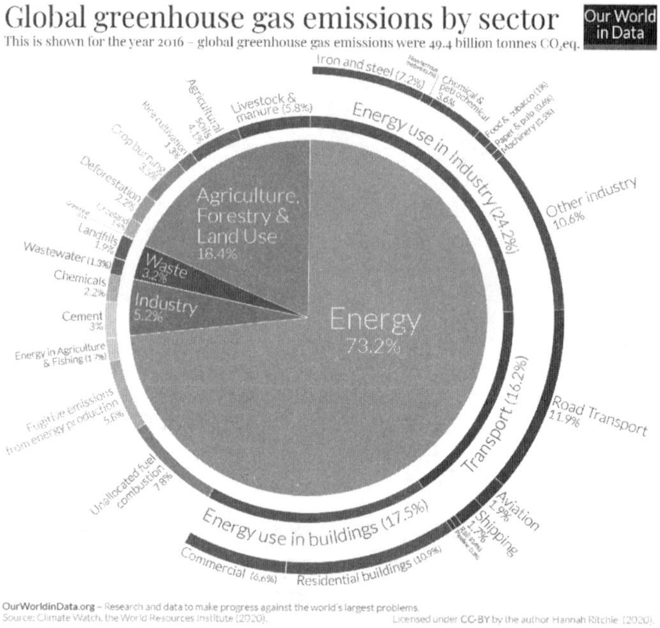


**图5　全球温室气体排放的来源**

资料来源：ourworldindata. org。

## （三）发达国家“碳关税”带来转型压力

欧盟提出“碳边境调节机制（Carbon Border Adjustment Mechanism，CBAM）”，将对一些高碳商品征收碳关税，这可能会提高发展中国家向欧盟出口产品的成本。

2021年7月14日，欧盟委员会通过了一揽子立法建议，作为欧盟实现《欧洲绿色协议》及其碳减排目标的具体措施。欧盟此次立法建议的关键对外措施——CBAM受到了国际社会的广泛关注。欧盟将2023—2025年作为CBAM的缓冲期，2026年正式开始实施。在CBAM运行的初期，欧盟拟将水泥、电力、肥料、钢铁、铝五类碳密集且易于管理的商品纳入碳边境调节机制的征收范围。以中国为例，如若CBAM正式落地，根据2020年中欧贸易数据及CBAM目前的征收目录，中国对欧盟的五类商品（水泥、电力、肥料、钢铁、铝）出口额只有53.03亿美元，约占出口欧盟总额的1.20%，影响较小。考虑到具体行业，以2020年中国出口欧盟的数据为例，钢铁及相关产品征收总额达到了3.2亿美元，占该商品中欧贸易总额的8.3%，铝及相关产品征收总额达到3.5亿美元，占该商品中欧贸易总额的26.1%。以上数据说明，短期内CBAM对中欧贸易总体影响有限，但针对部分商品仍然能产生较大影响。当 CBAM 完成试点工作后，必将扩大征税范围，从而显著影响我国商品的出口。2020 年中国向欧盟的出口总额达 3910 亿美元，占欧盟全年进口的 20%，中国已经成为欧盟最大的贸易伙伴。中国出口欧盟贸易中，占比高的机电产品、纺织品、金属制品和化学品都已被列入欧盟 ETS 的碳泄漏清单之中。在欧盟碳边境调节机制立法草案出台后，美国民主党议员也随后推出美国版碳关税的立法草案（污染方进口费计划，polluter import fee），拟对减排力度不足的国家出口到美国的商品按照相应碳排放量征税。如果未来美欧就碳关税政策达成一致意见，组建一个将美欧市场囊括在内的碳关税市场，那么包括“一带一路”沿线国家在内的广大发展中国家的利益将可能受损，碳关税政策最终将会演变成发达国家施压发展中国家的有力武器。

## 二、“一带一路”沿线国家绿色金融发展现状

绿色投资需要的资金量庞大，仅靠政府投入远远不够，需要相应的金融系统来支持。国际可再生能源机构（IRENA）的报告显示，如果世界要实现《巴黎协定》规定的 1.5℃的目标，世界需要把能源投资转向低碳能源以及在 2050 年前把那些投资提高 30%，总投资达到 131 万亿美元。其中可再生能源占比 26%，绝对规模达 34.06 万亿美元。联合国环境规划署每年的《排放差距报告》中，包括“一带一路”沿线国家在内的 53 个国家提出的资金需求就高达 4.4 万亿美元，平均每年约需要 3000 亿美元。清华大学五道口金融与发展研究中心等（2019）发布的报告显示，2016—2030 年，“一带一路”沿线国家在基础设施投资方面需要约 12 万亿美元的绿色投资，才能确保达到《巴黎协定》的气候目标。中金公司（2021）对“一带一路”沿线国家的绿色投资需求进行测算，发现 2021—2030 年“一带一路”沿线国家（117 个有效样本）的投资需求将达到 3.6 万亿美元，年均 3600 亿美元。波士顿咨询公司（2020）的研究报告显示，为实现控温 1.5℃的目标，中国 2020—2050 年累计需要 90 万亿～100 万亿元人民币投资，约占这 30 年累计 GDP 总额的 2%。

可以预见，未来实现碳达峰、碳中和目标需要巨量投资。如此庞大的投资规模，政府能支持的资金非常有限，巨大的资金缺口还要靠社会资本来弥补。要运用市场化的方式，以绿色金融作为实现“碳中和”的政策抓手，引导金融体系提供所需要的投融资支持，撬动金融资源向低碳绿色项目倾斜。

但是，目前“一带一路”沿线国家的金融系统不完善，绿色金融发展缓慢，未来还需加强相关建设。2020 年，中国工商银行发布《“一带一路”绿色金融（投资）指数研究》报告（见图 6），发现“一带一路”沿线国家“绿色发展能力”平均得分为 40 分，较对照组均值（84 分）低 44 分；“融资能力”分项下“一带一路”沿线国家平均得分为 36，较对照组均值（93 分）低 57 分；“政策与技术支持能力”分项下“一带一路”沿线国家平均得分为 44，较对照组均值（74 分）低 30 分。图 7 是全球十大绿色债券发行国家，从中可以发现，绿色债券发行规模大的国家主要是发达国家，而非“一带一路”沿线国家。说明从整体上看，与发达国家相比，“一带一路”沿线国家绿色金融起步晚，且发展相对较慢。“一带一路”沿线国家大多数属于新兴经济体国家，在这些国家中通常没有发达的资

本市场从而难以筹集绿色资金，在信用评级方面，很多“一带一路”沿线国家属于中收入或低收入国家，相对落后的经济发展以及不充裕的财政收入，导致其偿债能力弱，主权评级低，这会进一步导致“一带一路”气候类项目的风险较高。同时，作为一项投资来说，其回报率也存在一定的劣势，从而导致其融资较为困难，很难获得金融机构及投资者的青睐。

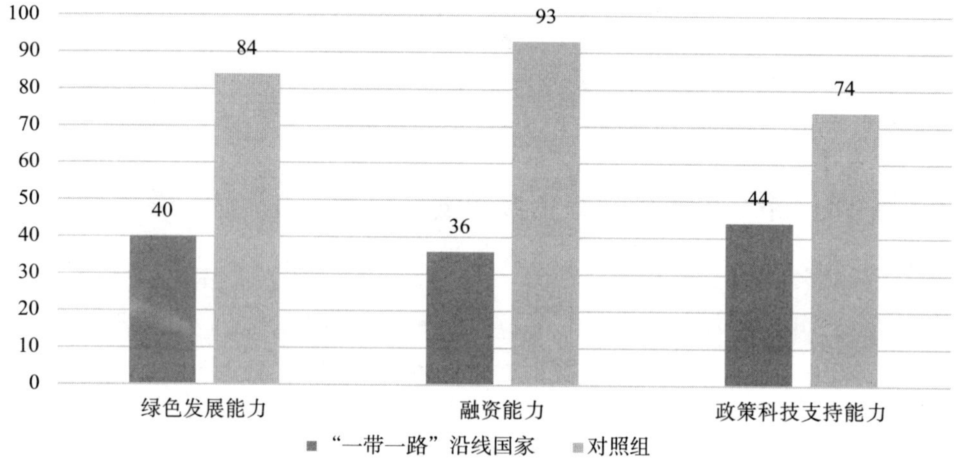


**图6 “一带一路”沿线国家与对照组绿色发展能力对比**

资料来源：中国工商银行《“一带一路”绿色金融投资指数研究》。

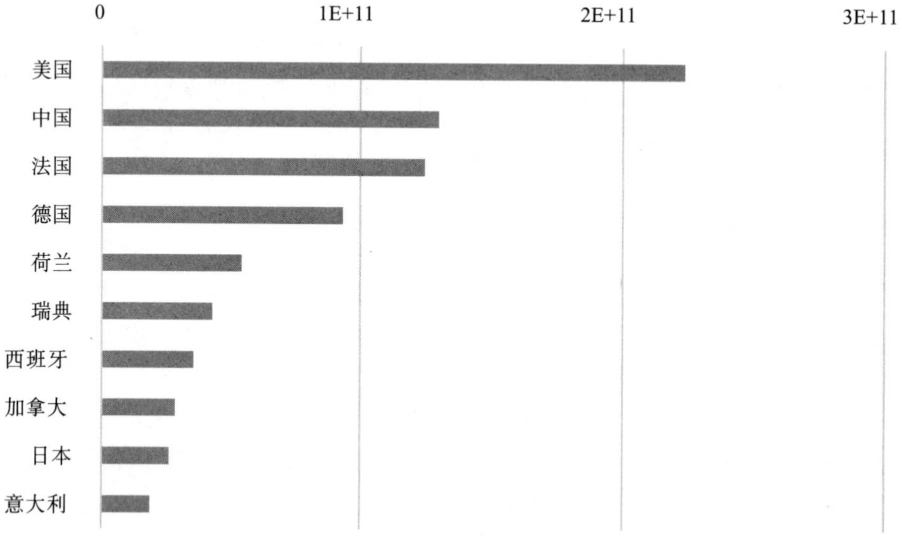


**图7 全球十大绿色债券发行国家**

资料来源：www. climatebonds. net。

## 三、如何促进“一带一路”沿线国家绿色金融发展？

### （一）统一绿色标准

绿色金融标准是绿色金融体系发展的基石，也是核定绿色产业范围、防止非绿色项目的“洗绿”“漂绿”、监督绿色金融市场规范运行的先决条件。各国应尽快建立与国际接轨的绿色统一标准，完善相关金融基础设施。以中国为例，我国绿色项目的标准制定部门包括国家发改委、工信部、国家能源局、人民银行和银保监会等多个部门。各个部门分别从自身业务范畴角度界定绿色项目技术标准，全国统一的绿色项目标准尚未形成。比如央行联合发改委和证监会发布的最新版《绿色债券支持项目目录（2021 年版）》中，已经剔除了“清洁煤炭技术”等化石能源相关的高碳项目，标志着绿色债券不再支持任何涉煤项目。但是，其他绿色金融的界定标准，如银保监会发布的《绿色信贷统计标准》，国家发改委会同生态环境部、人民银行等七部委发布的《绿色产业指导目录》等，尚未作出相应的调整。短期来看，绿色项目认定口径的不一致会对绿色金融的业务开展产生负面影响，增加监管难度；而从长期来看，也不利于绿色金融标准体系的外延与拓展。

### （二）完善绿色信息披露体系

绿色金融普遍存在信息不对称和外部性的问题，制约资金供求双方参与的积极性。完善的绿色信息披露是绿色产品投融资的核心，是防范“洗绿”等信息不对称风险的重要举措。各国应加快完善绿色信息披露标准，健全环境信息披露制度，出台上市公司和发债企业环境信息披露制度，加强第三方评估。以中国为例，2018 年 9 月，证监会发布修订后的《上市公司治理准则》，确立了环境、社会责任和公司治理（ESG）信息披露的基本框架。《准则》第九十五条规定，上市公司应当依照法律法规和有关部门的要求，披露环境信息以及履行扶贫等社会责任相关情况。2018 年，上交所制定《上海证券交易所上市公司环境、社会和公司治理信息披露指引》，并进入征求意见和试点阶段；同年 10 月，深交所起草 ESG 信息披露指引，同时组织三次征求意见座谈会。《深圳证券交易所上市公司信息披露工作考核办法（2020 年修订）》提及了 ESG 披露，并将其加入考核。“上市公司信息披露工作考核计分表”的加分项包括：主动披露社会责任报告，报告内容充实完整；主动披露环境、社会责任和公司治理（ESG）履行情况；主动披露公司积极参与符合国家重大战略方针等事项，如扶贫攻坚、疫情防控等信息。上市公司是否披露 ESG 信息、信息披露质量均会影响公司信披评级，并将对企业在资本市场的发展产生更直接的影响。

但是，与境外的成熟市场相比，目前，我国尚存在绿色信息披露强制性不足，披露指引各异，披露标准不统一，量化程度低等问题。《A 股上市公司 2020 年度 ESG 信息披露统计研究报告》显示，2021 年以来，共有 1092 家 A 股上市公司发布 2020 年 ESG 报告，发布报告的公司数量占全部 A 股上市公司数量的 25. 3%，其中有 641 家沪市上市公司（占沪市上市公司的 33. 8%），451 家深市上市公司（占深市上市公司的 18. 6%）。在报告编制参考的标准中，59. 6% 的公司参考全球报告倡议组织（GRI）可持续发展报告标准；

37.7%的公司参考了《上海证券交易所上市公司环境信息披露指引》进行报告编制；31%A股上市公司参考了港交所《环境、社会及管治报告指引》。目前全球已有30多个国家和地区建立了上市公司ESG信息披露制度。从信息披露要求的趋势上来看，正逐渐从“鼓励性披露”，向“不披露就解释”和“强制披露”递进，并致力于建立更多的可量化指标标准（见图8）。

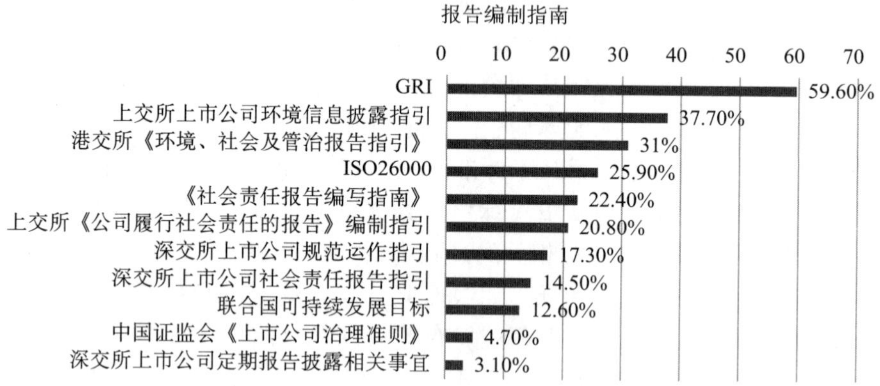


**图8　中国A股上市公司ESG报告编制参考标准统计**

资料来源：商道纵横，《A股上市公司2020年度ESG信息披露统计研究报告》，2021。统计的ESG报告包括环境、社会与公司治理/管治（ESG）报告、企业社会责任（CSR）报告以及可持续发展（SD）报告。

### （三）丰富金融工具

绿色科技创新企业一般多为中小民营企业，缺少抵押物，同时项目投资周期较长（一般5~10年），而银行的传统信贷期限短，导致绿色技术企业难以通过传统银行贷款渠道获得足够的资金。因此，需要拓展融资工具，建立绿色科技项目与绿色融资渠道的协同机制，如搭建服务于绿色科技项目和绿色资金的对接平台。以中国为例，据中国人民银行披露，截至2020年末，中国本外币绿色贷款余额11.95万亿元，存量规模位居世界第一；绿色债券存量为9000亿元人民币，位居世界第二。目前的绿色金融业务以绿色贷款和绿色债券为主，股权融资比例很低。未来需要拓展融资渠道，建立支持绿色项目的融资体系。

### （四）加大激励政策支持

绿色项目收益率低、周期长、风险较大，需要加大激励政策支持，鼓励更多资金投入“一带一路”绿色项目的建设。通过绿色金融业绩评价、贴息奖补等政策，引导金融机构增加绿色资产配置、强化环境风险管理，有利于提升金融业支持绿色低碳发展的能力。

目前我国已采取了一系列激励措施，比如绿色再贷款、贴息、担保；绿色信贷余额和绿色债券持有量等绿色金融评价结果纳入金融机构的评级；绿色债券和绿色贷款纳入央行贷款便利的合格抵押品范围，等等。未来还可以考虑在政策上给予金融机构更低的融资成本、更长的融资期限；降低绿色资产风险权重；绿色资产权益优先受偿等方法，合理引导养老金、社保基金、保险资金等长期资金投向合格绿色PE/VC机构。在税收成本端，可以给予绿色投资者税收优惠，提升投资积极性。

### （五）加强国际合作

发展“一带一路”绿色金融，还应加强国际合作，推动合作共赢。中国在绿色金融方面已取得一些进展，未来可以在“一带一路”绿色金融建设上发挥更大的作用。2016 年，中国在担任 G20 主席国期间，首次将绿色金融列入了财金渠道议题，并发起成立绿色金融研究小组，由中国人民银行和英格兰银行共同主持，积极推动绿色金融成为国际主流议题和全球共识。2017 年中国人民银行参与发起了“绿色金融合作网络（NGFS）”，与其他央行和监管机构共同研究环境因素和气候变化可能带来的金融风险，分享发展绿色金融的成功经验。NGFS 的成员数量已由最初的 8 家发展到了 50 家。2018 年 11 月，中国金融学会绿色金融专业委员会与伦敦金融城共同推出《“一带一路”绿色投资原则》（GIP），助推“一带一路”绿色可持续发展。GIP 原则被列入 2019 年“一带一路”国际合作高峰论坛成果。目前，已有 39 家中外金融机构签署该原则。GIP 从战略、运营和创新三个层面明确了七条原则，包括将可持续性纳入公司治理、充分了解 ESG 风险、充分披露环境信息、加强与利益相关方沟通、充分运用绿色金融工具、采用绿色供应链管理、通过多方合作进行能力建设等，供参与“一带一路”的投资者自愿采纳和实施。

## 参考文献

[1] World Energy Transitions Outlook：1.5℃ Pathway，IRENA，2021.

[2] 一带一路”国家绿色投资和碳排放路径的量化研究报告，清华大学五道口金融与发展研究中心、Vivid Economics 与气候工作基金会（Climate works Foundation），2019.

[3] 供需视角看“一带一路”绿色金融发展，中金公司，2021.

[4]“一带一路”经济学：交通走廊发展机遇与风险，世界银行，2021.

[5] 中国气候路径报告，波士顿咨询公司（BCG），2020.

[6] 中国工商银行带路绿色指数课题组．“一带一路”绿色金融投资指数研究［J］．金融论坛，2020.

[7]“一带一路”沿线国家的碳排放压力与挑战［EB/OL］．腾讯网，2021.

[8] A 股上市公司 2020 年度 ESG 信息披露统计研究报告［R］．商道纵横，2021.

[9] 张宁．简析哈萨克斯坦的绿色发展战略［J］．欧亚经济，2020（2）：14－31，127.

[10] 林永生．经济之中外比较［J］．中国经济报告．2016（2）．

[11] 柴麒敏．碳中和愿景与“一带一路”能源投资变革［EB/OL］．碳交易网，2020.

[12] 人行国际司青年课题组．以绿色金融支持“一带一路”高质量发展［N］．第一财经日报，2021－3－5.

# 中篇

# 新发展格局中的国际经济形势研究

# 美联储量化宽松退出路径、对我国的影响及应对措施

陈智华① 黄京菁②

为应对新冠肺炎疫情，2020 年 3 月美联储在下调联邦基金利率至 0 ~ 0.25% 后，再次重启量化宽松（QE）且不设上限。鉴于此次 QE 规模之大史无前例，其退出影响也将是巨大的，其带来的外溢性将会对我国经济金融稳定造成一定的消极影响，我们通过分析美联储退出 QE 的路径及其影响，提出应对风险的政策建议。

## 一、疫情下的美国经济及美联储的应对

自 2020 年年初新冠肺炎疫情在美国迅速蔓延后，美经济活动急剧下降，失业人数激增，失业率飙升至 50 年最高点。正值俄罗斯与 OPEC（石油输出国组织）谈判破裂，国际原油遭遇史诗级别的暴跌。石油价格的大幅下跌叠加经济活动需求的疲软抑制了消费者价格通胀，使 4 月份个人消费支出（PCE）价格指数的 12 个月的变化仅为 0.5%，该数据并不包括食品和能源项目的 12 个月 PCE 通胀指标（即所谓的核心通胀指标）。而经济活动的中断严重影响了金融状况，股市恐慌情绪迅速扩散，股价暴跌，美股遭遇四次熔断。美国国债市场的名义收益率大幅下降，中长期证券收益率创下历史新低。随着公司信用质量下降和市场运作恶化，公司债券与相同期限国债的收益率利差显著扩大；此外，大多数公司无法获得贷款，尤其是评级较低（低于投资级别）的公司。在最严重的阶段甚至出现流动性极度匮乏，导致一些关键市场无法正常运作。消费贷款市场也同样遭受重压，特别是住宅抵押贷款支持证券（MBS）市场以及汽车、信用卡和学生贷款证券化市场。

为应对紧急事态发展，美联储采取了一系列前所未有的、非常规货币政策工具旨在恢复平稳的市场运作以及实体经济的信贷流动。首先，大幅调低政策利率至最低水平。美联储于 2020 年 3 月 3 日迅速将联邦基金利率（即政策利率）下调了 0.5 个百分点，又于 3 月 15 日将政策利率降至接近于 0，即 0 ~ 0.25%。其次，保障市场正常运行。为此，联邦

---

① 陈智华：厦门国家会计学院副教授，经济管理与金融研究所所长。

② 黄京菁：厦门国家会计学院党委委员、副院长，教授。

公开市场委员会（FOMC）随即宣布将购买所需数量的美国国债和机构 MBS，以确保市场平稳运行和货币政策有效传导，而公开市场操作开始提供大规模的隔夜和定期回购协议操作。美联储还与其他央行协调，通过常设美元流动性互换额度补充流动性供给，并宣布与其他央行建立临时美元流动性安排（即互换额度）。不仅如此，美联储还为海外及国际货币当局建立了临时回购协议工具等。随着这一系列政策的颁布，国债和 MBS 市场的运作逐渐恢复改善。最后，创设一系列非常规信贷及流动性支持工具。这些工具旨在为实体经济提供必要的资金支持，并缓解企业及家庭的流动性匮乏。

## 二、美联储的“无上限”量化宽松政策

从 2020 年 3 月中旬开始，FOMC 指示交易台购买美国国债和机构 MBS，以支持市场平稳运行。3 月 15 日，联邦公开市场委员会指示交易台增加至少 5000 亿美元的美国国债和至少 2000 亿美元的抵押贷款支持证券 MBS 的持有量，并在不同期限内进行购买。随后的 3 月 23 日，FOMC 授权不限量购买这些证券所需的数量，以支持平稳的市场运作和货币政策向更广泛的金融状况的有效传导。这一行动标志着美联储正式开启“无上限”量化宽松政策。

至 2020 年的 3 月下旬，美国国债和 MBS 的每日购买量分别达到了约 750 亿美元和 410 亿美元的峰值。大规模购买这些证券有效地降低了金融市场的大幅波动。此轮美联储推出的“无上限”大规模资产购买计划（LSAP/QE）主要集中在购买长期证券上，特别是长期国债、机构债和住房抵押贷款债券（MBS），并首次将机构商业抵押贷款支持证券（CMBS）纳入其购买的 MBS 中。

除了上述公开市场操作等举措，美联储还进一步扩大了措施，以提高流动性以及向美国家庭和企业的信贷流动。根据《联邦储备法》第 13（3）条的授权，经财政部长批准，联邦储备委员会实施了各种措施以应对疫情压力。例如，所采用的货币市场共同基金流动性工具和一级交易商信贷工具的总规模在 4 月份增加到 860 亿美元。这些流动性和信贷支持工具主要包括：

（1）定期存款便利工具（Term Deposit Facility，TDF）：存入定期存款的资金在定期存款存续期内从参与机构的准备金账户中取出，从而从银行系统中抽走准备金余额，美联储以此管理存款机构持有的准备金余额总量。储备银行通过 TDF 提供定期存款，所有有资格从储备银行的余额中获得收益的机构都可以参与定期存款计划。

（2）商业票据融资便利（Commercial Paper Funding Facility，CPFF）：美联储于 2020 年 3 月 17 日紧急设立 CPFF，以支持信贷流向家庭和企业。商业票据市场直接为广泛的经济活动提供资金，为汽车贷款和抵押贷款以及流动性提供信贷和资金，以满足一系列公司的运营需求。通过确保这个市场的平稳运行，特别是在危机时期，美联储提供了支持整个经济的家庭、企业和就业的信贷。

（3）一级经销商信贷便利（Primary Dealer Credit Facility，PDCF）：美联储于 2020 年 3 月 17 日紧急建立 PDCF 以支持美国家庭和企业的信贷需求。该工具使一级交易商能够支持平稳的市场运作，并促进企业和家庭获得信贷。

（4）货币市场共同基金流动性便利（Money Market Mutual Fund Liquidity Facility，MMLF）：美联储于 2020 年 3 月 18 日紧急设立了 MMLF，协助货币市场基金满足家庭和其他投资者的赎回需求，从而对家庭和企业信贷流动予以支持。波士顿联邦储备银行向符合条件的金融机构提供贷款，这些金融机构以其从货币市场共同基金购买的优质资产作为担保。

（5）一级市场企业信贷便利（Primary Market Corporate Credit Facility，PMCCF）：美联储于 2020 年 3 月 23 日紧急建立了 PMCCF，通过债券发行支持企业信贷，以保障企业在疫情期间更好地维持运营和产能，该工具主要对信用程度良好的投资级企业开放。

（6）二级市场企业信贷便利（Secondary Market Corporate Credit Facility，SMCCF）：同上，美联储于同一日紧急建立了 SMCCF，通过向市场提供未偿还公司债券的流动性来支持对企业信贷，主要为投资级企业开放。

（7）定期资产支持证券贷款便利（Term Asset - Backed Securities Loan Facility，TALF）：美联储于 2020 年 3 月 23 日紧急设立了 TALF，以支持信贷流向消费者和企业。TALF 支持发行由学生贷款、汽车贷款、信用卡贷款、小企业管理局（SBA）担保的贷款和某些其他资产支持的资产支持证券（ABS）。根据 TALF，美联储在无追索权的基础上向某些 AAA 级资产支持证券的持有人提供贷款，这些资产由新近发放的消费者和小企业贷款支持。美联储借出的金额等于 ABS 的市场价值减去折扣，并且始终由 ABS 提供担保。

（8）薪资保护计划流动性便利（Paycheck Protection Program Liquidity Facility，PPPLF）：为了提高小企业管理局薪资保护计划（PPP）的有效性，美联储通过向小企业提供 PPP 贷款支持的定期融资，向参与的金融机构提供流动性。PPP 向小企业提供贷款，以便他们可以将工人留在工资单上。薪资保护计划流动性工具（PPPLF）将向发起 PPP 贷款的合格金融机构提供信贷，以贷款作为面值的抵押品。

（9）市政流动性便利（Municipal Liquidity Facility，MLF）：旨在帮助州和地方政府更好地管理现金流压力，以便继续为社区中的家庭和企业服务。该工具可直接从美国各州（包括哥伦比亚特区）、人口至少为 50 万人的县和人口至少为 25 万人的城市购买高达 5000 亿美元的短期票据。符合条件的州级发行人能够将所得款项用于支持更多县市。此外，美联储密切监测市政证券一级和二级市场的状况，评估是否需要采取额外措施来支持信贷和流动性流向州和地方政府。

（10）主街贷款计划（Main Street Lending Program，MSLP）：美联储紧急设立 MSLP 旨在支持新冠肺炎疫情大流行开始前财务状况良好的中小型营利性企业和非营利组织提供贷款。该计划包括五个便利工具：主街新贷款便利（Main Street New Loan Facility，MSNLF）、主街优先贷款机构（Main Street Priority Loan Facility，MSPLF）、主街扩展贷款便利（Main Street Expanded Loan Facility，MSELF）、非营利组织新贷款便利（Nonprofit Organization New Loan Facility，NONLF），以及非营利组织扩大贷款便利（Nonprofit Organization Expanded Loan Facility，NOELF）。为实施该计划，波士顿联邦储备银行设立了一个特殊目的工具（SPV）来购买由合格贷方发起的贷款参与权。贷方保留了一定比例的贷款。如果美国企业和非营利组织符合规定标准，即可有资格获得贷款。根据该计划发放的贷款期限为五年，本金支付延期两年，利息支付延期一年。符合条件的贷方能够向符合条件的借款人发放新贷款（根据 MSNLF、MSPLF 和 NONLF）或增加现有贷款（根据 MSELF 和 NOELF）的规模。

直接购买等政策的实施大幅增加了准备金余额，美联储资产的增加直接导致资产负债表上的负债规模的相应增加。而为应对疫情，美联储票据的增长速度也表现惊人，仅 3 个月即达到 1.9 万亿美元，比年初增加了 1440 亿美元。此外，美国财政部在美联储的一般账户（TGA）大幅增加，财政部将其用于接收国债拍卖的税收和收益以及处理政府支出。2020 年初，TGA 余额约为 4000 亿美元。在为冠状病毒援助、救济和经济安全法案（即 CARES 法案）和其他刺激措施相关财政支出的背景下，TGA 余额于 2020 年 6 月 3 日即达到了 1.4 万亿美元的高位（见图 1）。

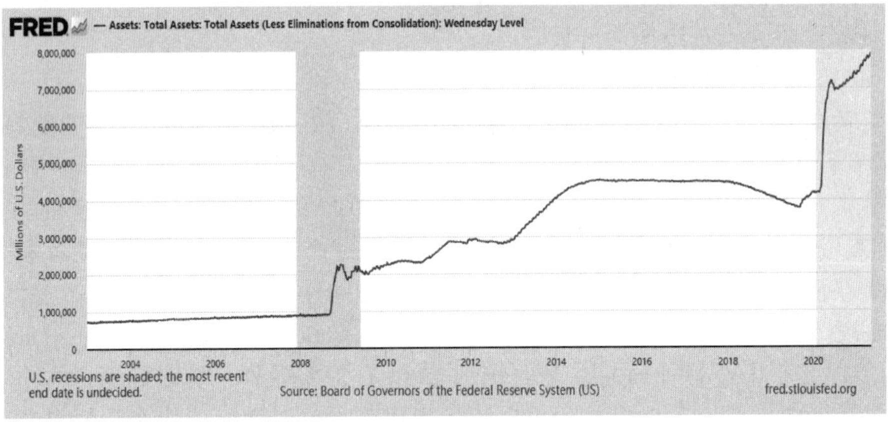


**图 1　美联储资产负债表规模**

资料来源：美联储圣路易斯分行。

总体而言，美联储采取的量化宽松政策主要通过两个渠道发挥作用：一是对长期利率施加下调压力，降低收益率；二是信号作用，即政策制定者在未来一段时间将维持低利率。这些政策行动在注入流动性、恢复金融市场正常运作、支持美国实体经济复苏的同时，也将美联储资产负债表的规模迅速推升至 8 万亿美元之上（占其 2020 年名义 GDP 的 38%），创历史新高。

随着今年年初疫苗接种的推进和美国经济复苏，美国通胀预期也在逐步攀升，因而美联储何时退出 QE 备受关注。而美国货币政策的“正常”化，将通过跨境资金流动、汇率波动、股票价格变化及大宗商品价格等渠道，对其他国家特别是新兴经济体国家产生负面溢出效应。

## 三、影响退出 QE 决策的主要因素

尽管美联储主席鲍威尔此前一再表示 2024 年以前不会退出 QE，但近期通胀预期及隔夜逆回购（ONRRP）的迅速飙升预示美联储的货币政策退出可能会比预期大幅提前。此外，美联储联邦公开市场委员会（FOMC）2021 年 4 月议息会议纪要显示，与此前会议的经济预测相比，预期 2023 年底前加息的官员人数由 5 位上升至 7 位，预期 2022 年底前加

息3次以上的由1位上升至5位。而6月的FOMC议息会议显示有7位官员预期2022年底前将启动加息。

2021年6月议息会议记录显示，货币政策委员会认为，经济前景继续改善，大流行对经济的最大负面影响已经过去。疫苗接种方面的进展减少了新冠肺炎病毒的传播，对经济的负面影响也将继续减弱。会后，FOMC宣布，自2021年6月17日起，①开展必要的公开市场操作以维持联邦基金利率维持在0至0.25%的目标范围内；②持有国债量每月增加800亿美元，机构及抵押贷款支持证券（MBS）每月持有量增加400亿美元；③继续购买代理商业抵押贷款支持证券（CMBS），以维持这些证券市场的平稳运行；④开展回购协议操作，以支持有效的政策实施和短期美元融资市场的平稳运行；⑤以0.05%的发行利率和每天800亿美元的每个交易对手限额进行隔夜逆回购协议操作。

此外，FOMC主席可酌情决定临时增加每个交易对手的限额。在拍卖时将美联储持有的美国国债的所有本金支付展期，并将美联储持有的机构债券和机构MBS的所有本金支付再投资于机构MBS。如果出于运营原因需要，允许适度偏离购买和再投资的规定金额。必要时参与美元展期和息票掉期交易，以促进美联储机构MBS交易的结算。

FOMC在会后的声明中再次指出，美联储致力于在这个充满挑战的时期使用其全方位工具来支持美国经济，从而促进其最大就业和价格稳定的双重使命目标。疫苗接种方面的进展减少了病毒在美国的传播，在这一进展和强有力的政策支持下，经济活动和就业指标均有所增强。FOMC强调，通货膨胀的上升，主要反映了暂时性因素。整体金融状况仍然宽松，部分反映了支持经济和信贷流向美国家庭和企业的政策措施。经济的发展路径将在很大程度上取决于病毒的进程。尽管疫苗接种方面取得的进展可能会继续减少公共卫生危机对经济的影响，但经济前景面临的风险仍然存在。

政策目标（退出QE的前提条件）：美联储政策声明中强调，“强劲”的劳动力市场状况是货币政策“正常化”的前提。2021年6月FOMC议息会议纪要显示，政策目标利率区间维持不变（0~0.25%）①，委员会成员一致认为，资产购买将至少以目前的速度持续下去（每月至少增持800亿美元的国债和400亿美元的MBS），直到经济取得实质性进展，即达到充分就业和通胀目标。虽然经济活动已经出现了大幅回升，但是委员会仍然认为，距离实现上述目标或仍较遥远。在当前经济状态下，推迟和加速QE退出的因素并存。

### （一）推迟QE退出的主要因素

一是疫情发展的不确定性。二是尽管美国就业市场呈现强劲复苏态势，但最新公布的6月份失业率5.9%依然显著高于危机前的3%，如将因疫情而丧失就业意愿的人考虑进去，则失业率可能达到10%。三是2020年8月FOMC修订的货币政策框架中表明其从通胀目标制转向平均通胀目标制。也就是说，美联储加大了对通胀的容忍度及货币政策的灵活度，允许通胀率超过2%的通胀目标并维持一段时间。

---

① 出于技术性调整，美联储理事会委员一致投票决定将超额准备金利率（IOER）及隔夜逆回购利率（ONRRP）上调5个基点，分别为0.15%和0.05%。

### （二）加速 QE 退出的主要因素

一是当前美国市场流动性已处于过剩状态，隔夜逆回购激增。在美联储公布 2021 年 6 月会议纪要的当日，隔夜逆回购规模达到 2939.98 亿美元，创近 4 年来的新高。通常而言，隔夜逆回购激增发生在季末，而 2021 年 5 月距离季末尚有 1 个多月就已出现逆回购额高速增长，代表当前美国市场流动性已处于过剩状态。二是美国商务部数据显示，美国 2021 年 5 月核心个人消费支出（PCE）物价指数年率增长 3.9%，创下 1992 年 7 月以来新高；6 月 CPI 同比增幅达到 5.4%，创 2008 年夏季以来新高。三是美国国会预算办公室发布的《2021—2030 年削减财政赤字选项》预示美国将着手削减其庞大的财政赤字。

鲍威尔在 2021 年 7 月 14 日国会众议院听证会上重申，近期不断飙升的通胀是暂时性的，主要是由于短期供应链瓶颈和总需求强劲所导致的供应不足。尽管当前的复苏进程还不足以促使美联储启动 QE 退出，但我们预测，如果通胀出现了实质性的上升态势，宽松减量（Taper）可能要比预期更加临近。建议密切关注 8 月的杰克逊霍尔（Jackson Hole）央行年会，预计 Taper 可能于 2021 年年底前正式开始。

## 四、退出 QE 的路径推演

### （一）2008 年历史经验回顾

回顾 2008 年国际金融危机，美联储在危机爆发后迅速开启降息进程，用一年半时间把联邦基金利率从 5.26% 降到几乎为 0，并维持该水平长达 6 年之久。同时，美联储资产负债表快速扩张，启动了三轮不同目标的 QE，通过大规模资产购买计划大量购入国债、机构债和 MBS。随着美国经济状况好转，金融市场日趋稳定，美联储着手准备退出非常规货币政策。而首次宽松减量（Taper）发生在 2012 年 9 月启动的第三次量化宽松（QE3）实施的 8 个月后，即 2013 年 5 月 22 日，时任美联储主席伯南克在国会听证会中首次提及“如果就业形势持续好转，且改善具有可持续性，美联储可能在未来的会议中讨论放缓 QE”。伯南克暗示可能在未来削减 QE 购买规模的言论随即引发市场恐慌（又称缩减恐慌，Taper Tantrum），导致美债利率快速上冲。缩减恐慌的全球蔓延，导致很多新兴市场经济体受到冲击，如股市下跌、货币贬值、信用利差显著上升，以及跨境资本的流出。此后，美联储于 2013 年 12 月正式宣布 Taper 开始。

2014 年 9 月，美联储发布《政策正常化原则和计划》（Policy Normalization Principles and Plans），指出确定政策正常化的时间和步伐，即采取措施将联邦基金利率和其他短期利率提高到更正常的水平，并减少美联储的证券持有量以促进其最大限度就业的法定任务和价格稳定。该计划重申当经济状况和经济前景需要宽松的货币政策时，FOMC 将提高联邦基金利率的目标范围。在正常化期间，美联储将：（1）通过调整其支付超额准备金付息率（Interest on Excess Reserves，IOER），将联邦基金利率移至委员会设定的目标范围内；（2）根据需要使用隔夜逆回购协议（Overnight Reverse Repurchase Program，ON RRP）工具和其他辅助工具来辅助控制联邦基金利率，但仅在必要的范围内使用隔夜逆回购协议工具，并且当不再需要时退出使用。ON RRP 有助于构成利率走廊下限，Duffie 和 Krishnamurthy（2016）发现 ON RRP 有助于建立短期政策利率和证券市场的直接通道，提高货币政策的传导效率。通过 IOER 和 ON RRP 工具的运用，美联储得以在大量超额准备金的情况下有效保证了联邦基金利率至目标水平。此外，FOMC 预计将以渐进和可预测的方式逐步减少美联储的证券持有量，主要是通过停止将本金偿还再投资于系统公开市场账户（System Open Market Account，SOMA）中持有的证券。而在开始提高联邦基金利率目标范围后将停止或开始逐步取消再投资；时机将取决于经济和金融状况以及经济前景如何演变。从长远来看，FOMC 计划持有的证券不会超过有效实施货币政策所必需的证券，并且将主要持有美国国债，从而最大限度地减少美联储持有的证券对分配的影响。

2017 年 6 月 FOMC 正式公布了缩减美联储资产负债表的详细计划。FOMC 将通过减少其从系统公开市场账户中持有的证券收到的本金付款的再投资来逐步减少美联储的证券持有量。具体而言，此类付款只会在超过逐渐上升的上限时再投资，即①对于美联储从到期国债中收到的本金支付，FOMC 预计该上限最初为每月 60 亿美元，并将在 12 个月内每 3 个月逐步增加 60 亿美元，直至达到每月 300 亿美元；②对于美联储从其持有的机构债务和抵押贷款支持证券中获得的本金支付，FOMC 预计上限最初为每月 40 亿美元，并将在 12 个月内每 3 个月逐步增加 40 亿美元，直到每月达到 200 亿美元。此外，一旦达到各自的最大值，上限将保持不变，以便美联储的证券持有量将继续以渐进和可预测的方式下降，直到委员会判断美联储持有的证券没有超过必要的数量有效实施货币政策。2017 年 9 月美联储于议息会议宣布自 10 月起启动渐进式缩表计划。

回顾上一轮量化宽松退出进程，从美联储开始提及 QE 减量到正式开始减量，间隔时间约为半年，而从开始减量到 QE 正式结束，用时约 10 个月。在退出 QE 过程中，美联储采取渐进方式，并强调，倘若经济形势恶化，缩表进程可随时逆转，其主要步骤分为：一是资产购买缩减（宽松减量）；二是渐进式提高利率，通过 9 次加息，使利率最终上升了 225 个基点；三是缩减资产负债表约 7500 亿美元。

由于危机期间美联储的大规模资产购买计划使美超额准备金大幅增加，导致准备金的小幅变化难以像危机前一样影响联邦基金利率，从而使原有的货币政策框架失效。

后危机时代美联储的政策运作框架选择：主要有两种选择。一是回到一套与危机前相似的系统，其中，银行体系的准备金供应保持相对稀缺，并通过公开市场操作频繁调整准备金来设定利率水平；二是沿用自危机爆发以来一直使用的系统，其中，银行准备金充足，联邦基金利率目标是通过调整（准备金）管理费率来实现的。实践表明，在当前准备金充足情形下后者在调控利率方面表现出色，并且已经证明易于沟通和适应。

资产负债表“正常化”的标准范式：美联储的货币政策制定路线原则上保持不变，即利率的路径将继续由其双重任务目标提供战略上的指导，而在战术层面上则通过宏观数据及其对经济前景的影响塑造，并遵循对外透明的行为规则。因此，其标准范式为，一是与公众沟通、沟通、再沟通，提前公布详细的缩表计划，包括美联储将如何逐步和可预测地缩减资产负债表的规模；二是抬升利率目标并逐步升息，确保缩表进程得以顺利推进，并尽可能少地引发市场波动。

### （二）此次退出 QE 的路径推演

随着美国经济逐渐复苏，预计 FOMC 将缓慢但坚定地推动货币政策向“恢复正常”的方向发展。这个过程可分为以下四个阶段：

第一阶段：资产购买缩减（Taper）。实际上是宽松政策后期的宽松缩减，不代表缩表。最新民意调查显示，市场预期，美联储的 Taper 将在首次削减以后的 3 个季度内完成（中位数估计），在此之后再过 3 个季度，美联储将开始加息。

第二阶段：抬升利率目标。在执行该操作之前，FOMC 会就其意图与公众进行沟通以确保美联储行动的透明度，为即将到来的政策变化做好铺垫。更为重要的是，在规模庞大的资产负债表和银行准备金的背景下，美联储将通过运用银行准备金和隔夜逆回购协议等方式，确保联邦基金利率保持在 FOMC 的目标范围内。

第三阶段：渐进式加息及缩表。随着经济走向充分就业并逼近 2% 的长期通胀目标，美联储将启动渐进式加息进程。由于在超低利率背景下的加息，经济仍然面临较大的下行风险。因此，美联储将采取审慎和相对可预测的政策路径，以确保多次加息后经济仍可以健康的速度继续扩张。

第四阶段：货币政策“新常态”。当利率抬升至远离零点的水平，资产负债表开始收缩，由此引出一个自然而然的问题：什么是正常的资产负债表规模？要回答这个问题就必须弄清楚美联储资产负债表的长期适度规模。显然，美联储需要在过早取消宽松措施而产生的风险与经济过热可能出现的问题之间寻求平衡。从长远来看，美联储资产负债表中的资产类型将以国债为主。而货币政策“正常化”是将资产负债表缩小到能够保证货币政策的有效、高效执行的最小规模。美联储在其最新公布的 2020 年货币政策报告中指出，在未来几年，资产负债表的适度规模将由其资产购买和再投资政策的决定所驱动，但是美联储并未就其对投资组合的长期管理计划提供指引。

## 五、美联储退出量化宽松对我国的影响

美联储退出量化宽松将使美国长期利率上升，进一步提升美元资产的吸引力，促使全球资本回流美国，导致美元的升值趋势得以加强。然而由于利率上升带来的流动性趋紧，短期内将给美国的资产价格带来下跌压力。

由于美国在全球经济金融中占据主导地位，其货币政策调整会通过跨境资金流动传导等方式给全球经济和国际金融市场造成广泛的影响和冲击。此外，美国退出量化宽松可能带动其他发达经济体紧缩货币政策，从而间接加强了对新兴经济体的外溢效应，主要表现在：大量资金外流、货币贬值严重、房地产价格波动、股市大幅震荡、GDP 增速下滑等。世界银行的研究显示，中性情景下，美国退出 QE 将导致新兴市场资本流入骤减 10%，发展中国家 GDP 下降 0.6%。而对于经常账户余额为正、高国际储备及低外债的“审慎型”国家，不利冲击将更大。这主要是由于这些国家在 QE 期间流入国内的资本更多，因而受到的损失更大。

作为全球第二大经济体，我国具备超大市场规模优势和内需潜力，抵御外部风险能力

较强，但是QE退出将会对基本面比较薄弱的新兴经济体国家带来巨大冲击，并由此从多方面间接影响我国。鉴于此次QE规模巨大，对于我国的潜在影响不容忽视，应重点关注以下几个方面：

### （一）人民币汇率波动加剧、双边汇率变动复杂化

退出QE意味着美国短期利率和长期利率有上升趋势，美元资产相对人民币资产的预期收益上升，新兴经济体国家货币呈现贬值趋势，这会引起市场套利和资本跨境异常流动。一方面，在当前人民币升值背景下，QE退出可以缓解人民币升值压力，且国际大宗商品降价，也将减轻我国输入型通胀压力；另一方面，人民币汇率波动将加剧，人民币双边汇率变动复杂化。这主要是发达经济体货币政策的分化程度不一、各国宏观经济复苏程度不一以及人民币汇率决定的市场力量逐步增强等原因导致，将为我国汇率稳定的预期管理带来挑战。

### （二）跨境资本的流动异常对我国金融体系带来较大冲击

主要表现在两个方面：一是美国资金回流使中国资金净流入放缓，造成国内流动性趋紧。主要表现在银行等金融机构用于贷款、贴现和投资的超额准备金下降，隔夜拆借利率急速攀升，进而减少对企业投资及借贷，提高贷款利率，造成企业贷款投资的资金成本升高，导致企业压低投资规模。为避免由流动性趋紧引起的经济增长下滑，我国央行可能被迫实行较宽松的货币政策。二是“热钱”净流出对房地产与股市带来负面影响。这主要是由于实施QE期间，追求高回报率的国际资本大量流入中国房地产市场和股市，推高资产价格。

### （三）进出口贸易受影响大

一方面，QE退出将导致人民币贬值，而汇率下滑可以增加企业额外的利润，同时提升产品的国际竞争力，促进企业出口。同时，美元升值使大宗商品价格回落，这对我国部分进口商品，如原油、铁矿石等资源类大宗商品有利。另一方面，随着QE的退出，资金大量回流美国，美国高端制造业必将出现复苏趋势，对我国技术密集型产品形成竞争，贸易摩擦将会加剧。

## 六、政策建议

一是加强跨境资本流动管理，提高对跨境资金异常流动的监测、预警能力。应谨慎对待美元资产升值预期引起的国际资本流动转向，特别是加强对短期资本流动的监管，通过资本流动真实性、合法性和合规性审核打击违法的资本流动，必要时实行对资本流出的单向管制，防范国际资本的大规模无序流动对我国经济和金融稳定带来的冲击。

二是加快汇率市场化改革，防范汇率波动风险。不断提高汇率制度的灵活性，允许人民币顺应中美经济基本面变化升值或贬值，将有助于释放汇率压力，减少外汇储备的不必要消耗。此外，应特别警惕“追涨杀跌”的顺周期行为、羊群效应及其他不可控因素导致

的汇率大幅波动，做好预案应对非理性波动，通过逆周期调节因子等宏观审慎政策工具适时对汇率进行逆周期调节，从而稳定人民币的汇率预期。进一步引导外贸企业以及参与“一带一路”基础设施建设的企业关注汇率波动，强化风险对冲管理。

三是及时补充国内流动性供给，同时减少中美两国的利率差幅。央行可通过公开市场操作、常备借贷便利等货币政策工具组合搭配使用，及时补充资本流出后的国内货币供给缺口，以减少中美利差。央行还可以设立金融稳定基金，配合流动性调节工具运作以确保金融体系的稳定运转。

四是加强国际经济政策协调与合作，事先考虑到货币政策可能的外溢性，尽快建立更稳定的全球货币及储备体系，或通过货币互换操作等方式防范风险。同时应做好应对周边国家尤其是新兴经济体国家可能出现经济危机的准备。

五是美联储在实行量化宽松政策的同时引入了前瞻性指引，给政策的出台留下足够的调整空间，有利于市场政策的精准发力，其中的一些做法和经验值得我国借鉴。通过与公众、企业沟通等方式释放在何种条件下调整政策的信息，有助于引导公众形成合理预期，对冲美联储货币政策对我负面影响，并以此达到宏观调控的目的。

六是要利用好美国货币政策转向的窗口期，进一步深化供给侧结构性改革，打通国内大循环、国内国际双循环堵点，保持宏观政策的连续性、可预测性。财政政策应从收支两端发力，助力实现充分就业。同时积极发展普惠金融，大力支持小微企业、“三农”和精准脱贫等经济社会发展薄弱环节，有效应对外部冲击以确保我国经济平稳发展。

## 参考文献

[1] Board of Governors of the Federal Reserve System, Monetary Policy Report, June 12, 2021.

[2] Board of Governors of the Federal Reserve System, Monetary Policy Report, July 9, 2021.

[3] Board of Governors of the Federal Reserve System, Minutes of the Federal Open Market Committee, June 16, 2021.

[4] Board of Governors of the Federal Reserve System, Minutes of the Federal Open Market Committee, April 28, 2021.

[5] Board of Governors of the Federal Reserve System, Minutes of the Federal Open Market Committee, June 14, 2017.

[6] Duffie D., Krishnamurthy A. Passthrough efficiency in the Fed's new monetary policy setting, Designing Resilient Monetary Policy Frameworks for the Future. Federal Reserve Bank of Kansas City, Jackson Hole Symposium, 2016.

[7] FOMC, Policy Normalization Principles and Plans, As adopted effective September 16, 2014.

# 拜登“基建与增税计划”分析及应对建议

王智烜① 朱云格② 林鑫洪③

2021 年 3 月 31 日，美国总统拜登公布了近 2. 3 万亿美元的基建计划，旨在未来 8 年内改造美国的基础设施，并以增税作为筹资方式。这场声势浩大的立法攻势，试图将华盛顿的长期政策线转变为他上任第一年的决定性政策遗产。作为拜登上台后的第二项财政刺激计划，该计划若成功签署，将从基建和增税两个方面影响美国以及世界经济发展。

## 一、拜登再画美国“基建蓝图”

### （一）8 年计划涵盖五大领域

当地时间 2021 年 3 月 31 日，美国总统拜登在匹兹堡的演讲中公布了一项近 2. 3 万亿美元的基建计划。从内容来看，该方案呈现的是广泛的“大基建”概念，不仅包括交通基础设施等传统基建，还包括电池技术、半导体研发等新基建以及劳动力发展、护理经济领域与家庭基础设施建设的投资。但由于一揽子基建计划规模过大，一直难以取得共和党的支持。2021 年 5 月 21 日，拜登政府将方案的金额下调至 1. 7 万亿美元，削减了宽带和公路桥梁港口等基础设施的投资支出，同时将原计划投资于研发、制造业和小型企业的资金抽出，转移至其他法案中进行讨论。从本质上来看，此次金额下调也只是在传统基建规模方面做了适当让步。和 2021 年 3 月 12 日通过的 1. 9 万亿美元经济刺激法案相比，这项新计划旨在促进长期经济复苏，保持美国竞争力。

总体来说，这项为期 8 年的计划主要涵盖五大领域（见表 1）：

### （二）三届美国总统的“基建梦”，拜登有何不同

美国在历史上曾将基建作为国家经济战略的重要组成部分，至 20 世纪中叶，美国建成了世界上最为完备的基础设施体系，但后期其他方面支出增加、各级政府行政效率低阻

① 王智烜：厦门国家会计学院“一带一路”财经发展研究中心副主任，副教授。

② 朱云格：厦门国家会计学院在读研究生。

③ 林鑫洪：厦门国家会计学院在读研究生。

表 1　　基建计划的构成

| 大项 | 分项 | 分项规模（亿美元） |
|---|---|---|
| 交通基础设施现代化 6210（5820） | 修复高速公路、重建桥梁：使 2 万英里的高速公路、道路和主要街道实现现代化；修复需要重建的最具经济价值的大型桥梁；修复最糟糕的 1 万座较小的桥梁<br>升级港口、机场等：升级联邦航空局资产以确保安全高效的航空旅行、支持航站楼翻新和多式联运的新计划，以实现廉价、方便、无车的航空旅行等<br>公共交通现代化等：对现有的交通系统进行现代化改造，并帮助相关机构扩大其系统，以满足乘客的需求，减少交通拥堵 | 3970（3580） |
| | 激励电动汽车市场、更换柴油车等：在 2030 年前建立一个拥有 50 万辆电动汽车充电桩的全国网络；更换 5 万辆柴油车；利用联邦采购使包括美国邮政服务在内的联邦车队更换成电动汽车 | 1740 |
| | 提升基础设施的复原力：支持在物质和经济上最容易受到气候灾害影响社区的基础设施；最大限度地发挥土地和水资源的弹性，保护社区和环境，保护并在必要时恢复以自然为基础的基础设施 | 500 |
| 家庭基础设施建设 3100 | 更换全国铅管和服务线，升级饮用水、废水和雨水系统：100% 更换全国的铅管和服务线路投资，投资 450 亿美元用于环境保护署的饮用水循环基金和国家法案拨款的水基础设施改善；对美国的饮用水、废水和雨水系统进行升级换代 | 1100 |
| | 建设高速宽带基础设施，实现 100% 覆盖：促进价格透明度和互联网供应商之间的竞争，要求互联网供应商明确披露其收取的价格；降低宽带互联网服务成本，促进更广泛的应用 | 1000（650） |
| | 升级国家电网和清洁电力投资：建立投资税收抵免政策，鼓励建设至少 2000 亿千瓦的高压输电线路；促进现代化发电和提供清洁电力；清理废弃的油井、气井和矿井等 | 1000 |
| 建筑改造和重建 3600 | 改造和建造经济适用房和商业地产等：生产、保护和改造超过 200 万个负担得起的可持续生活场所和 100 多万个负担得起的、可获得的、节能的住房单元；投资 400 亿美元，改善美国公共住房系统的基础设施；设立 270 亿美元的清洁能源和可持续发展计划等 | 2130 |
| | 学校和联邦建筑现代化、升级儿童保育设施、改善退伍军人医院等：升级和建设新的公立学校，投资建设尖端的、节能的、电气化的、有弹性的和创新技术实验室的学校建筑；投资 120 亿美元改善社区大学的基础设施；提供 250 亿美元升级儿童保育设施，并在高需求地区建立新的供应等 | 1470 |
| 护理经济 4000 | 改善老年人和残疾人的护理服务，为家庭护理人员创造就业机会，提高工资和福利等：扩大老年人和残疾人获得高质量、负担得起的居家或社区护理的机会，帮助成千上万的美国人获得需要的长期服务和支持；为护理工人创造新的就业机会，提供加薪福利，以及组织或加入工会和集体谈判的机会 | 4000 |

续表

| 大项 | 分项 | 分项规模（亿美元） |
|---|---|---|
| 制造业、研发、就业培训 5800（1000） | 投资研发和新技术等：向国家科学基金会投资500亿美元，成立技术理事会，与政府现有项目合作；提供300亿美元研发基金，刺激创新和创造就业机会；投资400亿美元升级全国各地实验室的研究基础设施；投资350亿美元，全面解决技术突破问题，解决气候危机；向气候研发重点示范项目投资150亿美元 | 1800（0） |
| | 重振美国制造业和小型企业等：比如投资500亿美元用于半导体制造和研究；投资200亿美元建立区域创新中心和社区振兴基金；向国内制造业投资520多亿美元；投资310亿美元，用于小企业获得信贷、风险资本和研发资金的项目等 | 3000（0） |
| | 投资于劳动力发展等：投资400亿美元，用于新的失业工人计划和基于行业的培训；为面临最大挑战的工人提供120亿美元的专项资金；投资480亿美元用于美国劳动力发展基础设施和工人保护等 | 1000 |
| 总计 | | 22710（17170） |

注：括号中数字表示2021年5月底白宫最新提出的1.7万亿美元基建方案中削减后金额，其中制造业和研发领域的投资转移至国会正在讨论中的单独立法。

碍了基建进一步发展，美国在基础设施方面的优势不断减弱。目前的大部分基础设施都有半个世纪以上的历史，公共交通等基础设施维护状况不容乐观。根据美国土木工程协会（ASCE）的评估结果显示，2021年美国公共基础设施整体质量为C-，设施水平落后问题突出，其中水利和道路设施老化情况较为严重，因此美国基础设施陈旧已是公认的事实，基建对国家的重要性也并非到拜登政府时期才被强调。早在2008年，奥巴马的竞选承诺之一就是投资基础设施，其继任者特朗普上任后也屡次试图展开基建计划。但由于两党就资金来源和投资规模始终无法达成共识，每次提出的基建计划最终都不了了之。

纵观美国近三届政府的基建计划（见表2），拜登政府的计划是最系统、最完整、最有条理，也是最具有目的性的。

**表2　近三届美国政府基建计划对比**

| | 奥巴马政府时期 | 特朗普政府时期 | 拜登政府时期 |
|---|---|---|---|
| 主要内容 | 修复公路、桥梁、轨道交通、航空等传统交通基础设施 | 修复公路、桥梁、机场等交通基础设施；改造和建造公共住房及学校；修复供水系统；投资“清洁能源”、5G无线网络基础设施以及农村宽带接入、电网升级；医疗基础设施升级等 | 修复公路、桥梁、港口、机场和中转中心等传统交通基建；投资电动汽车行业；重建饮用水系统；更新电网、高速宽带全覆盖；改造和建造住宅、商业建筑；学校和联邦建筑现代化；老年人和残疾人护理；振兴制造业、研发、就业培训等 |
| 资金来源 | 通过交通法案支持联邦公路信托基金、鼓励私人企业与资本投资、取消对石油和天然气公司的税收优惠、建议创建“基建银行”等 | 地方出资为主，联邦拨款为辅；鼓励私人企业与资本投资等 | 主要通过增税来提供资金，主要方案包括将联邦企业所得税税率由21%提高至28%，将美国跨国公司的全球最低税率提高到21%（最新提案为15%），取消化石燃料的税收优惠等 |

注：根据2021年5月底白宫最新提出的1.7万亿美元基建方案，拜登政府基建计划主要内容中制造业和研发领域的投资转移至国会正在讨论中的单独立法。

从主要内容来看，拜登政府的基建计划涵盖了众多“新基建”内容。奥巴马政府的基建计划只包含公路、桥梁、轨道交通等传统交通基础设施的修复；特朗普政府在此基础上提出供水系统的修复、5G无线网络基础设施、农村宽带接入、电网升级与医疗基础设施升级等；此次拜登政府的计划覆盖面最广，除了道路、住房、水利、医疗、教育和宽带在内的传统基础设施建设，还新增电池技术、半导体投资、劳动力发展、老年人和残疾人护理等新内容。

从资金来源来看，拜登政府以增税作为基建计划的配套方案。奥巴马政府提出的资金来源主要是“专款专用”的联邦公路信托基金、私人投资与取消对石油和天然气公司的税收优惠，但这些远远不足以支持大规模的基建项目；特朗普政府将筹资责任转移给州及地方，鼓励私人投资；而此次拜登政府在基建计划出炉的同时，提出修改企业所得税来为计划提供可靠的筹集渠道，主要包括将联邦企业所得税税率由21%提高至28%，将美国跨国公司的全球最低税率提高到21%（最新的提案为15%），取消化石燃料的税收优惠。该计划强调，这些企业所得税改革将在未来15年内筹集超过2万亿美元税款，可覆盖基建计划中大部分一次性投资，并持续地减少赤字。

## 二、计划落地成疑，或将对美国有何影响

### （一）“左右开弓”欲保美国领先

为了提振经济，拜登政府先是签署1.9万亿美元的经济刺激法案，又随即于当月提出2.3万亿美元的基建计划。前者更关注的是短期、快速的经济复苏效益，后者则致力于推动经济、社会的长期稳定发展。拜登政府的“‘新’罗斯福新政”主要影响有二：

在经济影响方面，从中短期来看，基建投资“乘数效应”较高。根据美国联邦预算委员会的测算，《2009年美国复苏与再投资法案》（ARRA）中给出的财政乘数为0.4～2.2（每美元基建支出拉动GDP增长0.4～2.2美元），效果优于减税。那么在抵销增税对经济的不利因素后，基建计划预计对GDP仍有较好的拉动作用。从长期来看，基建将补齐基础设施短板。增加基础设施投入，可以加速美国基础设施产业本身与其他产业的结构升级，有利于改善经济活动中的工作环境，降低交易成本，节约交易费用。同时完善的基础设施有利于加快各种资源和要素的流动，促使区域内生产要素实现优质高效配置，提高美国生产效率，吸引资本回流，促进经济长期发展。

在社会影响方面，基建计划有利于缩小贫富差距。美国贫富差距悬殊，根据美联储发布的2020年上半年的美国财富水平数据显示，美国最富有的10%家庭持有全国近七成财富，最富裕的1%的人的财富相当于美国一半家庭的15倍。尤其在新冠疫情的影响下，宽松的宏观财政与货币政策推动了金融资产价格不断攀升，富人在股市中获得的收益远高于穷人得到的财政补贴，进一步扩大了贫富差距。根据美国政策研究所和美国税收公平协会公布的数据，美国亿万富翁们的财富总共增长了1.1万亿美元，其处境要比疫情之前好很多。与此相反的是，美国有超过800万人因疫情跌到了贫困线以下。对企业增税有助于平衡美国的财富格局，以及基建计划将为中产和底层人群带来大量的就业机会，这或在一定

程度上缩小贫富差距，弥合日益撕裂的美国社会。

### （二）增税对美金融风险不可忽视

拜登通过加税来解决基建资金需求问题，此次随基建计划推出的增税方案只涉及公司税的部分，包括将联邦企业所得税税率由21%提高至28%，将美国跨国公司的全球最低税率提高到21%（最新的提案为15%），对大公司的账面收入征收15%最低税，取消化石燃料的税收优惠，加大对公司的执法力度等。美股2021年4月1日开盘时，三大指数集体高开，表明股市正在消化基础设施投资的利好消息，并未对潜在的增税计划表现出明显担忧。但增税计划的风险影响仍不可忽视。

增加企业所得税计划一旦落实，在短期内必然会减少企业的利润，这将对美国资本市场造成冲击。同时，拜登政府计划以15年的增税款项来覆盖8年的投资支出，意味着美国依然有较高的发债融资需求，这会从供给端继续推动美债收益率走高。从图1可以看到，10年期美债收益率一路上扬，尤其自2021年3月份以来一直高于1.5%。美债收益率被广泛认定为“无风险收益率”，决定了各类资产收益率的下限。如果美债收益率持续走高，就会使高估值风险资产吸引力下降，从而吸引部分资本流出股市。

美国三大股指已连续四个季度取得上涨（见图2），截至2021年6月4日，三大股指年内累计涨幅分别为：道琼斯工业平均指数累计上涨11.42%，标普500指数累计上涨10.25%，纳斯达克综合指数累计上涨4.08%。三大股指的价格已远高于疫情前的水平，资产价格泡沫越发膨胀，因此必须考虑美国增税刺破美股“资产泡沫”带来连锁风险的可能性。拜登后续也提出通过绿色税种和个人所得税来弥补财政缺口，但此备选方案更加不成熟，实施难度更大。

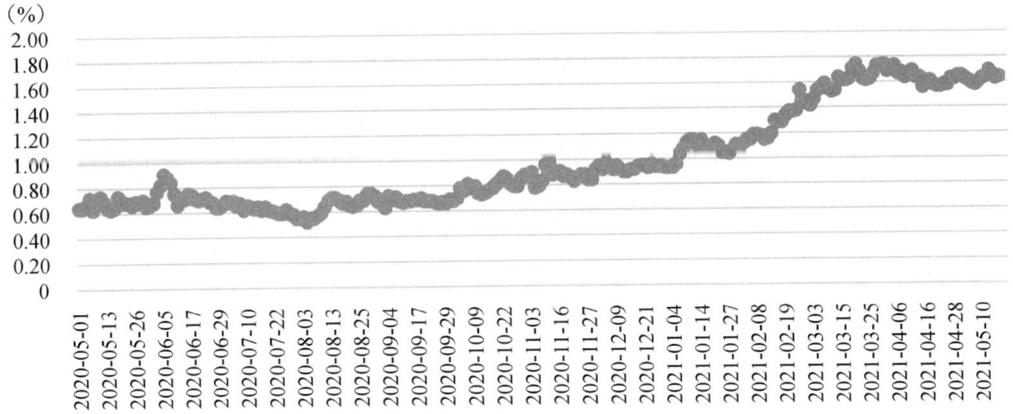


**图1　10年期美债收益率**

### （三）基建计划或遇多重阻力

相较于前两任政府提出的基础设施计划，拜登提出的近2.3万亿美元方案，其内容最细化、目的性最强、可行性也最高。但方案一经提出，便遭到共和党人的猛烈抨击以及一些民主党人的抵制。一方面，共和党人表示对基础设施计划感兴趣，但计划应该更小、更

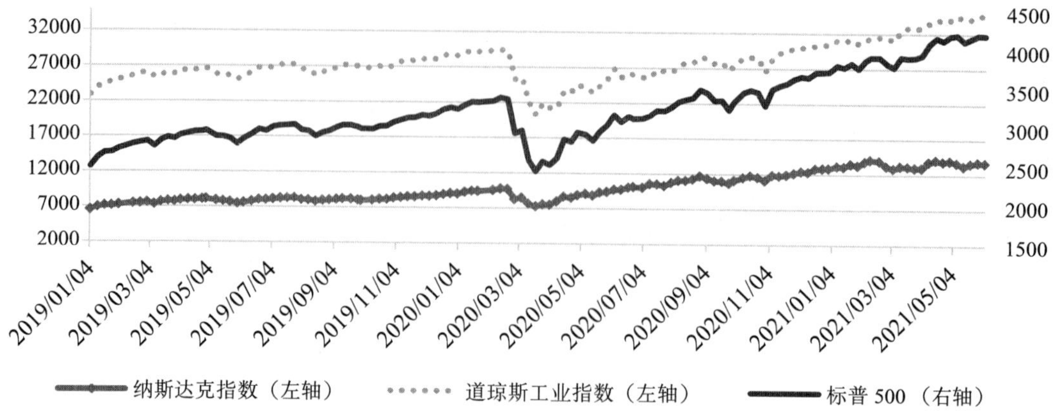


**图 2　美国三大股指变化趋势**

集中，正如参议员迈克·布劳恩（Mike Braun）所言："计划必须针对道路和桥梁，而不是作为对美国就业创造者及其家庭增税的不相干的自由主义政策的工具。"同时，共和党人也反对通过增税的方式来筹措资金，并称这是不可触及的红线。另一方面，民主党进步派与温和派则分别在基建规模与增税幅度方面产生分歧。进步派成员认为提出的基建规模不够大，应该更加大胆。比如美国进步改革运动委员会（Progressive Change Campaign Committee）的联合创始人格林（Adam Green）提到："计划是个良好的开端，但在解决气候变化问题方面还需要更多努力。"就增税方案而言，民主党内部也并未达成一致意见，部分温和派民主党人表示反对将企业所得税率提高到28%，应该落在一个更低的水平，比如25%。

从基础设施方案的推进进度来看（见表 3），拜登政府在基建规模与增税幅度方面分别做出妥协，一直希望能够在得到共和党的支持下通过法案。虽然共和党人在基础设施规模方面也有所让步，但与拜登提出的最新方案差距仍然较大，而且共和党人始终坚守"增税"这一不可触及的红线。目前民主党掌握白宫、众议院和参议院三重权力，如果双方会谈持续没有结果，拜登将不得不考虑用民主党的选票来强推计划落地。但预算和解程序每个财年通常只能使用 1 次，鉴于 2021 财年已经使用了预算调解程序，下一次使用需待 2022 财年，且需要争取党内所有参议员的支持，才能绕开共和党的掣肘达成目的。同时考虑到，美国基础设施建设的主要还是由美国州和地方政府落实，在缺乏两党共识的情况下通过基建计划，红蓝州的落实效果也将千差万别。

**表 3　基建方案推进进度**

| 时间 | 基建方案进度 |
|---|---|
| 2021 年 3 月 31 日 | 拜登提出 2. 25 万亿美元基建计划，随即遭到共和党人强烈反对和部分民主党人异议 |
| 2021 年 4 月 7 日 | 拜登 4 月 7 日在白宫发表讲话称，他愿意与国会议员们就公司加税进行谈判 |
| 2021 年 4 月 22 日 | 共和党人提出了一项规模为 5680 亿美元、为期 5 年的一揽子基础设施计划。在道路和桥梁方面支出 2990 亿美元，比拜登政府计划中的 1150 亿美元有所增加。在宽带方面支出 650 亿美元，在公共交通系统方面支出 610 亿美元，在机场方面支出 440 亿美元，在饮用水和废水系统方面支出 350 亿美元，在铁路方面支出 200 亿美元 |

续表

| 时间 | 基建方案进度 |
| --- | --- |
| 2021 年 5 月 12 日 | 拜登表示，在与共和党领袖会谈后，认为自己提出的数万亿美元基础建设支出提案有妥协的空间。采访中暗示希望在两党支持的情况下通过部分方案，而其他方案则可能会在没有共和党支持的情况下通过 |
| 2021 年 5 月 20 日 | 美财政部官员提议为跨国企业全球利润设定最低 15% 的税率，以推动七国集团（G7）谈判进程 |
| 2021 年 5 月 21 日 | 白宫将有关方案的金额下调至 1.7 万亿美元，愿意削减在宽频和道路桥梁等投资，以及将投资于研究和发展的项目抽起，在未来加入其他法案内，不过有共和党人认为变化不大 |
| 2021 年 5 月 27 日 | 共和党人正式提出了 9280 亿美元的基建方案，虽然较 5680 亿美元大幅提升，但仍明显低于白宫提出的 1.7 万亿美元方案。9280 亿美元基础设施提案包括将 5060 亿美元用于道路、桥梁和主要项目，980 亿美元用于公共交通系统，720 亿美元用于水利基础设施。共和党人还重申反对通过增税来支付基建费用 |
| 2021 年 6 月 4 日 | 拜登与共和党讨论了基础设施计划，双方没有达成共识，并同意 6 月 7 日再次会谈。两个月来，各方一直试图达成妥协，但就在基建规模和支付方式上一直难以达成一致 |
| 2021 年 6 月 5 日 | 七国集团（G7）成员国发表声明支持把全球最低企业税率设为 15%，这项协议将于 2021 年 7 月提交给二十国集团（G20）威尼斯峰会 |

### （四）对立情绪将进一步高涨

通过增税和征收国内外最低税率的方式来为基建方案筹措资金，该增税方案相当于动用了企业的“奶酪”，势必会引起企业与富人阶级的不满，以及制造企业与政府的对立情绪。美国商会与制造商协会分别表示：“增税计划是危险的、被误导的，这将放缓经济复苏，削弱美国的全球竞争力”“这种税制的倒退会使其他国家比美国更具优势。”美国国家对外贸易委员会的游说团体政策副主席凯茜·舒尔茨（Cathy Schultz）也为企业发声，认为美国公司与不受这些高额最低税率约束的外国竞争对手竞争困难重重。

强推方案落地会进一步撕扯美国政治现状。尽管民主党和共和党正就基础设施计划规模进行谈判，但要让共和党支持一项通过增税来支付费用的法案，对拜登政府来说一直都是非常困难的。因此该方案大概率也很难以得到共和党的支持。自民主党人强行推动 1.9 万亿美元救济法案落地之后，如果再一次启用预算调节程序通过法案，会进一步增长两党对立情绪，进而影响两党在更多问题方面的合作。

## 三、多重挑战或临，中国应磨砺以须

### （一）竞合之中，警惕创新“小院高墙”策略

世界主要国家正通过财政政策促进高科技领域发展。虽然，未来中国在环保、基建等

领域与美国有广阔的合作空间，但中高科技领域竞争却会越发激烈。基建计划中，拜登政府重点强调了对核心高新技术的投入，原基建计划中有1800亿美元用于直接投资（目前该部分投资转移至国会正在讨论中的单独立法），其中包括对半导体领域投入500亿美元来确保供应链的“安全性”。实际上不仅是美国，印度也准备向生产半导体芯片的公司提供超10亿美元的现金奖励，希望借此加速重整全球电子芯片领域供应链；韩国政府于2021年4月1日公布了先进功率半导体研发和产能提升计划，表示将推动非硅功率半导体本土研发，用于电动汽车和其他需要功率效率和耐久性的新技术，并计划到2025年将市场竞争力提升至全球水平；欧盟也正考虑投入大量资金发展欧洲半导体制造业，以完善其芯片供应链。

这些与中国“十四五”规划提出建设现代化基础设施体系相关内容有异曲同工之处，规划中包括加快建设新型基础设施、加快建设交通强国、构建现代能源体系，特别是围绕强化数字转型、智能升级、融合创新支撑，布局建设信息基础设施、融合基础设施、创新基础设施等新型基础设施，强调第三代半导体发展。可见对高新技术领域的投入，是后疫情时代财政支出的重要方向。

在高科技领域的竞争中，我国要对“小院高墙”策略保持足够警惕。早在2021年4月，美日就包括半导体在内的敏感供应链达成合作联盟，促进和保护对两国的安全与繁荣至关重要的关键技术。2021年5月，拜登和韩国总统文在寅于白宫会面，也承诺将紧密合作，发展新兴科技，并公布扩大合作生产半导体等的详细计划，包括三星电子等韩国四大企业集团宣布对美投资计划，总规模达394亿美元。至此美拉拢日韩，打造一条没有中国的芯片产业链的野心也正式达成。

除半导体领域的孤立，2021年4月8日美国商务部将我国与研发超级电脑相关的7家企业列入贸易实体清单，6月3日拜登签署行政命令，扩大针对中国企业的一项投资禁令，59家中国企业上榜（多于特朗普时期的48家），其中包括中国电信设备制造商华为、中国最大芯片制造商中芯国际、杭州海康威视、中国三大电信公司、中航工业、半导体制造国际公司等企业。这无非是为了高铸包括半导体在内的核心技术“篱墙”，对“院内”技术进行更严密封锁。与特朗普政府不同的是，拜登没有发难式的“一刀切”，而是采取“院外”合作、“院内”封锁的组合策略。

### （二）全球减税浪潮将歇，国际税收规则进入深度调整

过去几十年，世界各国普遍通过减税的方式吸引跨国企业投资，这种“税收逐底竞争”导致世界税源大量流失。而这一趋势，在特朗普政府2017年宣布实施减税与就业法案后达到高潮，直接导致了全球减税浪潮。必须看到，在当前世界各国债务水平普遍较高、财政风险持续加大的背景下，全球减税浪潮不可持续越发明显，各国都有潜在增税动机。随着拜登政府“理智派”耶伦等人执掌财政部等重要部门，其提出的增税方案很有可能造成多米诺骨牌效应，全球减税浪潮或将逆转，国际税收规则可能出现重大调整。

举例来看，OECD为了应对数字经济税收挑战提出了“双支柱”改革方案，其中“支柱二”方案通过设置全球最低税打击跨国避税行为。该方案与美国现行税法中全球无形低税收入（GILTI）存在一定的冲突，如表4所示。但该方案能够缓和拜登政府增税可能引

发的资本外流风险，因此拜登政府积极推动“支柱二”方案的制定并在其税改提案中协调GILTI与“支柱二”方案的差异。例如，拜登政府拟将GILTI有效税率的计算方式由“全球汇总”转变为“辖区汇总”，并提议将“支柱二”方案的最低税率定在21%，与其最新税改提案中GILTI的税率相同。这些税制转变将消除GILTI与“支柱二”之间存在的显著差别，增加了“支柱二”方案达成最终共识并在全球实施的可能性。

**表4　　GILTI与“支柱二”对比**

| | 美国GILTI | 支柱二 |
|---|---|---|
| 目标 | 补充受控外国公司的反避税措施，打击美国公司依赖无形资产避税行为 | 通过所得计入规则、征税过少的支付规则等四项来协调居民国、来源国和税收协定之间的关系，不限于无形资产所得 |
| 税率确定 | 全球汇总，即将位于不同辖区的实体视为一个整体计算跨国公司的有效税率 | 辖区汇总，关注每一个经营辖区的有效税率 |
| 税基不同 | 主要针对无形资产取得的收入而言 | 符合条件的海外子公司和分支机构所有的利润 |
| 征税对象 | 外国子公司，不存在行业排除，也未设置收入门槛 | 符合条件的海外子公司及分支机构，将部分特殊的行业和机构排除在适用范围外 |

由于2021年3月提出的21%的最低税率提议一直未能得到多数国家的响应，5月20日美财政部官员提议为跨国企业全球利润设定最低15%的税率，以推动谈判进程。2021年6月5日，七国集团（G7）成员国发表声明支持把全球最低企业税率设为15%，并将在改革国际税收规则、取消数字服务税等领域进行协调。不过15%的税率，仍然高于OECD与G20讨论时的12.5%的水平。目前国际税收规则仍在博弈、调整和选择的过程中。不论是美国和OECD的方案，还是印度和巴西等发展中国家的方案，都将影响未来国际税收规则的发展路径，并对未来国际资本流动产生重大影响。中国作为最大发展中国家必须拿出符合我国自身发展的方案，否则将处于长期被动地位。

### （三）警惕税收长臂管辖，积极参与国际税收“规则竞争”

根据OECD“双支柱”改革趋势，跨国企业在我国享受税收优惠导致其实际税率低于最低税率标准时，其母公司可能负有向居住国缴纳“补充税”的义务，这种税收长臂管辖或将对我国税收政策产生冲击。我国应特别警惕因此陷入长期被动地位，主要关注有二：

其一，“支柱二”和美国最低税率改革或将对我国相关行业吸引外资产生影响。需及时研究相关改革（拜登政府最初推进的全球最低税率为21%，2021年5月20日提议降低到15%，6月5日，G7成员国发表声明支持把全球最低企业税率设为15%）是否会对我国享有税收优惠行业的外商资本造成冲击，特别是包括集成电路、软件开发等在内的高新技术产业。虽然我国高新技术企业与技术先进型服务企业的名义税率为15%，但在享受了包括研发费用加计扣除、部分“二免三减半”等所得税优惠之后，其实际税率可能要低于最终确定的最低税率之下。这就意味着我国为减轻企业税负所制定的优惠政策效应将被最低税率所抵销，其税款很可能将被境外税收管辖区征收。我国高度重视高科技领域的发展，例如半导体和新能源汽车等领域都是“十四五”规划的核心，对这些行业的支持力度应一以贯之。由于增值税等间接税不会影响企业“有效税率”的判定，可以考虑跨税种优惠政策的相互协调来进行有效应对。

其二，“支柱二”达成共识会对全球税收洼地造成冲击。必须关注其对中国香港、海南自贸港以及国内其他税收优惠力度较大地区的影响（按美国倡议的“辖区汇总”改革，中国香港或将受到更大冲击）。例如，当前许多跨国企业利用香港离岸收入免税的制度优势将区域性总部设立在香港特区，进而达成利润汇回香港时免税的目的。但“支柱二”方案中按税收管辖区计算实际税率可能导致该跨国企业在香港的实际税率低于最低税率标准，该部分低税利润对应的税收收入会被香港公司的母公司所在税收管辖区攫取。此外，欧盟委员会拟将“支柱二”方案纳入评判非欧盟国家是否构成欧盟非合作税收管辖区名单的标准。若香港不实施“支柱二”方案，或将导致在香港经营的跨国企业面临更高的监管要求；反之，若香港实施“支柱二”方案，其需要对国内税法以及双边税收协定进行较大修订。值得注意的是，香港税法规定企业将财资中心设立在香港地区可以按照8.25%的优惠税率纳税，而香港实施“支柱二”方案需要在税收协定中加入应予课税规则（STTR），STTR将对该政策产生较大影响。例如，某跨国企业将财资中心设立在香港，并向与香港签订了税收协定的某税收管辖区内关联方借出资金。正常情况下，与该借贷行为相关的利息在汇回香港时，在关联方税收管辖区可以享受税收协定中优惠的预提税税率，同时汇入香港时按照8.25%纳税。但若8.25%低于“支柱二”中STTR所规定的最低税率标准，关联方税收管辖区可通过限制利息支出在关联方税前利润扣除或增加预提税方式使该笔支出达到最低税率水平。此时，香港税收政策对跨国企业财资中心的吸引力也将丧失。综上，在香港优势不再、海南政策需重构的可能展望下，当前我国还是应抓住国际税收规则制定阶段的先机，积极投入国际税收“规则竞争”，推进促进全球共同发展的“中性原则”，抵制单边发展的“非中性原则”（见表5）。

**表5　　　　我国享受企业所得税税收优惠的主要行业和地区**

| | 行业或地区 | 具体内容 |
|---|---|---|
| 按行业分类 | 高新技术企业 | 企业所得税享受15%税率优惠；还包括加计扣除、加速折旧、税额减免等税收优惠政策 |
| | 技术先进型服务企业 | |
| 按地区分类 | 海南自贸港 | 对注册在海南自由贸易港并实质性运营的鼓励类产业企业，减按15%的税率征收企业所得税 |
| | 香港 | 利润低于200万港元的情况下，不同类型企业适用所得税税率为8.25%或7.5%，超过200万港元的部分按16.5%或15%征收。香港企业支付的股息无须缴纳预扣税，收取的股息也可以免交利得税，不征收资本增值税。对离岸收入免税。对设立在香港的财资中心按8.25%征税 |
| | 西部地区 | 2021年1月1日至2030年12月31日，对于在西部地区设立鼓励类产业企业继续以15%优惠税率征收企业所得税。其中，鼓励类产业企业指以《西部地区鼓励类产业目录》中规定的产业项目为主营业务，且其主营业务收入占企业收入总额60%以上的企业 |

### （四）防范美国“举国体制”的潜在风险

此次基建计划若顺利签署，联邦政府在美国经济中占据的分量预计达到 GDP 的 20%以上。美式“举国体制”将借由基建计划进一步发展，其试图通过经济上的力量集中与我国竞争的意图已表露无遗。但总的来看，大部分基建计划的支出还是集中解决美国国内经济发展问题。

在大规模国内基建的背景下，拜登政府对外将更加捉襟见肘。我国要谨防三方面的风险：一是谨防美国“软实力”持续发挥。近年来，美国智库频繁对我国提出“债务陷阱”、援助透明度以及借款条款的质疑。其“软实力”的发挥大大弥补了美国向国内收缩的影响，抑制了我国对外经贸发展。必须大力发展我国智库在国际上的影响力，解决“嘴短”等“软实力”问题。二是警惕美国“精准打击”。美国公布了《2021 年战略竞争法》（Strategic Competition Act of 2021），内容主要针对中国。总体上来看，美国海外投入不会很大，但投向极为“精准”。例如，印太地区 6.55 亿美元的外国军事融资资金，以及“印太海上安全倡议”等项目的 4.5 亿美元资金安排，很容易撬动地区形势发生深刻变化，影响我国外部环境。三是防范美国金融“大水漫灌”。在财政支出不断增长的情况下，“量化宽松”与“高赤字率”的财政金融双积极政策是美国政府显而易见的选择。美元贬值导致的输入性通胀会与疫情冲击形成合力，将导致部分发展中国家陷入“滞胀”发展阶段。而美债收益率的攀升将会使陷入“滞胀”的举债国更加“雪上加霜”，其金融极端情况或可发生。再加上美元实际购买力下降对购买美债国家带来的风险和成本转嫁。可以预见未来国际金融市场动荡将持续加强，必须加快构建新发展格局步伐进行有效应对。

# “一带一路”倡议下中俄会计准则比较与等效研究

李诗[①] 黄世忠[②] 蹇薇[③] 陈朝琳[④] 蒋艳虹[⑤]

“一带一路”倡议为我国进一步融入国际经济提供了千载难逢的重大历史机遇，但我国“走出去”参与“一带一路”建设的企业也面临着不少困难与挑战。其中，“一带一路”沿线国家企业会计准则的差异，降低了会计信息的可比性和透明度，增大了国际贸易、跨国投资和资金融通的成本和风险。为了促进我国与“一带一路”沿线国家的国际贸易、跨国投资和资金融通，必须高度重视我国与“一带一路”沿线国家之间的会计准则趋同与等效问题。俄罗斯是“一带一路”沿线领土面积最大、军事实力突出、拥有世界最大储量的矿产和能源资源的国家以及最大的石油和天然气输出国，也是我国重要的经贸合作伙伴，截至2019年末，中国对俄投资已达500亿美元。此外，作为G20和“金砖五国”成员，中俄两国已在诸多领域有了广泛的利益交集，例如在金融领域，共同核准了《“一带一路”融资指导原则》，双边债券合作取得积极进展，现正努力协调跨国金融涉及的会计问题。可见，加强中俄两国的经贸投资合作，实现“一带一路”的国际化布局，必须加快推进中俄会计准则的等效工作，为实现我国与“一带一路”沿线国家的准则等效积累经验，提供借鉴。本文的理论和实践意义在于：第一，通过比较中俄会计准则体系，分析两国准则的重大差异，丰富准则等效的理论研究；第二，就如何实现中俄会计准则等效提出政策建议；第三，为我国与“一带一路”沿线国家会计准则趋同与等效的后续研究提供了一定的示范作用。

① 李诗：厦门国家会计学院“一带一路”财经发展研究中心副教授，财务会计与审计研究所副所长。
② 黄世忠：厦门国家会计学院院长，教授。
③ 蹇薇：厦门国家会计学院教研中心副主任，副教授。
④ 陈朝琳：厦门国家会计学院财务会计与审计研究所副所长，副教授。
⑤ 蒋艳虹：厦门国家会计学院政府综合财务报告研究中心副主任，讲师。

## 一、中俄会计准则国际化的路径比较

### (一)等效的通行途径是与 IFRS 趋同

2007 年 12 月,欧盟议会投票通过了"关于第三国公认会计原则等效认定的条例",对等效(Equivalence)做出了定义,即"如果投资者根据以第三国会计准则为基础编制的财务报表和根据以 IFRS 为基础编制的财务报表对证券发行企业的财务状况和发展前景做出相似判断,并且很可能会做出相同的投资决定,那么就可以认为第三国会计准则与 IFRS 等效"。由此可见,欧盟强调的是会计准则经济后果的等效,并不要求准则完全一致,而是允许和承认不同准则之间的差异,只要这些差异不影响投资者的决策。2008 年,欧盟证券监管委员会按照以上定义,对美国、日本、中国、加拿大、韩国、印度 6 个国家的会计准则是否与 IFRS 等效进行了技术评估,并发表了等效认定结论。

会计准则的等效主要有四种实现方式:完全采用 IFRS;根据本国法律要求对 IFRS 做出适当修改,使之成为本国会计准则;同 IFRS 趋同;允许本国会计准则和 IFRS 同时存在。由于各国政治制度、法律环境和经济发展水平等因素的差异,不少国家采用的是第三种等效方式,即以 IFRS 为标杆,考虑本国现状,进行取舍。此外,欧盟认定等效的首要条件是第三国公认会计准则与欧盟执行的 IAS/IFRS"实质"趋同。换言之,欧盟的等效经历两个过程:首先同 IFRS 趋同,然后根据各国的具体情况进行等效,前者是后者的基础。欧盟的做法值得我国在与"一带一路"沿线国家实现会计准则等效的过程中借鉴。

### (二)中俄会计准则国际化路径及成效比较

我国的会计规范经历几大发展阶段:改革开放以前借鉴的是苏联会计制度,1985 年财政部颁布的《中外合资经营企业会计制度》和《中外合资经营工业企业会计科目和会计报表(试行草案)》可以看作是中国会计准则国际化改革进程的开始。1992 年,财政部首次以会计准则的形式规范会计,颁布了《企业会计准则》和《企业财务通则》。1997 年颁布首号具体会计准则《关联方关系及其披露》,此后数年,多号具体准则相继发布。

2001 年,国际会计准则理事会(IASB)经过重组后正式成立,其发布的准则获得欧盟和证监会国际组织(IOSCO)等组织的认可,在此背景下,我国积极加快会计准则的国际化进程,相继发布了《企业会计制度》和《金融企业会计制度》。2005 年,我国与 IASB 联合签署了中国企业会计准则(CAS)与 IFRS 实质趋同的声明。2006 年财政部发布了与 IFRS 高度趋同的 1 个基本会计准则和 38 个具体会计准则,新的准则体系宣告建立。2010 年,财政部发布《中国企业会计准则与 IFRS 持续趋同路线图》,郑重承诺与 IFRS 持续趋同。2014 年,财政部修订了《基本准则》等 5 个会计准则,新发布了与 IFRS 对应的《公允价值计量》等 3 个会计准则。2017 年,财政部根据 IFRS 的变动情况,对《收入》等多号会计准则进行修订,并颁布第 42 号会计准则。2019 年,为更好地适应 IFRS,又相继对《非货币性资产交换》和《债务重组》准则进行了修改。综上,我国选择趋同策略,已经建立了与 IFRS 实质趋同的会计准则体系,与 IFRS 的差异微乎其微,图 1 列示了按照 CAS 与按照 IFRS 编制的财务报表对净利润（NI）和净资产收益率（ROE）的差异程度。

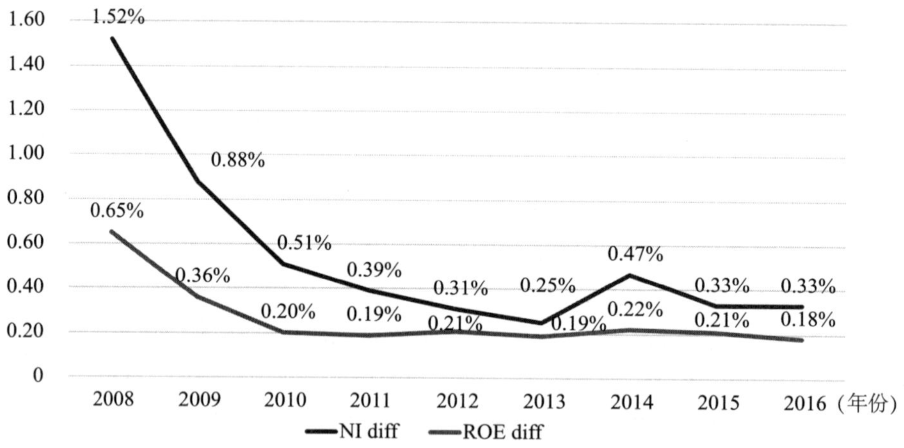


**图 1　AH 股会计准则差异（根据财政部相关研究整理）**

在苏联解体之前，采用的是计划经济体制下整齐划一的会计制度。1991 年，俄罗斯联邦成立，确立了市场经济体制，开始会计制度的改革工作。1992 年，俄财政部颁布《会计制度改革计划》，希望在 2000 年建立一个现代化的、适应市场经济发展需要的新型会计核算体系，明确提出准则应与 IFRS 趋同的要求。随后，俄财政部相继颁布了《会计政策》和《财务报告》等准则，并于 1996 年颁布了《会计法》。1998 年，俄财政部通过了《根据国际会计准则进行会计核算改革大纲》，要求更多地借鉴 IFRS 推进会计核算制度改革（财政部会计司赴俄罗斯考察团，2006）。

2004 年，俄财政部制定了《会计中期发展远景纲要》，确认了 IFRS 的法律地位，要求扩大 IFRS 在俄罗斯的使用，到 2010 年实现所有上市公司按 IFRS 编制财务报表。迄今为止，俄财政部发布且有效的会计准则共计 24 号。就内容来看，这 24 号会计准则只是部分吸收了 IFRS 的确认原则和计量基础，远未完成 1992 年和 1998 年提出的改革计划及发展目标。

可见，俄罗斯的会计改革仍需砥砺前行。2011 年，俄罗斯出台了《俄联邦财政部 2012—2015 年关于在 IFRS 基础上发展俄联邦会计核算和报表的计划》，计划在 2012—2013 年确定直接用于编制法人会计（财务）报表的 IFRS 清单。2012 年，俄罗斯发布《有关 IFRS 的认可进展情况及其在俄罗斯联邦境内使用的说明》，详细列示了俄罗斯跟进 IFRS 的进度表，要求俄罗斯版的 IFRS 于 2016 年 2 月 2 日在俄罗斯联邦境内生效。2017 年 12 月 20 日，俄罗斯相继颁布了《IFRS 第 7 号——披露计划》（修订版），《IFRS 第 12 号——确认递延所得税资产未实现损失》（修订版）和《IFRS 第 2 号——股份支付交易的分类和计量》（修订版）等准则。截至 2021 年 9 月 30 日①，俄联邦根据 IFRS 的修订，先后推行了《IFRS 第 3 号——企业合并》（修订版），《IAS 第 37 号——合同履约成本》（修订版）。

① 俄联邦财政部官网：https：//minfin. gov. ru/ru/document/。

综上，中俄两国在会计准则的国际化进程中起步时间相差无几，但取得的成效差异甚大。我国不仅建立了与 IFRS 实质趋同的完整会计体系，消除了与 IFRS 的实质性差别，而且基于 IFRS 的会计准则运用范围已扩展至上市公司之外。相比之下，俄罗斯尚未建立与 IFRS 趋同的体系，在很多方面缺乏与 IFRS 相对应的准则。再加上俄罗斯的资本市场容量有效，IFRS 在俄罗斯的实际运用远比不上中国。

### （三）中俄采用 IFRS 的主要策略

“一带一路”沿线国家采用 IFRS 的策略不尽相同，IFRS 基金会对全球 150 个司法管辖区采用 IFRS 的进展情况进行了描述，我们据此对“一带一路”沿线国家采用 IFRS 的情况进行了统计。结果显示，在“一带一路”沿线 64 国中有 52 个国家要求国内上市公司采用 IFRS（占比 81%），有 1 个国家（东帝汶）允许国内上市公司采用 IFRS，有 44 个国家允许或要求外国上市公司采用 IFRS（占比 69%），另有 5 个国家（黎巴嫩、吉尔吉斯斯坦、塔吉克斯坦、土库曼斯坦、老挝）未纳入 IFRS 基金会的研究范围内。

普华永道将“一带一路”沿线国家采用 IFRS 的策略划分为直接采用、认可、实质性趋同和趋同认可等四种模式。根据普华永道 2016 年发布的《全球 IFRS 采用报告》，“一带一路”沿线 64 国中 46 国直接采用了 IFRS（占比 72%），有 9 国被视为实质性趋同（占比 14%），6 国认可（占比 9%），其余 3 国未在普华报告的研究范围内。IFRS 基金会对于各国采用其准则程度的表述过于笼统，与各国会计准则体系的具体适用范围并不完全一致，这就要求我们细致鉴别各国会计准则的具体内容及其适用范围。下文将详细阐述 IFRS 在中俄的具体采用情况。

如前所述，我国选择了趋同策略，矢志不渝地实现了 CAS 与 IFRS 的实质趋同，目前 CAS 仅在长期资产减值的转回、关联方的认定和共同控制下的企业合并与 IFRS 存在较大差异，其余准则在内容上与 IFRS 并无二致。按照 CAS 和 IFRS 编制的财务报表，并不会产生不一样的经济后果，因此得以顺利实现了与欧盟会计准则的等效。此外，我国对 IFRS 的应用，并不局限于合并财务报表的编制，而是贯穿于整个会计核算过程。

俄罗斯引进 IFRS 的标志性年度是 2002 年（金娜，2016；梁金龙，2010；邵崇林，2016），当年 7 月，俄政府宣布 2004 年 1 月 1 日起所有银行按照 IFRS 编制财务报表。2003 年 1 月，俄要求所有上市公司从 2004 年开始按照 IFRS 编制合并财务报表，但其子公司可以继续按照俄罗斯会计准则（RAS）编制财务报表。

根据 2010 年颁布的《俄罗斯联邦法律“合并财务报表”》的规定，合并财务报表的编制应遵守 IFRS。该法律要求八类公司须采用 IFRS 编制合并财务报表：①信贷机构；②保险公司（只提供强制医疗保险服务的医疗保险公司除外）；③非国有养老基金；④投资基金管理公司，投资单位信托和非国有养老基金；⑤清算机构；⑥需经俄联邦政府批准的联邦国家单一制企业；⑦俄联邦持股且由联邦政府批准的股份制公司；⑧其他上市主体。此外，该法律指出，债券上市的主体应自 2014 年开始编制、报送和披露合并财务报表。

虽然俄罗斯一直致力于推动其会计准则与 IFRS 的趋同，但 IFRS 目前在俄罗斯的适用范围不大，仅上市公司的母公司、银行、保险、基金等金融机构、部分政府所有的公司及在俄罗斯上市的外国公司采用 IFRS，俄罗斯境内众多的实体，甚至上市公司的子公司都必须按照 RAS 编制财务报告。IASB 网站公布的信息，将俄罗斯划分为采用 IFRS 的国家，显然不符合实际情况。

## 二、中俄会计准则制定模式的比较

### （一）中俄会计准则制定机构的比较

从准则制定机构角度看，目前世界上会计准则的制定模式主要分为三种：政府制定、民间机构制定、政府引导民间机构制定。中俄两国有着相似的历史和政治环境，同属于大陆法系的国家，因此在会计准则的制定上，两国都采用政府制定的模式。

1985 年的《中华人民共和国会计法》第八条明确规定“国家实行统一的会计制度。国家统一的会计制度由国务院财政部门根据本法制定并公布”。根据会计法的规定，会计准则的制定由财政部负责。财政部后来相继成立了会计准则委员会（CASC）、会计标准战略委员会和会计准则咨询委员会，目的是为会计准则的制定提供咨询建议和技术支持。

与我国实行单一的准则制定部门不同，俄罗斯的准则制定由两个不同部门负责，中央银行制定适用于银行和其他信用机构的会计准则，其他会计准则由财政部制定。俄联邦中央银行有如下权利：①制定、批准行业会计准则，并推广其应用；②参与编制、协调联邦会计准则发展项目；③参与草拟联邦会计准则的专业研究；④按照既定程序，与财政部共同参与制定国际会计准则；⑤履行法律规定的其他职能。俄财政部在制定会计准则方面具有如下权利：①批准联邦会计准则发展项目；②批准联邦会计准则，在权限之内批准行业会计准则，并推广其应用；③组织专家草拟会计准则；④批准草拟的会计准则；⑤按照既定程序参与制定国际会计准则；⑥在举办会计和财务报表领域活动的国际组织中代表俄罗斯联邦；⑦履行法律规定的其他职能。

俄财政部为了进行联邦和行业准则草案的专业研究，设立了会计准则委员会（ASC）。该委员会由 10 名来自非国有会计监管机构和科学团体的代表，5 名来自国有会计监管机构的代表组成。ASC 的会议由主席召集，至少每 3 个月召开一次。在专业研究时，关注以下方面：①遵守俄联邦会计法律；②顺应财务报表使用者的需求，以及会计科学和实务发展水平；③统一会计要求；④统一适用联邦和行业会计准则的条件。

### （二）中俄会计准则制定程序的比较

根据财政部发布的《会计准则制定程序》，CAS 的制定过程分为四个阶段：立项、起草、征求意见稿、草案和送审稿。在立项阶段，由会计司负责草拟工作，向 CASC 和有关方面征求意见，然后成立项目起草组，完成起草工作，并在媒体上公布、召开研讨会等方式向社会广泛征求意见，最后由财政部审核批准后公布。

根据《俄罗斯联邦会计法》的规定，RAS 的制定程序分为五个阶段：提案、公开讨论、考察、审核和发布。首先由非国有会计监管机构向财政部提交准则的制定草案，并在财政部指定的网站上公布；接着提案者要开展公开讨论，讨论时间不少于 3 个月；然后将草案和讨论意见递交 ASC 进行审查，ASC 在 2 个月内就审查结果做出答复；接下来由 ASC 将文件递交财政部审批，如果不符合联邦法律的要求，提案将被拒绝；最后将审核通过的提案正式发布。

从中俄会计准则的制定程序来看，两国会计准则的制定都是在政府的主导下进行的，财政部对会计准则的通过与否拥有绝对的决定权。与中国相比，俄罗斯允许非政府机构提交会计准则制定草案的做法较为开放和开明。

### （三）中俄会计准则制定导向的比较

原则导向和规则导向，是会计准则制定的两种不同模式。从一般意义理解，原则是指行事的依据和遵循的理论基础，具有自主裁量的特点。规则是指用来规范行为的成文条款，带有强制性（刘念等，2015）。因此，以原则为导向的会计准则侧重于概念框架的指引和原则性规定，赞赏专业判断；以规则为导向的会计准则更强调具体方法的应用，不鼓励专业判断。为了与 IFRS 趋同，CAS 采纳了原则导向，而 RAS 体现了计划经济的特征，更加偏向于规则导向。

## 三、中俄会计准则差异比较

### （一）会计准则体系的差异

中俄会计准则体系的显著差异体现在财务报告概念框架上。通过翻译精读，我们发现俄罗斯缺少一个系统、全面的财务报告概念框架，会计目标、报表要素、信息质量特征等散见于会计法规或者会计准则中。概念框架的缺失，导致俄罗斯的准则体系层次不清，影响了其会计准则制定的统一性、连续性和专业性。我国则不同，《基本准则》对财务报告的目标、信息质量特征、报表要素的确认和计量等做出了明确的界定，发挥了概念框架的实质性作用，且用于指导会计准则的制定，形成了层次分明，各司其职的准则体系。

### （二）收益确定观的差异

收益确定有资产负债观与收入费用观之分，据此制定会计准则呈现出不同的特点。为了与 IFRS 趋同，我国在会计准则的制定中采用了资产负债观，具体体现在财务报告目标、会计信息质量要求、会计计量属性以及会计要素定义等问题上（陈曦，2014）。在计量属性方面，引入了公允价值，体现了资产负债观的思想。在会计要素方面，引入“利得”和“损失”的概念，明确了以综合收益观作为收益确定基础。尽管俄罗斯也致力于与 IFRS 的趋同，但其采用的是收入费用观，表现为会计准则重视对成本费用的核算，专门制定了对成本费用账务处理进行规范的会计准则，即《RAS 第 10 号——企业费用》。在收益确定上，俄罗斯也没有引入“综合收益”的概念，仅仅按照收入费用来确定收益。

### （三）中俄两国会计准则的对应关系

我们对俄财政部发布且生效的 24 号会计准则进行了梳理，并与 CAS 进行了比较。表

1 列示了两国会计准则的对应关系，括号内的年份是准则的最新修订年份，可以看出我国有 17 号会计准则在俄罗斯准则体系内找不到任何相对应的内容，说明我国准则涵盖的经济业务和范围远大于俄罗斯。

表 1　俄罗斯会计准则与我国企业会计准则的对应关系

| RAS | CAS |
|---|---|
| 第 1 号——企业会计政策（2012） | 基本准则（2014）<br>第 28 号——会计政策、会计估计变更和差错更正（2006） |
| 第 2 号——建造合同（2012） | 第 14 号——收入（2017） |
| 第 3 号——外币折算（2010） | 第 19 号——外币折算（2006） |
| 第 4 号——会计报表（2010） | 第 30 号——财务报表列报（2014）<br>中华人民共和国会计法（2017） |
| 第 5 号——存货（2010） | 第 1 号——存货（2006）<br>第 12 号——债务重组（2019） |
| 第 6 号——固定资产（2010） | 第 4 号——固定资产（2006）<br>第 5 号——生物资产（2006） |
| 第 7 号——期后事项（2007） | 第 29 号——资产负债表日后事项（2006） |
| 第 8 号——预计负债、或有负债和或有资产（2010） | 第 13 号——或有事项（2006） |
| 第 9 号——企业收入（2010） | 第 14 号——收入（2017） |
| 第 10 号——企业费用（2010） | 无专门会计准则 |
| 第 11 号——关联方信息（2008） | 第 36 号——关联方披露（2006） |
| 第 12 号——分部信息（2010） | 第 35 号——分部报告（2006） |
| 第 13 号——国家补助（2006） | 第 16 号——政府补助（2017） |
| 第 14 号——无形资产（2010） | 第 6 号——无形资产（2006）<br>第 8 号——资产减值（2006） |
| 第 15 号——借款和贷款费用（2012） | 第 17 号——借款费用（2006） |
| 第 16 号——终止经营信息（2010） | 第 42 号——持有待售的非流动资产、处置组和终止经营（2017） |
| 第 17 号——科学研究、实验设计和工艺工作费用（2006） | 第 6 号——无形资产（2006） |
| 第 18 号——企业所得税（2010） | 第 18 号——所得税（2006） |
| 第 19 号——投资核算（2012） | 第 22 号——金融工具确认和计量（2017）<br>第 23 号——金融资产转移（2017）<br>第 37 号——金融工具列报（2017） |
| 第 20 号——参与共同经营信息（2006） | 第 40 号——合营安排（2014） |
| 第 21 号——会计估计变更（2010） | 第 28 号——会计政策、会计估计变更和差错更正（2006） |
| 第 22 号——会计报表差错更正（2010） | |
| 第 23 号——现金流量表（2011） | 第 31 号——现金流量表（2006） |

续表

| RAS | CAS |
| --- | --- |
| 第 24 号——开发自然资源的费用核算（2011） | 第 27 号——石油天然气开采（2006） |
| 无专门会计准则 | 第 2 号——长期股权投资（2014） |
| | 第 3 号——投资性房地产（2006） |
| | 第 7 号——非货币性资产交换（2019） |
| | 第 9 号——职工薪酬（2014） |
| | 第 10 号——企业年金基金（2006） |
| | 第 11 号——股份支付（2006） |
| | 第 20 号——企业合并（2006） |
| | 第 21 号——租赁（2018） |
| | 第 24 号——套期会计（2017） |
| | 第 25 号——原保险合同（2006） |
| | 第 26 号——再保险合同（2006） |
| | 第 32 号——中期财务报告（2006） |
| | 第 33 号——合并财务报告（2014） |
| | 第 34 号——每股收益（2006） |
| | 第 38 号——首次执行企业会计准则（2006） |
| | 第 39 号——公允价值计量（2014） |
| | 第 41 号—在其他主体中权益的披露（2014） |

### （四）中俄会计准则重大差异比较

1. 计量属性与公允价值的应用

对俄罗斯的 24 号具体会计准则进行研究后，本文发现其计量属性比较单一，主要采用历史成本法，没有引入公允价值的概念。我国除了在 2014 年颁布的《CAS 第 39 号——公允价值计量》，对公允价值的概念、实务操作、披露要求等都做出了明确规定，其他多号准则也都涉及公允价值计量的规定。首先，《RAS 第 6 号——固定资产》中将房屋、建筑物作为固定资产处理，采用历史成本计量，而《CAS 第 3 号——投资性房地产》规定"有确凿证据表明投资性房地产的公允价值能够持续可靠取得的，可以对投资性房地产采用公允价值模式进行后续计量"。其次，《RAS 第 6 号——固定资产》将役畜、肉畜、产畜、多年生林木作为固定资产核算，采用历史成本计量，而《CAS 第 5 号——生物资产》规定"有确凿证据表明生物资产的公允价值能够持续可靠取得的，应当对生物资产采用公允价值计量"。再次，《RAS 第 19 号——投资核算》规定"投资根据原始价值进行会计核算"，而《CAS 第 22 号——金融工具确认和计量》规定"企业初始确认金融资产或金融负债，应当按照公允价值计量"。以上示例表明，在某些业务事项上，我国允许采用公允价值进行计量，而俄罗斯只允许采用历史成本法。

因此，不少学者认为 RAS 中没有类似公允价值的要求（上海国家会计学院等，

2017），但本文不完全认同这种观点。本文发现在俄罗斯一些会计准则的计量要求中，要求采用类似于公允价值的计量属性。《RAS 第 19 号——投资核算》要求，“按规定确定市场价格的投资，在报告年度末的会计报表中通过调整以前报告期的计价以现行市场价格反映。企业可以每月或者每季度进行该调整。报告日投资的现行市场价格和上期计价之间的调整差额计入营业性企业的经营成果（计入其他业务收入或者其他业务支出）或者计入非营利性机构投资对应账户的支出”。可见，RAS 虽然没有出现“公允价值”这个术语，但在一定条件下要求采用能体现公允价值概念的计量方法，只是对应用的范围、条件缺乏系统的规定。

2. 固定资产

《RAS 第 6 号——固定资产》对固定资产的确认、初始计量、折旧计提、修复、清理以及披露要求做了规定。通过与《CAS 第 4 号——固定资产》的对比分析，我们发现两国准则在固定资产的确认范围、折旧计提、价格重估等方面存在重大差异。

首先，RAS 将某些生物资产归属于固定资产，该准则第 5 条规定：“以下资产属于固定资产：楼房、建筑物、公务车和载重车、设备、测量校准仪器及装置、计算机、交通工具、器械、生产和日常用具及附件、役畜、肉畜、产畜、多年生林木、内用道路以及其他相应的客体。”而在我国，“役畜、肉畜、产畜、多年生林木”等通过生物资产准则规范，与 IFRS 保持一致，《CAS 第 5 号——生物资产》将生物资产分为消耗性生物资产、生产性生物资产和公益性生物资产。

其次，RAS 允许对固定资产重估增值，而 CAS 不允许。该准则第 15 条规定“商业企业可以在一年内（报告年度期初）不多于一次根据现行（重置）价值评估同种类别的固定资产。对此类固定资产进行评估时应该考虑到以后需要定期重新评估，以使固定资产在会计核算和会计报表中不脱离现行（重置）价值……固定资产评估增值计入资本公积”。

中俄两国在折旧计提上也存在重大差异。RAS 第 6 号第 18 和 19 条规定“在决定折旧额度时不考虑残值问题”。而《CAS 第 4 号——固定资产》第十四条规定“应计折旧额是指应当计提折旧的固定资产的原价扣除其预计净残值后的金额”。就是说，我国是在扣除净残值的基础上计算折旧额，而俄罗斯则假定固定资产的净残值为 0。

3. 无形资产

《RAS 第 14 号——无形资产》对确认、计量与披露无形资产做了规定。与该项准则对应的是《CAS 第 6 号——无形资产》，《CAS 第 8 号——资产减值》也有所涉及。通过对比分析发现，两国在无形资产的确认、处理等方面存在重大差异。

首先是自创商誉是否可以确认为无形资产。《RAS 第 14 号——无形资产》第三条列示了无形资产会计核算必须满足的七个条件。这意味着只要满足无形资产的确认条件，企业可以将自创商誉作为无形资产处理。而《CAS 第 6 号——无形资产》第十一条规定“企业自创商誉以及内部产生的品牌、报刊名等，不应确认为无形资产”。由此可见，RAS 对于自创商誉确认为无形资产的条件较为宽松，而 CAS 不允许将自创商誉确认为无形资产。

其次是两国会计准则对无形资产减值转回的规定也不同。RAS 第 14 号第 21 条规定“由于重新评估致使无形资产增值时，增值额计入单位的追加资本（资本公积）。无形资产增值的额度相当于以前会计年度所进行的减值额度，资产减值被作为其他费用转入当期损益，而增值作为其他收入计入当期损益”。而《CAS 第 8 号——资产减值》第十七条规定“资产减值损失一经确认，在以后会计期间不得转回。无形资产无论是否存在减值迹象，每年都应当进行减值测试”。也就是说，RAS 允许无形资产减值转回，而 CAS 不允许。

最后是两国会计准则在对商誉后续计量的规定上也存在差异。RAS 第 14 号第 44 条规定“商誉折旧期限为 20 年（但不得长于企业经营活动期限），正商誉根据本准则第 29 条规定的直线法计提折旧”。《CAS 第 8 号——资产减值》第四条规定“企业应当在资产负债表日判断资产是否存在可能发生减值的迹象。因企业合并所形成的商誉和使用寿命不确定的无形资产，无论是否存在减值迹象，每年都应当进行减值测试”。由此可见，RAS 要求对商誉进行摊销，CAS 不允许对商誉进行摊销，必须进行减值测试。

4. 收入与终止经营

《RAS 第 9 号——企业收入》对收入的确认、计量、分类与披露做出了规定，与我国相对应的是财政部于 2017 年 7 月发布的《CAS 第 14 号——收入》准则。对比收入的有关规定，两国主要存在以下重大差异。

第一，RAS 区分销售商品、提供劳务和建造合同的收入确认方法，而《CAS 第 14 号——收入》不按业务类别区分收入确认方法。

第二，RAS 要求将收入按其性质、收款条件和经营活动划分为：日常活动业务收入和其他业务收入，而我国并没有提及类似的收入分类方法。

第三，RAS 第 9 号关于合同收入的确认以风险报酬转移为标志，该准则规定“同时满足以下条件时确认收入：（a）主体有权收到源于合同安排或其他途径支撑的收入；（b）收入能够可靠计量；（c）作为交易结果的经济利益很有可能流入主体，当主体收到资产作为债务清偿或该资产的收取不存在不确定性时，经济利益很有可能增加；（d）产品（商品）的法律权利（所有权、使用权和处置权）自主体转移至购买方或工作（已提供的服务）已被购买方接受；（e）已发生的成本或涉及交易将发生的成本能够可靠计量。以上如有一个条件不满足，主体应对收到的现金或其他资产确认为应付款而非收入”。我国的收入确认则以商品或服务的控制权转移为标志。新修订的《收入准则》第四条规定“企业应当在履行了合同中的履约义务，即在客户取得相关商品控制权时确认收入。取得相关商品控制权，是指能够主导该商品的使用并从中获得几乎全部的经济利益”。

《收入准则》上的重大差异反映的是我国近年与 IFRS 趋同的结果，类似的差异还出现在我国 2017 年刚刚颁布的“终止经营”等相关准则。《RAS 第 16 号——终止经营信息》对终止经营信息的列示和披露做了规定，并在该准则附注中举例说明终止经营信息在利润表和现金流量表中的列示。与该准则对应的是《CAS 第 42 号——持有待售的非流动资产、处置组和终止经营》。两国在这方面存在的重大差异是，CAS 将终止经营分类与持续经营的财务信息分别列报，而 RAS 不要求在财务报表中单独分类。

5. 开发自然资源

与《RAS 第 24 号——开发自然资源的费用核算》相对应的是《CAS 第 27 号——石油天然气开采》。RAS 第 24 号的涵盖范围更广，其中不仅包括石油天然气行业，也包括其他不可再生资源勘探开采行业。而 CAS 第 27 号只针对石油天然气企业开采活动，并不适用于其他采掘活动。在这一点上，俄罗斯的做法与 IFRS 类似，认为采掘业是开采不可再生资源的，石油天然气行业与其他采掘业没有区别，重点也在于勘探与评价支出的确认和计量，并不单独考虑石油天然气企业的特殊性。我国则认为矿藏行业与石油天然气行业存在很大差异，矿藏经营的特征是低勘探发现成本和高开发生产成本，而石油天然气行业则具有高勘探发现成本和高比例不成功搜寻活动的特征。可见，RAS 与 CAS 在适用范围上有重大差异。

6. 企业所得税

《RAS 第 18 号——企业所得税》对俄罗斯企业所得税的确认、计量和披露做了规定，并在该准则附注中举例展示了所得税在利润表中的列示。与该项准则对应的是《CAS 第 18 号——所得税》。两国会计准则在所得税费用核算原理上有所不同。RAS 第 18 号第 3 条规定“报告期间内存在会计利润（亏损）和应纳利润（亏损）的差异，是由于会计核算标准与法律文件和俄罗斯联邦税费法律规定对不同收入、支出确认方法的规定存在差异形成的，该差异分为永久性差异和暂时性差异”。而 CAS 第 18 号第四条规定“企业在取得资产、负债时，应当确定其计税基础。资产、负债的账面价值与其计税基础存在差异的，应当按照本准则规定确认所产生的递延所得税资产或递延所得税负债”。由此可见，RAS 对所得税费用核算采用的是损益表债务法，而 CAS 采用的是资产负债表债务法。

7. 借款和贷款费用

《RAS 第 15 号——借款和贷款费用》第 16 条规定“企业债券应支付的利息和（或者）贴息作为贷方债务以票面价值单独进行反映。对企业债券计提的利息和（或者）贴息作为其他业务支出在所属的报告期间内进行反映，或者在借款合同有效期内平均反映”。而《CAS 第 17 号——借款费用》第七条规定“借款存在折价或者溢价的，应当按照实际利率法确定每一会计期间应摊销的折价或者溢价金额，调整每期利息金额”。即 RAS 要求使用平均利率法，而 CAS 采用的是实际利率法。

8. 关联方

两国在关联方交易和关联方的认定范围上存在一些差异。《RAS 第 11 号——关联方信息》第 4 条将关联方定义为“能够影响编制报表企业的经营活动的法人和（或者）自然人，或者编制报表企业能够影响法人和（或者）自然人的经营活动的（关联方）：法人和（或）自然人与编制会计报表的企业按俄罗斯联邦法律规定属于合并方；作为个体企业登记的法人和（或）自然人与编制会计报表的企业参与联合经营；编制会计报表的企业与为该企业员工或者其他系编制报表企业关联方的企业利益运营的非国有退休基金”。《CAS 第 36 号——关联方》第四条规定了十类自然人或法人构成企业的关联方。可见，我国会计准则对关联方的认定范围更广，包括企业高管、家庭成员，以及控制或施加重大影响的企业等。此外，CAS 第 36 号将关联方交易类型分为十一种。与 RAS 相比，我国对关联方交易的规定更加明确。

## 四、促进中俄会计准则等效与互认的建议

2005 年，财政部代表团访问俄罗斯财政部和 ASC，双方表达了加强中俄会计合作的愿

望。2017 年，会计司与金砖国家起草了会计准则制定机构联合声明，中俄等效被正式提上议事日程。

按照欧盟的做法，实现中俄准则等效的前提是两国都与 IFRS 趋同。目前中国已实现与 IFRS 的趋同，但 RAS 与 IFRS 仍存在较大差异。因此我们认为，现有的准则等效方式或许并不符合中俄短期的共同利益，突变式的准则等效成本高收益小，短期内实现中俄准则等效并不现实。而“一带一路”倡议的推进迫在眉睫，因此，必须提出一种有助于加快推进“一带一路”建设，具有创新性的中俄准则等效方式。

按照欧盟关于等效的定义，我们发现等效的关键不是与哪个标准趋同，而是投资者是否能根据两套不同的准则做出相似的决策。如果两套准则差异很大，投资者不能做出相似的投资决策，如何解决两套不同准则差异过大的问题呢？对于中俄来说，我们认为最好的办法是参照 IFRS 针对每一类经济活动所对应的相关会计准则进行对话协商、发布政策指令，确保不影响投资决策。这样在重大合作领域，投资者根据这些政策性指令能做出相似的投资决策，使中俄在部分经济领域等效，从而促进“一带一路”倡议下重点经济合作领域的快速发展，而这反过来又促进其他领域的准则等效，进而实现全方位的等效。此外，对于表 1 所列示的俄罗斯与我国缺乏对应关系的 17 项会计准则，可通过允许俄罗斯企业采用我国相应准则和承认我国这 17 号准则的方式，实现中俄双边的等效。

综上，我们认为中俄等效是一个动态的过程，会随着中俄经贸投资的不断增加、经济金融合作的全面深入、资本市场的不断发展而渐变，是一个相对开放的渐进的系统。

## 参考文献


[1] Commission Implementing Decision of 11 April 2012 amending Decision 2008/961/EC on the use by third countries' issuers of securities of certain third country's national accounting standards and International Financial Reporting Standards to prepare their consolidated financial statements, 2012. 4. 13, Official Journal of the European Union.

[2] IFRS Group website: http: //www. ifr. org/Use + around + the + world/IFRS + translations/Available + translations. html.

[3] 财政部会计司赴俄罗斯考察团，2006. 俄罗斯会计改革与国际协调的有关情况[J]. 会计研究（4）: 86 - 91.

[4] 陈曦，2015. 收入费用观与资产负债观在我国企业会计中的应用研究. 财政部财政科学研究所.

[5] 俄联邦财政部，2012—2015 年关于在国际财务报告准则基础上发展俄联邦会计核算和报表的计划. 2011 - 11 - 30（第 440 号）. 原文为俄文，见俄罗斯联邦财政部网站. http: //old. minfin. ru/en/accandaudit/index. php.

[6] 俄联邦财政部:《有关国际财务报告准则的确认进展情况及其在俄罗斯联邦境内使用的说明》。原文为俄文，见俄罗斯财政部网站。https: //www. minfin. ru/ru/performance/accounting/mej_ standart_fo/expert.

[7] 俄联邦财政部:《俄罗斯会计准则委员会人员名单》。原文为俄文，见俄罗斯财

政部网站。https：//www. minfin. ru/ru/perfomance/accounting/council/info/.

[8] 俄罗斯联邦财政部发布的24号会计准则，原文为俄文，见俄罗斯联邦财政部网站。https：//www. minfin. ru/ru/perfomance/accounting/accounting/legislation/positions/.

[9] 俄联邦政府：《关于在俄罗斯联邦境内采用国际财务报告准则及国际财务报告准则解释的法规》。原文为英文，俄联邦政府网站。http：//old. minfin. ru/en/accandaudit/index. php.

[10] 俄罗斯联邦法律“会计”，原文为英文，见俄罗斯联邦财政部网站。http：//old. minfin. ru/common/upload/library/2017/09/main/Federal_Law_on_Accounting. pdf.

[11] 俄罗斯联邦法律“合并财务报表”原文为英文，见俄罗斯联邦财政部网站。http://old. minfin. ru/common/upload/library/2017/09/main/Federal _ Law _ on _ Consolidated _ Financial_Statements. pdf.

[12] 葛家澍．实质重于形式欲速则不达——分两步走制定中国的财务会计概念框架．会计研究，2005（6）：3－9.

[13] 李勇，左连凯，刘亭立．资产负债观和收入费用观比较研究：美国的经验和启示．会计研究，2005（120）：83－87.

[14] 刘念，韩维．会计准则制定导向研究．现代管理科学，2005（12）：49－51.

[15] 宁宇新．会计准则制定基础问题研究．当代财经，2004（2）：125－128.

[16] 上海国家会计学院、ACCA，德勤中国，2017. 会计基础设施助推“一带一路”.

[17] 邵崇林．俄罗斯会计准则发展历程研究．绿色财会，2016（6）：43－46.

[18] 孙铮，刘浩．国际财务报告准则带来了什么：全球发现．会计研究，2013（1）：13－19.

[19] 世界银行官网 https：//data. worldbank. org/。

# 拜登经济刺激法案影响几何

王智烜[①] 林润玮[②] 朱云格[③]

2021 年 3 月 11 日，在众议院和参议院均以微弱的优势获得通过后，美国总统拜登（Joe Biden）在白宫正式签署 1.9 万亿美元经济刺激法案，该法案直接向数百万仍然受新冠肺炎疫情影响的美国家庭、小企业、州和地方政府提供急需的经济救助，旨在缓解新冠肺炎疫情对美国家庭和商业造成的冲击，降低美国国内失业率，提振美国国内经济。在该法案签署前不久，拜登就已在媒体上公开说道："这项总额高达 1.9 万亿美元的历史性立法旨在给重建这个国家的骨干力量，给这个国家的人民—劳动人民和中产阶级——一个为这个国家建设战斗的机会。"民主党人也在法案成功签署后吹捧道："这项法案是帮助美国人遭受冠状病毒大流行打击的必要条件。"民主党众议员扬·沙科夫斯基（Jan Schakowsky）甚至直言："这是历史性的一天，是新冠疫情导致经济萧条结束的开始。"在美国历史上，仅有特朗普政府在 2020 年 2 月推出的 2.2 万亿美元的经济刺激法案在规模上高于此次，作为第二大经济刺激法案，该法案一经实施，势必会对美国国内的经济、政治、社会多方面造成影响，但是否能真如民主党人认为的那样美好，现在下结论还为时过早。美国处在世界贸易的中心，加之"美元霸主"地位，如此大规模地"放水"，影响势必会外溢到其他国家和地区。本文以经济刺激法案的外溢效应为出发点，梳理法案提出和签署历程，分析该法案对美国国内的影响以及对全球和中国的溢出效应，以便预瞻该法案对我国带来的影响，提前制定好我国应对预案。

## 一、拜登经济刺激法案：从计划到落实

从 2021 年 1 月 14 日，拜登正式向外界提出 1.9 万亿美元的经济刺激计划开始，该项计划随后经历了与共和党人在计划实施内容与实施金额上的谈判，后谈判破裂，并决定不与共和党人合作，期望通过"预算和解"程序来实现经济刺激计划，最终在 2021 年 3 月 11 日下午，正式签署了 1.9 万亿美元经济刺激法案。梳理该法案从计划到落实过程，充分

① 王智烜：厦门国家会计学院"一带一路"财经发展研究中心副主任，副教授。

② 林润玮：厦门国家会计学院在读研究生。

③ 朱云格：厦门国家会计学院在读研究生。

体现了当前民主党在摆脱政治上的“跛脚鸭”后，在政策制定上具有绝对的话语权。

### （一）“一意孤行”的法案签署过程

在美国因受新冠肺炎疫情影响面临经济萧条与失业率上升的背景下，拜登于2021年1月14日正式向外界提出1.9万亿美元的经济刺激计划，并提出“希望该计划能够扭转当前的疫情，同时能够为那些因受疫情影响陷入经济困境的人们给予财政援助”，这是该计划首次进入大众视野，内容不仅包括提高给个人的直接支付，还会向病毒测试、疫苗接种、小型企业以及州和地方政府提供帮扶。但该计划一经提出便遭到了共和党人的强烈反对，理由是其中存在许多不必要的开支。共和党参议员全国委员会发言人哈特林（Chris Hartline）直接表示：“这项法案开支过多带来的缺点远远大于其优点。”参议院少数党领袖米奇·麦康奈尔（Mitch McConnell）也表示：“美国人民已经建立了游行队伍，朝胜利迈进，而民主党人只想冲刺到游行队伍的最前面，并要求声望。”拜登对外一向强调要加强两党“合作、团结”，虽在一开始确想与共和党谈判，希望两党能共同推动刺激计划，但因在与共和党人的谈判中在经济刺激计划内容和金额上迟迟无法取得一致，最终并未在共和党提出的6180亿美元方案和该方案之间做出折中妥协，在两次众议院投票表决中也仅放弃了原法案中“将联邦最低工资标准提高到每小时15美元”的条款。

在谈判破裂后，拜登与他的团队就打算通过“预算和解程序”来实现经济刺激计划的落地。2021年2月6日，美国参议院经过15个小时的“鏖战”后，基于美国副总统哈里斯（Kamala Harris）投出的关键一票，最终以51∶50票的微弱优势成功将该项计划交与众议院审议。2021年2月27日，在经过多轮的磋商后，最终众议院以219∶212票采纳了参议院预算解决方案，成功为拜登签署1.9万亿美元经济刺激法案铺平了道路。2021年3月6日，在一名共和党人因故缺席的情况下，参议院以50∶49票通过了该法案。2021年3月10日，在众议院的投票中，有一名民主党人与所有共和党人一起投了反对票，民主党最终以以220∶211票的微弱优势成功推动了法案的落地。2021年3月11日下午，拜登成功签署法案，这一天也被美国财政部长珍妮特·耶伦称为“加速美国经济复苏关键的一天”。

此项法案的签署过程虽然遭到共和党人集体的强烈反对，但在民主党派全力支持下，该法案最终得以签署，这表明民主党在成功控制白宫、参议院和众议院，摆脱政治“脚鸭”后，可以在不取得共和党人同意的情况下，“一意孤行”达成政治目的。

### （二）万亿规模流向何方

自新冠肺炎疫情暴发以来，在世界人民都在担心世界经济是否会陷入持续低迷状态时，美国一直在对抗这种悲观主义，但在切实感受到新冠疫情对美国经济的冲击和对美国人民的伤害后，美国也不得不采取措施积极应对新冠疫情。根据美联储的数据显示，2020年12月以来与疫情相关的支出达到近3万亿美元，占到了美国2020年GDP总量的14%。梳理该项规模高达美国2020年GDP总量9%的法案，发现该项经济刺激法案主要包括三大方面：一是1万亿美元的个人及家庭直接补助。包含个人现金直接补助、延长失业补助期限、扩大失业补助范围、延长食品福利券日期、提供租房住房援助、儿童税收抵免等多项内容。二是4400亿美元的企业、州、地方政府援助。包括为小型企业提供专项贷款、为州和地方政府提供恢复城市正常运转援助（不得用于减税）、为 K12 和高等教育机构提供教学援助等多项内容。三是 4150 亿美元的抗疫支出。包括提供疫苗接种、新冠病毒检测等方面的补贴。法案包括的详细内容如表 1 所示。

**表 1　　拜登 1.9 万亿美元经济刺激法案包含项目**

| 领域 | 详细内容 |
|---|---|
| 个人补贴 | 向大多数美国人发放 1400 美元的支票，使个人补贴金额从 2020 年 12 月批准的 600 美元提高到 2000 美元 |
| 失业援助 | 失业援助金为 300 美元，并将救济金的期限延长 6 个月至 2021 年 9 月 6 日 |
| 租房住房援助 | 为疫情中失去工作的中低收入家庭提供 250 亿美元的租金援助 |
| | 帮助陷入困境的房客支付水电费 |
| | 帮助各州及地区为有无家可归的风险的人提供援助 |
| 饮食援助 | 将 15% 的食品券福利期限延长到 9 月底 |
| | 帮助妇女、婴儿和儿童获得食物，为美国居民提供营养品援助 |
| 儿童税收抵免 | 将儿童税收抵免额度增加到每个孩子 3000 美元。其中，6 岁以下孩子额度 3600 美元 |
| | 将无子女的成人的最高年度收入所得税抵免额提高到接近 1500 美元，将领取抵免额的收入上限提高到约 21000 美元，并扩大有资格参加老年工人税收抵免计划的年龄范围 |
| 健康保费补贴 | 增加《平价医疗法案》（Affordable Care Act）的保费补贴，使参保者不必为医保支付超过其收入的 8.5% 的费用 |
| | 提供精神健康等方面的服务，并满足退伍军人的医疗保健需求 |
| 紧急带薪休假 | 恢复在 12 月底至 9 月 30 日到期的带薪病假和探亲假 |
| | 将该项福利扩展以覆盖更多工人，如在雇员人数超过 500 或少于 50 的企业工作的人 |
| 小型企业专项贷款援助 | 在 PPP 计划之外，再提供 150 亿美元来帮助小企业主 |
| | 对某些州、地方、部落和非营利性融资计划提供 350 亿美元的投资，通过这些计划为企业家提供低息贷款 |
| 对企业、州、地方政府援助 | 向州政府和地方政府提供援助 3500 亿美元，以保持一线工人的就业、疫苗发放、增加检测、重新开放学校等功能的正常运作 |
| | 向 K12 学校和高等教育机构提供 1700 亿美元的援助，帮助其重新开放或进行远程教学 |
| | 向受灾最严重的公共交通机构提供 200 亿美元援助，避免裁员和削减路线 |
| 医疗卫生 | 在新冠病毒检测方面投资 500 亿美元 |
| | 为国家疫苗接种方案投资 200 亿美元 |
| | 为雇用 10 万名公共卫生工作者提供资金，将使社区卫生工作人员增加 3 倍 |
| 最低工资 | 将最低工资提高到 15 美元/小时，停用针对残疾人士的最低工资标准 |

资料来源：华尔街日报。

值得注意的是，在拜登政府推出 1.9 万亿美元经济刺激法案之前，特朗普政府在 2020 年 2 月和 2020 年 12 月分别推出了规模为 2.2 万亿美元与 0.9 万亿美元的经济刺激计划。将其进行对比可以发现，拜登政府提出的经济刺激法案与特朗普时期存在两个重要差别，一是拜登政府更倾向于对个人提供帮助。如将个人的支付从 600 亿美元上升到了 2000 亿美元，提高最低工资标准；二是拜登相较于特朗普对地方政府更好。拨付地方政府用于提振经济和防控疫情的比例更高。

## 二、“美国营救计划”：是否能得偿所愿？

新冠肺炎疫情对美国经济带来的影响正在不断地扩大，根据美国晨间咨询公司（Morning Consult）发布的最新民调结果显示：2021 年 3 月 1 日以来，有 32% 的美国家庭中有人存在工资或收入损失，有 25% 的美国家庭中有人暂时离职，有 20% 的美国家庭中有人遭到解雇或失去工作。来自美国劳工局的数据也显示，2021 年 3 月最后一周有 660 万人首次申领失业救济金，比前一周扩大了 1 倍，并且美国 3 月份全国失业率达 4.4%，环比上升 0.9%，创 1975 年 1 月以来的最大单月增幅。在面临这种背景下，拜登签署的该项经济刺激法案一度被外界称为“美国营救计划”，拜登本人也将该法案认为是其上任后最为紧迫的立法事项，并对外宣称“这项具有历史意义的立法是重建美国的重中之重”。但其给美国带来的影响是否像拜登政府所宣称的那样美好？美国能否像设想的那样强势复苏？

### （一）美国经济能否恢复尚需时间验证

在拜登提议推出此项法案之前，美国政府在特朗普执政时期在 2020 年的 4 月与 12 月分别推出了规模为 2.2 万亿美元与 0.9 万亿美元的经济刺激计划，以求能够快速刺激美国经济复苏，但其并未将新冠疫情防治放在优先的位置，这最终削弱了经济刺激计划的实施效果，给美国带来了不可忽视的影响。根据美国劳工部数据显示，2021 年 1 月美国失业率从 2020 年 12 月的 6.7% 降至 6.3%，而在新冠肺炎疫情出现之前的 2020 年 2 月，美国失业率为近 50 年低点的 3.5%，这说明了美国并未因经济刺激计划的推出就出现经济快速复苏的迹象。如图 1 所示，特朗普时期的经济刺激不但并未实质性改善美国经济，反而造成了持续推高了居民储蓄水平，并且储蓄率明显上升的阶段均为经济刺激法案刚推出时。究其原因，是新冠肺炎疫情仍在肆虐，美国并未较好地控制住疫情发展的态势，造成了美国国民对失业前景担忧并未消失，使经济刺激计划的效果大打折扣。因此提振美国经济的首要前提依然是加强疫情防治，拜登推出的经济刺激法案中有 1 万亿美元用于直接救济家庭，如若疫情未得到较好的控制，只能进一步推高储蓄水平。

美国多家投行认为：如疫情再无反复，刺激政策实施到位，2021 年美国经济增长率可能实现大落大起，最终或落在 6.9%~7.3% 的区间。虽然在此次经济刺激法案中，拜登提高了对新冠肺炎疫情的重视程度，划出了超 0.4 万亿美元用于抗疫工作，但具体治理效果还有待观察，此时提出美国经济将强势复苏还为时尚早。

### （二）或将加剧美国资本市场泡沫化

拜登本轮推出了 1.9 万亿美元的经济刺激规模，加上特朗普执政时期的 2.2 万亿美元和 1.9 万亿美元，美国在疫情防治总支出规模上已超过 5 万亿美元。在短时间内增加了超 5 万亿美元的经济刺激，或将在资本市场上的造成推动美国长端国债利率和通货膨胀预期快速上升的重要影响。德意志银行对散户进行的调查显示：美国政府此次发放的资金，将有可能造成约1500亿美元的资金进入股市。在拜登签署法案当天，标普500指数、道琼斯指数和罗素2000指数均以创纪录价格收盘。尽管美联储在2021年3月17发表的公开市场委员会声明中表明“为了维持2%的预期通胀目标会适当地调整货币政策的立场”，美联储官员布拉德也表示：“2021年、2022年的通胀率可能会比过去更高，市场相信美联储能控制通胀。”但同时，美联储的鸽派成员也提出了：“如果通胀预期向预期的方向发展、而政策不做及时调整，则可能会带来市场对政策未来大幅收紧的担忧，经济增长和风险资产价格的波动会加剧。”的观点。曾任奥巴马团队经济顾问的前哈佛大学校长劳伦斯·桑默斯（Lawrence Summers），也曾是政府经济计划的忠实拥护者，他对这次法案也表示出了“疫情过后美国经济会过热”的担忧。

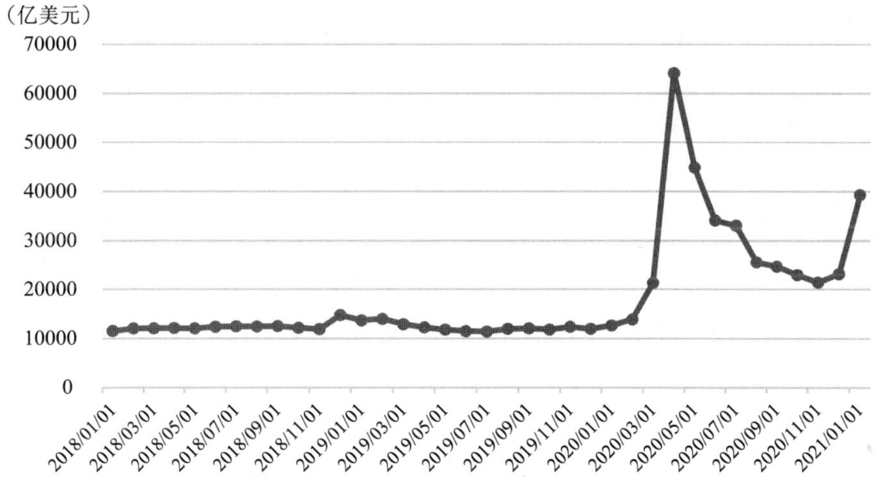


**图1　美国近三年国民储蓄总量**

资料来源：美国经济分析局。

在美联储表态仍将继续美国经济复苏提供支持下，预计“量化宽松”与“高赤字率”的财政金融双积极政策还将持续相当长的时间。本轮经济刺激法案的通过意味着经济短期风险已基本消除，但是随着经济风险的消退，人们对经济过热的预期将上升，这将会推高利率，造成资本市场泡沫化加剧，给美国长期经济发展带来阻力。美国的选举制度、三权分立、两党制等政治因素造成了上述“饮鸩止渴”的经济现状，这正是政治反作用于经济的真实体现。

### （三）美国政治制度或将进一步分崩离析

基于民主党实现对参议院、众议院、白宫的三重控制，该项法案在民主党“团结一致”的努力下成功签署，但不容忽视的是共和党针对该项法案的诸多条款有着不同意见，在该项法案经过参、众两院的三次表决中，共和党人均未有人投出赞成票。众议院少数党领袖凯文·麦卡锡（Kevin McCarthy）在一次现场发言时直言：“这既不是一项救援法案也不是一项救济法案，而是一份满足左翼党派优先事项的清单，并不能满足美国家庭的需要。”共和党参议员比尔·卡西迪（Bill Cassidy）直接指出：“拜登真正想要的并不是团结，而是团结带来的‘光环’。”当前，已有共和党人称：“准备强调该法案的缺陷，说服选民改变立场以反对这项法案，使民主党在接下来推进立法议程时面临‘重大障碍’。”更有一些共和党人表示：“已经想好对策，准备对该法案发起‘进攻’，以影响两年后的中期选举。”

值得注意的是，美国的政治裂缝不仅出现在两党之间的斗争中，民主党内部也难以统一声音一致对外。民主党参议员乔·曼钦（Joe Manchin）在投票前，曾在公开场合表示：“将会保留反对拜登1.9万亿美元刺激计划的权利。”在法案经过众议院投票时，缅因州民主党众议员贾里德·戈尔登（Jared Golden）又一次投出了反对票。拜登违背了竞选时“努力找到两党的共同点”的承诺，忽视共和党人的意见，绕开共和党强行推动法案落地，进一步扩大了两党之间的鸿沟，加之民主党内不一致的声音此起彼伏，将造成了美国政治现状的进一步撕扯。

## 三、透视美国强刺激：影响恐将波及全球

当今，在经济全球化的浪潮下，各国之间的联系也较以往更加紧密，一国的政策将不止是影响本国，还会对其贸易伙伴造成连带影响，乃至将这种影响传播至全球。美国是世界第一大经济体，加之世界上绝大多数国家都需要用美元来结算，使美国经济与全球紧密连接，其发行的美元可大量向世界流动和输出，这或将会让美国的货币经济政策造成的影响更甚。多年来，美国运用其“美元霸主”的地位，将自身的风险向外转移，形成了严重的外溢效应。研究拜登政府此次经济强刺激法案带来的全球性影响，将有利于我国积极做好应对预案，防患于未然。

### （一）通货膨胀国际传导

伴随着拜登政府此轮经济刺激法案的落地，近两年将有超5万亿美元投放于市场，基于此次规模空前的财政与货币强刺激、美国新冠疫情控制向好、美国民众储蓄规模增长，市场对于居民消费的快速恢复和美国经济预期进一步向好有着良好的预期，推升了市场的对美国的通胀预期。根据美国国会预算局在2021年2月发布的预测表明，未来三年美国产出缺口约为7600亿美元，要小于新一轮经济刺激法案的规模，可能会推动通胀压力上升（见图2）。美国企业研究所经济学家德斯蒙德·拉赫曼（Desmond Lachman）也表示：“考虑到被疫情压抑的大量需求将逐步释放，同时美国货币供应量继续扩大，到今年年底美国必然出现经济过热和通胀压力。”

根据FRED数据显示，美国国内通胀预期率一年内升幅已达到85.45%。在经济一体化和贸易全球化的时代背景下，通货膨胀在国家间的传导作用也越发明显。根据美国财政部最新数据，目前美国国债总额已突破28万亿美元。该法案或将继续扩大国债发行规模，巨额国债若不能被市场完全消化，便需要美联储通过增发货币的方式来吸收。增发货币一方面使美国政府获得全球范围的铸币税收益，另一方面也使过量美元投入市场，极很可能会造成美元贬值。在以美元为中心的国际货币体系下，美元的价值遭受冲击意味着向其他国家输出通胀，将这种购买力下降带来的风险和成本转嫁到包括中国在内的大量美债持有

国家和机构的身上，这相当于美国无形中征收了铸币税，给发展中国家遭受的痛苦只将更为明显。

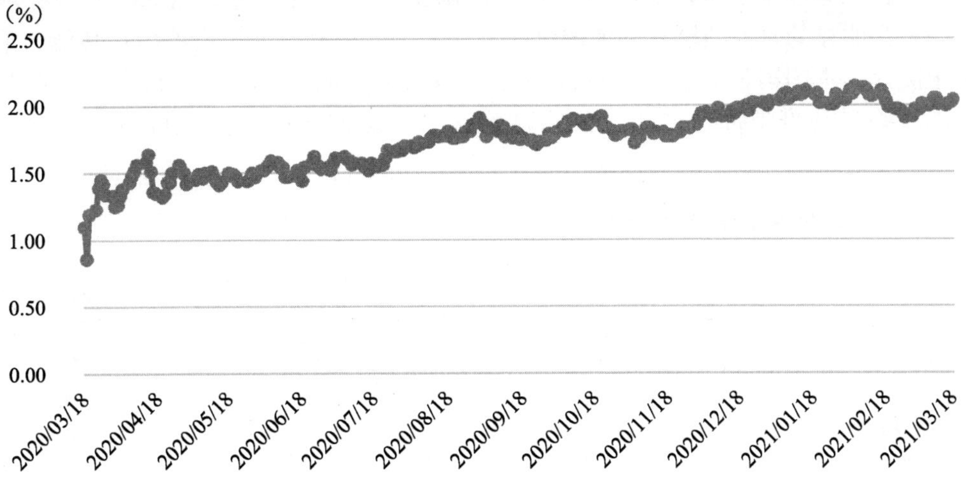


**图 2　近一年美国通胀预期率**

资料来源：美联储经济在线数据数据库（FRED）。

### （二）美债融资成本进一步上升

根据美国财政部数据显示，2020 财年美国财政赤字已达创纪录的 3.13 万亿美元，公共债务达到 21 万亿美元，相当于当年 GDP 总值的 102%。随着该法案落地，较高的发债融资需求从供给角度推动了美债收益率走高。据非营利组织联邦预算问责委员会测算，到 2031 年，美国公共债务将达 37.4 万亿美元，占 GDP 的 114%（见图 3）。不断加码的财政刺激在短期内对抗击疫情、提振美国经济的作用或将较为显著，市场对美国经济基本面加快复苏的预期或将强化，这也将从风险情绪角度仅有推升美债收益率。

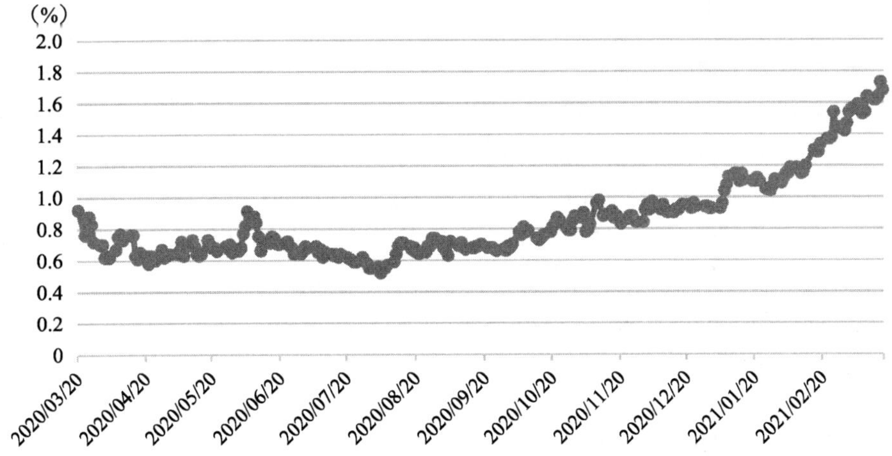


**图 3　近一年美国 10 年期国债收益率变化**

资料来源：美联储经济在线数据数据库（FRED）。

根据 FRED 数据，2021 年 3 月 18 日美债收益率已攀升至 1.73%，为 2020 年 2 月以来的新高。美国 10 年期国债收益率作为全球资产定价的锚，其收益率上升代表无风险收益的抬升，这也意味着其他资产的收益率也将跟随上涨，这将拉升其他资产的国际融资成本，其中最为明显的是其他国家国债融资成本。为了避免资本大规模流出，其他国家可能会被迫跟随提高本国国债收益率，进一步导致国内融资成本的增加，挤压企业的利润空间。特别那些受到疫情冲击严重、公共财政状况较差的新兴经济体将面临更大的融资压力。

### （三）大宗商品产业链“晃动”

国际贸易中，美元的价格直接影响石油、黑色金属等以美元计价的大宗商品价格。在拜登提出该项法案之后，石油、铜等基础设施项目所用大宗商品价格上涨，国际油价目前突破 60 美元/桶（见图 4），铜价也达到自 2012 年 4 月以来的高位。

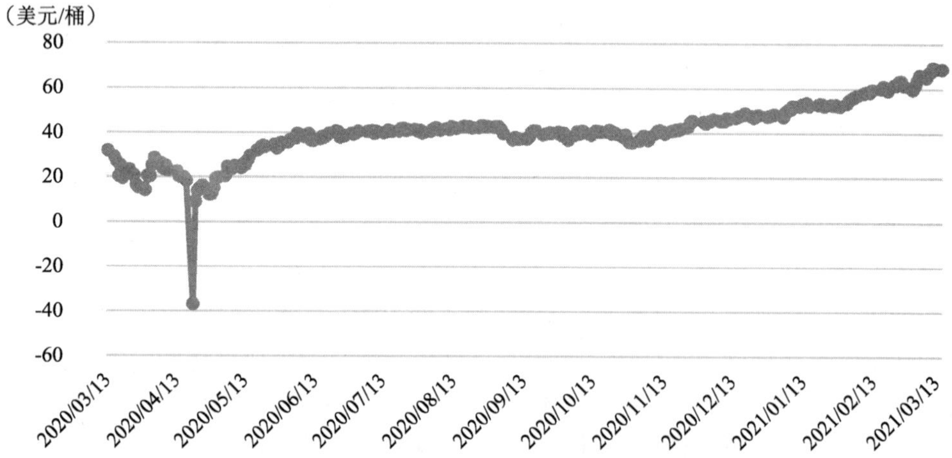


**图 4　近一年国际原油 WTI 价格走势**

资料来源：美国能源信息署。

根据美国能源信息署数据显示，3 月 15 日国际原油 WTI 价格已攀升至 68.78 美元每桶，相比于一个月前升幅达到 14.5%。大宗商品作为国民经济的基础物资，价格上涨意味着以这些初级产品为原料的商品上游资本支出增长，进而影响相关产业链的发展。以石油为例，此次经济刺激法案从提出到最终签署，一定程度上助推了当前石油价格的上涨。对石油进口国，美国“量化宽松”的货币政策产生溢出效应，迫使他们承担“整体”的输入性通货膨胀和“局部”进口成本增加双重压力，国内的化工产业等产业链的发展将会受到较大影响。对石油出口国，美元若贬值意味着外汇储备缩水以及本币相对升值，在国际贸易中将处于不利地位，影响本国能源开采业的发展。

## 四、聚焦中国：影响不可避免

过去的 2020 年，在中国政府的带领下，我国在新冠肺炎疫情的防治上著有成效，经济迅速复苏，在全球经济因受疫情的影响，GDP 从 2019 年的 3.1% 下降到 2020 年的 -3.4% 的情况下，依然在 2020 年实现了 2.1% 的正增长。中国作为美国最大贸易伙伴，对美常年保持着贸易顺差，其溢出效应对我国影响最大、最直接、最深刻，应对美国的政策动向保持关注。该项法案的推出，或将进一步带动美国从中国进口的高增长，但这并不意味着该项法案只对我国带来了好处，还应提前研判其极有可能带来的风险，以做好应对之策。

### （一）资本市场风险加剧

美国的经济刺激法案为资本市场增加了更多的获利可能性，相应地，资本市场风险也在不断加剧。以美国 10 年期债券为例，投资者在美国经济刺激法案的背景下具有通货膨胀和利率上升的预期，美国不可能永远保持宽松的货币政策，为了应对通货膨胀，美联储将会提高利息，而市场利率的提高将导致债券价格下跌。在此背景下，投资者大量抛售 10 年期国债，反而推动了债券价格下跌，导致收益率飙升。同时，鉴于美国在全球金融体系中扮演的角色举足轻重，其货币政策的影响也跨越了国界，为了应对美债收益率上升过快的风险，澳大利亚等经济主体的中央银行增加了债券购买量，企图对其进行干预；巴西、阿根廷等新兴市场也对美国货币政策转变带来的影响保持警惕。

与此同时，美国在国内推行经济刺激计划，推动美国经济的反弹，也将助推全球股市大幅波动。对于中国来说，美国刺激经济计划对美股起到直接的拉升作用，美股有可能迎来一波强劲的走势，使中国的 A 股、港股都有可能受到美元溢出效应的影响，都有可能会受到宽松货币的影响而使股市走强，全球各经济体的股市都有可能迎来一波投资盛宴。另外，由于中国经济复苏态势强劲和中国国债利差吸引力的存在，在此次拜登经济刺激法案的直接推动下，部分来自美国的投资性“热钱”的流入会加大中国资本市场的流动性，这或将联合国内资本共同推高中国资本市场，导致资产泡沫化，增大系统性风险爆发的可能性。

### （二）输入性通胀压力攀升

在美国经济刺激法案的推动下，投放市场的美元有一部分走向股市和房地产市场，而剩余的资金则会助推通货膨胀。美国前财政部长、哈佛大学教授萨默斯认为：“大规模经济刺激政策可能引发‘一代人未曾见过的通胀压力’。”他预计，美联储可能被迫从 2022 年开始加息，以此为经济“降温”并抑制通胀，早于外界先前预期的 2023 年。美国企业研究所经济学家拉赫曼也说道：“考虑到被疫情压抑的大量需求将逐步释放，同时美国货币供应量继续扩大，到今年年底美国必然出现经济过热和通胀压力。”

由于美元的全球货币地位，通胀压力可能会通过流动性、价格和需求等渠道影响我国。从流动性角度，贸易全球化背景下若美元价值遭受冲击，汇率波动对我国以美元结算的贸易活动会存在一定影响，企业将承受汇率波动带来的风险。此次经济刺激法案带来美元的流动性加剧可能会导致美元走弱。在浮动汇率制度下，人民币汇率将面临升值压力。另外，若美元价值遭受冲击，外币汇率的波动对我国企业以美元结算的贸易会产生一定影响，即被迫承受汇率波动带来的风险。从价格和需求角度，当前大宗商品价格持续上行，拜登经济刺激法案一定程度上提升了全球需求，对大宗商品价格形成上行支撑，可能影响我国部分商品的进口价格，进而推高国内 PPI 等指标，对我国造成输入性通胀压力。中国 2 月 PPI 通胀同比已经达到 1.7%，考虑到后续拜登政府面临的财政制约减少，极有可能通过 3 万亿美元的基建方案，输入性通胀压力或进一步攀升。

### （三）贸易风险不可忽视

2021 年 3 月 1 日，华尔街日报发布了一份名为《美国政府称将对中国贸易做法采取强硬立场》的报告，其中提及拜登将全面审查对华贸易政策，并使用“一切可用工具”应对北京方面被指存在的所谓“不公平贸易行为”。拜登本人曾对外表示：“直面中国的经济恶行，反制其咄咄逼人、胁迫性的行为，顶回中国对人权、知识产权和全球治理的攻击。”被提名为美国贸易代表的戴琦也表示：“她将致力于打击中国一系列所谓的‘不公平’贸易和经济行为，并寻求将中国的审查制度视为贸易壁垒。”美国国家安全顾问沙利文也称：“首要任务是解决中国损害美国就业与美国劳工的贸易霸凌。”种种毫无根据的言论和行为，表明以拜登为首的美国政府依然对我国抱有极大的戒心。

该法案的落地，在短期内提高了美国国民的购买力，加之全球复工复产迟缓的现状让“中国制造”难以代替，短期内中国对美出口的强劲势头或将继续保持。不断扩大的贸易逆差，是否会成为美国政府开展对中国的制裁行为的无理借口之一，是否会导致美国对华贸易政策再次强硬和加码，我们必须提前做好准备预案。与此同时，短期内该法案的实施对美元有变相加息作用，支持美元走强，但从长期视角看，一年内密集投放了超过 5 万亿美元或终将使美元走弱，人民币面临升值压力，使中国出口企业在国际贸易中处于不利地位，进而导致外贸出口对中国经济的拉动作用趋弱。我国应对此进一步完善人民币汇率形成机制，坚持市场化方向，增强汇率弹性，适当推动人民币升值，以提高我国出口的经济效益。

### （四）“一带一路”沿线国家债务风险必须警惕

“一带一路”是我国积极开拓向西开展格局的重要平台，也是我国积极适应世界发展潮流、促进各国发展的重要举措。近年来一些国家，在没有调查的情况下就公开抹黑中国，认为“是中国利用发展中国家的基础建设给这些国家提供巨额贷款，让他们陷入‘债务危机’，从而实现对中国的依赖”。这种说法是毫无事实、毫无根据的。随着美债收益率的上升，美国极有可能将债务风险转嫁给一些不太发达的国家和地区，国际货币基金组织已发出警告：“各国央行应保持警惕，随时应对利率突然飙升和紧缩金融等极端情况。”

对此，我国必须警惕美债收益率提高对“一带一路”沿线国家债务带来的不利影响。一方面要继续深化“一带一路”建设，以促进共同发展为出发点，确保国家经济安全为落脚点，加强与沿线国家的交流合作，持续深化双边和多边贸易关系；另一方面也要时刻关注美国、印度等国对“我国通过‘一带一路’构建‘债务陷阱’”不实情况的污蔑，防范美国将美债收益率上升所造成部分国家陷入债务危机的帽子扣在我们头上，做好国际舆情的管理和应对，避免再次陷入被动。应认真研究第二次世界大战后，从美国马歇尔计划到日本《发展合作大纲》等一系列对外援助的合理性和体系性，为我国未来“一带一路”

建设提供有益借鉴。

### （五）密切关注后续举动

拜登上台以来，与中国的竞争一直是美国外交事务的重点。从“坦率的、建设性的和有益的”中美阿拉斯加对话来看，“竞争第一、适当合作、避免对抗”或将成为美国对华政策在接下来一段时间内的双方对话的主基调。但也需要密切关注美国对外，特别是对华预算的政策安排。例如 2021 年 3 月 16 日，美国民主党议员曾提议增加美国外交事务预算 120 亿美元，以此来应对中国对美的竞争，此举极有可能造成我国贸易受损。

为了能将美国对外政策对我国的影响降到最低，一方面，我国不仅需要防范此次经济刺激法案的潜在风险，提前做好应对预案。如针对通胀输入性风险，把控输入通道（主要有两个通道，一是与美国贸易相联系的美元外汇的结汇机制，二是他国货币超发引起的全球基础能源、资源和原材料价格的大幅上升），从扩大内需、减少对外贸易顺差、人民币国际化等角度出发，最大限度减轻输入性通胀带来的危害；另一方面，还需密切关注其后续举动，做到“做预判、防风险”。当然，最重要的还是做好我们自己的事情，把握大局大势、保持战略定力，集中精力解决国内问题。

# 关于 OECD－DAC 对“一带一路”沿线国家官方发展援助的研究及对我国的启示

梁海剑[①]　李浠平[②]

长期以来，全球发展治理体系被西方发达国家主导的经济合作与发展组织发展援助委员会（Organisation for Economic Cooperation and Development－Development Assistance Committee，OECD－DAC）所主导。近年来，随着国际力量格局的变化，中国等新兴经济体在国际发展援助舞台中发挥的作用越发凸显，对国际发展援助的理念、规则和结构等方面产生了重大影响。自 2013 年“一带一路”倡议提出以来，我国加大了以优惠贷款为主要形式提供的发展援助，正在以更加积极的姿态为南南合作搭建互利共赢的新平台，为全球治理体系的变革乃至人类命运共同体的构建贡献中国智慧。

然而，伴随着新冠疫情的全球蔓延和反复，西方社会焦虑情绪集中爆发，进一步加大对中国“一带一路”倡议的抹黑和攻击力度。非传统安全威胁猛烈冲击着全球事务和国际关系，一定程度上影响了中国与“一带一路”沿线国家经贸合作的进程。在当前形势下，作为维护国家利益、实现外交政策目标的重要手段，我国官方发展援助（Official Development Assistance，ODA）如何同“一带一路”倡议有机结合，借鉴传统援助国的发展合作经验，提振沿线欠发达国家的发展信心便成为当下的关注热点。

尽管时下国际发展援助体系依然由发达国家主导，不可避免地存在西方大国利益优先的问题，但传统援助国的发展合作经验、资源分配和管理模式仍然有值得我国学习之处。为此，本文分析了经济合作与发展组织发展援助委员会对“一带一路”沿线国家官方发展援助的主要情况及对我国的启示，并提出相关政策建议。

## 一、OECD－DAC 援助现状

发展援助委员会（DAC）是经合组织（OECD）下的负责协调向发展中国家提供官方发展援助的核心机构，由 30 个成员国构成。OECD－DAC 将官方发展援助定义为发达国家

① 梁海剑：厦门国家会计学院“一带一路”财经发展研究中心讲师。
② 李浠平：厦门国家会计学院教研中心讲师。

官方机构（包括中央、地方政府及其执行机构）为促进发展中国家的经济发展和福利水平的提高，向发展中国家或国际机构提供的赠款，或赠与成分不低于25%的优惠贷款。2000年以来，OECD - DAC 对“一带一路”沿线国家的官方发展援助①呈现如下特征：

## （一）援助规模波动上升，贷款援助渐受关注

OECD - DAC 援助是第二次世界大战后“马歇尔计划”的延续，也是目前发达国家对外援助最主要的形式。2000 年以来 OECD - DAC 对“一带一路”沿线国家的官方发展援助规模总体呈上升趋势，但 2013 年以来呈现先降后升的趋势。2013—2019 年，OECD - DAC 对“一带一路”沿线国家的援助总额达到 2668 亿美元，占其官方发展援助总额比例超过 50%（见图 1）。从援助方式上看，OECD - DAC 总体偏向于赠款援助，平均占比超过 60%。2005 年以来，贷款援助的比重有持续上升的趋势，反映了近年来 OECD - DAC 对贷款援助的重视，2019 年贷款援助占比 33.41%。

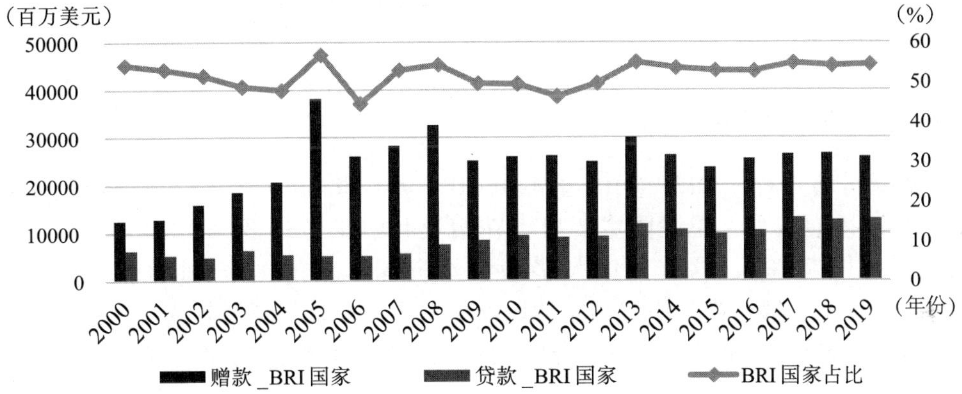


**图 1　OECD - DAC 对“一带一路”沿线国家援助概况**

资料来源：OECD Statistics。

## （二）以美、日、德等传统援助国为主

从援助国分布来看，对“一带一路”沿线国家的 ODA 主要来源于以美、日、德为主的传统援助大国。以 2019 年为例，美、日、德对“一带一路”沿线国家的援助额最高，分别达到 132 亿美元、85 亿美元和 75 亿美元。美国和英国几乎不采用贷款援助的方式，赠款援助比例几乎为 100%，而日、法、韩、德则更倾向于贷款援助，其比重分别达到 67.43%、56.21%、48.22% 和 35.63%（见图 2）。

① 本文“一带一路”沿线国家的判定依据为世界银行 2019 年发布的报告《“一带一路”经济学：交通走廊发展机遇与风险》。

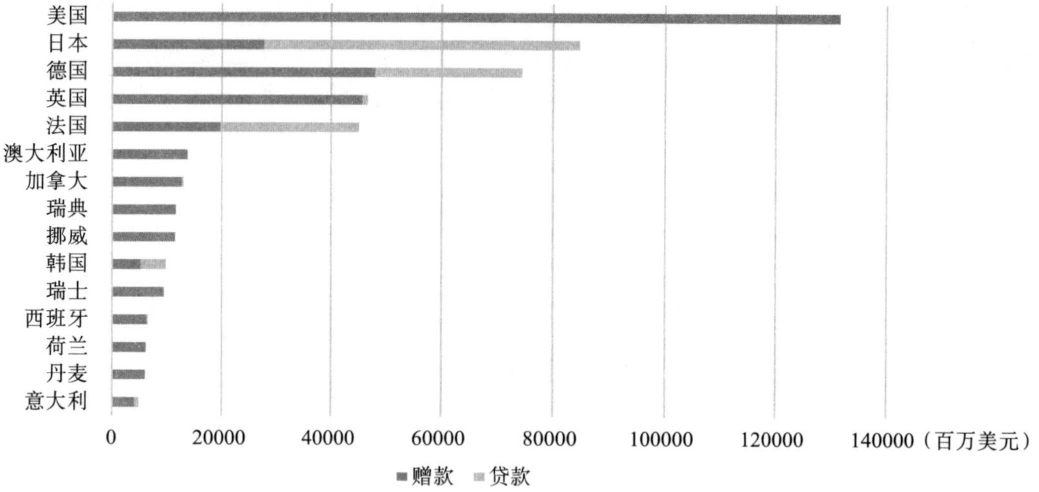


**图 2　“一带一路”沿线国家主要援助国及援助额**

资料来源：OECD Statistics。

## （三）受援国集中度高，倾向明显。

从受援国分布来看，2013—2019 年，OECD - DAC 共为 67 个“一带一路”沿线国家提供了援助。按地域分，受援国主要集中在南亚和中亚（38. 80%①），中东（22. 35%）和远东地区（19. 77%），这些国家大多为自然资源丰富的国家。同样，在非洲地区，OECD - DAC 对“一带一路”沿线国家的援助更多集中在自然资源较为丰富的撒哈拉以南地区，占比达 9. 00%，而对于较为贫穷的撒哈拉以北地区的援助比例仅为 2. 30%（见图 3）。

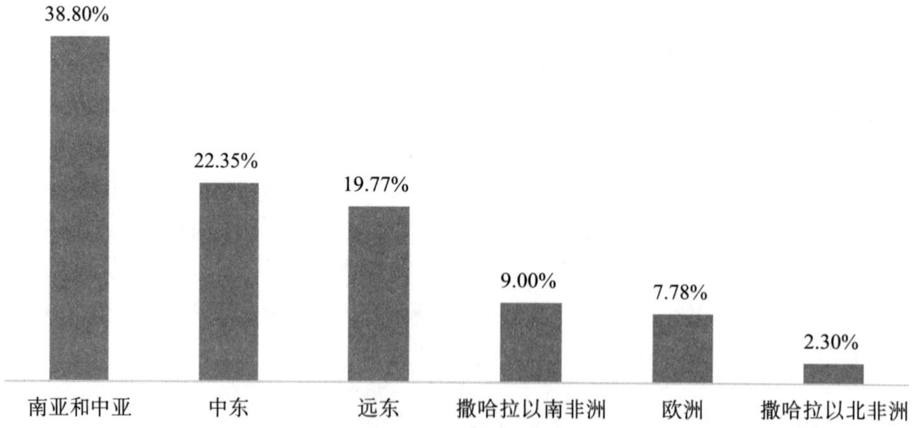


**图 3　OECD - DAC 对“一带一路”沿线国家援助地区分布情况**

资料来源：OECD Statistics。

① 2013—2018 年平均占比。

OECD - DAC 对“一带一路”沿线国家 ODA 的分布集中度较高。2019 年，印度、阿富汗、孟加拉、叙利亚和约旦为排名前 5 的“一带一路”沿线受援国，占总受援额的 37.54%，排名前 15 的受援国共接受了 74.64% 的援助资金（见表 1）。由此可见，OECD - DAC 对“一带一路”沿线国家的援助带有较明确的倾向性。

**表 1　前 15 位受援国受援概况（2019 年）**

| 国家 | 接受援助额（百万美元） | 占比（%） |
|---|---|---|
| 印度 | 4271.55 | 10.96 |
| 阿富汗 | 3074.24 | 7.89 |
| 孟加拉 | 2667.67 | 6.85 |
| 叙利亚 | 2337.08 | 6.00 |
| 约旦 | 2280.03 | 5.85 |
| 伊拉克 | 1815.93 | 4.66 |
| 肯尼亚 | 1629.19 | 4.18 |
| 也门 | 1534.40 | 3.94 |
| 缅甸 | 1516.31 | 3.89 |
| 越南 | 1434.61 | 3.68 |
| 印度尼西亚 | 1380.85 | 3.54 |
| 菲律宾 | 1373.94 | 3.53 |
| 埃及 | 1345.66 | 3.45 |
| 巴基斯坦 | 1255.33 | 3.22 |
| 坦桑尼亚 | 1173.29 | 3.01 |

资料来源：OECD Statistics。

从 OECD - DAC 的受援国分布特征来看，可以总结其对“一带一路”沿线国家 ODA 的潜在规则，主要表现在三个方面：一是受美国及其盟友“印太战略”的影响，OECD - DAC 对印度、孟加拉、缅甸、越南等国 ODA 比重较大。随着美国在亚太地区战略的调整，印度由于其特殊的地理位置和日益增强的实力被美国看重，成为其“印太战略”的重要一环。印度周边国家也逐渐成为 OECD - DAC 的重点援助对象。二是为保障西方国家的能源供给安全和经济发展需要，OECD - DAC 的援助偏向于阿富汗、叙利亚、约旦、伊拉克等中东国家。三是为促进非洲的发展并平衡中国在非洲的影响，OECD - DAC 援助向肯尼亚、坦桑尼亚等非洲国家倾斜。这些规则也反映出当前 ODA 体系依然由发达国家主导，不可避免存在西方大国利益优先的问题。

### （四）援助类别更加多元

OECD - DAC 对“一带一路”沿线国家的援助，按援助部门可分为：社会基础设施与服务、经济基础设施与服务、生产性部门、多部门援助、项目援助、与债务有关的诉讼，以及人道主义援助等。社会基础设施与服务和经济基础设施与服务是 OECD - DAC 对“一带一路”沿线国家援助的主要领域（见图 4），2013—2019 年，OECD - DAC 在社会基础设施与服务领域和经济基础设施与服务的援助占总援助额的35.07%和30.77%。2013年以来，OECD－DAC对“一带一路”沿线国家的人道主义援助（15.54%）逐渐增加，多部门援助（环境保护、食品安全、灾害应急等；6.77%）和生产性部门援助（农林渔、工业、矿产资源与开采、建筑、贸易、旅游；6.01%）占比略有下降（见表2）。

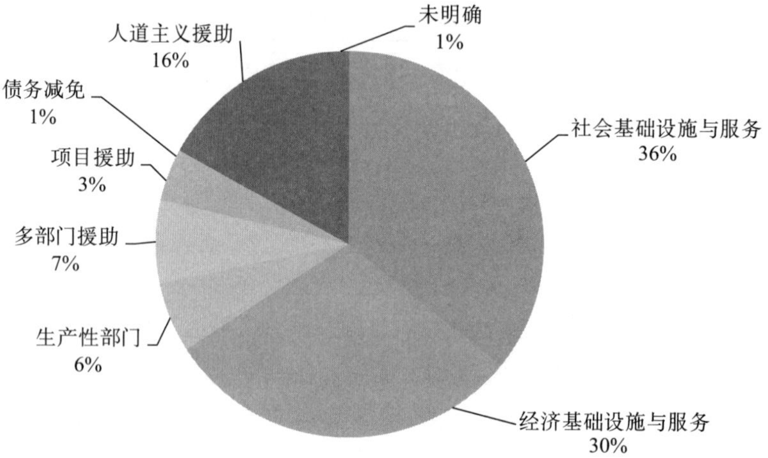


**图4　OECD－DAC对“一带一路”沿线国家援助类别**

资料来源：OECD Statistics。

**表2　援助类别：按部门**（单位：%）

| 年份 | 2006 | 2008 | 2010 | 2012 | 2019 | 2013—2019 |
|---|---|---|---|---|---|---|
| 社会基础设施与服务 | 37.55 | 36.20 | 39.48 | 42.06 | 35.63 | 35.07 |
| 经济基础设施与服务 | 22.06 | 26.62 | 31.28 | 28.58 | 28.12 | 30.77 |
| 生产性部门 | 6.24 | 7.09 | 6.39 | 8.18 | 7.34 | 6.01 |
| 多部门援助 | 5.95 | 4.88 | 9.19 | 8.02 | 6.59 | 6.77 |
| 项目援助 | 7.15 | 4.77 | 3.55 | 2.94 | 1.72 | 3.38 |
| 债务减免 | 14.27 | 13.79 | 0.35 | 0.28 | 0.06 | 1.07 |
| 人道主义援助 | 6.02 | 5.85 | 9.17 | 8.46 | 18.22 | 15.54 |
| 未明确 | 0.76 | 0.80 | 0.59 | 1.48 | 2.31 | 1.37 |

资料来源：OECD Statistics。

## 二、后疫情时代OECD－DAC的援助特点及趋势

### （一）对外援助重要性日益彰显

ODA在危机时期往往呈现反周期流动，为受援国的复苏提供重要支持。过去几十年，OECD－DAC在卫生和社会保障等方面提供的援助，有效提高了包括“一带一路”沿线国家在内的受援国应对危机的能力。然而，与以往的危机不同，新冠肺炎疫情的全球大流行

给绝大多数 OECD－DAC 援助国的经济带来了巨大冲击。OECD 的研究报告显示，新冠肺炎疫情一方面加剧了发展中国家近年来的财政短缺和公共债务问题，另一方面使不少发展援助资金的筹资来源受到了严重影响。

援助资金的筹资来源对于债务可持续性和宏观经济的稳定有着重大影响，保持包括赠款和贷款在内的援助资金的透明度对经济复苏也是至关重要的。对此，OECD－DAC 强调，ODA 是“支持国家应对这一流行病的重要手段”，并表示 OECD－DAC 成员国将在危机期间“努力保护 ODA 预算”，实现包容性、可持续的全球复苏将是援助资金流向的重点。

### （二）官方发展援助逆势增长

由于新冠肺炎疫情大流行的影响，发展中国家所有主要外部收入流动（例如，外国直接投资、贸易和汇款）均显著下降[①]。最新数据显示，官方发展援助在 2020 年有所增加。这是在债务风险上升、国内资源紧张、全球增长停滞、冲突旷日持久以及与气候相关的危机不断凸显的背景下发生的。在官方发展援助的 60 年中，ODA 资金一直是发展中国家最稳定的外部融资来源，且其规模与各国的国民总收入（GNI）并无直接关系。OECD－DAC 对其 60 年援助数据的分析发现，2000—2010 年是官方发展援助最慷慨的 10 年，其驱动因素是围绕千年发展目标和随后的高级别会议的承诺，与 GDP 增长关系不大。数据显示，自 1960 年代以来，OECD 国家的年均 GDP 增长率从 5% 以上降至 2% 左右，且自 2000 年代初以来一直徘徊在这一水平；相比之下，官方发展援助的增长到 20 世纪 90 年代有所下降，随后反弹至 21 世纪初的最高增长水平。

尽管 2020 年所有 OECD 国家的经济增长均出现下降（平均 GDP 下降超过 5%），一些国家的官方发展援助也随之急剧下降，但部分国家保护并增加了官方发展援助预算，使官方发展援助净增加 7%。根据 OECD 的研究报告，2020 年 OECD－DAC 增加了对新冠肺炎疫情的 ODA 支出，ODA 总额较 2019 年实际增长了 3.5%，其中，向非洲和最不发达国家提供的双边 ODA 分别增加了 4.1% 和 1.8%。OECD 初步估计表明，发展援助委员会成员国在 2020 年为新冠肺炎疫情大流行相关的活动支付了 120 亿美元，其中 32 亿美元流向了卫生部门。这一数据表明 ODA 大部分用于支持受援国卫生部门以外的经济和社会其他部门。2021 年 4 月 9 日，拜登政府向美国国会提交了 2022 财年首个联邦政府可支配支出预算案，该预算案总额为 1.5 万亿美元，其中国际项目预算为 635 亿美元，较上年提高 12%。

### （三）官方发展援助的不均衡性日益凸显

OECD 数据显示，官方发展援助在 2020 年增加到有史以来的最高水平，达到 1610 亿美元。尽管全球国内生产总值和其他融资有所下降，但 OECD－DAC 成员国对新冠肺炎疫情大流行的应对措施的重要表现之一就是官方发展援助的增长。然而，在此数字之下，成员国提供的官方发展援助数量、官方发展援助相对规模[②]，以及从 OECD－DAC 官方援助

① 侨汇收入等跨境流动没有像预期的那样急剧下降。
② 与应对新冠肺炎疫情的国内财政反应相比。

中受益的国家之间的差距越来越大。这些差距与各国在获得新冠肺炎疫苗和其他类型财政支持方面不断扩大的差距相一致。展望未来，所有国家都将努力应对当前的健康、安全和经济需求，并建立全球对健康和气候威胁的抵御能力，努力实现到 2030 年普遍商定的可持续发展目标（SDG）。

如前所述，并非所有 OECD－DAC 成员国在 2020 年都增加了官方发展援助资金供给。一些国家官方发展援助资金的增加抵销了其他成员资金的增加。从援助方式看，以贷款形式发放的官方发展援助的比例也有所增加，贷款条件也更加严格。

OECD－DAC 成员国还面临着协调全球公共产品的政策和融资以提高健康和气候适应能力的紧迫性。伴随着 OECD 以外国家对健康、卫生等领域危机的应对能力，以及经济和社会从危机中复苏的需求增加，2021 年官方发展援助支出或将进一步增加，其中部分支出将增加对应对新冠肺炎疫情大流行的支持，特别是支持全球疫苗接种、债务减免。此外，以全球气候和发展目标为中心的几个高级别场合可能会将注意力集中到 2030 年可持续发展目标的资金缺口上①。尽管部分 OECD 国家已经表示，他们正在努力应对本国新冠疫情大流行和促进经济复苏，使这些国家在 2021 年缩减其官方发展援助预算，但他们同时表示可以采用创新方法来平滑援助的波动。总体而言，OECD－DAC 成员国和其他官方发展合作资金提供者将采取更多措施来应对全球社会面临的严峻和复杂挑战。

### （四）中等收入国家受援增加，低收入国家双边援助减少

OECD－DAC 认识到危机对一些最不发达国家产生了巨大影响，并重申官方发展援助对当前的健康和经济危机以及更长期的可持续发展具有重要贡献。在全球危机的背景下，所有国家都受到影响。各国对危机不同的应对能力使人们对以前的“资格”和“需要”的分类以及它们的应用方式产生了质疑。对此，2020 年官方发展援助表现出一定的灵活性。例如，OECD－DAC 同意将安提瓜和巴布达、帕劳和巴拿马从其 ODA 受援国名单中的毕业日期推迟到 2022 年 1 月 1 日，以确保这些国家仍有资格获得官方发展援助的支持。

2020 年的初步数据表明，中等收入国家在 ODA 增加中受益最大。数据显示，2020 年 OECD－DAC 成员国对最不发达国家的双边援助净流入增长 1.8%，达到 340 亿美元，对中低收入国家的双边援助增长 6.9%，中高收入国家增长 36.1%。然而对低收入国家（LIC）的双边援助净额总体下降 3.5%，对撒哈拉以南非洲的官方发展援助减少 1%。

这一分析表明，对低收入国家的双边援助在 2020 年有所下降，但是对 2015—2019 年发展中国家官方发展援助净收入（包括双边和多边流动）的分析显示，对低收入国家的官方发展援助总体净增加了 29%。与双边援助相比，这一增长的主要驱动力是多边组织援助的增加。相比之下，中低、中高收入国家的官方发展援助净额有所下降（分别下降 2% 和 14%）。同样，下降的原因是多边机构援助的减少，因为 OECD－DAC 增加了他们的官方发展援助（分别增加了 7% 和 3%）。该分析强调，双边和多边援助渠道在跨收入群体提供和引导官方发展援助方面发挥着重要作用，并且应将上述 2020 年流向低收入国家的双边援助的下降（－3.5%）视为向低收入国家提供资源增加的重点转向多边渠道的长期趋势。

① 估计有 3.7 万亿美元的资金缺口。

### （五）援助贷款对最不发达国家的条件更加苛刻

2020 年 OECD – DAC 成员国双边主权贷款较 2019 年增长 28. 3%。由于贷款是按赠款等值计算的，这表明贷款的面值大幅增加。2020 年官方发展援助总额增加的一半多（即 52%）归因于主权贷款的增加。这一增长的部分原因在于，部分国家通过贷款为新冠疫情大流行救济提供了支持。2020 年按赠款等值计算的主权贷款实际增幅最高的国家是法国（63%）、德国（69%）、意大利（55%）、日本（11%）和葡萄牙（143%）。欧盟机构的主权贷款也显著增加（136%）。

统计数据显示，OECD – DAC 成员双边 ODA 的 22% 以非赠款（贷款和股权投资）形式提供，高于前几年徘徊在 17% 左右的水平。对于一些国家，双边主权贷款的份额占其双边 ODA 的四分之一以上，即意大利（27%）、韩国（40%）和欧盟机构（30%）。对于其他国家，双边主权贷款的份额甚至达到其双边 ODA 的一半或更多，即法国（56%）、日本（68%）和斯洛伐克共和国（49%）。贷款在发展合作中发挥着重要作用。例如，与其他债权人相比，日本有提供优惠贷款的传统，在贷款前日本非常谨慎地评估潜在接受者的债务可持续性，以为受援国优先发展部门提供优惠条件贷款。

2020 年，双边贷款的增加主要集中在中等收入国家。这意味着官方发展援助增加的一部分用于对中等收入国家的贷款。鉴于 2020 年所有私人资金流动显著下降，优惠贷款是各国重要的逆周期融资来源。虽然汇款、外国直接投资、证券投资和其他投资没有像 2020 年预测的那样急剧下降，但其下降仍然为各国带来了获得融资的迫切需求。鉴于许多国家在进入新冠肺炎疫情大流行时的债务水平很高，优惠借款成为一种适当的应对措施，以减轻高额的市场融资成本，避免进一步推高债务水平。

尽管援助赠款等价系统预计会激励援助国以高度优惠的条件向最不发达国家提供贷款，但平均而言，自 2015 年以来，向最不发达国家提供的贷款条件有所收紧。这一事实表明，正如其他人所强调的那样，援助赠款等价系统并未产生预期的激励效果。向最不发达国家提供的官方发展援助贷款的平均赠款成分稳步下降，从 2015 年的 78% 下降到 2019 年的 70%。这是由于利率上升（从 2015 年的 0. 34% 上升到 2019 年的 0. 80%）和更短的债务期限（从 2015 年的 35. 7 年增加到 2019 年的 28. 3 年）所致。2018—2019 年，一些国家还向最不发达国家提供了不太慷慨的贷款条件（赠款要素），如德国（赠款占比从 60% 下降到 53%）、韩国（从 89% 下降到 86%）、波兰（从 82% 下降到 74%）和葡萄牙（从 51% 下降到 49%）。

在多边援助领域也出现了越来越多的非优惠援助贷款（即利率更高或期限更短的贷款）。近年来，主要受多边开发银行活动的推动，多边机构的资金流出一直在稳步增加。2016—2018 年，多边机构非优惠资金流出超过优惠资金流出。因此，通过多边机构作为向上述低收入国家提供融资的渠道，意义重大。

### （六）后疫情时代官方发展援助工作重点

新冠肺炎疫情使国际发展合作参与者在每次新危机中汲取的经验教训再次得到验证。关于发展合作未来的国际辩论重申迫切需要共同努力以战胜病毒，并为应对和减轻全球威胁做好更充分的准备。OECD－DAC 在 2020 年末的报告中提出了五项重点工作：

一是将气候行动纳入多部门发展战略。相关政策必须使政府能够同时解决几个问题：战胜病毒并支持复苏、缓解引发危机的多重压力以及提高对其他全球威胁的抵御能力。解决环境退化和气候危机是更具弹性恢复和可持续发展的先决条件。

二是为受援国国家系统提供长期支持。从新冠疫情和以前的危机中得出的一个明确教训是：政府能力是形成有效危机应对措施的关键因素。形成运作良好的国家体系的改革对于在国家内部建立对未来危机的抵御能力以及在全球范围内避免负面外部影响至关重要。

三是避免金融危机的发生。危机加剧了各国对融资的需求。当前的国际金融不足以弥补应对这场危机的资金缺口。各国应继续共同努力解决债务问题并增加新的融资来源。融资必须专注于最需要帮助的国家和人民，并在危机时期提高资金流动的透明度。

四是加强协调合作，提供和保护全球公共产品。国际社会对公共危机事件缺乏准备的部分原因是对全球公共产品的投资不足。新冠肺炎疫情的暴发将健康、安全这一全球公共产品推到了国际议程的首位。与此同时，危机强调了投资于其他全球公共产品的紧迫性，例如生物多样性和适应或减缓气候变化，以确保它们的充足供应，这将有助于避免类似或更严重的危机。为新冠肺炎疫情治疗和获得疫苗而建立的新的包容性多边倡议可以为其他全球公共产品的协调和融资机制提供蓝图。

五是为国际危机协调制定战略和应急措施。发展合作参与者有机会从协调缺陷中吸取教训，并制定应对全球挑战、冲击和危机的战略和应急措施。此类战略应使行动者能够快速共享数据、计划和情报，为快速决策提供信息，以满足世界上最贫困人口和最需要帮助的国家的需求。

此外，OECD－DAC 高度关注非洲发展问题。2021 年 5 月 18 日，由法国发起的非洲经济体融资峰会着重讨论了如何帮助非洲国家克服疫情影响、解决融资缺口、推动经济发展等问题。

## 三、我国对外援助管理现状和存在的问题

开展对外援助是我国参与全球治理、推动国际经济合作与文化交流的重要手段。经过 70 多年的发展，我国逐渐形成了具有中国特色的对外援助模式。随着国家实力的增强和"一带一路"倡议的实施，我国对外援助始终坚持不附带任何政治条件的原则，范围和规模不断扩大，援助方式不断优化，监管体系不断完善，兼顾政治和经济成效，但在援助的实施过程中仍存在一些问题。

### （一）援助规模逐步加大

国务院新闻办公室 2021 年 1 月 10 日发布的《新时代的中国国际发展合作》白皮书中指出，中国对外援助资金规模稳步扩大。2013—2018 年，中国对外援助金额为 2702 亿元人民币，其中无偿援助、优惠贷款和无息贷款占比分别为 47.30%、48.52%、4.18%。

### （二）政府对外贷款规模和范围不断扩大

我国的发展援助以优惠贷款方式为主。该方式不仅对我国自身经济造成的负担较小，

符合我国当前的社会发展阶段，而且有利于受援国建立自力更生的发展模式。我国在援建成套项目、提供物资、开展技术合作等对外援助工作的基础上，不断创新援助方式，如国家开发银行、中国进出口银行提供的优惠贷款，设立南南合作援助基金、中非发展基金等。2013—2018 年，我国共向亚洲、非洲、拉美和加勒比、大洋洲和欧洲等地区的 122 个国家以及 20 多个国际、区域性多边组织提供援助。

### （三）存在的问题

（1）对外援助数据库不完善。我国积极倡导“一带一路”建设和人类命运共同体，但对外援助上越是加大投入力度，越被西方国家曲解为阴谋论。这一方面与西方国家的制华意图相关。另一方面，缺乏对外援助的数据库也导致了我国的援助信息透明度有待提高。国际传播力度不足，限制了我国回应西方国家无端指责的能力。

中国对外援助的信息和数据较难获取，目前官方信息获取的渠道主要为《中国的对外援助》（白皮书）、《新时代的中国国际发展合作》（白皮书）。两份白皮书中仅介绍了援助的整体规模、援助方式等内容，并未公布援助金额、项目进展等援助项目的具体信息。相比之下，OECD Statistics 数据库记录了 OECD - DAC 成员国详细的对外援助信息，对历年援助项目的援助方式、援助部门、受援国等进行了详细的分类。对外援助透明度低是中国对外援助受到西方国家无端指责的一个重要原因。

（2）援外财政资金压力大。对外援助的受援国大多面临着巨大的资金缺口，仅仅依靠目前国际社会的发展援助资金远远不够。随着“一带一路”倡议的提出，“一带一路”沿线国家对中国的期望也不断提高，希望中国能够继续提高扩大援助规模。但如果援助资金过于依赖财政支出，不仅会增加政府的资金压力，也不利于降低援助资金运营风险。相比之下，OECD - DAC 的援助大国如日本、德国，非常注重援助资金与社会资本的结合，通过援助引导社会多方参与，实现受援国、私营企业和官方发展援助三方共赢的局面。例如 2018 财年，日本援助资金的 74.37% 来源于发行国债和财政投融资（即发行财政债券和机构债券所获得的收入以及政府向国民借入的储蓄），而由政府之间拨款的资金仅占 25.63%。

我国对外援助主要由政府驱动，援助主体单一，以政府为主，对企业援外重视不够，存在“一条腿长，一条腿短”的问题。随着“一带一路”倡议的提出，“一带一路”沿线国家对中国的期望也不断提高，希望中国能够继续扩大援助规模。但如果援助资金过于依赖财政支出，不仅会增加政府的资金压力，还不利于降低援助资金运营风险。

（3）对非援助竞争不断提升。中非合作论坛机制建立以来，特别是“一带一路”倡议实施以来，西方大国便将目光投向非洲，并视我国为其非洲战略的竞争者。为遏制中非合作的良好势头，西方国家一方面试图通过对非政策重新构建其与非洲的关系，另一方面试图以发展援助问题作为切入点，约束我国对外经济行为。特别是，在 2021 年 5 月 18 日法国发起非洲经济体融资峰会后，欧洲议会于 20 日表决通过涉及“冻结中欧投资协定”的法案，充分展现了西方国家的制华意图。此外，美国在最新公布的援助预算中也申明了借助对外援助平衡中国影响力的意图。在 OECD - DAC 不断重视对非援助的背景下，中美、中欧摩擦将加大我国对非援助的压力。

（4）援外理论和法律有待完善。我国先后提出了一些对外援助的基本指导原则，但一直没有制定清晰的对外援助发展战略，理论研究也相对薄弱，在受援国选择、政策目标实现、援助资金等问题上亟须改善。同时，我国对外援助法制建设相对落后，缺乏如美国《对外援助法案》、日本《官方发展援助大纲》等从总体上全面指导对外援助的法律法规，援助的针对性、规范性及其实施效果有待加强，援外工作亟须制度化和法治化。

## 四、政策建议

OECD－DAC 作为传统援助机制，其援助经验、资源分配及管理模式等对我国开展以“南南合作”为基础的对外援助有重要的借鉴意义，特别是当前国际形势发生了深刻变化，叠加疫情给世界政治、经济格局带来的影响，逆全球化思维和贸易保护主义加剧，非传统安全挑战日趋严峻。在这样的背景下，我国应该及时总结对外援助工作的经验与教训，提高援助的有效性。

### （一）根据国家发展规划需求，健全对外发展援助的国别政策机制

从“一带一路”沿线受援国的地区分布来看，OECD－DAC 的援助带有明确的国家利益优先意图。“一带一路”倡议作为一项国家级顶层合作倡议，其涉及的国家与我国对外援助覆盖的国家基本重合。因此，可借鉴日本或韩国的国别援助政策和国家伙伴关系战略，基于我国的国家发展规划，准确把握“一带一路”沿线国家与我国的共同利益，健全国别援助政策机制。通过国别援助政策机制明确重点援助领域和具体项目，有利于我国有针对性地开展“一带一路”发展合作的重点领域布局和项目评估工作，增强援助的有效性，并使对外发展援助同“一带一路”倡议形成更好的协同效应。例如，在严格的事前风险评估基础上，适当加大对“一带一路”沿线欠发达国家，特别是非洲国家的援助力度，夯实受援国的民意基础，塑造负责任的大国形象，助力“一带一路”建设的推进。

### （二）优化对外援助的结构和方式方法，发展具有中国特色的发展援助体制，提升在国际发展援助体系中的话语权

当前的国际援助体系是由 OECD－DAC 建立并规范的，但这与我国的战略需求存在较大偏差，且不同的援助体系存在竞争关系。我国以优惠贷款方式为主的援助方式，不仅符合我国当前的社会发展阶段，且有利于受援国建立自力更生的发展模式。因此，我国发展援助应坚持中国特色的援助发展路线，坚持“对外援助八项原则”，在南南合作框架下开展发展援助工作。同时，我国还应重点研究日本、德国等较多使用贷款援助的传统援助国与“一带一路”沿线国家的发展合作模式，进一步完善自身发展援助制度，提升我国在国际发展援助体系中的影响力和规则制定的话语权。

### （三）加强我国对外发展援助的透明度，提高对外援助有效性

中国作为新兴援助国，在援助理念和方式等方面与传统西方援助国有较大区别。相较而言，我国在发展援助方面的透明度仍有提升空间。为了更加积极地参与国际发展合作事

业并提升我国发展援助的有效性，在开展发展援助的过程中，对相关数据可探索分类管理的方式。对外交目的较强的政策性援助实施严格的保密制度；对商业性较强的开发性援助，根据债务国的具体情况制定透明度标准。这不仅有利于促进我国同其他援助国的沟通协调，澄清误解，且有益于提升我国融入国际发展合作的程度，提升我国发展援助的影响力。

### （四）鼓励民营资本参与发展援助，促进“一带一路”建设高质量发展

相较于西方国家官方资金和民间资本互相促进的融资方式，当前我国发展援助的筹资来源主要是官方资金，发展援助成本负担较重。我国应吸取传统援助国在“一带一路”沿线国家的发展援助经验和教训，通过基本配备和政策支持倡导民间资本参与发展援助，这有利于提高我国发展援助的有效性。同时，为民间资本参与国际发展合作营造良好环境，有助于具有竞争优势的民间资本开拓“一带一路”市场，促进“一带一路”建设高质量发展。

# 拜登政府 WTO 政策分析与中国对策

王智烜[①]　雷自如　林润玮[②]

2021 年 1 月 6 日，原定在国会大厦举行的国会两院联席对选举人团点票的会议，因受到特朗普支持者冲击国会的影响而一度被迫中止。最终在美国时间 2021 年 1 月 7 日凌晨 3 时 45 分左右，国会确认大选结果，正式宣布美国总统大选的获胜者为拜登（Joe Biden），哈里斯（Kamala Harris）当选副总统。2021 年 1 月 20 日，拜登（Joe Biden）顺利在白宫举行就职典礼，正式成为美国的第 46 任总统，哈里斯（Kamala Harris）当选为副总统。拜登是美国第 44 任总统奥巴马（Barack Hussein Obama）在任时期的副总统，在拜登和哈里斯团队对内阁成员的选任中，大多数成员均在奥巴马时期有过任职。可以想象，同为民主党人的两任总统将在美国对内与对外的政策特点上保持一定的相似性与延续性。但与此同时，随着新冠肺炎疫情在美国本土迅速蔓延，以及中国等新兴经济体国家的崛起也让拜登政府的政策与奥巴马时期会有所差异。拜登时期的美国政府对外贸易政策将会如何发展，特别是作为多边贸易体系的支柱的世界贸易组织（World Trade Organization，WTO）能否摆脱停摆状态，真正发挥出 WTO 在推进贸易自由化便利化的重要平台作用，成为了多方关注的焦点。本文以奥巴马在任时期美国政府对 WTO 的政策特点为起点分析了民主党把政的美国政府对待 WTO 以及全球贸易的主要态度，并对拜登就职后其核心团队成员对 WTO 的看法做出了归纳与分析，由此展望拜登政府对 WTO 与对华的主要态度和政策，探讨相关政策对我国影响，并在此基础上提出中国战略应对方案。

## 一、奥巴马："假"多边主义下的真联盟

2020 年 11 月 23 日，自美国联邦总务管理局（General Services Administration，GSA）通知拜登可以开展总统交接工作以来，拜登团队接连敲定了一连串内阁人选。从公布的提名名单中可以发现，拜登政府在对内阁成员的提名中有多名重要官员曾在奥巴马政府时期任职，如提名为美国国务卿候选人的安东尼·布林肯（Antony Blinken）曾在奥巴马政府时期先后担任了时任副总统拜登的国家安全顾问和总统奥巴马的副国务卿；提名为国家安

① 王智烜：厦门国家会计学院"一带一路"财经发展研究中心主任，副教授。
② 雷自如、林润玮：厦门国家会计学院在读研究生。

全顾问的杰克·沙利文（Jake Sullivan）曾是奥巴马时期时任美国国务卿希拉里的副幕僚长和副总统拜登的国家安全顾问；提名为气候特使的约翰·克里（John Kerry）曾在奥巴马时期时任美国国务卿；还有提名为白宫国家安全委员会印太政策高级协调官员的科特·坎贝尔（Kurt Campbell）、提名为国家情报总监的艾薇儿·海恩斯（Avril Haines）等多名白宫高级官员均曾在奥巴马政府时期任职，预计两任总统在对外贸易政策具有一致性，因此有必要对奥巴马政府时期的 WTO 政策进行回顾。

美国政府一直以来都在试图通过对外贸易政策的制定来创建和维护一个商品自由贸易和资本自由流动为基本准绳的世界经济体系，从而确保以美国为中心的西方世界经济秩序的稳定，维护美国优先的贸易地位。笔者梳理奥巴马任职期间美国政府对 WTO 的态度与对外贸易政策时，发现奥巴马时期的美国政府和历届美国政府所做的并无不同，均是以美国利益优先，奥巴马只是在奉行实质上单极外交政策与贸易政策时披上了国际法的外衣。在对待 WTO 上，奥巴马在竞选美国第 44 任总统时承诺要推动多哈回合谈判，支持 WTO 在推动世界贸易自由化方面的工作，其在发布对外贸易政策也一贯对外声称："主张加强国际的合作，支持多边贸易自由化发展。"但从实际执行结果来看，奥巴马并未实质性推动多哈回合谈判，甚至一度让谈判进程陷入停滞，其主张的实质是切实保护美国利益不受损害的"假"多边主义，本质上是要建立一个以美国利益优先的真贸易联盟。

### （一）不信任 WTO 的同时压榨 WTO 剩余价值

在对待与 WTO 相关的问题上，奥巴马政府表面上积极参与 WTO 的政策讨论与制定，并一致对外声称"支持"多边贸易自由化发展，但实质上仅限于推动对美国友好的贸易政策落地，对未以美国利益优先或对美国贸易不利的政策出台的时候却以消极的态度加以应对，甚至联合盟友阻碍政策制定与实施。在奥巴马任职期间，多哈回合谈判也因为美国政府的反对而一直未取得实质性的进展。究其本质，可以发现奥巴马政府一方面不相信 WTO，通过反对某些规则与政策来的制定以保护美国利益不受损害；另一方面消费 WTO，利用 WTO 的贸易规则使美国的贸易利益最大化，进一步压榨 WTO 的剩余价值。

WTO 的常设上诉机构（the Standing Apellate Body，AB）是世界贸易组织重要的争端解决的核心机构。令人遗憾的是，随着 2020 年 11 月 30 日最后一名中国籍大法官赵宏女士 4 年任期结束，该机构已无人任职，这标志着争端解决机制上诉机构运行暂停，意味着 WTO 在争端解决方面的职能被严重削弱，WTO 也就此陷入了"停摆"状态。初看来是特朗普接连以"一票否决"制度阻挠大法官选举所造成，但早在奥巴马执政时期的 2011 年和 2016 年就已经分别对美国籍大法官珍妮弗·希尔曼（Jennifer Hillman）和韩国籍大法官张胜和（Seung Wha Chang）大法官做出了阻止连任的决定，美国政府对此给出的主要理由是前者在数起裁决中"越权"，而后者"在处理攻击美国贸易法律的案例时不够激进"，归纳起来就是两位大法官在争议处理中未做出对美方有利的决定。作为"司法独立"提倡者的美国，自己公然地打破了这项原则，利用 WTO 大法官遴选机制（上诉机构任命新法官需要得到 WTO 全体成员同意）作为筹码，阻止未切实保护美国利益的大法官继续连任（见表 1）。奥巴马政府此举无疑是不信任 WTO 的体现，是为了维护美国在全球内的优先利益所实施的"隐性"贸易保护主义措施，深刻体现了美国的"霸权主义"思想。

表 1　　历届 WTO 上诉机构（AB）大法官任职时期表

| 姓名 | 国籍 | 任职时期 | 离职日期 |
|---|---|---|---|
| 赵宏<br>(Hong Zhao) | 中国 | 2016—2020 年 | 2020 年 11 月 30 日 |
| 金贤重<br>(Hyun Chong Kim) | 韩国 | 2016—2017 年 | 2017 年 8 月 10 日 |
| 什利·巴布·切基坦·斯旺森<br>(Shree Baboo Chekitan Servansing) | 毛里求斯 | 2014—2018 年 | 2018 年 9 月 30 日 |
| 张胜和<br>(Seung Wha Chang) | 韩国 | 2012—2016 年 | 2016 年 5 月 31 日 |
| 托马斯·格雷厄姆<br>(Thomas R. Graham) | 美国 | 2011—2015 年<br>2015—2019 年 | 2019 年 12 月 11 日 |
| 乌贾尔·辛格·巴蒂亚<br>(Ujal Singh Bhatia) | 印度 | 2011—2015 年<br>2015—2019 年 | 2019 年 12 月 11 日 |
| 彼得·范·登·博斯<br>(Peter Van den Bossche) | 比利时 | 2009—2013 年<br>2013—2017 年 | 2017 年 12 月 11 日 |
| 里卡多·拉米雷斯·埃尔南德斯<br>(Ricard Ramírez – Hernández) | 墨西哥 | 2009—2013 年<br>2013—2017 年 | 2017 年 6 月 30 日 |
| 张月娇<br>(Yuejiao Zhang) | 中国 | 2008—2012 年<br>2012—2016 年 | 2016 年 5 月 31 日 |
| 大岛正太郎<br>(Shotaro Oshima) | 日本 | 2008—2012 年 | 2012 年 4 月 6 日 |
| 莉莉亚·包蒂斯塔<br>(Lilia R. Bautista) | 菲律宾 | 2007—2011 年 | 2011 年 12 月 10 日 |
| 珍妮弗·希尔曼<br>(Jennifer Hillman) | 美国 | 2007—2011 年 | 2011 年 12 月 10 日 |

资料来源：世界贸易组织网站。

通过梳理奥巴马在任时期美国政府在 WTO 所发起的诉讼，可以发现奥巴马政府发起的 25 项诉讼中有 16 项是针对中国发起的，在对华贸易的压制方面超过了历任美国总统。对于高举着自由贸易的旗帜的世界范围内进行贸易活动的美国，以继续保持稳定而持久的经济发展关系为借口，如此频繁地在世贸组织中提起对其他国家的诉讼，尤其是对新兴经济体国家的诉讼，实则是在消费 WTO，以进一步压榨 WTO 的剩余价值。奥巴马政府在不信任 WTO 的同时，依然还在通过 WTO 规则刻意制造贸易保护来遏制新兴经济体国家的崛起，最大化地保护美国在全球范围内的利益不受损害（见表 2）。

表 2　　奥巴马时期在 WTO 提起的诉讼

| 提起诉讼方 | 被投诉方 | 要求磋商时间 | 内容 |
|---|---|---|---|
| 美国 | 加拿大 | 2017 年 1 月 18 日 | 杂货店葡萄酒销售的管理办法 |
| 美国 | 中国 | 2017 年 1 月 12 日 | 对原铝生产商的补贴 |
| 美国 | 中国 | 2016 年 12 月 15 日 | 某些农产品的关税配额 |
| 美国 | 中国 | 2016 年 9 月 13 日 | 对农业生产者的国内支持 |
| 美国 | 中国 | 2016 年 7 月 13 日 | 某些原材料的出口关税 |
| 美国 | 中国 | 2015 年 12 月 8 日 | 有关某些国产飞机的税收措施 |
| 美国 | 中国 | 2015 年 2 月 11 日 | 示范基地和公共服务平台计划的相关措施 |
| 美国 | 印度尼西亚 | 2014 年 5 月 8 日 | 园艺产品，动物和动物产品的进口 |
| 美国 | 印度尼西亚 | 2013 年 8 月 30 日 | 园艺产品，动物和动物产品的进口 |
| 美国 | 印度 | 2013 年 2 月 6 日 | 与太阳能电池、太阳能电池组件有关的某些措施 |
| 美国 | 印度尼西亚 | 2013 年 1 月 10 日 | 园艺产品，动物和动物产品的进口 |
| 美国 | 中国 | 2012 年 9 月 17 日 | 影响汽车及汽车部件产业的相关措施 |
| 美国 | 阿根廷 | 2012 年 8 月 21 日 | 影响货物进口的措施 |
| 美国 | 中国 | 2012 年 7 月 5 日 | 对美国某些汽车的反倾销和反补贴措施 |
| 美国 | 中国 | 2012 年 3 月 13 日 | 稀土、钨和钼的出口有关措施 |
| 美国 | 印度 | 2012 年 3 月 6 日 | 有关某些农产品进口的措施 |
| 美国 | 中国 | 2011 年 9 月 20 日 | 美国肉鸡产品的反倾销和反补贴税措施 |
| 美国 | 中国 | 2010 年 12 月 22 日 | 有关风电设备的措施 |
| 美国 | 中国 | 2010 年 9 月 15 日 | 美国对晶粒取向的扁钢电工钢的反补贴和反倾销 |
| 美国 | 中国 | 2010 年 9 月 13 日 | 影响电子支付服务的某些措施 |
| 美国 | 菲律宾 | 2010 年 1 月 14 日 | 蒸馏酒税 |
| 美国 | 中国 | 2009 年 6 月 23 日 | 与各种原材料出口有关的措施 |
| 美国 | 欧盟 | 2009 年 1 月 16 日 | 影响美国禽肉和禽肉产品的某些措施 |
| 美国 | 中国 | 2008 年 12 月 19 日 | 赠款、贷款和其他奖励 |
| 美国 | 中国 | 2008 年 3 月 3 日 | 影响金融信息服务和外国金融信息供应商的措施 |

资料来源：维基百科。

### （二）旨在建立唯“美”独尊的全球贸易联盟

奥巴马在对外贸易政策上一贯主张加强国际的合作、支持自由贸易、广泛参与多边事务，但其主要目的并非推动多边贸易自由化发展，而是增强美国在国际影响力以及在国际治理体系中的话语权，从而拉拢盟友以保证美国核心利益不受损害。在奥巴马上台后，其并未履行其在竞选中“推动多哈回合谈判”的承诺，当 WTO 无法满足“美国优先”原则，甚至会侵害美国利益时，奥巴马转而将区域间的贸易合作与双边贸易谈判放在了优先于多边贸易自由化的位置，力图构建由美国主导贸易规则的全球贸易联盟。在奥巴马执政期间，积极推动了《跨太平洋伙伴关系协定》（TPP）、《跨大西洋贸易和投资伙伴关系协定》（TTIP）以及《北美自由贸易协定》（NAFTA）的修订工作，并先后与澳大利亚、新加坡等多国签订了双边自由贸易协定。与之形成鲜明对比的是，多哈回合谈判由于美国政府在具体规则上的不让步，一直未取得实质性进展。表面上奥巴马积极实行“多边主义”，加强与世界各国的多方面的交流合作，但其试图构建的并非普惠各国的多边贸易自由化，当美国政府未能通过 WTO 获得其预期收益的时候，其就通过区域贸易协定与双边自贸协定构建一个可以绕过 WTO 且以美国利益为核心的区域性贸易体制来使美国的利益最大化，通过将美国利益造成威胁的国家排除在外或使其妥协于美国贸易规则的方法，顺利地实施“美国优先”战略。

## 二、拜登团队遥看 WTO——如何重新定义两者关系？

根据拜登和哈里斯团队近日公布一系列内阁成员名单，国务卿安东尼·布林肯（Antony Blinken）、白宫国家安全顾问杰克·沙利文（Jake Sullivan）国土安全部长亚历杭德罗·马约卡斯（Alejandro Mayorkas）、总统气候问题特使约翰·克里（John Kerry）、财政部长珍妮特·耶伦（Janet Yellen）等均在奥巴马执政时期有过任职，内阁成员以奥巴马时期行政班底为主，这些成员对于 WTO 的态度将影响美国新政府的一系列政策方针。

### （一）美国回归 WTO，重塑多于重返

对拜登团队主要成员对 WTO 的主要观点进行梳理，可以发现：

（1）总统拜登强调坚持多边框架下的自由贸易，同时要推动 WTO 及国际规则的改革。拜登在国会任职的 30 余年里，一直秉持支持自由贸易和全球化的理念，支持 WTO 多边贸易体系并强调推动其改革，支持 1994 年北美自由贸易协定，支持中国在 2001 年加入世贸组织，曾大力支持时任总统奥巴马加入 TPP 的决定，并表示在其上任后美国将重新加入世界卫生组织和巴黎协定。但需注意，拜登认为 WTO 对发展中国家的特殊和差别待遇有悖美国利益，很可能会要求发展中国家做出更多开放承诺，或者放弃特殊和差别待遇，联合诸如欧盟、日本、韩国等发达国家盟友对 WTO 规则进行改革，借以平衡美国国内的利益。

（2）国务卿安东尼·布林肯重视以多边主义手段推进与盟友关系，强调重塑美国影响力。布林肯多次在公开场合强调美国应重回 WTO 等国际组织中发挥领导作用，在接受美国有线电视新闻（CNN）采访时曾坦言：“美国在世界舞台上肩负领导其他国家的职责。”认为美国在这些机构的领导缺位会被其他国家改写规则，对美国造成不利的影响。布林肯还强调规则与构建“民主国家联盟”，希望联合欧日澳等盟友共同对 WTO 规则进行改革。

（3）白宫国家安全顾问杰克·沙利文重视国际组织，强调“美国需要新的经济哲学”。2020 年 8 月，沙利文在接受采访时强调：“在国际组织和制度方面，美国应重新重视联合国、世界贸易组织、世界卫生组织等并进行改革，认为从联合国和世界银行到世界贸易组织等许多国际组织，都是美国帮助设计和领导的机构，在透明度、争端解决和贸易等问题上确立了广泛接受的制度规则。退出这些机构，使美国丧失了长期以来形成的影响力，同时让别国有机会重塑规则。”但沙利文并不赞成回归奥巴马时期的“自由主义国际秩序”路线，他强调美国需要“新的经济哲学”，即让美国重新开始实行类似于凯恩斯主

义指导下的一揽子产业政策。

（4）根据对内阁成员以往观点的梳理，大多数成员都认为美国应“重返”WTO 等国际性组织，并应对 WTO 现有规则进行重新修订与改革。拜登及其核心团队对 WTO 的思想归纳为以下几点：首先，都强调美国应该重新回归国际组织与联盟，重视 WTO 作用，主张重启 WTO 各个机构正常运转；其次，拜登团队认为 WTO 对发展中国家的特殊和差别待遇有悖美国利益，主张利用大法官遴选为筹码对 WTO 决策机制进行改革，希望通过扶持对美国有利的大法官、在 WTO 框架下采取约束产业政策及补贴措施等政策维护美国利益优先；最后，拜登团队主张修复在特朗普时期被损害的盟友关系，联合欧、日、澳等盟友共同对 WTO 等国际性组织规则进行重新制定，重塑美国影响力。

需要注意的是，拜登团队成员偏鹰派居多、少部分偏鸽派。总统拜登、国务卿布林肯、国防部长劳埃德·奥斯汀、贸易代表戴琦等偏鹰派成员主张采取强硬手段维护美国利益，追求美国的绝对优势与安全；而偏鸽派成员如国家安全顾问杰克·沙利文、财政部长珍妮特·耶伦等则主张采用更温和手段来维护美国利益，认为自由贸易更有利于美国。考虑到这一特点，拜登团队虽倡导回归多边主义、重回 WTO 等国际性组织，但并不意味美国将重回奥巴马时代。“美国优先”已成为美国外交和国家安全战略的指导性原则，拜登团队对待 WTO 总体上重塑将多于重返，联合盟友推动 WTO 朝着以美国利益为优先的方向改革将是美国的重心所在。

### （二）告别“跛脚鸭”，拜登将密集出台核心政策

随着佐治亚州民主党人拉斐尔·沃诺克（Raphael Warnock）和乔恩·奥索夫（Jon Ossoff）赢得美国参议院的决赛，民主党人实现了对白宫、众议院、参议院三重权力控制，这意味着在接下来的两年内，民主党已经脱离“跛脚鸭”角色，拜登政府或将同时掌握行政权和立法权，获得了塑造美国政治议程的最佳机会。乔治华盛顿学院立法事务项目主任凯西·布尔加特（Casey Burgat）表示：“民主党对参议院和众议院的控制为拜登通过立法扫清了道路。”对拜登而言，其在 2022 年美国中期选举前已取得了在各个领域绝对控制权，包括重启 WTO 在内的各项政策推行几乎不会受阻，未来两年将是其核心政策密集出台期。与奥巴马时期有所不同的是，拜登上任后较奥巴马将更加关注国内，疫情防控、种族冲突、失业率上升等国内问题将成为拜登上台后要解决的首要难题。但同时也须关注到，拜登势必也将利用民主党具有的权利优势采取外交政策以恢复美国“全球领导地位”，特别是重塑 WTO 规则有可能会对全球多边贸易体系产生重大影响。

## 三、拜登处理“特朗普遗产”，中美关系能否重回正轨

特朗普执政时期，美国退出世界卫生组织、《巴黎协定》等众多国际组织和多边条约，这被国务卿布林肯认为是从全球事务中“全面撤退”。拜登在宣誓就职美国总统后，立刻签署了多项行政命令，宣布美国将重新加入《巴黎协定》和世界卫生组织。但这并不意味拜登将会一改特朗普时期作风，中美关系就此步入正轨。中美之间的关系还存在着诸多考验，对此我国应具有前瞻意识，积极做好可能出现情况的应对预案，维护我国主权平等与

正当发展权利。

### （一）拜登时代中美关系难逃现实考验

随着美国大选落下帷幕，胜选后的拜登将修正特朗普时期美国日益偏离轨道的外交政策，对华政策不可避免地会成为其总体外交政策的核心内容之一。细梳拜登团队对华态度，发现具有较多相似之处，强调对抗与合作并存，反对冷战、脱钩。偏鸽派成员认为中美间竞争与合作并存，反对对华开展贸易战。沙利文曾于 2019 年 9 月在《外交事务》杂志上发表了一篇名为《竞争但不带来灾难》的文章中表示："两国不应就此陷入冷战脱钩状态，认为中美之间并非全面对抗，两国在气候治理、贸易等领域存在合作空间。"但同时也表示了在高新技术、新能源利用等一系列敏感问题上对华使用更强硬的手段；耶伦曾批判特朗普对华贸易战并未改善美国国内就业形势反而使国内经济下行，主张对华自由贸易。偏鹰派成员认为美国对华应采取强硬态度，应在强势地位上与中国进行合作，并在高新科技、知识产权等领域对华采取打压手段。拜登在 2020 年 12 月初接受美国专栏作家弗里德曼（Thomas L. Friedman）的采访时表示："将会同美国的盟友一同展开磋商，共同制定连贯的对华战略。"美国贸易代表戴琦也因美国对华商品贸易存在持续逆差而对中国持批评态度，曾坦言应该强硬和有策略地对付中国。值得一提的是，拜登准备针对中国特设亚洲事务主管一职并提名坎贝尔（Kurt Campbell）担任。坎贝尔曾帮助制定"亚洲再平衡"战略，主张对华以竞争为主，提出利用七国集团组建同盟制约中国（见图 1）。

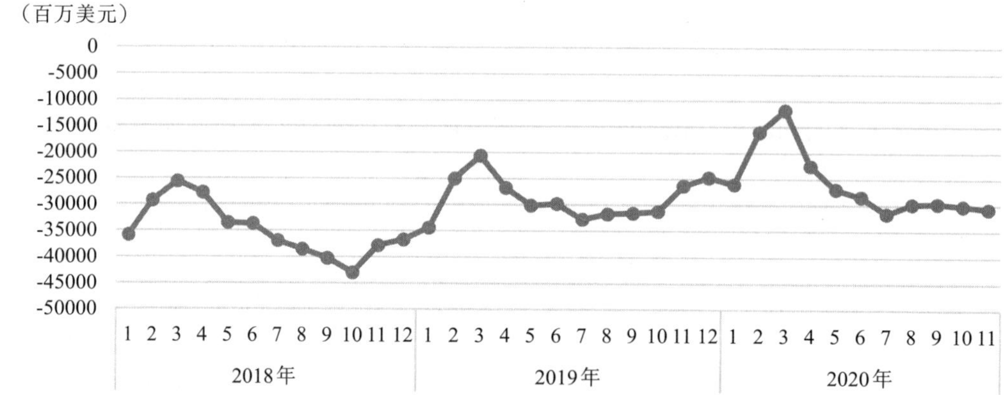


**图 1　美国 2018—2020 年对华商品贸易逆差图**

资料来源：中国海关。

纵观我们对拜登及其核心团队成员对华思想的分析，可以得出结论：美国对华基调为对抗大于合作，遏制战略不变，但政策有变。

贸易方面，民主党很大程度上受到了美国国内具有全球化倾向产业的支持，所以民主党人更希望给该类产业寻找更广阔的市场。与特朗普不同的是，民主党关心的不是保护美国市场，而是打开中国市场。拜登政府很有可能会通过改革国际规则，在补贴、倾销、汇率操纵、强制技术转让和知识产权保护等领域限制中国贸易，在未来中美经贸协议谈判中着重使用关税和非关税相结合的贸易措施。

科技方面，气候战略始终是拜登及其团队的核心战略之一，拜登团队可能以气候治理为主线，依托技术创新、需求激发和基础设施投资三大支柱，重振美国在清洁能源技术和能源行业发展方面的全球领导力。在对华方面，或将在新能源、芯片技术、人工智能等方面打压中国，提高行业标准，限制中国在高新科技领域的发展。

外交方面，伴随着《区域全面经济伙伴关系协定》（RCEP）签署，特朗普政府孤立中国的战略就正式宣告失败。拜登在即将就任总统前就向外界透露，在总统任职的第一年将会把"民主国家"都聚集在一起，并举行全球首脑民主会议。这项提议一方面是为了维护美国利益，另一方面也是为了拉拢世界各国一起组建国际联盟来共同遏制中国的发展。拜登政府外交方面主张重返全球化、修复盟友关系、重返亚太，重新恢复美国领导地位，联合盟友遏制中国的崛起。

### （二）面对拜登新攻势，中国如何接招

作为全球疫情风暴中心的美国，面临国内经济衰退、就业率大幅下降、种族矛盾激升等诸多社会问题，拜登上台后的重心将会在国内，侧重于新冠肺炎疫情、经济发展以及种族主义等问题的解决。但在中国崛起的背景下，拜登必然会维护美国利益，在避免冷战、脱钩的基础上制衡中国。在面临这种背景下，我国应时刻关注美国政策动向，积极做好应对预案。

1. 积极培养 WTO 上诉机构大法官

世贸组织上诉机构有着世界贸易“最高法院”之称，在解决 WTO 成员之间的贸易争端方面发挥了重要作用。拜登已经同意尼日利亚经济学家恩戈齐·奥孔乔—伊韦阿拉（Ngozi Okonjo – Iweala）担任新一任世贸总干事。根据拜登团队过往对待 WTO 的态度，或将重启 WTO 大法官选举工作，但其势必会联合其盟友选择切实保护美国利益者当选大法官，以此来保证美国的利益优先。中国自从加入 WTO，积极履行入世承诺，对外开放程度越来越高，在国际贸易中扮演越来越重要的角色，作为世界第一贸易大国，上诉机构中理应有中国的代表。对此，我国应重视上诉机构大法官人才培养与选择工作，一方面从自身出发，应积极为相关专家学者在多边贸易场合提供更多参与和表达观点的机会，形成一套高效的人才发现机制，培养适合人才加入我国对外贸易当中，并适时推选担任 WTO 大法官；另一方面从外界出发，积极主动寻找综合素质高且对华友好人士担任 WTO 大法官，从客观公平出发进行决策，而不受其他方面的不客观因素干扰，以此来保障我国能够合理运用世贸规则捍卫自身及其他发展中国家的合法发展权益。

2. 适当调整关税研究方向，探讨碳关税可能性

拜登认为气候变化是“决定美国未来的挑战，迎接这一挑战将是百年一遇的机会”，并提出“美国可以加强气候变化多边合作以重塑在全球的领导力”，气候战略也已与控制疫情、恢复经济、促进种族平等成为拜登团队的重点关注的四个优先事项。基于拜登关于气候变化发表的以往言论，拜登团队或将在 WTO 重启过程中借气候变化来占据道德高地，通过限制碳排放对中国进行制衡，以此来使美国掌握新的国际规则制定权。当前，低碳发展已成为世界经济发展的新趋势，丹麦、芬兰、荷兰、挪威、意大利、瑞典以及美国和加拿大部分地区已征收碳税，多国宣布了自己的减排承诺，如英国宣布 2030 年比 1990 年要

减少至少 68% 的温室气体排放，欧盟也宣布 2030 年欧盟温室气体排放要比 1990 年降低至少 55%。对此，我国可以考对低碳制成品、碳捕捉技术、碳封存技术采取更多的关税优惠政策促进我国低碳技术的发展，积极研究他国的碳关税制度，适时引入碳关税政策，以实际倡议和行动在应对气候变化领域发挥全球的引领作用，以此适应全球低碳经济发展浪潮。同时，习近平主席在第七十五届联合国大会一般性辩论上指出了“中国将提高国家自主贡献力度，采取更加有力的政策和措施，二氧化碳排放力争于 2030 年前达到峰值，努力争取 2060 年前实现碳中和”的“双碳”发展目标，可以从中美在气候变化上实际具有共同目标为出发点，通过正式提出完善全球气候治理机制的倡议，大打“中美清洁能源技术合作牌”，促进双方在 WTO 等多方面的合作，改善双边关系。

3. 采取综合措施大力发展高新技术

美国以中美贸易不平衡为借口对我国发动的贸易战的深层次目标是要限制我国对美的赶超，利用美国在高新技术领域的优势对我国施行技术封锁。对于中美关系而言，在清洁能源高效利用技术、高压输电，芯片制造等高科技技术领域进行博弈将是未来中美博弈的主战场。对此，我国可以利用灵活运用关税政策与对外合作平台促进我国高新技术产业的发展。在关税政策方面，一方面可以加大对高技术产品出口、提高紧缺资源进口的关税优惠力度，加强与具有技术优势国家的交流与合作；另一方面应充分发挥关税的宏观调控职能，面对制裁实施对等反制、出台“不可靠实体清单”，以此来维护我国的主权利益不受侵害。在对外合作平台方面，首先可以借助中东欧“16 + 1”合作平台开拓欧洲等高端市场，扩展 5G 技术等高新技术合作范围；其次利用好“一带一路”建设的平台优势，开拓与发展中国家合作的中低端市场，获取资金以支持技术研发升级。与此同时，发展高新技术的各项优惠政策必须遵守 WTO 对于高科技专向性标准、研发补助的严格限制性条件，我国可以考虑按照贡献程度确定补贴优惠从而规避 WTO 专向性标准限制，将研发补助使用阶段提前至基础研究，尽量采用间接援助手段（如对科研院所及企业教育培训、社会保障制度等采取税收优惠）避免违反 WTO 相关规则。更重要的是，WTO 的重启将有利于中国通过国际规则避免中美高科技进一步脱钩的趋势，必须加强研判和规则准备，适时用好 WTO 规则。

4. 进一步加强区域性多边合作，广建“朋友圈”

拜登一贯强调“要让自由主义和西式民主在美国外交政策中扮演更重要的角色和发挥更大的作用”，并声称“要和美国的民主盟友加强关系”，这说明了拜登团队势必将在西式民主上大做文章，通过拉拢盟国以建立起所谓的“民主”国家国际联盟，以此来维持美国优先地位。对于中国来说，贯彻命运共同体“四个坚持”原则、维护 WTO 的核心价值和基本原则、推动全球贸易自由化和便利化发展与加强自身的区域性多边合作就显得尤为重要。在多边层面上，要继续高质量推进“一带一路”建设，加快中欧投资协定谈判进程，积极落实 RCEP、中国—东盟自贸协定内容，加快中国—海合会自贸区（CGCC）等区域性自贸合作，构建高水平的对外开放自贸体系；在双边层面上，在继续推动现有自贸协定升级的基础上，积极探索我国与以色列、挪威等重要贸易伙伴自贸协议的签订进程，并可以通过“一带一路”建设，加深与沿线国家的经贸合作关系。高标准自由贸易区网络不仅包括 WTO 等世界性多边合作，也包含区域性自贸区布局，应在 WTO 重启的同时，加快亚太自贸区等重要区域合作的步伐，探索建立以各区银行合作为平台的区域性跨境清算体系，并与世界各国分享我国抗击新冠肺炎疫情的经验，支持与世界各国在针对新冠疫情防治方面加强国际联防联控合作，积极参与疫苗国际合作。积极加强与世界各国在经济、科技、气候变化等领域的交流、协调与合作，广建“朋友圈”，建立健全更高水平对外开放安全保障体系。

5. 做好中美第一阶段经贸协议相关工作

在过去的全球化进程中，中美之间的经贸往来日益加深，已经形成了“你中有我，我中有你”紧密相连的经贸关系，中美之间的双边关系稳定对全球经济与贸易发展也具有积极的影响。中美第一阶段经贸协议是以双方互利共赢为前提的基础上签订的协议，对于世界经济的发展也带来了诸多有益作用。当前，新冠肺炎疫情在世界范围内大流行，导致中美第一阶段经贸协议出现波折，在如此紧迫的大背景下，中国应通过经贸协议方面的对话与合作，纠正美方对我国的歧视性待遇，遏制中美经贸关系形势继续恶化的苗头。在协议内容上，扩大贸易方面受疫情蔓延及美国国内形势变化影响较大，而协议中缺少清晰的融通条款，中美双方就更应加强磋商和对话。新形势下，一方面中国应运用好经贸协定，以此作为应对拜登政府偏鹰派强硬政策的工具，通过经贸方面的对话和对现有协议的履行等方面的合作，遏制中美经贸关系形势继续恶化的苗头。另一方面在 WTO 重启的过程中，要避免中美第一阶段经贸协议的相关不利思路出现在 WTO 改革进程中。在更多站在中国自身和构建人类命运共同体角度思考 WTO 改革路径的同时，积极维护“不冲突、不对抗”的大国关系。

# 2022 年二十国集团宏观经济议题与美国通胀问题对我国的影响和应对举措

洪祥骏[①]

2022 年的全球宏观经济将呈现共同复苏却不均衡、不平等的态势；而以美国为代表的发达国家的通胀问题将对中国和全球产生溢出效应，带来潜在风险。本文通过对 2022 年二十国集团财金渠道议程中宏观经济的讨论重点进行梳理以推测 2022 年全球宏观经济形势的重要影响因素，并分析美国通胀的具体原因、资产价格不断上涨的具体表现以及对全球带来的经济金融动荡风险，进而论述在全球宏观经济形势下我国可能面临的潜在影响，并据此提出应对举措。

## 一、二十国集团主席国印度尼西亚的宏观经济议题

印度尼西亚担任 2022 年二十国集团（G20）主席国后，2021 年 12 月 9 ~ 10 日在印度尼西亚巴厘岛举行第一次财金副手会，主题围绕“共同复苏、强劲复苏”，在宏观经济议题方面，重点探讨全球经济前景与风险、疤痕效应及退出战略。

一是关于全球经济前景和风险。尽管受疫情反复和疫苗分配不均衡等影响，全球经济仍将持续复苏，但复苏将不均衡，各国宏观经济政策空间将更加有限，预计中期内全球经济增速将放缓。全球经济面临的风险包括：更具破坏性的变异毒株、全球供应链错位、通胀长期化以及气候变化相关宏观经济风险等。

二是关于疤痕效应。疫情导致全球失业率高企、投资疲软和生产率下降。如不妥善解决，这将给全球经济带来长期影响。解决疫情导致的疤痕效应至关重要。G20 主席国印度尼西亚考虑从三方面做出努力：推进劳动力和资本重新分配、加强对疫情大流行的准备和防范、运用数字化转型等提高生产率。

三是关于退出战略。各国经济复苏不同步将导致不同的退出安排。为避免由此引发的负面影响，G20 有必要就退出战略建立更好的沟通协商政策框架。沟通协商的重点内容主要涵盖“确保各国实现金融稳定和经济增长的政策”及“安排相关政策实施的顺序和时

① 洪祥骏：厦门国家会计学院“一带一路”财经发展研究中心讲师。

间点”等。成员国间的经验分享有助于对退出开展讨论。

### （一）全球宏观经济形势

2022 年，全球经济将持续复苏，但也会延续复苏不均衡、不稳定的态势。2021 年下半年以来，全球经济持续复苏，但疫情肆虐，复苏不均衡、通胀压力上涨等因素影响复苏势头，全球经济面临的风险不断累积，各国政策更加谨慎。在 2021 年 12 月的 G20 财金副手会上，IMF 对全球经济 2021 年增长的最新预测从 7 月的 6% 下降到 5.9%，2022 年维持 4.9% 不变。接下来全球经济形势将呈现如下特征：

一是全球疫情反复波动对经济运行、增长预期都会产生较大影响。同时，随着全球财政支持力度逐渐减弱，货币政策收紧，全球流动性面临拐点，全球利率上升。这可能会对投资、跨境资本流动、居民消费、企业债务和金融市场等产生一定冲击，对全球风险进行监测非常必要。

二是受变种病毒传播影响，全球经济全面恢复的势头正面临新的不确定因素。现阶段，疫情冲击主导的供给侧短缺和政策主导的需求侧复苏形成了缺口，它将导致 G20 主要国家总体通胀呈现非预期上涨态势，超预期的供给约束将持续对全球经济复苏产生较长时间影响，全球经济“滞胀”风险有所抬升，令各国的政策权衡变得更加复杂。鉴于全球疫苗接种率的提升有助于控制疫情并促进供应链复苏，G20 各国有动力继续携手推动全球疫苗公平可及，以落实 2021 年 G20 罗马峰会成果。

三是需对变异毒株加剧全球疫情反弹与复苏分化态势保持警惕。目前欧美各国疫情管控政策再次升级，欧洲、美国、东南亚等各地区纷纷出台对南非及其 5 个邻国的入境限制政策。由于 10 月以来欧洲疫情本身已出现反弹，全球边境开放的进程或慢于市场原先预期。

四是新冠肺炎疫情冲击暴露了为满足精益生产（Lean production）而构建的国际分散和垂直集中的供应链体系无法迅速有效应对需求与供给双侧冲击的缺陷，以及提高全球供应链韧性不等同于降低全球供应链联系。在当下，新的经济增长点可能集中在新的工业数字技术、物联网技术、人工智能和大数据分析技术与供应链紧密结合的领域。这些新兴产业将重塑现有生产模式，缴发创新潜力，提高生产效率，如元宇宙增强现实技术将改变传统生产方式和生产关系，通过线上方式增强远程生产劳动协作。数字化技术将帮助各国增进需求和供给精确匹配需要，加强全球供应链合作，提高供应链风险管理效率，降低供应链中断风险。

### （二）疤痕效应与大流行的长期影响

疤痕效应多见于 21 世纪初以来劳动经济学相关文献，最早正式提出疤痕效应的文献是 2001 年 Gregory & Jukes 对 20 世纪 80 年代中期英国长期失业问题的研究。他们指出失业发生率与失业持续时间给收入造成了持久性损失。此后对“疤痕效应”的讨论多见于 2008 年金融危机以来 IMF 等国际组织的报告，用以警惕危机对劳动力市场的持久性影响。一般认为，危机导致的失业难以在短期内消失，且后续影响或将持续加码。主要原因包括三方面：一是失业经历降低了劳动者日后的就业机会。由于劳动力市场存在信息不对称，雇主在雇佣工人过程中通常会关注工人的工作经历，失业经历在其看来往往是低能力的标志，潜在雇主更倾向于拒绝向失业者提供就业机会。二是失业造成人力资本的大幅贬值。失业者离开工作岗位后，难以接受在岗培训，原有的工作技能也变得生疏。这会造成人力资本的贬值，损害其就业能力，甚至有可能迫使其退出劳动力市场。三是失业群体往往在劳动力市场上处于弱势地位，即使再就业，失业经历的追加惩罚使他们遭受歧视，无法获得正常工资。

疤痕效应的影响主要体现在两点：一方面，由于疫情对接触密集型行业复苏的干扰，大多数国家劳动力市场的复苏明显滞后于劳动产出的恢复。大流行后人力资本积累的改善相对于实物资本积累的复苏可能更加缓慢，由此产生的疤痕效应将加剧在大流行前已经出现的全球生产率放缓现象，并恶化社会不平等矛盾。另一方面，随着疫后大多数部门稳步复苏，逐渐减少对这些部门的财政援助是适当的。然而，鉴于复苏的不均衡和不确定风险增加，应继续为受重创的行业和中小企业及脆弱人群提供支持，以减少疤痕效应。同时，经济陷入低迷状态的时间越长，疤痕效应就越大，让全球经济走上更强劲的复苏之路变得更加紧迫。

### （三）政策退出的溢出效应

全球供应链中断、能源和食品价格上涨是导致通胀的主要因素。疫情对全球供应链的重创，导致能源、食品、大宗商品和芯片等价格上涨带来通胀压力。各国就业市场上工资水平也随之上涨。具体而言，新冠疫情导致的全球经济衰退在各国之间和各国内部产生了不同程度的影响。虽然各国已采取前所未有的财政、货币和监管支持措施来应对此类挑战，以保护个人和企业，但全球经济复苏依然不平衡。

第一，不同步的复苏可能会导致全球金融状况收紧，新兴市场资本流出，并阻碍各国经济可持续恢复。各国已达成共识并承诺尽一切努力支持全球经济和金融稳定。一方面，各国应避免过早地退出支持措施，以防止经济复苏、停滞并影响金融稳定；另一方面，支持措施时间过长可能会扭曲资源配置和资产价格，增加道德风险，推迟必要的经济结构调整，并耗尽财政资源。

第二，支持措施持续的时间越长，对债务过剩的担忧就越大，从而抑制投资和增长。因此，政策支持措施应更有针对性，一旦条件允许，各国应逐步正常化。同时，需要就退出策略进行良好的沟通、科学的规划与仔细的校准。2022 年 G20 主席国印度尼西亚提出将平稳退出战略作为 G20 实现共同复苏和更强复苏的优先议程。

第三，伴随经济复苏，G20 各国需要努力解决疫情冲击导致的一些可能阻碍甚至拖累长期经济复苏的结构性影响，如疤痕效应，以确保经济增长具有包容性并不让任何一个人掉队。

总体来看，发达经济体面临供应中断风险且发达经济体与发展中国家复苏步伐分化。但总体而言，全球经济复苏仍在继续且增长的风险趋于下降。短期而言，受大宗商品价格上涨及大流行导致的供需匹配矛盾，发达经济体和新兴市场国家的价格水平持续上涨。更具侵略性的变种毒株或将导致预期与长期的供需不匹配状况，从而使价格承压，引发通胀风险。从中期来看，全球经济预计将呈现温和增长态势，大流行的疤痕效应可能导致就业增长滞后于产出的复苏。除此，与气候相关的宏观经济风险正变得越来越紧迫。

## 二、需防范美国资产价格普创新高引发的全球经济金融动荡风险

### (一) 美国通胀问题

在当前存在政策溢出效应的宏观背景下，美国的经济发展引发外界关注。美国经济增速也有所放缓，远低于市场预期，三季度 GDP 增速仅为 2%，大幅低于一季度的 6.3% 和二季度的 6.7%。此外，通胀问题成为了全球重要关切。美国的通胀压力持续攀升，根据美国劳工部 2022 年 1 月 12 日数据显示，美国 11 月的 CPI 同比上涨为 6.8%，12 月美国 CPI 同比上涨 7.6%，为 1982 年 6 月以来最大同比涨幅，已经连续七个月保持 5% 以上。12 月数据大幅攀升主要受食品和能源价格上涨影响，剔除食品和能源价格后，核心 CPI 环比上涨 0.8%，同比上涨 4.9%，同比涨幅达到 1991 年 8 月以来最高水平。12 月美国 PPI 同比涨幅达到 9.7%，维持历史最高水平。根据美联储 2021 年 12 月发布的最新一期经济前景预期，2021 年美国通胀率或升至 4.2%，剔除食品和能源价格后的核心通胀率为 3.7%，远高于 2% 的通胀目标。种种迹象表明美国的通胀问题有可能从 2021 年年中的暂时性现象不断演变，持续时间增强。这将对美联储采取足够工具应对提出更大的挑战。因此，本文将分析美国通胀的性质，考虑哪些因素影响了美国通胀的持续走高（见图 1）。

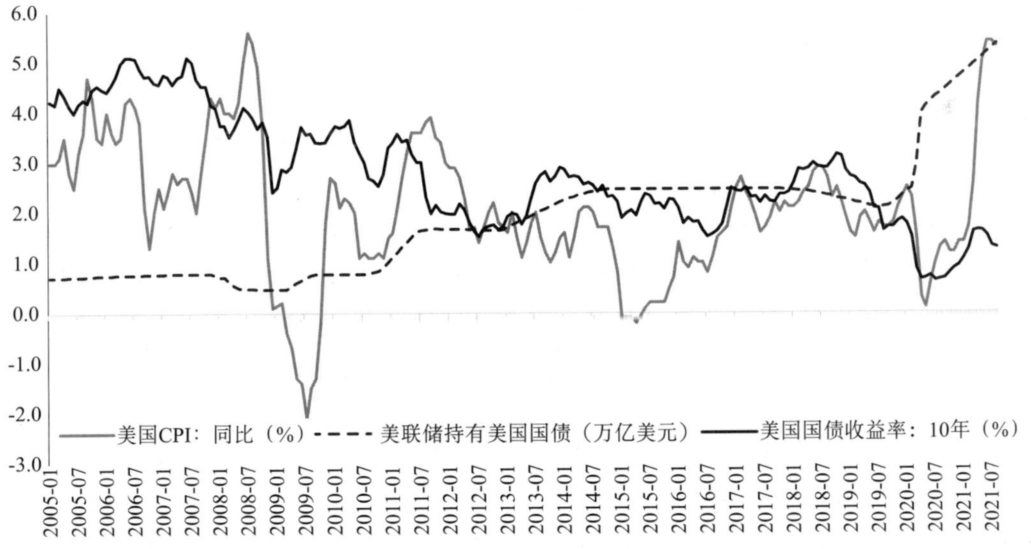


**图 1　美国 CPI、美联储持有美国国债与美国国债收益率情况**

第一，美国面临就业市场供需结构失衡问题不断凸显，2021 年 12 月美国的失业率进一步下降，降低至 3.9%，新增非农就业比率提升超过预期，但是美国劳动参与率仅维持在 61.9%，但仍远低于疫情前的 63.4%。大量劳动者退出市场，企业招工普遍困难。这一水平从较短窗口考察期来看，比疫情前劳动参与率水平低，如图 2 所示；但是从近年来美国不断下降的劳动参与率趋势看，当前劳动参与水平正在回归疫情前近 10 年来的自然下降趋势，如图 3 所示。第二，美国的贸易逆差维持历史新高，9 月当月，美国进出口总

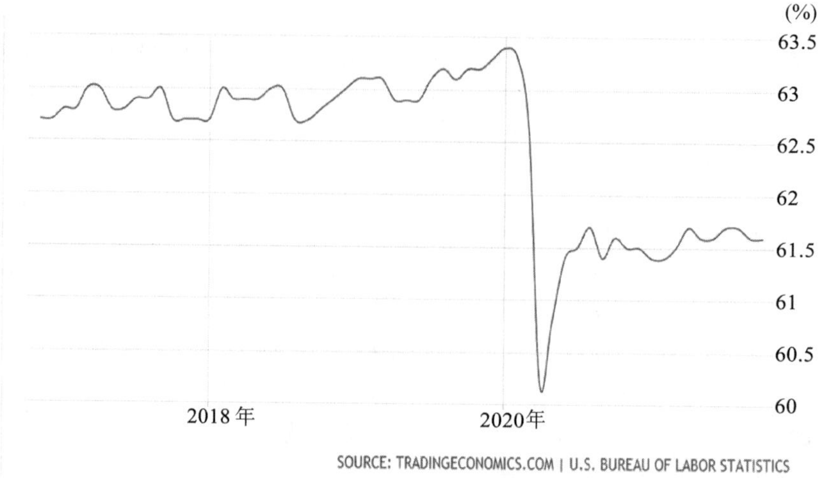


**图 2　美国劳动参与率短期变化趋势**

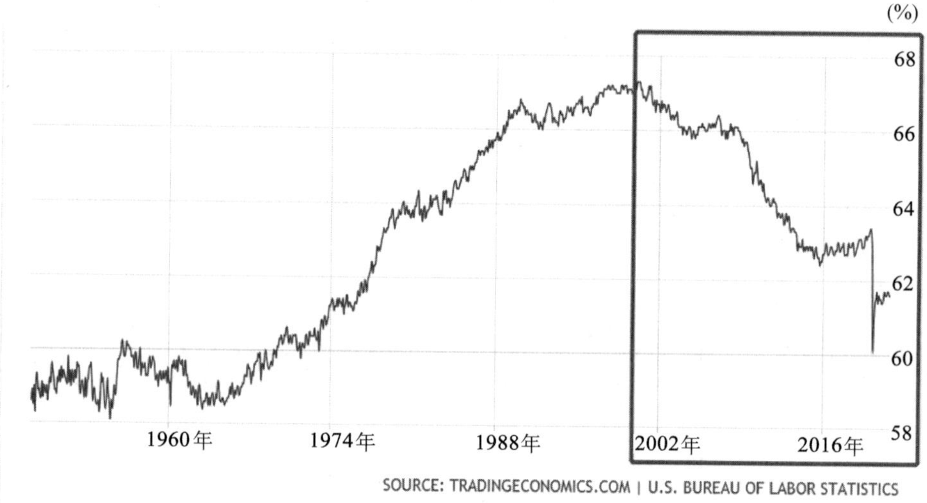


**图 3　美国劳动参与率长期变化趋势**

额 3861. 93 亿美元，同比增长 17. 8%；其中出口 1418. 30 亿美元，同比增长 16. 8%；进口 2443. 63 亿美元，同比增长 18. 4%；贸易逆差 1025. 33 亿美元。1 ~9 月，美国累计进出口总额 33384. 72 亿美元，同比增长 22. 4%；其中出口 12739. 95 亿美元，同比增长 22. 6%；进口 20644. 77 亿美元，同比增长 22. 2%；贸易逆差 7904. 82 亿美元。其中，中国贡献了 2550 亿美元，中国对美国的贸易逆差同比增长将近 10%。第三，在货币和财政政策方面，美联储宣布从 11 月开始每月减少购买 150 亿美元的国债和资产抵押债券，拜登出台了 1. 2 万亿美元的基础设施投资和就业法案，以及 1. 75 亿美元的“重建方案美好未来”法案。第四，美国国债面临债务上限问题，自从 10 月以来的债务风险将会进一步显现。

基于此，本文认为美国的经济形势变化和它在全球的经济重要性导致了美国的货币和财政政策走向将会对全球经济以及中国经济产生较大的外溢性影响。为了能实现中美经济再平衡，中美应加强宏观经济政策协调，加强供应链合作，就优先重点领域开展合作。

目前，美国的货币政策正在采取缩表的方式减少货币投放。2021 年 12 月 15 日，美联储正式宣布将加快缩减宽松（Taper）的速度，将上月决定的减少购买美债的规模增加一倍，这相当于从 2022 年 1 月起每月减少购买债券 300 亿美元，相较 2021 年 11 月和 12 月减少购债的水平提高一倍。更值得关注的是，美联储删掉了通胀源于“暂时”因素的说辞，一年多来首次修改利率前瞻指引，有 2/3 的美联储官员预计明年加息 3 次，六成预计后年再加息 3 次，七成预计 2024 年加息两次。此外，美联储强调了加息要考虑是否能实现充分就业，追加指出新变异病毒是经济风险之一，继续下调 2021 年 GDP 预期，上调明后年通胀预期。

与此同时，美国当前的货币政策需要综合考虑解决产出、通胀以及就业问题，美联储将降低资产购买，并在明年中期开始推出量化宽松政策。与此同时，美元在世界流通货币国际市场的占比虽然降低，仍然较高，国际货币基金组织（IMF）最新公布的数据显示，2020 年第四季度美元在全球外汇储备中所占份额已降至近 25 年（1995 年）以来的最低水平。美元在外汇储备中占据的份额为 59%，已连续三个季度下降；相比之下在 1977—1991 年，美元资产在全球外汇储备中的占比一度高达 85%，相比之下如今跌幅达到约 30%。但是美元在全球货币体系中的支付结算地位仍然不可撼动，美国货币政策的外溢性导致它的政策退出将会影响波及全球大部分国家。

### （二）美国资产价格普遍上涨

新冠肺炎疫情暴发前，美国曾先后发生 1987 年股市泡沫破灭、2000 年互联网泡沫破灭和 2007 年房地产泡沫破灭三次重大危机。为摆脱当前疫情冲击下短期经济衰退及金融危机以来较长时期潜在增速下滑的结构性困境，美国实施超宽松的货币与财政刺激措施应对，市场流动性不断累积，股市、房地产和互联网三大领域资产价格飙升且呈泡沫集聚态势，泡沫化程度超过前述三次危机前夕，引发市场对美国陷入资产泡沫化的担忧。一旦美联储货币政策收紧刺破泡沫，或将造成经济金融动荡，甚至可能演变为金融、经济、疫情、国际信任等多重危机。下一轮危机如若爆发，有关应对措施又会因政策空间逼仄、国际互信缺失等因素变得更加复杂困难，危机冲击与危机应对的不确定性风险较以往更加显著。因此，本文将梳理近期美国资产价格泡沫的具体表现并分析其蕴含的潜在风险。

### （三）美国资产价格泡沫齐聚加剧经济金融动荡风险

疫情暴发以来，美国国内主要资产价格屡创新高，金融体系脆弱性不断累积，且股市、房地产和互联网三大领域泡沫齐聚，这在美国历史上尚属首次。

一是股票市场价格过快上涨，估值普遍偏高。2020 年 3 月疫情暴发导致美股罕见 4 次熔断，美联储紧急救市使美股从崩盘边缘迅速恢复并一路飙升。道琼斯、纽约、纳斯达克、标普 500 四大股指在 2021 年 11 月下旬较 2020 年 3 月分别增长 92%、92%、134%、110%，均创历史新高，整体趋势与 1987 年股灾前基本一致。虽然股票价格上涨有经济基本面转好因素支撑，但低利率环境推高市场风险偏好，同时美国二季度以来呈现通胀及通胀预期，在低利率环境下导致实际负利率①。随着短期内通胀预期上涨和经济复苏，私营资本追逐进入股票市场投资，造成股市估值普遍偏高。其中，标普500指数公司整体远期市盈率已超过2000年互联网泡沫时期。

二是互联网相关资产泡沫化趋势显著。纳斯达克互联网股指自2020年3月到2021年11月底已上涨81%。2021年二季度，数字资产日均交易达到近190亿美元的规模。其中，全球最大的数字货币比特币价格同比涨幅超过420%，而“无技术亮点、无强势背书、无应用落地”的“三无”加密货币狗狗币同比涨幅更是超过2000%，日均交易量超过10亿美元。

三是房地产市场价格指数攀升至上轮金融危机水平。在较低抵押贷款利率支持下，美国房屋销售强劲，住房价格自2020年12月底以来，月度同比增速持续维持在两位数水平，且依然保持强劲上涨趋势。经济合作与发展组织（OECD）数据显示，2021年二季度美国实际住宅价格指数139.1，同比增长13.1%，远超上一轮金融危机前2006年12月118.3的峰值水平。

四是避险交易加剧经济下行预期，美债收益率持续走低。当前美国劳动力市场在失业、非农部门就业人数与平均每周工作时间等方面已接近疫情前水平，如失业率在2021年12月降至3.9%，接近疫情前的4.4%，9月美国制造业工人每周工作时间及非农企业平均时薪分别为41.4小时和30.85美元，接近或超过2020年3月的41.3小时和28.74美元，达到触发美联储缩减宽松（Taper）条件，美联储启动缩减宽松操作。结合历史经验，缩减宽松信号落地将推动全球大类资产波动率上升，降低投资者对风险资产偏好，促进避险交易，增加美债等安全资产的需求，导致美债收益率走低。2021年9月，由于各方对美联储退出量宽预期存在差异，美债收益率曾短暂提升，但随着退出量宽预期加强，美债收益率持续走低②。数据显示，10年期美债实际收益率近7个月降幅超过64%，一度受到市场追捧的美国通胀保值债券同样面临收益率下降风险。债券收益率走低隐含美国长期经济增长前景下滑。

总体来看，美国资产泡沫破灭的可能触发机制有两点：

第一，通胀过快上涨并高位波动或迫使美联储缩量加息步伐提速，导致美国资产价格波动与泡沫破灭，引发经济金融动荡。美国超宽货币刺激及积极财政措施不断推高国内通胀至国际金融危机以来峰值，2021年5月以来美国CPI已连续5个月维持在均值5.3%左右的后金融危机时期峰值水平。在持续通胀压力下，美联储态度从否定存在通胀，到承认通胀现实但坚称“高通胀是暂时的”，表明其在支持经济快速复苏与控制通胀的天平上，坚定地选择了前者。尽管美联储仍高声“维稳”，但内部不得不正视通胀高企的事实。8

---

① 一般而言，温和的通胀及通胀预期上涨在低利率环境下会导致实际负利率，在经济基本面好转的情况下有助于促进投资，推动股价持续上升。然而通胀的过快上涨会加速货币贬值，导致资金流出资本市场与股价下跌。现阶段，随着美国疫情有所缓解以及2020年基数较小，美国前三季度分别同比增长0.5%、12.2%和4.9%，IMF10月预测美国2021年经济增速达到6%。虽然较7月份预测值下降了1个百分点，但显著高于除法国和英国以外的G20发达国家。加之美联储对通胀预期的前瞻指引，国际组织与市场普遍认为美国通胀上升属于短期现象。

② 一般而言，通胀情况下，私人购买者会预期更高的收益率以抵销通胀上涨风险，美债收益率会上升。然而2020年3月疫情暴发以来，美财政部与美联储携手配合，使美联储成为美债在二级市场最大的购买者，回购了新增长期美债的一半以上规模，联储成为长期美债融资成本稳定并持续走低最主要的力量，是美债收益率的稳定锚。

月27日，美联储主席鲍威尔在全球央行行长会议上释放年内缩减宽松信号，引发市场反应，投资者正逐步将资金投向黄金、货币市场基金等避险资产。华尔街对冲基金也开始防范美股、比特币等高估值风险资产大幅回调风险。倘若美国通胀持续高位波动，美联储不得不提前收紧货币应对。流动性收紧将利空股市，降低投资者风险偏好，导致股票、房地产等资产价格大幅下跌。

第二，美国正面临因债务上限未决而出现技术性违约的风险。虽然美国发生债务技术性违约风险概率较低，但短暂负面信息也可能导致信用评级下调对全球金融市场产生冲击。虽然美国会在爆发债务违约前数小时通过提高债务上限和削减赤字法案，但标普仍于2021年8月5日宣布下调美国主权债务评级至“AA+”，并展望负面。这是美国自1917年以来首次失去AAA评级。尽管美国两党最终在提高债务上限问题上可能达成共识，暂停债务上限。降低负面冲击，但美债中超过40%被用作各类金融市场交易的安全抵押品，评级下调将导致相关市场出现剧烈波动，影响全球金融市场信心，增加全球经济金融动荡风险。

### （四）美国资产泡沫破灭的影响

美国资产泡沫破灭将产生更甚于上一轮金融危机的冲击，且新一轮危机应对预计将更加复杂困难。一是美国当前财政与货币政策空间逼仄，加之社会内部割裂，两个阵营矛盾难以调和，联邦支出即将突破债务上限或将引发新一轮两党内耗，应对危机与修复经济较以往任何时候都要困难。二是2008年国际金融危机，美国采取的货币放水应对策略实则是向全球美元持有者转嫁危机成本，如此不负责任的做法备受诟病。疫情暴发至2021年8月底，面对美联储再次无限量宽松，中国、德国、意大利、俄罗斯和土耳其等G20国家投资者相继减持美债①。在自身危机应对能力下降且无法轻易转嫁危机的情况下，美国经济复苏之路将更加困难。三是近年来在美国优先理念下，美国为维护本国利益而挑起大国竞争，加剧了全球区域割裂，导致全球治理缺位并削弱了全球经济动荡应对能力。若美国发生金融危机，全球携手应对也将困难重重。

美国资产泡沫破灭将导致全球经济金融动荡，并对我国经济产生利弊两方面影响，但弊大于利。一是我国持有的美元资产将会缩水。美国经济波动将导致在美国上市的240余只、总值超过2万亿美元的中概股，以及3.2万亿美元外汇储备等美元资产面临缩水风险。二是对我国出口需求与外贸顺差造成影响。当前美国依然是我国主要出口目的地与外贸顺差来源地。2021年1—9月，对美国出口占我国出口总额17%，中美贸易顺差占我国顺差总额的比重将近2/3。若美国资产泡沫破灭必然波及实体经济，导致我国对美国出口与贸易顺差下降。三是影响美国在华投资，导致资本外流风险，但整体可控。一方面，美国资产泡沫破灭将导致美国对华直接投资下降，在华美资也会出现短期回流态势。另一方面，由于中美经贸摩擦及美国对华全面遏制，美国对华投资占比与投资存量不断下降。2020年美国在华投资占我国外商直接投资使用金额的比重仅为1.6%，美国在华投资存量

---

① 2020年3月疫情暴发截至2021年8月底，中国减持美债约453亿美元，德国减持约20.5亿美元，意大利减持57.8亿美元左右，俄罗斯减持85.8亿美元左右，土耳其减持5.84亿美元左右。

1238.8 亿美元也仅占美国对外投资存量 615 万亿美元的 2% 左右。因此，美国在华投资波动对我国整体经济影响有限。四是如国际资本抛售美元资产避险，会相应增加对人民币资产的需求，有利于人民币国际化，但同时也引发汇率升值影响我国出口。五是美国经济金融动荡导致总需求下降与美元贬值，必然引发全球大宗商品价格下跌，恶化大宗商品出口国国际收支，并增加经济韧性不足且金融脆弱的债务国债务违约风险。六是引发全球股市、债市、汇市波动，最终将演变为全球经济金融动荡。

但应指出，美国资产价格泡沫普遍上涨增加未来泡沫破灭风险，但不等于短期内必然发生，一些与经济动荡存在逻辑关联的关键指标也尚未恶化到历史最高水平。具体而言，一方面，美国以股票总市值占名义 GDP 比重反映的资产泡沫化程度在 2021 年二季度达 200%，超过巴菲特认为的 134% 的警戒水平，但依然未及 2000 年美国互联网泡沫时期的 290% 和 2008 年金融危机时期的 320%。另一方面，用来衡量股票投资风险偏好的标普 500 远期市盈率与 10 年期美债预期实际收益率差值，仍小幅低于 2000 年互联网泡沫时期，也不及 2008 年金融危机时的一半。此外，如图 4 所示，2020 年美国政府、企业杠杆率分别达到 132% 和 84.6% 的战后历史最高水平，以及家庭杠杆率 164.1% 创 2008 年金融危机以来新高，但 2021 年以来上述指标又逐步回落到疫情前水平，显示出美国经济和金融系统调节与管理能力依然较强（见图 4）。目前，我国经济发展已基本回归常态并继续保持全球领先地位，即便美国三大泡沫出现共振并向外传导，我国所受直接冲击预计将基本可控。

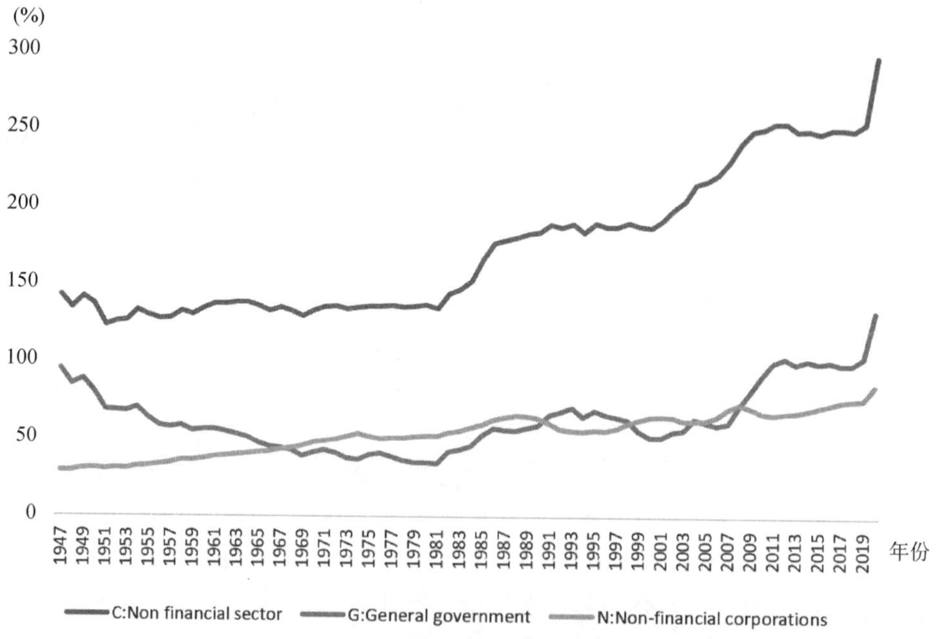


**图 4　美国政府和企业杠杆率情况**

资料来源：国际清算银行（BIS）数据，非金融行业债务（Non – Financial Sector）为政府债务与企业债务之和；政府债务（General Government）仅包括联邦政府债务，不包括州和地方政府债务；企业债务（Non – financial Corporations）指非金融企业的债务。

## 三、相关建议

针对当前的全球经济形势以及美国资产价格泡沫上涨带来的风险，本文提出如下应对建议。

第一，在印度尼西亚担任 G20 主席国之后，各国在宏观经济政策制定过程中应密切关注政策退出的溢出效应，强调上一轮全球金融危机的实践经验证明，发达国家刺激政策退出将对新兴经济体和发展中国家汇率、资本流动产生显著溢出影响。各国采取平稳退出战略需要建立在稳定的价格和金融体系、可持续性的财政支持和债务偿还能力、独立的中央银行以及能促进增长的结构性改革的基础之上。明确退出战略应该为强劲、可持续、平衡和包容的经济增长铺平道路。为此，中国应积极倡议 G20 充分发挥经济合作主要平台的协调作用，推动各国就宏观经济政策协调，支持措施退出的时机选择、退出方式等进行讨论。各国政府应当保持政策退出安排的可信性和一致性，相互沟通，并考虑政策的溢出效应。这样做将增强所有国家政策执行的效果。相互协调不一定能够达到完全同步，但是缺乏相互协调可能会导致不利的溢出效应。针对各国退出政策影响的国际协调规则，G20 有可能会参考 IMF 在 2009 年 G20 财长和央行行长会上提出的非常规政策退出原则，就非常规政策退出一般性原则①进行讨论，并形成政策文件或非政策文件，为各国非常规支持措施退出设计和具体实施建立共同基础。我国应当对相关原则及其影响加紧研判，确保在疫情后各国经济复苏相关政策退出的溢出效应问题上，我国能采取有利的应对策略。

第二，我国在 G20 等重大多边国际平台应积极要求各方采取“负责任”的宏观经济政策。一方面，可考虑重申“负责任宏观政策”方针，正确处理经济政策治标与治本的关系，避免过度刺激；正确处理经济发展长期与短期的关系，避免竭泽而渔；正确处理经济发展内部和外部关系，避免以邻为壑。在 G20 和其他多边或区域平台推介倡导“负责任宏观政策”的理念和经验，发挥正能量。另一方面，积极关注疤痕效应，特别是它会对强劲、可持续、平衡和包容的经济增长目标产生的长期影响。强调大流行后人力资本积累的改善相对于实物资本积累的复苏可能更加缓慢，由此产生的疤痕效应将加剧在大流行前已经出现的全球生产率放缓现象，并恶化社会不平等矛盾。

第三，面对美国资产价格泡沫破灭危机风险上升形势，我国应高度重视并做好应对准备。一是保持宏观经济政策稳健连续，为危机应对预留政策空间。加强政策利率预期管理，促进实体经济融资成本与投资回报率间的匹配。不断优化信贷投向，重点向制造业、小微企业、科技创新和绿色发展等领域倾斜，严防经营贷和消费贷违规流入房地产。加强宏观审慎管理，防范房地产、信用债市场和中小银行等潜藏的系统性金融风险。做好资本项目管理和汇率预期管理，防范资本大进大出。二是深入推进外汇储备多元化运用。鉴于

---

① IMF 在 2009 年 11 月 6 ~ 7 日在英国圣安德鲁斯举行的 G20 财长和央行行长会上，IMF 进行了题为“Global Economic Prospects and Principles for Policy Exit”的报告，就全球经济展望进行汇报的同时提出了刺激政策退出的 7 点原则，为各国从危机期间所采取的非常支持措施中退出时所设计和实行的政策建立共同基础。IMF 强调，政策调整和取消金融支持的总体速度将取决于各国私人需求复苏的力度和持久的金融稳定。这意味着，刺激政策的退出时机将根据不同国家的具体情况而定，尽管在某些具体方面进行协调是可行的。

中美世纪博弈导致金融制裁与脱钩的风险依然存在，一旦我国使用美元受限，我国海外投资和外汇储备操作将受到影响，人民币汇率短期大幅波动。美联储多轮宽松操作削弱了全球对美元作为世界主要货币的信心，美元在全球外汇储备中的比重已从 2001 年的 71% 降至 2021 年一季度的 59% 。建议更加主动推进外汇储备多元化运用，减少对美元资产依赖，应对中美长期战略竞争态势与防范美国经济金融动荡对我国造成的冲击。三是持续推动人民币国际化。抓住美元走弱机遇，加大本币（包括数字货币）结算规模，减少美元在国际贸易中的使用，促进商品交易和金融结算领域的人民币化。稳步开放资本市场，提升人民币作为国际储备资产的比例。加强金融市场监管体系建设，有效防范投机资金冲击，维护人民币币值稳定，加强国际协调和区域整合，稳步推进人民币国际化进程。

## 参考文献

[1] Gregory M. , Jukes R . The Effects of Unemployment on Subsequent Earnings：Low - Paid Men in Britain in 1984 - 94 [J], Centre for Economic Performance & Institute of Economics, 1998.

# 下篇
# 新发展格局中的国内大循环思考

# 新发展阶段与建立现代财税体制

邓力平[①]

党的十八大以来，中国特色社会主义进入了新时代，而作为其中重要组成部分的中国特色社会主义财政税收也与时俱进地向前发展。尤其是党的十八届三中全会将“深化财税体制改革”“建立现代财政制度”作为“完善和发展中国特色社会主义制度，推进国家治理体系和治理能力现代化”的组成部分，提升了财税体制改革的时代站位，加快了财税治理现代化的步伐。当前我国在全面建成小康社会基础上开启全面建设社会主义现代化国家新征程，在新的起点上，本文从“把握新发展阶段、贯彻新发展理念、构建新发展格局”要求出发，锚定“十四五”规划和2035年远景目标，从“深化预算体制改革、理顺央地财政关系、提升现代税收治理、健全债务管理制度、推进财税法治建设”五个方面研究新发展阶段对建立现代财税体制的要求，持续探索中国特色财税治理现代化的发展规律。

## 一、把握新发展阶段对建立现代财税体制的要求

进入新时代以来，财税体制改革在国家治理现代化进程中稳步推进，为中国特色社会主义国家治理现代化提供了有力支撑。回顾这一发展进程，梳理和领会党对财税体制改革的顶层设计和战略部署，对于进入新发展阶段后更清晰把握中国特色财税体制改革的重点任务、更好地适应高质量发展需要具有重要意义。

其一，理解“深化财税体制改革”在国家治理现代化大局之中的时代内涵。我国财税服务于国家政治经济社会大局是一以贯之的鲜明特征，长期以来的“国家本质论”“立足财税，走出财税”“围绕中心，服务大局”等观点也始终体现在社会主义财税理论与实践发展中。而新时代从政治上、全局上、战略上将财税置于国家治理现代化框架中，不仅肯定了“国家本质论”和“财税作用政治经济社会”的职能作用，更界定了财税在统筹服务经济、政治、文化、社会、生态文明“五位一体”总体布局中的支撑作用。应该看到，新时代财税“国家治理说”强调的不论是将财税实践经验上升到制度层面的现代化，还是将制度落到实处以实现执行能力的现代化，都不仅是建立一般意义上的现代财税制度，而

① 邓力平：厦门国家会计学院教授。

是中国特色社会主义制度下的现代财税制度。在全面建设社会主义现代化国家新进程中，我们要继续将财税发展与中国特色国家治理现代化挂钩，以财税体制改革来助力国家治理现代化，这是财税改革在新发展阶段中必须始终坚持的方向。

其二，领会“深化财税体制改革”在不同发展阶段被不断赋予的特定要求。党的十八届三中全会对财税体制的要求是“完善立法、明确事权、改革税制、稳定税负、透明预算、提高效率”，这是根据现代国家财税制度一般要求，结合财税适应经济新常态的实际而提出的，对应的是“理顺央地关系”“完善税收制度”和“改进预算管理”这三项具体改革任务。而随着我国进入全面建成小康社会决胜阶段，相继召开的党的十八届五中全会、十九大和十九届四中全会既始终围绕以上三项任务展开，又根据经济社会发展的阶段特点调整先后顺序，持续优化每一项改革任务。就预算制度改革而言，从“全面规范、公开透明”，到“全面规范透明、标准科学、约束有力”，再到“标准科学、规范透明、约束有力”要求，预算制度改革要求逐渐明晰，年度预算向支出预算和政策拓展的方向转变也逐渐强化。就税收制度改革而言，从“改革税制、稳定税负”到“税种科学、结构优化、法律健全、规范公平、征管高效”，始终在服务大局中展现税收治理新作为。就央地财政关系而言，从“完善立法、明确事权”到“权责清晰、财力协调、区域均衡”，明确了当前和未来主要考虑事权与支出责任的界定，考虑中央和地方划分收入的协调，考虑区域间财力水平与公共服务均等化的匹配。

其三，把握新发展阶段关键特征对中国特色现代财税体制建立的新要求。党的十九届五中全会通过的《中共中央关于制定国民经济和社会发展第十四个五年规划和二〇三五年远景目标的建议》（以下简称《建议》）之核心要义体现在三个“新”中，即“把握新发展阶段、贯彻新发展理念、构建新发展格局”。这里主要围绕新发展阶段特征的把握。简言之，新发展阶段是在“全面建成小康社会”任务完成后开启“全面建设社会主义现代化国家”征程的新阶段。我们要深刻理解“中国式现代化”“中国特色社会主义现代化”的深刻含义，即这是前所未有的14亿人口在党的领导下即将同步进入的现代化，是以人民为中心、全体人民共同富裕的现代化，是物质文明和精神文明协调推进的现代化，是人和自然和谐共生的现代化，也是和世界各国合作共赢、构建人类命运共同体的现代化。要在2035年基本实现这样的社会主义现代化，就要继续贯彻新发展理念、推动高质量发展，就要实现更高质量、更有效率、更加公平、更可持续、更为安全的发展，就要深刻理解构建国内大循环为主体、国内国际双循环相互促进的新发展格局的深刻含义，就要将党中央战略部署和工作要求落实到全会提出的12个方面任务中去。[①] 我们必须将一路走来的中国特色现代财税体制构建之路放在新发展阶段、新发展理念、新发展格局大背景中去再把握。在新发展阶段中，我们要持续发挥财政之“国家治理的基础和重要支柱”与税收之“国家治理的基础性、支柱性、保障性作用”，既要把握新发展阶段在预算制度、税收制度、央地关系方面提出的新要求，又要考虑新发展阶段将要赋予财税体制改革的新任务。中国特色现代财税体制只有在这一大背景下找到准确定位，才能既推动财税治理现代化进

① 习近平．关于《中共中央关于制定国民经济和社会发展第十四个五年规划和二〇三五年远景目标的建议》的说明［N］．人民日报，2020－11－04（002）．

程，又助力我国经济行稳致远、社会安定和谐、国家长治久安。

其四，全面领会《建议》对建立中国特色现代财税体制的要求。《建议》第二十二条对“建立现代财税体制”的要求有六句话，即“加强财政资源统筹，加强中期财政规划管理，增强国家重大战略任务财力保障。深化预算管理制度改革，强化对预算编制的宏观指导。推进财政支出标准化，强化预算约束和绩效管理。明确中央和地方政府事权与支出责任，健全省以下财政体制，增强基层公共服务保障能力。完善现代税收制度，健全地方税、直接税体系，优化税制结构，适当提高直接税比重，深化税收征管制度改革。健全政府债务管理制度”。① 这六句话在继续围绕预算制度、央地关系、税收制度三方面改革展开的同时，还将债务管理单独列出，既一以贯之，又与时俱进，体现了新发展阶段的时代要求。此外，《建议》第五十六条还强调要“加强人大对‘一府一委两院’的监督”，这也为从人大立法监督和对应财税治理法治化来理解现代财税体制建立提供了更广的角度。

## 二、对加强财政资源统筹和深化预算体制改革要求的把握

“加强财政资源统筹，加强中期财政规划管理，增强国家重大战略任务财力保障。深化预算管理制度改革，强化对预算编制的宏观指导。推进财政支出标准化，强化预算约束和绩效管理。”这主要是从收支整体、预算管理、财政支出三个角度来阐述新发展阶段中深化预算体制改革的重点内容。

其一，财政资源有效统筹是加强中期财政规划管理的前提和基础，而实行中期财政规划管理又有利于促进财政资源在全国范围内的更有效配置，两者在相互配合中发挥财政治理效能，最终为塑造创新优势、发展现代产业、构建新发展格局、全面深化改革、推进乡村振兴、协调区域发展等“国家重大战略任务”的完成提供“财力保障”，更好发挥财政作为国家治理的基础和重要支柱作用。这应是新发展阶段中深化财税体制改革的总体要求和首要任务。就“加强财政资源统筹”而言，近年来财政部门已在推进项目资金、重点科目资金、部门资金、各类收入、存量资金、债务资金、转移支付资金的统筹使用方面做了大量工作，同时推进了政府预算体系、跨年度预算、预算编制和执行的统筹协调。而在“十四五”时期强调要跳出预算资金框架来加强统筹财政资源，意味着新发展阶段在现有财政资金统筹使用机制基础上要促进其成熟定型，真正做到“预算一个盘子、收入一个笼子、支出一个口子”；也意味着财政资金的统筹不仅要着力于一般公共预算，还要实现该主体预算与政府性基金预算、国有资本经营预算和社会保险基金预算之间的协调统筹；还意味着财政统筹的范围要从预算资金统筹扩大到数据统筹、人才统筹、征管机构统筹等财政的方方面面，充分发挥集中力量办大事的制度优势，为形成强大国内市场、构建新发展格局服务。而就“加强中期财政规划管理”而言，通过科学合理的测算来对三年期的财政收支情况以及重大改革与政策进行统筹安排，能够增强财政预算与财政政策、经济周期之间的关联性。在我国进入制度优势显著与发展短板突出交织的新发展阶段，强调继续实行

① 中共中央关于制定国民经济和社会发展第十四个五年规划和二〇三五年远景目标的建议［N］. 人民日报，2020-11-04（001）.

并加强中期财政规划管理，从预测现行财政收支情况、分析财政收支政策、制定收支政策改革方案和测算改革后变动等方面推动中期财政规划管理，并最终促使中期财政规划渐进过渡到中期预算，对于加强年度预算约束性都具有重要意义。而将“中期财政规划管理”从“预算管理制度改革”中单独提出加以表述，意味着新发展阶段不仅要对预算收支实行逐年更新滚动管理，更要加强对规划期内重大改革、重要政策和重大项目的统筹安排，提高财政政策的前瞻性、有效性和可持续性。

其二，稳步推进预算管理制度改革，强化对预算编制的宏观指导。近年来，我国预算收支管理持续深化，在建立跨年度预算平衡机制、实施支出经济分类科目改革、全面推进预算绩效管理、扩大细化预算公开范围、持续推进部门预算管理等方面已取得重大进展，但依然存在一些不符合现代预算制度和现代财政治理的问题。因此要依据新发展阶段的要求，深化拓展和稳步推进预算收支管理制度改革。尤其要注意在预算编制上加强宏观指导，坚持党对预算编制的全面领导，结合年度经济社会发展目标、国家宏观调控要求和跨年度预算平衡等要求进行编制。当前特别要将在统筹抗疫和经济社会发展中形成的国家财政资金直达基层民生机制尽快制度化。2020 年 10 月 21 日的国务院常务会议要求“研究建立常态化的财政资金直达机制”，紧接着 11 月 12 日的国务院政策吹风会又提出“把财政直达资金作为今后深化预算管理制度改革的一项重要内容，推动把直达机制嵌入预算管理流程，不断完善体制机制，加强制度保障和约束，切实提高财政资金的使用效益”，这些都为谋划新发展阶段预算管理制度改革提供了重要的起点。

其三，从财政支出角度推动现代预算制度构建，为在新发展阶段更好体现“重点拓展”改革要求提供必要载体。一是“推进财政支出标准化”。这与党的十九届四中全会将“标准科学”作为完善预算制度要求相适应，是深化预算制度改革的主要支撑手段。在新发展阶段中继续推进财政支出标准化，不仅要求预算草案按照财政部门制定的预算支出标准来编制，还包含了预算支出管理各环节、各层级间的标准化要求。一方面，推进财政支出标准化需要各级财政部门完善细化科学合理的基本支出和项目支出定额标准体系，健全强化财政支出标准应用机制；另一方面则需要全面加快推进预算管理一体化建设，在《预算管理一体化规范》和《预算管理一体化系统技术标准》下推动政府预算支出、部门预算支出、单位预算支出以及支出管理环节的有效衔接和统筹管理。二是“强化预算约束”。这是我国财政在今后较长时期处于“紧平衡”状态的必然要求，是落实党和政府带头“过紧日子”换取人民“过好日子”方针的关键举措。在《预算法实施条例》已经实施的今天，我们要更加注重在审核预算时向支出预算和政策拓展，要加强对支出预算总量与支出结构、重点支出与重大投资项目、财政转移支付、部门预算、政府债务等的审查监督，强化政策对支出预算编制的指导和约束作用。在这改革进程中，笔者还要重申，“收支联动、重点拓展”体现的是中国特色预算管理体系的制度要求与改革方向，“重点拓展”是在“收支联动”基础上的拓展，是在“以支定收”与“以收定支”统一的新财政平衡观下的拓展，是体现“党管支出”“人民支出为人民”要求下的拓展，必须时刻牢记。三是“强化绩效管理”。在新发展阶段中要持续提高财政支出的责任与效率，全面实施预算绩效管理成为完成这一任务的关键点。我们要按照部署安排，在中央部门和省级层面基本建成全方位、全过程、全覆盖预算绩效管理体系的基础上，推动市县层面预算绩效管理体系的构建，大幅提升预算管理水平和政策实施效果。

## 三、对中央和地方财政关系改革要求的把握

“明确中央和地方政府事权与支出责任，健全省以下财政体制，增强基层公共服务保障能力。”这是从构建事权和支出责任相适应的制度来深化财政体制改革，对应的是“建立权责清晰、财力协调、区域均衡的中央和地方财政关系”要求。结合对近年来已经起步的这一进程的跟踪，笔者这里谈两点学习体会。

其一，继续明确中央和地方政府事权与支出责任是关系国家治理效能的重大改革。近年来，在党中央坚强领导下，财政部门勇于担当，有关部门密切配合，改革取得了重大进展，在新发展阶段还要继续全力推进，要在持续扩大财政领域事权和支出责任划分改革范围的同时，全面推进政府事权和支出责任划分改革，从局部到整体来适应国家治理现代化要求。就财政领域而言，已经基本形成了中央与地方财政事权和支出责任划分框架，但还需要特别注意相互联系的两个方面。一是要根据制度要求、治理需要和国情制约，减少并规范中央和地方共同事权，厘清各级政府应当承担的主体职责。这是一个必须“稳步推进”和“适度把握”的中国特色治理大题目。既要做到“适当减少并逐步规范”，还要注意“适当保留并提供支撑”。就前者而言，笔者高度认同财政部的提法，“适当上移并强化中央财政事权和支出责任，重点将涉及生产要素全国流动和市场统一的事务，以及跨区域外部性强的事务明确为中央财政事权，减少委托事务，加强中央直接履行的事权和支出责任；按照地方优先的原则，将涉及区域性公共产品和服务的事务明确为地方财政事权”。[①] 就后者而言，当前我国发展仍然处于战略机遇期，发展不平衡不充分问题仍然突出，又要实现高质量发展和基本实现社会主义现代化，则在新发展阶段要适当保留一定规模的财政共同事权，并对其进一步规范化和制度化。二是要深刻理解对应的“共同事权转移支付”之中国特色与时代要求。我们要全面理解“以一般性转移支付为主体，共同财政事权转移支付和专项转移支付有效组合、协调配套、结构合理的转移支付体系”的制度含义。[②] 一般性转移支付和专项转移支付的并存是各国预算共性，我国预算法也做出了明确安排，新发展阶段当然还要继续完善做好。但我们要特别把握中国特色“共同事权转移支付”这一特殊财政范畴存在的必要性。共同财政事权转移支付配合财政事权和支出责任划分改革，既能推动中央政府承担共同财政事权的支出责任，又能保障地方政府有财力、有质效落实相关领域方针政策，是支撑中央和地方分税制财政管理体制完善的重要手段，更是体现和坚持中央领导权威、维护中央宏观调控、调动中央地方两个积极性的重要举措。当前在中国特色转移支付体系中，共同事权转移支付所占比重较大既是现实又有必要。笔者认为，在新发展阶段中，我们既要在将来《预算法》需要修订时确立这一财政范畴的法律地位，还要从制度性质、发展阶段、治理特征等方面加强相应理论研究，提出“既有共

① 刘昆．建立现代财税体制［C］//文件起草组．中共中央关于制定国民经济和社会发展第十四个五年规划和二〇三五年远景目标的建议辅导读本．北京：人民出版社，2020.

② 刘昆．我国的中央和地方财政关系［J］．中国人大，2020（16）：51－55.

性、更有个性”的论据支撑，做到既规范必要的中央地方共同事权，又配套地从法律、运行、监督和理论等方面做实做优共同事权转移支付。虽任重道远，但必自信前行。

其二，理解健全省以下财政体制的单列提出是新发展阶段稳定地方预期、调动地方政府积极性、保障基层公共服务水平的现实需要，是构建从中央到地方权责清晰、运行顺畅、充满活力工作体系的重要环节。事实上，推进中央与地方财政事权和支出责任划分改革中始终包含了推进省以下财政体制改革要求。这一提法的这次单列，一是出于我国高质量发展需要，通过强化省级政府责任，激励省级政府维护本地经济社会协调发展、防范和化解地方债务风险，从而提高区域经济发展质效；二是出于兜牢民生底线考虑，基层政府稳定的收入来源有助于发挥其在信息管理方面的优势，增强基层对国家政策的执行力，逐步建立起基层“保基本民生、保工资、保运转”的长效机制。由此要在当前基本完成主要基本公共服务领域中央与地方财政事权和支出责任划分改革的基础上，充分发挥省以下财政体制形成的改革合力，加强对省以下财政事权和支出责任划分标准的管理和控制，督促形成省以下财政事权和支出责任划分的清晰框架。

## 四、对完善现代税收制度相关改革要求的把握

“完善现代税收制度，健全地方税、直接税体系，优化税制结构，适当提高直接税比重，深化税收征管制度改革。”这是发挥税收在国家治理中的基础性、支柱性、保障性作用的重要内容，笔者这里谈四个方面的学习体会。

其一，“完善现代税收制度”提法是对党的十八届三中全会以来深化税制改革成效的肯定，也是对新发展阶段更准确地建立现代税收制度的要求。“完善”一词的使用点睛之笔、恰到好处。一路走来，笔者始终关注中国特色现代税制的深化改革与逐步成型之路。简要地说，我们既按照现代市场经济要求设置并使用了现代税制，更按照“以人民为中心”的社会主义市场经济要求不断在现代税制中增添中国特色与制度要素，特别是近年来在大规模减税降费中形成中国特色的减税降费观，不断同步推进税制改革与税收立法这“车之两轮”之进程。因此，在新发展阶段中，完善是基本任务，改革是前进动力，速度仍必须加快。

其二，“健全地方税、直接税体系”的提法必须全面理解。首先可以从“健全地方税体系”和“健全直接税体系”两个维度来把握，并按照已经运作或确定运作的方向与方案稳中求进地贯彻实施。在健全地方税体系方面，既要完善培育地方稳定税种，扩大地方财源，又要建立健全地方税税制，理顺税费关系。有关部门拟定的后移消费税征收环节并稳步划归地方、加快扩大水资源税改革试点等壮大地方财力方法，都可以付诸实施。在健全直接税体系方面，既要完善地方专属直接税种，又要提高直接税的地方分成比例，有关部门提出了一些改革方案经过论证后都应该加以实施。个人所得税和企业所得税作为直接税的重要组成部分，适时提高地方分享中央地方共享税这个“大蛋糕”的比例也是扩大地方财源的思路之一。在这些把握的前提下，笔者更关注的是“健全地方税、直接税体系”这种“顿号隔开、税系并列”的提法。在《建议》中关于税制改革的完整一句话中，分两处提及直接税内容，虽然侧重点不同，但将地方税和直接税一并加以提及的要求必须认

真领会。可以看出这种提法中必须考虑的关联乃至重合部分，即既要有利于健全地方税体系，又要有利于完善国家的直接税体系。通过对一些直接税种的改革设置并将其作为地方税系的组成部分，就可望达到“一石二鸟”之效果。这种地方税、直接税并提的地方税系改革导向必然要求加快破解一些还有待于解决的理论问题，推进相关税种的改革前行。例如，按照党中央的部署安排，有关部门多次在直接税制改革的范围内谈及房地产税问题，提出按照“立法先行、充分授权、分步推进”原则积极稳妥推进房地产税立法和改革，理论界也普遍认同可以将其作为地方重要税种来健全地方税体系。因此，理论界应按照这次地方税和直接税税系并提的要求，对房地产税的定位把握、税类属性、设计导向与立法进程等加强研究。笔者坚信在党中央领导下，政府财政部门和人大相关部门在这方面一定能拿出符合新发展阶段要求的统筹方案，坚持顶层设计与问计于民、倾听基层的结合，平衡设计，兼顾各方，稳步推行健全地方税、直接税体系的进程。

其三，“优化税制结构，适当提高直接税比重”强调的是税制结构安排要以现代化为目标导向，在间接税与直接税并存的“双主体”税制结构中适当提高直接税比重。在前述地方税系和直接税系并提中，涉及的是“直接税制自身优化”，这里强调的则是税类结构优化，对应的是“适当提高直接税比重”的要求。这一提法已有多年，在新发展阶段再次重申，需要注意两个方面。一是继续坚持“立足国情、合理借鉴、市场导向、渐进次优”的税制改革优化思路，在新发展阶段中依然不能忘记。既要看到以间接税为主的现实是从国体政体、发展阶段和发展目标出发作出的重要安排，又要看到提高直接税比重在发挥调节收入分配、缩小贫富差距中的重要作用；既要不断追求现代税收制度的“理想最优”，又要认识阶段条件下税收制度的“现实次优”。这个观点在“全面建成小康社会”时期的税制改革被始终坚持了，在“全面建设社会主义现代化”新阶段的税制优化中也要继续倡导，要体现在中国特色财税治理现代化的进程中。二是深刻把握“适当提高直接税比重”的内涵。这句话有三层含义。一占比偏低是现实，二提高比重是要求，三适度约束是关键。税制结构在相当一段时期事实上依然以间接税所占比重较大，提高直接税比重不仅要考虑经济因素影响，还要考虑社会接受程度和国体政体约束。因此，从在新发展阶段中推动高质量发展并解决发展不平衡不充分问题等现实出发，就既要不断完善间接税制，推动增值税简并降低税率改革；又要进一步完善各类直接税制改革，稳步有序地提高直接税比重。

其四，“深化税收征管制度改革”强调的是从征管角度为深化“放管服”改革、优化税收营商环境、提升税收治理能力提供有力保障。在新发展阶段中，我们要在巩固国地税征管体制改革成果的基础上，进一步推动税收征管制度改革，探索税收征管的新机制与新方式。笔者赞同从“严格征管、简政放权、智慧税务”三个方面来把握。一是严格征管，应收尽收，既要不折不扣落实减税降费任务，又要坚决堵塞偷税漏税行为，将依法征管和税收任务的统一尽快在税收征管法中显性地加以确立，建立起规范公正透明、符合税收治理现代化要求的税收征管基本程序。二是简政放权，释放活力，推进简化办事流程、加快审核程序、改进备案方式，助力深化“放管服”改革，激发市场主体活力和发展内生动力。三是智慧税务，提升效能，依托信息技术走科技兴税之路，加快推动构建涉税信息共享平台和智能化电子税务局，以智慧税务提升税收征管效能，全力服务构建新发展格局，推进高质量发展。

## 五、对健全政府债务管理制度改革要求的把握

“健全政府债务管理制度”这次从原属于“预算管理制度改革”下的“债务管理制度”中单独列出，我们既必须看到这是对新财政平衡观认识深化的必然结果，更必须将其放在新发展阶段面临的重要国内外形势背景下看待。这是底线思维和安全理念在建立现代财政制度方面的体现，是在新发展阶段规范债务管理制度、控制举债融资风险的必须，是落实新发展理念、构建新发展格局的要求。笔者结合近年来财政部门的工作要求和作为理论工作者的思考，谈三点学习体会。

其一，努力促进政府债券发行管理机制的市场化和规范化。目前我国债券市场已经成为全球第二大债券市场，债券市场管理取得了积极成效，债券筹资机制不断完善、债券发行市场化程度显著提升、国债收益率曲线建设提速加快，但仍然存在着债券二级市场流动性相对不足、信用违约机制不够健全等问题。持续推动我国债券市场健康发展、控制举债融资风险任重道远。从国债来看，就要对照《中共中央国务院关于构建更加完善的要素市场化配置体制机制的意见》，从“提高债券市场定价效率，健全反映市场供求关系的国债收益率曲线，更好发挥国债收益率曲线定价基准作用”方面发力，进一步深化国债市场化改革。从地方政府债券来看，笔者认同财政部关于进一步做好地方政府债券发行工作的相关要求，从不断完善地方债发行机制、科学设计地方债发行计划、优化地方债期限结构、加强地方债发行项目评估、完善地方债信息披露和信用评级、规范承销团队组建和管理、加强相关部门组织领导等方面入手，构建“管理规范、责任清晰、公开透明、风险可控”的政府举债融资机制。

其二，必须强化对政府债务资金使用的监督和考评，坚守财政可持续的底线。财政部已在这些方面积累了经验，提出了要求，笔者高度赞同。一是要做好“事前”和“事中”债务管理与监督，前移风险防控关口，完善常态化监控机制，从加强偿债能力评估、做好信息公开工作、关注隐性债务风险、健全风险预警机制、严格违约处置机制、严禁变相举债行为等方面强化对政府债务的约束、管理和监督，促进经济社会健康持续发展。二是要做好“事后”债务管理与监督，坚持“举债问效、无效问责”，强化政府债务绩效管理，从债务资金的实施情况、用途安排、使用效益等角度入手，建立全方位、全过程、全覆盖的地方政府债务预算绩效管理体系，提高债务资金使用绩效，统筹协调财政紧平衡与经济高质量发展。

其三，加强对中国特色新财政平衡观下债务管理理论的研究。一路走来，我们对财政平衡内涵和财政政策使用的理解从来都是与时俱进的。从改革开放前的“没有赤字、没有债务才是平衡”发展到今天市场经济下的“赤字用好是平衡、债务可控是平衡”，从过去高速增长阶段政府发债必要但难控到今天高质量发展阶段对政府债务的有效管理，都动态体现了我们对现代市场经济下运用赤字和债务手段的认知和把握，体现了逐步将政府债务管理纳入国家治理与对应财政治理中的决心和能力。这次《建议》将“健全政府债务管理制度”单列，作为财政治理现代化和现代财政制度的组成部分加以提出，应该说对理论

界提出了更高要求。我们既要对实际部门正在做和拟定要做的债务运用和管理方式从制度设计上给予观点支撑，更应该对中国特色社会主义财政发展中的债务较长期运用提出理论依据，既要符合新发展阶段对新财政平衡观的要求，又要顺应底线思维和安全理念等新形势的检验，从政府债务有效管理的角度诠释统筹发展和安全的关系，确保财政治理现代化行稳致远。

## 六、对推进财税治理法治化进程要求的把握

党的十八大以后，我国驶入了全面推进依法治国快车道，从党的十八届四中全会作出全面推进依法治国决定，到党的十九大明确 2035 年基本建成法治国家、法治政府、法治社会，从提出组建中央全面依法治国委员会统筹协调全面依法治国工作，到此次中央全面依法治国工作会议将习近平法治思想明确为全面依法治国的指导思想，全面依法治国实践取得了重大进展。今天从“把握新发展阶段、贯彻新发展理念、构建新发展格局”的要求出发，从深刻理解“要坚持在法治轨道上推进国家治理体系和治理能力现代化”的要求出发，我们就要把视野放得更宽，要将“加快财税法治建设”纳入“建立现代财税体制”的框架中，积极推进预算、税收、财政管理等领域立法，实现财税立法与财税体制改革的统一协调，同时做好人大对财税的审查监督工作，合力推进法治财税现代化，共同服务国家治理现代化目标。这里结合自己在人大财经系统工作的实际谈两点体会。

其一，坚持党对财税法治的全面领导，全面落实财税法定进程。党的十八大以来，财税法治化建设已取得较大进展，相继修订了《预算法》《预算法实施条例》《税收征管法》《税收征管法实施细则》等，18 个单行税种中也有 8 个税种在此期间实现了立法。但财税法定进程与全面推进依法治国要求还存在差距，新发展阶段加快推动财税法治化建设成为必然要求。就预算法律领域而言，现行《预算法》和《预算法实施条例》已经构成了较为完整的体系，虽然随着形势发展将来还可能对《预算法》进行修订（如“党管支出”原则的体现、政府性基金定义的完善、共同财政事权转移支付地位的确立等），但近期的主要任务是严格执行，用改革和法治之双轮推动中国特色现代预算制度的健全完善。就税收法律领域而言，主要就是在考虑税收改革实际的基础上，适时进行增值税、消费税等立法工作，稳妥有序地开展关税、城镇土地使用税和房地产税的立法研究。同时，《税收征管法》及其实施细则在必要时也应修订。在这些基础上，将来还可以考虑制定《税收基本法》。就与中央和地方财政关系领域而言，目前在这方面的法律法规还较为缺乏，但已经开始起步。财政部在 2016 年就提出要“加强重点领域财政立法”，“探索建立以政府间财政关系法和预算法为两大支柱的现代财政法律制度体系”，同年国务院有关文件也提出“研究起草政府间财政关系法，推动形成保障财政事权和支出责任划分科学合理的法律体系”相关要求。近年来，一些人大代表与学者也提出制定《财政法》的建议，近期也得到有关部门的积极回应。可以认为，随着中央与地方财政事权和支出责任划分改革的稳步推进，这些原有设想和基层建议将会在新发展阶段中结合新需要有所落实。笔者始终关注这方面的进展，但坚持两个基本观点。一是坚持实事求是、循序渐进，中央地方财政关系改革进展到位后，成功经验就可以上升为法律，这是财税治理现代化和法治化的要求；二

是无论是哪部法律，无论何种名称，都是中国特色社会主义的财政法律，反映的都是中国特色财税治理现代化的成果，《预算法》修订过程的成功经验证明了这一点，并将在新的财政法规制订中得以体现。笔者对此充满信心，并将为之继续努力。

其二，加强人大根本政治制度对财税治理现代化进程的重要作用，共同推动中国特色国家治理现代化。我国的人民代表大会制度是党的领导、人民当家作主和依法治国统一的根本政治制度，《宪法》和《预算法》也赋予了全国人大及其常委会审查批准预算、监督预算执行等重要职权。长期以来特别是党的十八大以来，在党中央的坚强领导下，全国人大及其常委会与政府财税部门的各司其职与相互配合已经凸显了中国特色社会主义的制度优势，笔者有幸在不同层级参与了相关工作，对此深有体会，也提出了一些体现“中国特色、时代特征”的人大对预算审查监督、人大政府配合落实税收法定原则等理论观点。今天我们在迈向“基本实现国家治理体系和能力现代化”的新发展阶段中，更应该结合中国特色国家治理现代化的新要求来把握人大根本制度和财税治理现代化的关系，既要在国家治理法治实践中完善“党管人大”“党管监督”和“党管财税”原则的落实形式，又要能在理论构建中体现新时代“人民财税”由“人民监督”的制度导向，体现人大与政府财税部门协调运作是中国特色国家治理现代化内在组成部分的原则要求。

## 七、在“立足财税、走出财税”中服务新发展阶段国家大局

我国将进入的新发展阶段，既有国内人民对美好生活的向往与不平衡不充分发展之间的矛盾，也有供给侧结构性改革进入深水区、发展短板不足依然存在、推动国家治理现代化任务紧迫等现实的交织；既有国际保护主义单边主义甚嚣尘上与和平发展合作共赢主流意愿之间的冲突，也有全球疫情防控常态化、世界经济深度衰退因素的叠加。因而我们要认清形势，明确任务，牢牢把握新发展阶段对财税发挥作用的要求，在从持续推进到基本实现国家治理现代化的进程中贡献财税力量，这应是学习领会《建议》对“建立现代财税体制”要求的目的所在。

我们还应该认识到，“建立现代财税体制”不能仅仅将目光局限于财税领域，还要坚持我们多年倡导的“立足财税、走出财税”思路，将建立现代财税体制与建立现代金融体制、供给侧结构性改革、政府“放管服”改革、落实“六稳六保”、推进国家治理现代化和服务人类命运共同体等重大战略任务协调推进、统筹谋划，为实现“十四五”期间“经济发展取得新成效、改革开放迈出新步伐、社会文明程度得到新提高、生态文明建设实现新进步、民生福祉达到新水平、国家治理效能得到新提升”的经济社会发展目标，为2035年基本实现“社会主义现代化”“新型工业化、信息化、城镇化、农业现代化”“国家治理体系和治理能力现代化”“美丽中国建设目标”“国防和军队现代化”等群策群力，协同奋斗。这是中国特色社会主义财税“围绕中心、服务大局”应该拥有的站位和胸怀，必须始终坚持并不断践行。

## 参考文献

［1］中共中央关于制定国民经济和社会发展第十四个五年规划和二〇三五年远景目标

的建议［N］. 人民日报，2020－11－04（001）.

［2］刘昆. 建立现代财税体制［C］//文件起草组. 中共中央关于制定国民经济和社会发展第十四个五年规划和二〇三五年远景目标的建议辅导读本. 北京：人民出版社，2020.

［3］刘昆. 我国的中央和地方财政关系［J］. 中国人大，2020（16）：51－55.

# 数字经济时代推出数据资产会计准则的思考

李诗[1] 黄世忠[2] 田雪[3]

## 一、前言

中国信息通信研究院在《中国数字经济发展与就业白皮书（2020）》中指出：数字经济是以数字化的知识和信息为关键生产要素，以数字技术创新为核心驱动力，以现代信息网络为重要载体，通过数字技术和实体经济深度融合，不断提高数字化、网络化、智能化水平，加速重构经济发展与治理模式的新型经济形态。数字经济时代，数据、技术、平台、互联互通成为发展的关键因素。中国拥有 14 亿人口产生的海量数据，政府强力支持 5G、人工智能等加速数据移动技术，新基础设施项目建设如火如荼，以上种种表明中国正在把握数字经济发展的机遇。然而，国际数据公司（以下简称“IDC”）的调查与分析结果显示：中国在数据管理集成方面依旧落后于欧洲、北美与亚太地区；中国在充分挖掘数据潜力与数据利用方面面临更多挑战。这意味着数字化建设的投入未能得到充分回报，数据潜力有待被进一步挖掘。

尽管如此，数字经济对中国经济增长已起到越发重要的促进作用。自 2016 年习近平总书记提出“加快传统产业数字化、智能化，做大做强数字经济，拓展经济发展新空间”以来，我国数字经济进入发展快速车道。中国信息通信研究院数据显示，近年来中国数字经济规模呈现持续扩大趋势：2016—2020 年，数字经济创造 GDP 比重占 GDP 比例由 30. 30% 增至 38. 6%，2020 年其增速甚至达到 GDP 增速 3 倍以上。数字经济高速发展过程中，数据越加显示出区别于技术要素的重要作用。2020 年《关于构建更加完善的要素市场化配置体制机制的意见》的发布，标志着数据在中国被正式认定为生产要素。将“数据”与土地、劳动力、资本、技术并称为五种要素，意味着数据不再被视为技术的副产品，而是与技术一同创造价值的资源。

与此同时，理论界对大数据、数据资产化、数据资产会计处理等问题日益关注，却由

① 李诗：厦门国家会计学院“一带一路”财经发展研究中心副教授。
② 黄世忠：厦门国家会计学院院长。
③ 田雪：厦门国家会计学院在读研究生。

于数据本身复杂多样而呈现百家争鸣的景象。就数据资产的会计处理问题而言，国外学者相关研究鲜有提及，部分原因在于尽管数据资产具有价值创造的生产资料属性已被广泛认可，但数据在被收集、存储、分析和交易过程中普遍存在的隐私权问题依然是数据资产权属确认中尚待解决且不容忽视的障碍。这一矛盾在欧美地区尤为突出，例如《通用数据保护条例》限制了数据的自由流通（Tal，2017），数据产权极富争议导致了企业层面会计处理相关研究的停滞。国内学者对于数据资产会计处理的讨论颇为热烈却未达共识，主要原因是数据所有权、控制权存疑造成会计处理办法难以确认，数据资产估值无普适性方法导致计量存在争议（谭明军，2021）。对于关键的计量问题，或许从会计理论出发可以为数据资产会计计量带来新思路。鉴于此，本文基于企业视角，分析将数据转化为数据资产的可行路径，并提出数据资产的具体会计处理方法。

## 二、数据资产会计确认的前提

自 20 世纪 90 年代互联网诞生以来，数以亿计的人通过互联网成为数据生产者；2007 年，iPhone 智能手机的发布开启移动互联网时代，手机网民的迅速增加引发数字数据的数量呈指数级增长。ZB（数据单位量级 GB/TB/PB/EB/ZB）时代正在到来：IDC 预测，全球数字数据的规模估计将由 2018 年的 33 ZB 增长至 2025 年的 175 ZB（Reinsel 等，2018）。通过利用大数据、云计算、物联网为首的智能化数据处理应用技术，数据驱动决策的无限潜力正在金融、制造、零售和能源等各行各业被慢慢释放。数据能够创造价值已成为共识：媒体新闻报道中，关于“数据是‘新石油’”的说法屡见不鲜；The Economist 也曾称为“世界上最有价值的资源”（Sadowski，2019）。然而，数据具有优劣之分，并非所有拥有数据的企业都能够确认数据资产，这需要企业具有完善的数据治理系统。

### （一）数据治理

由于技术驱动收集、存储和分析数据能力的不断增长，企业现在需花费数千万美元管理来自供应商和客户的信息流（Capella 等，2012）。完善的数据治理体系能够确保企业从这些信息流中高效地获取决策信息，但若无数据治理体系，用于数据管理的开销则很可能成为企业的负担。数据治理的好处在于，它不仅可以打破企业各部门各系统中的数据孤岛，还可以在过程中帮助企业对技术、组织和人员进行安排、优化，从而达到促进组织内部和外部增长的效果（Haider，2015）。具体而言，数据治理通过在组织内构建一致的数据定义、传播方式、所有权和数据质量标准，从而为企业提供高质量数据（Fisher T，2009），达到数据有效驱动决策的效果。

除了为企业决策提供高质量数据，数据治理也有助于企业从多样化数据中挖掘出优质数据资产。侯彦英（2021）认为数据资产的形成本质上是数据治理的过程，并将企业数据资产按三层含义区分为：有关各类活动和行为的广义数据资产；所有权、控制权明确但无法实际确认与估值的管理学意义上的数据资产；符合会计确认条件并且能够可靠计量的会计学意义上的数据资产。这与管理思想家罗素·艾科夫（1989）在《从数据到智慧》一书中提出的智慧层次结构（数据—信息—知识—智慧，又名 DIKW 层次结构）有异曲同工之处，即企业对广义数据资产进行分析、管理、应用，使其由数据经资产化转化为智慧，最终部分数据资源成为会计学意义上的数据资产。

虽然理论界大量学者支持数据治理与数据资产密不可分的观点，认为数据治理应被视为管理数据资产的重要内容（张宁和袁勤俭，2017），但许多企业的实际情况是，多个系统中的数据面临定义不一致、相互割裂的冲突，另外存在不正确数据降低了数据的相关性和可靠性，以至于企业不能根据事实做出决策（Hannila 等，2019）。这种现象表明，由于企业对数据的战略意义意识不足或技术资源缺乏，导致数据治理尚存在诸多问题。在北美，数据质量问题造成了超过 6000 亿美元的收入损失（Haider，2015）。储存及分析冗余、无效数据不仅不能带来经济利益，还会造成企业资源浪费，数据更无法被确认为一项资产列入财务报表。无论企业处于何种行业，都需要高效的数据治理确保一致、准确和可靠的数据应用于业务决策，为数据进一步资产化提供保障，发挥数据作为生产要素的作用。

## （二）数据资产化

根据 Birch 和 Muniesa（2020）的观点，从经济学角度看，资产化就是建立一种垄断，使其他人无法控制或拥有产生收入的某一主体；它通过产生新的所有权、控制权和收入形式以及新的主体制造资产。这意味着资产不是天然存在的一件东西或物质，任何东西都可以变成资产。资产化赋予了某物（一块土地、一项专利、一种人类情感、一个网站的流量）一种逻辑和经济形式，使组织通过拥有或控制它或它的所有权创造收入。资产化的过程强调明确资产的所有权、控制权以及为企业带来收入的能力，这对于数据的资产化同样适用。原始数据经过数据处理、数据清理、数据挖掘等过程（见图 1），最终将具有明确的产权归属，成为企业管理学意义上的数据资产。

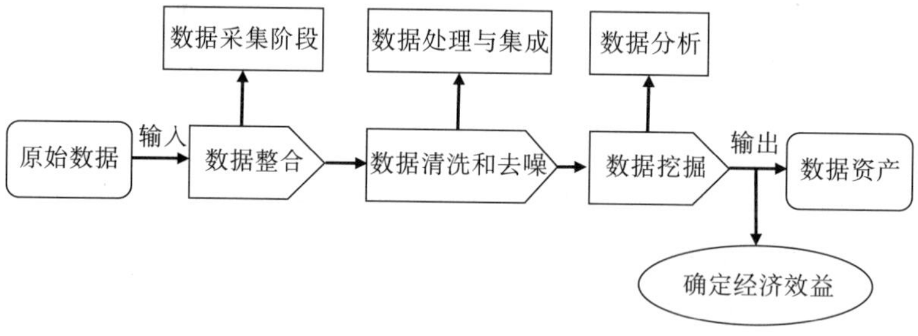


**图 1　企业数据资产化过程**

资料来源：改编自 Wang 和 Zhao，2020。

其中，“数据挖掘”或许不够准确，更恰当的说法应该是数据制造（Sadowski，2019）。因为数据的资产化创造了更多关于数据的数据来进一步“蚕食原始”，产生与原始数据完全分离的逻辑和收入方式（Nido，2021）。这为企业所收集的存在争议数据——如个人数据的控制权判断提供了思路。作为大数据的重要组成部分，由于与人格有密切联系，个人数据被认为不可出售、不可侵犯并受到隐私权保护（Prainsack，2019）。个人数据既不能被视为独特的无形资产，也不能被视为商誉（Birch 等，2021）。但通过对数据资产化过程的梳理，可以发现个人数据经过处理、清理、挖掘等技术分析后产生的新数据资源，是符合企业资产化条件、可由企业控制并用于交易的。Birch 等（2021）的研究结果也表明，大型科技公司通过将个人数据转化为用户指标（如日平均用户和月平均用户），对其进行治理和估值，从而将“用户”和“用户参与度”转变为资产，并非扩大对个人数据本身的所有权和控制权。“用户”和“用户参与度”即为数据的数据——经技术处理后所有权归属于企业的“智慧资本”，这一过程实现了 DIKW 层次结构中数据向智慧的转变，企业通过大数据构建用户画像进行营销亦同此理。分析后得出的集体数据模糊了个人数据中包含的个体信息，不再是标准意义上的个人数据，从而不存在所有权及控制权争议。

## 三、数据资产会计确认

以下将主要讨论数据资产的会计处理问题。企业数据资产可按经济利益流入方式分为自用型数据资产和交易型数据资产，前者通过有效参与决策间接创造经济价值，后者通过交易直接为企业创造收益。

### （一）自用——数据是否驱动决策

自用型数据资产通过有效参与企业决策，以降低成本、节约时间、为用户提供个性化服务等方式为企业带来间接或直接的经济利益流入。研究表明，基于数据的定量推理决策远比基于直觉的决策更加有效（Dhingra 和 Padmanabhan，2012）。经济学家埃里克·布林约尔松（Erik Brynjolfsson）等在 2011 年即对数据驱动决策（data - driven decision making，“DDD”）与企业绩效关系进行了研究，结果表明：数据驱动决策与企业生产力存在相关关系，具体而言：企业采用 DDD 获得的生产力较使用其他投资与信息技术要高 5%～6%；此外，DDD 与较高的资产收益率、权益收益率、资产利用率和市场价值也存在相关性。这直观反映出数据能够通过参与决策为企业带来经济利益流入，举例而言：银行和电信公司利用管理客户数据做出欺诈控制决策，零售行业分析消费者数据进行广告推荐。

尽管数据驱动决策的优势显而易见，但企业对数据的利用效率仍存在较大提升空间：一方面在于数据治理能力不足导致数据质量较差；另一方面在于优质数据需结合管理者正确决策方能发挥效用，这是数据通过参与决策创造价值特性使然。希捷科技公司 2020 年对全球 1500 名企业高管的调查结果显示：企业可获得的数据中只有 32% 投入使用，剩下的 68% 并未使用。单纯的数据量积累不会对企业产生任何益处——即使它们是优质数据（Capella 等，2012；宗威和吴锋，2013）。闲置数据不仅不能为企业带来经济利益流入，还会耗费大量储存管理成本。《哈佛商业评论》曾指出：“除非员工能够将数据整合到复杂的决策中，否则在分析方面的投资可能毫无用处，甚至是有害的。”（Capella 等，2012）。数据量爆发式增长不意味着数据创造了更多价值，企业需通过培养员工的数据素养使数据资源被充分应用于决策，从而为企业带来经济利益的流入。若企业内部自用数据资源未能有效驱动决策，就意味着该数据资源未能为企业带来经济利益流入，也就无法将其视为一项资产列入财务报表。

### （二）交易——企业数据产权界定

除自用数据资产外，企业也可作为数据提供商向其他组织出售数据资产。由于数据资产具有不同于实物资产的可复制、可共享性，企业对于出售的数据资产可保留所有权及使用权，数据资产可多次交易且交易行为不影响其价值（尹传儒等，2021）。但并非所有数据都可以交易，明确企业内部各类数据的产权归属是数据资产流通于市场的前提，只有明确数据的所有权和使用权，才能合理分配数据产生的收益（Wang 和 Zhao，2020）。因此，具有明确权属的数据资源才可以被确认为企业的数据资产。由于与人有关的数据构成企业数据资源的重要组成部分，许多学者对个人数据资源的财产权、隐私权与企业对其所有的所有权、控制权关系进行了讨论（Birch 等，2021；秦荣生，2020），然而本文将原始数据视为企业的数据保护义务对象而非收入来源，这意味着虽然企业拥有对原始数据的控制权，但其产权是不归属于企业的，也就无法被用于交易。本文认为，企业完善的数据治理体系下，原始数据经资产化处理后筛选出的数据资产，其产权可以明确归属于企业，故满足数据资产的会计确认条件。

### （三）会计确认原则

数据资产与无形资产存在形式上的相似与本质上的不同。一方面，数据资产具备无形资产的特点：无实物形态、可辨认性、非货币性、经济利益创造方面具有不确定性；另一方面，数据具有可复制、可共享、驱动决策创造价值等特性，且数据的使用没有损耗，可以长期存在。因此，应将数据资产作为一种新的资产类别予以单列。形式上的相似使数据资产会计确认可参考无形资产确认条件进行处理，计量也可借鉴无形资产计量思路选择计量属性及计价方法；本质上的不同意味着数据资产不应视为无形资产列报于财务报表中，而应当单独设置“数据资产”科目。

参考 2019 年中国信息通信研究院云计算与大数据研究所发布的《数据资产管理实践白皮书（4.0 版）》，数据资产的定义为：由企业拥有或者控制的，能够为企业带来未来经济利益的，以物理或电子方式记录的数据资源，如文件资料、电子数据等。将其于无形资产定义相结合后的会计学表述应为：数据资产为由企业拥有或者控制的，以物理或电子方式记录的可辨认非货币性资产。依据财政部发布的《企业会计准则——基本准则》中资产的确认条件，符合定义的数据资产应同时满足：①与该资源有关的经济利益很可能流入企业；②该资源的成本或者价值能够可靠地计量。

企业经过对原始数据进行资产化处理，既筛选出了为企业带来经济利益的数据资源，也解决了所有权、控制权问题，最终得到符合会计定义的数据资产。进一步地，能够可靠计量成为数据资产会计确认的关键。由于存在形式上的相似之处，数据资产一定程度上可借鉴无形资产计量方法，故下文将数据资产类比于无形资产展开会计计量的分析。

## 四、数据资产会计计量

### （一）数据资产计量面临的问题

数据资产计量面临着与无形资产计量相似的问题，即没有公允的资产价值且价值评估复杂、没有具有可比性的标准，这不仅是标准制定者不愿意改变对无形资产会计处理的部分原因（Lev，2019），现下也成为数据资产会计计量的一大障碍。但研究无形资产近30年的Baruch Lev（2019）认为：即使在资产负债表上资本化无形价值也比这些资产当前的零价值要好（需要注意的是，美国无形资产会计准则要求企业将所有无形资产支出费用化列为当期费用）；有组织的无形资产市场终将发展起来，届时公平的价值也会出现，但没有必要等待。对于估值问题，Paton和Littleton（1940）在其合著的经典会计名著《公司会计准则导论》中指出：会计本质上不是估价的过程，财务会计以定期确认收入为中心职能，并在计量周期性收入的过程中将发生在当前和未来的成本流划分开来。数据资产会计计量所面临的估值问题，可以通过深入理解会计理论找到解决之道。

### （二）数据资产计量属性的选择

葛家澍教授在其多篇论著中指出：财务会计的基本职能是可靠地记录并报告企业的真实财务活动。尽管现代会计经几百年的发展已经历深刻变化，但真实性和可靠性始终是会计最重要的质量特征。这意味着对企业经济活动进行会计处理要秉持表述真实、数字可靠的原则，同时要符合实际经营状况和经营结果（葛家澍和黄世忠，1999）。而基于历史成本的计量结果凭借其易于稽核的特点，能够提供更可靠及真实的会计信息（葛家澍，2003）。基于上述理论，数据资产应以成本法估值入账。

采用历史成本对数据资产进行计量入账，较收益法等以预估未来为指导的估值方法更符合会计思想，原因在于：无论收益法预测模型是否可靠，以模型估值得出的数据资产价值包含大量主观判断从而对计量的可靠性产生影响，而“会计在一定程度上处理的是客观确定的事实”（葛家澍等，2010），采用历史成本取代模型估值更符合会计基本职能。同时，企业的数据无时无刻不在变化，将某一时刻的估值作为入账价值难免有损于可靠性。相较而言，历史成本记录了数据资产产生过程中的实际耗费成本，极大程度保护了会计信息的可靠性和谨慎性；尽管其未能向利益相关者提供无根据的预测数据，但能够报告有根据的财务事实（葛家澍等，2010）。故对于“从无到有”推出数据资产会计准则的阶段，采用历史成本作为数据资产的计量属性更为恰当。

### （三）初始计量与后续计量

数据资产的初始计量采用历史成本法，将取得数据资产的成本作为入账依据。以无形资产会计准则改革的权威观点为鉴，Lev（2019）主张：从一开始就资本化无形成本，然后在适当的时候摊销或注销无形资产。这为本文数据资产计量提供了思路：初始计量将与数据资产有关支出资本化，后续计量将数据资产相关运维费用、管理成本计入数据资产账面价值，并定期进行减值测试，根据数据资产的使用状态做出注销处理。参考电子商务数据资产评价指标体系，数据资产的资本化支出列示如图2所示。

根据信息资源七大定律（黄世忠等，2021）中的“数据越用越有价值”，数据资产具有增值特点，因而后续将与数据资产相关的运维、管理成本计入数据资产账面价值。另外，根据“信息具有非折耗特质”“信息价值随时间减损”两条定律，时间因素可能会对数据资产的总体价值产生影响，且因其难以确认使用寿命从而不适用于摊销，故后续计量不对数据资产做摊销处理，但定期进行减值测试（李诗等，2021）。考虑到企业可能由于战略调整减少或停止对某项数据资产的利用，故后续计量对不再使用的数据资产进行注销处理。

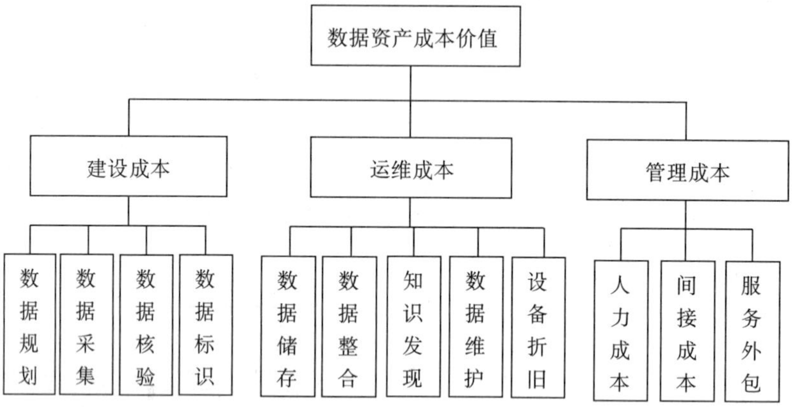


**图2　数据资产价值构成**

资料来源：尹传儒等，2021。

## 五、数据资产会计披露

许多研究表明，随着以无形资源为价值创造主要来源的知识密集型企业在经济中的份额日益增长，现行会计计量逐渐失去了信息价值（Vasarhelyi 等，2015）。尽管经济环境已发生翻天覆地的变化，会计作为以如实地反映企业（单位）的经济与财务真相为最基本职能的一门科学（葛家澍和黄世忠，1999），却落后于经济发展。步入数字经济时代，数据已成为公认的新型资本，甚至被认为可以与创造新产品和服务的金融资本相提并论（Sadowski，2019）。但是目前，无论是国际会计准则还是美国会计准则，都未将数据资产纳入会计核算体系。数据作为一项资产创造价值虽已成为客观经济事实，会计却对之置之不理，使其游离于资产负债表之外，有损于企业财务报告的决策有用和受托责任目标。但是，正如牛津大学教授维克托·迈尔舍恩伯格所说：将数据资产列入资产负债表并非是能否问题，而是时间问题（侯彦英，2021）。

### （一）表内列报

目前，支出与收入不匹配成为对财务信息可靠性产生不利影响的主要来源。在一项被广泛引用的 CFO 调查（Dichev 等，2013）中，92%的受访者表示，对高质量收益贡献最大的会计政策是“使支出与收入相匹配的政策”。然而，伴随着无形资源在企业运营中起到越发重要的作用，最重要的价值创造资源从资产负债表中缺失导致收入与费用之间的不匹配加剧，对财务信息质量产生不利影响（Lev，2018）。许多财务高管认为，财务报告已经“退化”为一种越来越繁重的“合规工作”，而非向利益相关者提供决策有用信息（Dichev 等，2013）。而作为无形资源中的重要部分，数据资产正加剧财务信息质量的

“退化”程度。

以互联网行业为例：2017 年，Facebook 的数据资产价值评估为 947 亿美元，占其当年市场估值总额的 91%（韩海庭等，2019）；无独有偶，以开发金融财务数据为主要业务的同花顺是我国数字经济企业的代表，按照市销率法对其数据资产进行测算，价值介于 120 亿～180 亿元（黄世忠等，2021）。对于某些行业和企业，数据已构成重要战略资产，故符合会计确认条件的数据资产应该同其他资产一样列示在资产负债表上（Hannila 等，2019）。综上所述，本文支持表内确认观的观点：只要数据资源符合数据资产的定义和确认标准，就应在资产负债表上列示为资产，以减轻企业出现收入与成本的错配程度。由于与无形资产存在本质上的区别，故单设“数据资产”一级科目进行列报更为合理①。

### （二）表外披露

表外披露可分为广义披露及狭义披露，前者为一个公司应对外报告的事项，后者为财务报表附注中的会计信息（见图 3），企业应在财务报表附注中说明与数据资产列报的会计信息，在其他非财务报告中披露数据资产决策有用信息。

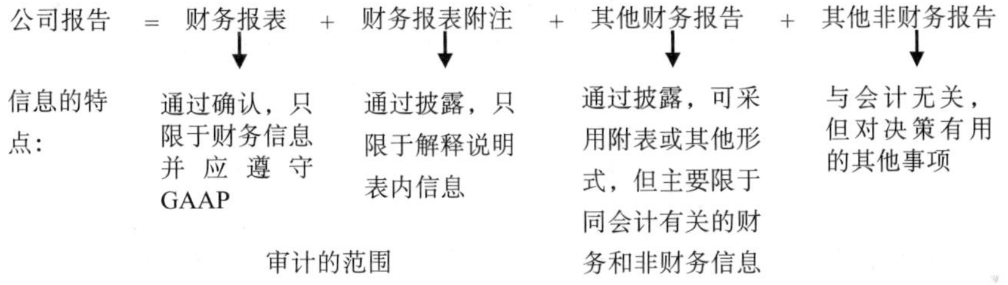


**图 3　公司报告组成**

资料来源：葛家澍，2003。

财务报表附注中的披露内容具体为：①数据资产的期初和期末账面余额、减值准备累计金额；②当期数据资产减值判断依据；③确认为数据资产的研究开发支出金额；④当期外购和自创数据资产金额。另外，为向报表使用者提供数据资产相关的决策有用信息，企业应按照数据确认为数据资产的不同路径在其他非财务报告中分别披露：①数据资产类别及价值创造方式；②数据治理现状；③数据保护政策。维克托·迈尔舍恩伯格指出：当数据变得有价值，通过改善法律框架保护数据安全就将成为关键。要求企业在公司报告中披露数据治理和数据保护的相关信息，是为了督促企业完善相关政策，促进企业数据管理的科学健康发展，同时确保数据要素在市场上规范地流通（谢玮，2013）。

## 六、总结与展望

数据资产列入财务报表，应基于宏观法律层面完善的数据保护政策，确保充分挖掘数

① 另有以 Penman（2009）为代表的无须确认观认为：虽然资产负债表没有反映内部产生的包括数据资产在内的无形资产价值，但相关投入（如研发）和产出都在损益表中得到了充分反映。因此，无须在资产负债表中予以确认。

据可用性和开放性的同时，数据隐私和安全性不受侵害，这是发展数字经济的基石与保障。始终要明确的是，企业对所收集的用户个人数据虽不具有所有权，但肩负保护用户个人原始数据的义务。在会计学领域，企业将一项数据资产列入财务报表应以良好的数据治理体系为保障，以数据资源参与决策、为企业创造经济利益为前提，以明确的产权归属为基础。具体而言，企业应建设完善的数据治理框架，通过资产化处理将数据转化为数据资源，将产权归属于企业的数据资源予以确认、计量及列报为企业的数据资产。进行会计处理时，遵循会计“反映经济实质”的基本职能，以财务信息可靠性为根本原则，采用历史成本记录真实经济活动。

数据资产会计处理应首先解决“从无到有”的问题。目前，与数据资产有关支出分散于各个会计科目中，这不仅使报表信息失真、无法提供决策有效信息，也不利于提高企业数据治理能力。由前文分析可以看出，企业将数据确认为数据资产列入财务报表的过程，是各部门协作梳理数据分析、应用流程的过程，有益于提高企业数据治理能力和数字化转型效率。此外，会计准则经济后果学说观点认为，会计报告将影响企业、政府、工会、投资人和债权人的决策行为（葛家澍和刘峰，1996），这意味着可通过制定数据资产会计准则促进数据应用不足的企业加快数据治理和数字化转型步伐，同时激励更多传统企业加入数字经济的发展进程。新经济时代亟须与之匹配的新会计准则。

## 参考文献

[1] Brynjolfsson E. , Hitt L. M. , and Kim H. H. Strength in numbers: How does data - driven decision making affect firm performance? Working paper, 2011.

[2] Barbara Prainsack. Logged out: Ownership, exclusion and public value in the digital data and information commons [J]. Big Data & Society, 2019, 6 (1) .

[3] DeepInder Dhlngra, Meena Anantha Padmanabhan. Educating the next generation of data scientists [J]. OR/MS today, 2012, 39 (4) .

[4] Fisher T. The data asset: how smart companies govern their data for business success. Hoboken (NJ): John Wiley & Sons; 2009.

[5] Hannu Hannila, Risto Silvola, Janne Harkonen, Harri Haapasalo. Data - driven Begins with DATA; Potential of Data Assets [J]. Journal of Computer Information Systems, 2019.

[6] Haider, A. Asset Lifecycle Data Governance Framework [J]. PROCEEDINGS OF THE 7TH WORLD CONGRESS ON ENGINEERING ASSET MANAGEMENT (WCEAM 2012), 2015: 287 - 296.

[7] Irina Bogdana Pugna, Adriana Duţescu, Oana Georgiana Stănilă. Corporate Attitudes towards Big Data and Its Impact on Performance Management: A Qualitative Study [J]. Sustainability, 2019, 11 (3): 1 - 26.

[8] Ilia D. Dichev, John R. Graham, Campbell R. Harvey. Earnings quality: Evidence from the field. [J]. Journal of Accounting and Economics, 2013, 56: 1 - 33.

[9] Jathan Sadowski. When data is capital: Datafication, accumulation, and extraction

[J]. Big Data & Society, 2019, 6 (1).

[10] Jaime Capella, Shvetank Shah, Andrew Home. Good Data Won't Guarantee Good Decisions. [J]. Harvard Business Review, 2012, 90 (4): 23-25.

[11] Juan M. del Nido. Assetization: Turning Things into Assets in Technoscientific Capitalism by Kean Birch, Fabian Muniesa [J]. Prometheus, 2021, 37 (1): 74-79.

[12] Kean Birch, DT Cochrane, Callum Ward. Data as asset? The measurement, governance, and valuation of digital personal data by Big Tech [J]. Big Data & Society, 2021, 8 (1).

[13] Lev, B. Email Author View Correspondence (jump link). Ending the Accounting-for-Intangibles Status Quo (Article) [J]. European Accounting Review, 2019, 28 (4): 713-736.

[14] Lev, Baruch. The deteriorating usefulness of financial report information and how to reverse it. [J]. Accounting & Business Research (Taylor & Francis), 2018, 48 (5): 465-493.

[15] Penman, S. H. Email Author View Correspondence. Accounting for intangible assets: There is also an income statement [J]. Abacus, 2009, 45 (3): 358-371.

[16] Reinsel D., Gantz J., Rydining J. The digitization of the world. From edge to core. An IDC White Paper - #US44413318. Framingham (MA): Seagate; 2018. 2019. https://download.csdn.net/download/lml15771726282/11885187.

[17] Rethink Data. Put More of Your Business Data to Work—From Edge to Cloud. IDC, Seagate, 2020.

[18] Vasarhelyi, M. A., Kogan, A., Tuttle, B. M. Big data in accounting: An overview (Article) [J]. Accounting Horizons, 2015, 29 (2): 381-396.

[19] Wang Yanlin, Zhao Haijun. Data Asset Value Assessment Literature Review and Prospect [J]. Journal of Physics: Conference Series, 2020, Vol. 1550 (3): 032133.

[20] Tal Z. Zarsky. Incompatible: The GDPR in the Age of Big Data [J]. Seton Hall Law Review, 2017, 47 (4).

[21] [美] W. A. 佩顿 (W. A. Paton), A. C. 利特尔顿 (A. C. Littleton). 公司会计准则导论 [M]. 厦门大学会计系翻译组译. 北京: 中国财政经济出版社, 2004.

[22] 葛家澍, 黄世忠. 反映经济真实是会计的基本职能——学习《会计法》的一点体会 [J]. 会计研究, 1999 (12): 2-7.

[23] 葛家澍. 财会会计的本质、特点及其边界 [J]. 会计研究, 2003 (3): 3-7.

[24] 葛家澍, 窦家春, 陈朝琳. 财务会计计量模式的必然选择: 双重计量 [J]. 会计研究, 2010 (2): 7-12, 92.

[25] 葛家澍, 刘峰. 从会计准则的性质看会计准则的制订 [J]. 会计研究, 1996 (2): 19-24.

[26] 黄世忠, 叶丰滢, 陈朝琳, 等. 新经济 新模式 新会计 [M]. 北京: 中国财政经济出版社, 2020.

[27] 侯彦英. 数据资产会计确认与要素市场化配置 [J]. 会计之友, 2021 (17):

2 -8.

[28] 韩海庭，原琳琳，李祥锐，等. 数字经济中的数据资产化问题研究 [J]. 征信，2019，37 (4)：72 -78.

[29] 李诗，李可亦，田雪，等. A环卫公司数据资产的会计确认、计量与披露 [J]. 财务与会计，2021 (7)：67 -70.

[30] 秦荣生. 企业数据资产的确认、计量与报告研究 [J]. 会计与经济研究，2020，34 (6)：3 -10.

[31] 上海德勤资产评估有限公司阿里研究院. 数据资产化之路——数据资产的估值与行业实践 [EB/OL]. 2019. https：//www2. deloitte. com/cn/zh/pages/finance/articles/data - asset - report. html.

[32] 谭明军. 论数据资产的概念发展与理论框架 [J]. 财会月刊，2021 (10)：87 -93.

[33] 谢玮. 专访《大数据时代》作者、牛津大学教授维克托·迈尔·舍恩伯格. 中国的大数据优势：数据规模 + 数学传统 [J]. 中国经济周刊，2013 (37)：31.

[34] 尹传儒，金涛，张鹏，等. 数据资产价值评估与定价：研究综述和展望 [J]. 大数据，2021，7 (4)：14 -27.

[35] 宗威，吴锋. 大数据时代下数据质量的挑战 [J]. 西安交通大学学报 (社会科学版)，2013 (5)：38 -43.

[36] 张宁，袁勤俭. 数据治理研究述评 [J]. 情报杂志，2017，36 (5)：129 - 134，163.

[37] 中国信息通信研究院. 中国数字经济发展与就业白皮书 (2020) [R/OL]. www. caic. ac. cn，2020.

[38] 中国信息通信研究院云计算与大数据研究所. 数据资产管理实践白皮书 (4.0 版) [EB/OL]. http：//www. caict. ac. cn.

# 以供应链数字化创新解决国企改革的难题

袁政慧[①]

新冠肺炎疫情时期，国企在应急保供、稳定产业链供应链等方面发挥了重要作用。当前正处于国企改革的关键时期，对照《国企改革三年行动方案（2020—2022 年）》《关于开展对标世界一流管理提升行动的通知》与《关于深化新一代信息技术与制造业融合发展的指导意见》等文件的要求，国企改革在不断向深水区推进的过程中尚存在一些难题亟待解决。

目前，由于数字经济的快速发展，能够将国企改革与产业信息化融合发展的有效方式之一就是推动国企供应链数字化创新。因此，大力提升国企产业链供应链数字化、智慧化水平，对于解决当前国企改革的难题、做强做优做大国有资本、确保产业链供应链的安全和自主可控、发挥国有经济引领带动作用具有深远意义。

## 一、当前国企改革三年行动的现状与问题

### （一）国企改革三年行动的现状

2020 年 6 月 30 日召开的中央深改委的第十四次会议，审议通过《国企改革三年行动方案（2020—2022 年）》，开启了新一轮国企改革的步伐。2021 年是国企改革三年行动的攻坚之年，截至 2021 年 6 月底，各地、各中央企业改革任务实现了时间过半、任务过半。目前国企改革三年行动所取得的成就主要有以下四个方面：

1. 取得了明显的阶段性成效

国资委秘书长彭华岗 2021 年 9 月 24 日表示，国企改革三年行动已实现“两个基本完成”和“六个明显”。“两个基本完成”即公司制改制基本完成，剥离国有企业办社会职能和解决历史遗留问题工作基本完成。“六个明显”是指公司治理效能明显加强，活力效率明显提升，布局结构明显优化，科技创新力度明显加大，混改企业机制转换明显加快，国资监管针对性有效性明显增强。

① 袁政慧：厦门国家会计学院“一带一路”财经发展研究中心副教授。

2. 优化调整了产业布局

在产业布局方面，通过清理非主业、低效、无效资产，处理僵尸企业，压缩管理层等措施，推动国资布局持续优化调整。积极化解部分行业产能严重过剩的矛盾，对于产能严重过剩行业，如钢铁、石化、水泥等行业，强化环保、能耗、技术等标准。国企大力支持战略性新兴产业发展，将国有资本优化到重要行业、关键领域及前瞻性、战略性、新兴产业，实现了在优化结构中稳增长。

3. 提高了发展质量和效益

以创新驱动发展战略促进国企转型，是提高发展质量和效益的关键途径。打破垄断、填补空白，以改革推动科技自立自强，是国有资本的天然使命所在。在3年改革行动中，国企强化创新驱动发展，大力推进科技创新工作，推动了提质增效升级。中央企业在北斗产业、民机铝材、新能源汽车、数字化发展等方面，先后设立了多个产业协同创新平台，承建国家“双创”示范基地13个，建设各类创新平台400多个，发挥了龙头企业的支撑引领及辐射中小企业的作用。① 2020年，国企科技创新取得了丰硕成果：中核集团华龙一号全球首堆并网成功，打破国外核电技术垄断；国药集团新冠病毒灭活疫苗成功获得全球首家临床试验批件；航天科技集团“天问一号”火星探测器成功发射；中国船舶集团“奋斗者号”海底万米载人深潜创造纪录……

国企在经济效益提升方面表现突出。进入2021年《财富》世界500强榜单中的中国公司有143家，排名世界第一。其中，国企（包括国有独资企业、国有全资企业、国有控股企业、国有实际控制企业）共101家，占比达70.6%。2021年1~8月，中央企业累计实现营业收入23万亿元，同比增长25.6%，累计实现净利润13540.8亿元，同比增长91%，较2019年同期增长43.6%。②

4. 建立了市场化机制

国企通过市场竞争实现了优胜劣汰。国企的劳动、人事、分配三项制度改革激发了企业活力，劳动生产率有了显著提高，人员结构明显改善，薪酬分配更加合理，企业经济效益与员工收入实现了同步增长。截至2021年9月，74.4%的中央企业各级子企业、61.7%的地方各级子企业与经理层（含职业经理人）签订了有关合同或契约，实现了管理人员能上能下。截至2021年6月底，中央企业已累计实施中长期激励方案500个，覆盖关键岗位核心人才13.7万人。通过改革，国有企业劳动生产率得到有效提升，2021年上半年，中央企业年化劳动生产率达68.5万元/人，同比增长30.5%。③

---

① 引自新华社“2020年中央企业研发经费投入强度提高至2.55%”［EB/OL］. 2021年2月14日，http：//www. gov. cn/xinwen/2021－02/14/content_ 5587093. htm.

② 引自第一财经日报“祝嫣然，明年“七一”前基本完成 国资委详解国企改革三年行动成效”［EB/OL］. 2021年9月28日，http：//news. hexun. com/2021－09－28/204437310. html.

③ 引自潇湘晨报“经济参考报，国企改革三年行动破局闯关明年‘七一’前基本完成”［EB/OL］. 2021－9－27，https：//baijiahao. baidu. com/s？ id＝1712049121409943123&wfr＝spider&for＝pc.

## （二）当前国企改革面临的主要问题

1. 治理体系和治理能力现代化有待进一步提升

一方面，国企所有者缺位状况仍未得到有效解决，“内部人控制”问题时有发生；另一方面，公司法人的自主经营权并未真正落实。由于国企的所有权、经营权、决策权模糊，存在决策流程烦琐、周期长、决策前缺乏科学有效的论证等现象。这就容易造成某些国企领导个人“拍脑袋做决策”“一言堂”，导致决策失误，经营效率低下，使国有资产蒙受损失。

2. 组织架构与权力配置不合理

部分国企组织架构设置不合理，存在机构臃肿、职责不清、人浮于事等弊端，造成对市场需求的反应迟钝，在激烈的市场竞争中难言优势。在作者实地调研的中央企业当中，有的企业组织机构的设置与企业运营业务不匹配，存在过度集权和过度分权的情形。例如，在招标采购与供应链管理领域，有的中央企业将绝大部分的采购决定权集中到集团总部，二级企业仅成为执行主体。这种高度集权的体制使采购主体远离需求端，采购链条过长导致需求响应缓慢，难以满足二级企业差异化和个性化的需求。过度集权还导致了采购与供应链管理部门总部忙、二级企业闲，总部人多、二级企业人少的现象。而有的中央企业则过度分权，集团总部对于采购权的决定权很少，仅行使监督管理职能，出现了监督管理与实际操作的脱节，致使二级企业容易出现权力寻租现象，集中采购的优势难以体现。

3. 科技创新不足

作为中国经济命脉中流砥柱的国企，其自主创新能力是决定国家核心竞争力的重要组成部分，而部分国企存在自主创新能力薄弱、创新投入资金不足等问题。从国家层面的研发经费投入来看，2018 年中国投入研发经费 3184 亿美元，排名第二，美国投入研发经费 5730 亿美元。2018 年全球研发经费投入前十名的国家如图 1 所示。

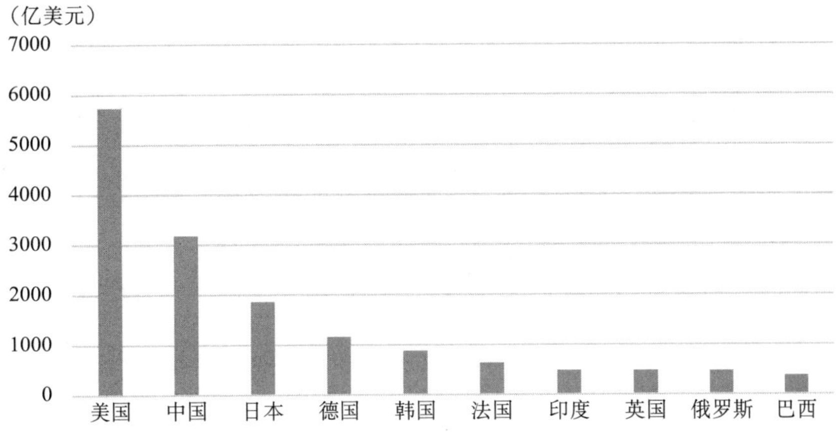


**图 1　2018 年全球研发经费投入前十名的国家**

资料来源：《中国研发经费报告（2020）》；world bank 数据库[①]。

① 引自大连理工大学经济管理学院科创治理研究团队。

从国家层面的“研发强度”，即研发经费在GDP中所占比重来看，2018年中国的研发强度为2.19，低于美国（2.83），日本（3.26），德国（3.13）和法国（2.2）。2018年中国与G7国家国内研发强度比较如图2所示。

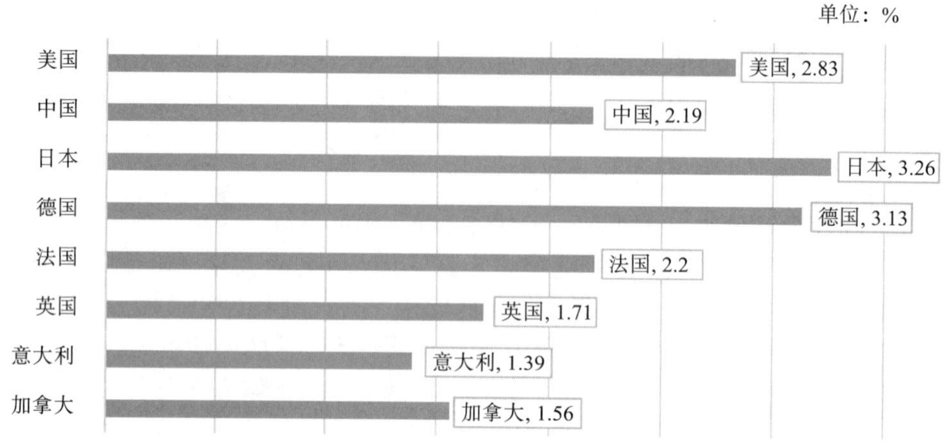


**图2　2018年中国与G7国家国内研发强度比较**

资料来源：《中国研发经费报告（2020）》[①]。

从企业的层面来看，2018年全球研发经费前20强中，中国企业仅华为（研发强度13.86%）一家上榜。研发强度排名前三名的企业是：默克（22.89%）、罗氏（19.43%）和英特尔（19.12%）。2020年，中央企业研发经费投入强度为2.55%，其中中央工业企业研发经费投入强度为3%，虽然同比增幅较大，但仍然低于国际一般工业公司的3.5%。[②] 值得注意的是，中国科研经费投入全球第二，但产业化率仅有5%，这是由于决定国家原创力的基础研究仅占整体科研经费的10%~20%，剩下80%以上的科研经费都投入实际应用方面，而美国的科技成果转化率达50%以上。[③]

4. 内部监督制约机制不完善

部分国企内部缺乏统一的、规范的监督管理机制，尤其缺乏对国企经营者的制约机制，使内部监督工作流于形式。例如，有的国企在招标采购工作中“逢采必招”，虽然流程齐全，手续完备，在程序上合法合规，但实际采购效能不佳，不仅时间率低，虽然采购成本降低，但物料的全生命周期成本节约效果有待提升。再如，有的国企财务管理职能较弱，通过关联方交易等方式对会计信息做出错误的记录和披露，从而导致会计信息缺乏真实性。此外，部分国企现有的监督管理制度还存在执行不到位的情况。

① 引自大连理工大学经济管理学院科创治理研究团队。

② 引自新华社“2020年中央企业研发经费投入强度提高至2.55%”［EB/OL］，2021-2-14. http：//www.gov.cn/xinwen/2021-02/14/content_5587093.htm.

③ 引自中科院格致论道讲坛“中国科研经费投入全球第二，为何产业化率仅有5%？”［EB/OL］. 2021年8月6日，https：//view.inews.qq.com/a/20200806A07V3U00？tbkt=C1&uid=.

## 二、国企供应链数字化创新的意义

1. 解决当前国企改革的难题

移动互联网、人工智能、云计算、物联网、大数据、区块链等技术的出现驱动数字经济高速发展，针对当前国企改革出现的主要难题，国企能够以数字化、智能化的方式对现有的管理决策机制和管理流程进行优化升级。数字经济时代，以大数据分析为基础的生产要素成为供应链发展的关键推动力。随着产业数字化的迅速铺开，对国企内部和外部供应链进行数字化创新管理有利于整合企业内外部的各种资源，包括商流、物流、资金流、信息流、服务流等，实现对国企全流程、全方位的管理。国企供应链数字化创新将有利于国企构建科学的组织架构，使岗位设置与企业运营业务相匹配，建立信息化的决策机制与监管机制，降低管理成本，提高国企管理的质量和效率，提升治理体系和治理能力现代化水平。

2. 做强做优做大国有资本

国有资本是党和国家事业发展的重要物质基础和政治基础，是经济社会健康发展的“稳定器”和改善民生福祉的“压舱石”。对于国有企业来说，做强做优做大的目标就是培育具有全球竞争力的世界一流企业。世界一流企业是在重要的关键经济领域或者行业中长期持续保持全球领先的市场竞争力、综合实力和行业影响力，并获得全球业界一致性认可的企业。自20世纪90年代以来，在全球范围内，企业之间的竞争就已转化为供应链之间的竞争，企业的全球供应链管理能力已成为实现战略目标的核心竞争力之一，而世界一流企业绝大多数都具备卓越的全球数字化供应链管理控制体系。供应链数字化创新将有助于培育国企的核心竞争力，打造世界一流企业，推动国有资本战略性集中，有助于做强做优做大国有资本。

3. 确保产业链供应链的安全和自主可控

2020年12月，中央经济工作会议提出“增强产业链供应链自主可控能力”，赋予了“产业链供应链安全稳定是构建新发展格局的基础”定位。在构建以国内大循环为主体、国内国际双循环相互促进的新发展格局背景下，国有资本要向关系国家安全、国民经济命脉的重要行业领域集中，特别是要聚焦战略性新兴产业和关键核心技术的“卡脖子”环节。供应链数字化创新可以更高效地为国企供应链上下游提供稳定的资源供给、高质量的零部件与原材料，通过建设敏捷化、实时化、可视化的供应链体系，促进国企供应链上下游之间建立并行工程，促进上下游企业共同努力开发新技术以及攻克现有技术难题。同时，供应链数字化创新各项技术的应用也将促进国企强化供应链“链长”的核心地位，增强对供应链整体的管理控制能力，促进国企全球供应链强链补链固链。

4. 发挥国有经济引领带动作用

国有企业作为国民经济的支柱企业，不仅自身要做到高质量发展，还要发挥对中小微企业的引领带动作用。其一，供应链数字化创新可以帮助国企充分发挥“链长”的优势，通过商流来引领供应链上下游中小微企业的技术化、标准化和模块化，提高供应链整体的技术水平和管理效能。其二，供应链数字化创新有助于国企在信息化方面引领带动中小微企业进行信息化同步升级，提升供应链整体的信息化水平。其三，供应链数字化创新有助于国企把握供应链中对资金流的管理优势，利用供应链金融等工具，扩大国企“链长”的金融信用，对于供应链上下游中的关键技术环节、重点扶持企业等给予金融扶持，实现资源在供应链整体系统中的优化配置。

## 三、国企供应链管理的要求和数字化创新的方法与应用场景

### （一）国务院国资委对国企供应链管理的要求

根据国务院国资委 2020 年 6 月 15 号发布的《关于开展对标世界一流管理提升行动通知》（国资发改革〔2020〕39 号），本文梳理提炼出以下五点与国企供应链管理有关的具体要求。

1. 强化国际化经营，构建更加适应国际化经营需要的管理机制

强化国际化经营，积极稳妥实施“走出去”，构建更加适应国际化经营需要的管理机制，有序融入世界产业链和创新生态圈，不断增强全球话语权和影响力。

2. 科学设置组织架构，探索推行“扁平化”“大部门制”“项目制”管理

针对总部定位不清晰、机构设置不匹配、授权放权不充分、流程运转不顺畅、管理方式不合理等问题，进一步明确总部职能定位，科学设置组织架构，探索推行“扁平化”“大部门制”“项目制”管理，建立健全目标明确、边界清晰、权责对等、精简高效的组织体系；分类开展授权放权，综合考虑所出资企业发展阶段、行业特点、治理能力、管理基础等因素，给予不同范围、不同程度的授权放权，全面激发企业活力；完善组织运行机制，进一步压缩管理链条、优化工作流程，确保组织高效运转、快速响应；转变行政化管理方式，依据股权关系，通过法人治理结构，依法履职行权，提升企业管理市场化、法治化水平。

3. 着力优化供应链管理，实现采购优质优价和全生命周期总成本最低

针对精细化管理能力不强、成本和质量管控不到位、运营效率不高等问题，进一步树立全员参与、协同高效、持续改善的精益管理理念，将精益管理运用到研发设计、生产制造、供应链管理、营销服务等全流程全链条，以最小资源投入，创造更多更大价值；加强现场管理，对生产现场各要素进行合理有效的计划、组织、协调、控制，实现生产的安全、优质、高效、环保、低耗和均衡；着力优化供应链管理，持续提升采购的集约化、规范化、信息化、协同化水平，实现采购优质优价和全生命周期总成本最低；完善营销管理和用户服务体系，科学制定营销策略，创新服务模式，不断提升服务质量和品牌形象，提高客户忠诚度和满意度。

4. 加强风险管理，提升合规经营能力

针对管理能力不强、内控体系不完善、合规管理不到位、责任追究力度不够等突出问题，进一步强化风险防控意识，抓好各类风险的监测预警、识别评估和研判处置，坚决守住不发生重大风险的底线；加强内控体系建设．充分发挥内部审计规范运营和管控风险等作用，构建全面、全员、全过程、全体系的风险防控机制；推进法律管理与经营管理深度

融合，突出抓好规章制度、经济合同、重大决策的法律审核把关，切实加强案件管理，着力打造法治国企；健全合规管理制度，加强对重点领域、重点环节和重点人员的管理，推进合规管理全面覆盖、有效运行。

5. 加强信息化管理，提升系统集成能力

针对信息、化管理缺乏统筹规划、信息化与业务“两张皮”、信息系统互联互通不够、存在安全隐患等问题，结合“十四五”网络安全和信息化规划制定和落实，以企业数字化智能化升级转型为主线，进一步强化顶层设计和统筹规划，充分发挥信息化驱动引领作用；促进业务与信息化的深度融合，推进信息系统的平台化、专业化和规模化，实现业务流程再造，为企业生产经营管理和产业转型升级注入新动力；打通信息“孤岛”，统一基础数据标准，实现企业内部业务数据互联互通，促进以数字化为支撑的管理变革。

### （二）国企供应链数字化创新的方法

根据国资委《关于开展对标世界一流管理提升行动的通知》，国有重点企业要全面提升管理能力和水平，包括战略管理、组织管理、运营管理、财务管理、科技管理、风险管理、人力资源管理、信息化管理 8 个方面。本文将其整合为 6 个方面，从组织、管理、产品、技术、商业模式、财务金融等角度探究国企供应链数字化创新的方法。

1. 组织创新

针对国企机构设置不合理、不匹配等问题，在数字经济时代，国企的组织架构需要从传统的正三角型或金字塔形升级到更加适合市场竞争的倒三角形或动态网络组织（见图 3 和图 4），例如海尔的“人单合一”模式。

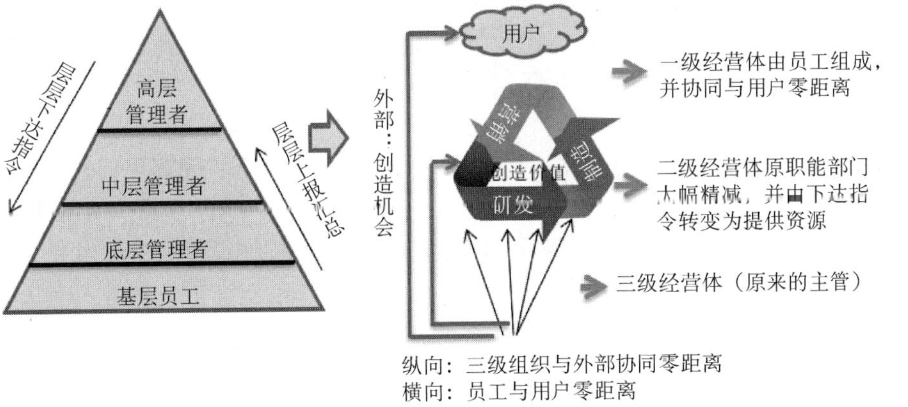


**图 3　从“正三角”到“倒三角”组织结构**

资料来源：韩文振：《互联网时代 H 企业基于人单合一双赢模式创新的供应链转型研究》，2017 年。

国企要着力体制机制创新，明确党组织在公司法人治理结构中的地位。通过数字技术创新后的国企组织架构要面向市场需求，促进各级员工直接与市场对接，有助于科学配置人力资源，激发国企活力，增强国企竞争力，实现减少国企管理层级、缩短组织链、提高绩效的目标。

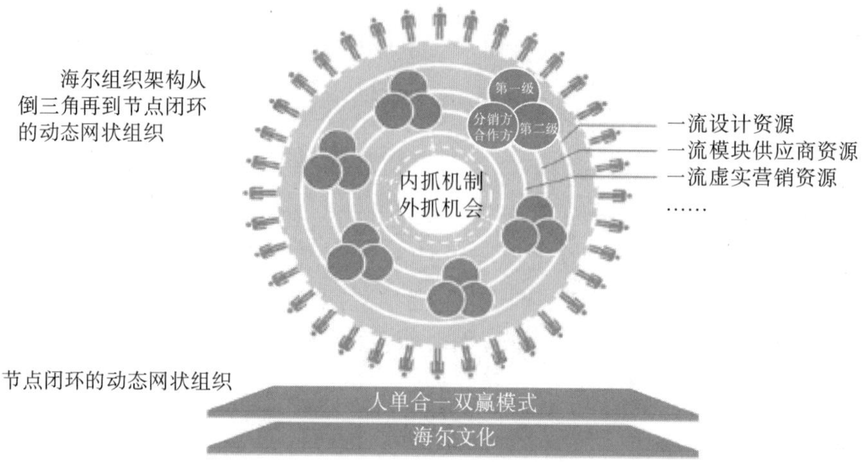


**图4 从“倒三角”到“动态网状”组织**

资料来源：韩文振：《互联网时代 H 企业基于人单合一双赢模式创新的供应链转型研究》，2017 年。

2. 管理创新

传统管理模式下，高层管理者往往是国企的决策主体，但是这种决策机制的弊端，如决策流程烦琐、周期长、“一言堂”“拍脑袋决策”等逐渐显现，制约了国企的发展。而通过供应链数据分析挖掘及各种算法和参数所形成的数学模型，最终计算出供应链全流程智能化的科学决策。国企可以通过供应链数据分析技术，自动得出供应链全流程、智能化的科学决策。数字技术有助于加强新型决策机制及主体构成的改善，将国企的决策权分离开来，进一步实现所有权、经营权、决策权分离。通过供应链数字化管理与全流程科学决策的管理创新，国企能够做到同时兼顾公平和效率。

3. 产品创新

传统供应链管理存在信息不对称问题，国企很难及时准确掌握客户的需求。而先进的数字技术能够较好地解决信息不对称问题，帮助国企洞悉客户的心理，精准推出新产品。比如，通过构建产品、零部件、服务信息共享平台，精准把握需求，针对性地开发新产品，提高国企的产品力。还可以通过 AR/VR 技术提升产品及客户体验，开发适销对路的新产品，为国企带来新的业务增长，提高市场竞争力。

4. 技术创新

首先，国企在供应链的采购、制造、物流等各运营环节可以用智能技术来取代人工，如智慧采购、无人工厂、魔鬼码头等。目前，物流分拣环节就已经实现了全面的智能化处理，不仅能够提高分拣的效率和准确率，也大大降低了人工成本，促进了国企产业链供应链的可持续发展。其次，国企可以通过众包模式促进技术研发。通过搭建互联网众包平台，国企可以利用全球“外脑”，快速高效地解决技术难题。最后，国企还可以通过供应链知识协同创新，利用知识溢出效应，打通上下游企业之间的知识共享，促进企业之间的科技合作。

5. 商业模式创新

首先，从供应链渠道创新与盈利模式创新的角度来分析，传统 B2C、C2C 渠道的直播、短视频、微信、微博、社交电商等模式取得了巨大的商业成功，涌现了一批优秀的民营企业，而原来 C 端的这些商业模式在国企 B2B 渠道下能否适用呢？答案是不仅能，而且要尽快实施，尤其是对于打造“产品出海”“技术出海”“品牌出海”的国际化国企来讲，尽快通过直播、短视频、社交电商等模式在全球宣传企业的产品、品牌、企业形象尤为必要。其次，从价值定位创新的角度来分析，国企要使供应链管理平台化。国企现有的供应链管理平台分为：私有平台、公有平台和公私结合平台，用户范围沿私有平台→公私结合平台→公有平台扩展，而做到了公私结合平台与公有平台的国企就可以从供应链平台的运营中获取利润，成为国企新的利润增长点。例如，中石化的“易派客”电商平台就是基于“互联网 + 供应链”的 SC2B 电商运营新模式，现已发展成为中国最大的工业品电子商务平台。

6. 财务与供应链金融创新

一方面，从国企财务监管的角度，通过对供应链上下游所有节点，如供应商、客户、仓库、企业在制品库存、在途库存等全产业链上数据的挖掘和整理，形成业财融合背景下的国企财务管理，以真实、完整的业务数据自动生成国企财务报表，可以杜绝虚假信息，便于监督管理。另一方面，通过金融科技赋能，打破信息不对称，打造数字信用，建立起以国企为链长的上下游企业、银行、信托、担保等共生共享的供应链金融生态网络。彻底破解国企供应链网络中的中小企业抵押物不足的融资难题，发挥国有资本的控制力、引领力，使国企供应链能够强链补链固链，保障国企产业链供应链安全和自主可控。

### （三）数字技术在国有企业供应链创新中的应用场景

1. 采购供应

产业互联网技术让数字化供应链变成现实，让国企对采购寻源一目了然，实现对供应商的实时可视化管理。大数据解决了供应商管理中的信息不对称问题，有助于国企降低采购成本，提高采购效率。数字化供应链让国企与供应商、客户实现并行工程，实施产品全生命周期管理。

2. 生产计划

随着 5G 网络、产业互联网、3D 打印、物联网、大数据、人工智能等数字技术场景化应用的成熟，智能制造已进入快车道。数字经济时代的生产制造特征：全球化、智能化、柔性化、敏捷化。国企可以把实物数字化，实现全球化智能化生产。智能化生产使国企产能在全球范围内合理配置，实现生产本地化，供应链全球化，实现全球强链补链固链。

3. 国际物流

数字化技术有助于国企提高国际物流效率，例如，无人机送货、无人配送开放平台、无人配送站、无人仓及大型货运无人机等提高了物流效率、降低成本、提升服务水平。在大数据驱动下，国企能优化仓储点及物流路线布局提升效率。国企还可以借助人工智能，为上下游企业、物流供应商等提供更好的决策，为客户提供更专业、便捷的服务。

4. 需求预测

供应链因需求而存在，国企的大部分经营活动规划都依赖于需求预测，如营销、生产、物流、财务和人力资源规划等都直接受到需求预测的影响和制约，而传统需求预测方法有限、偏离市场、牛鞭效应严重、库存成本高、服务水平低，预测结果指导性有限。国企利用机器学习，通过分析生产及交货时间的历史变化，能更好地预测交货日期和供应商的表现，还可以深入挖掘、分析供应链节点数据，结合算法优化手段提升需求预测准确度，为企业各部门做好准确的规划。

5. 供应链金融

金融的底层逻辑是信用，传统供应链金融本质是通过核心企业（链长）的信用弥补产业链上下游中小微企业（主要是民营企业）的信用，但实践中国企供应链要做到四流合一（资金流、信息流、物流、商流）很困难，制约了供应链金融的发展。目前，区块链技术可以为国企供应链中各有关企业的底层信用与金融机构添加新桥梁（如解决票据流转、仓单重复质押等问题），有效解决资金供需双方的矛盾，实现国企与民企多方共赢。

## 四、相关政策建议

### （一）出台有关政策促进与规范国企供应链数字化创新

其一，加强顶层设计，政府有关部门要做好促进与规范国企供应链数字化创新的长期、战略性规划，要完善现有的产业政策，抓紧制定独立的、完备的产业技术政策，为国企供应链数字化创新营造良好的氛围。其二，通过完善的政策和体制机制设计，通过供应链数字化创新的路径，推动政府对国企从“管资产”到“管资本”，促进国有资本高质量发展。其三，在国企始终坚持和加强党的领导的方针引领下，以供应链数字化创新为抓手，以全产业链供应链的整体成本最优、效率最佳为出发点，运用大数据、物联网、人工智能、移动互联网、云计算等技术，规范与引导国企对产业链供应链进行一体化管理，有效促进国有资产保值增值。其四，以市场为导向，以供应链数字化创新来融合组织、管理、产品、技术、商业模式、财务金融等各项管理职能，建设供应链管理一体化平台，从而以数字技术手段规范国企经营，破解国企改革的难题，加强国企经营的风险防控，强化监督，进一步提高国企资产监管部门工作的针对性、便利性、科学性和有效性。

### （二）多举措促进国企全球供应安全自主可控

其一，建议各级政府出台相应财税政策，如设立国企供应链数字化创新工程财政专项资金，或成立专门的贷款担保基金，提供有关财政补助等鼓励措施。在税收方面，在增值税、企业所得税返还等方面给予不同幅度的扶持，打造一批进军国际产业链供应链高端的重点国企，以确保产业链供应链的安全和自主可控。其二，在国内国际双循环相互促进的新发展格局背景下，结合中国与美欧日等当前的经贸状况与“一带一路”发展规划，国企应创新供应链管理模式，优化全球供应链网络节点布局，把握供应链成本效率与供应链安全之间的平衡，保障原材料零部件采购供应、优化全球产能配置、保障国际物流通道安全。其三，对于关键国企，政府有关部门要协助其建立供应链安全预警机制，共享供应链威胁报告，对于核心原材料零部件供应短缺、风险较大的节点，要有风险预案；对供应链的空白与薄弱环节，要做好中长期规划予以补齐与加强巩固。其四，国企要立足市场，对标世界一流企业，营造良好的供应链合作氛围，真正解决供应链创新中存在的利益分配问题、风险问题和持续发展问题，打造基于数字化供应链的国企核心竞争力。

### （三）以供应链信息化建设进一步推进落实国企有关政策

其一，在国企供应链一体化信息平台的建设规划设计阶段，就要将我国现阶段对国企的有关大政方针政策以及国企的制度结合起来，以信息化、流程化的方式嵌入国企供应链一体化信息平台当中，以此将有关政策落实在国企的日常经营活动当中。其二，国企要发挥带动引领作用，充分利用供应链一体化平台来确保产业链供应链的安全和自主可控，通过信息资源整合提高产业链供应链网络的整体效率。对处于信息技术劣势的中小微企业给予必要的激励与扶持，从而提升供应链整体信息技术水平。其三，树立国企供应链数字化创新的样板，评选出国企供应链一体化信息平台的优秀成果，总结其设计、建设、运营、维护的经验，逐步推广应用，避免平台重复建设和平台之间的恶性竞争。

### （四）扶持以国企为“链长”的供应链金融创新

在供应链金融创新领域，运用互联网、物联网、大数据、云计算、区块链等技术，国企可以与上下游企业、银行、信托、担保等共同构建共生共享的供应链金融生态圈。金融机构依托以国企为“链长”的供应链系统数据，将传统的企业主体信用转换为数据信用，提升供应链金融的风控能力，降低信贷业务综合成本，彻底破解中小微企业抵押物不足的融资难题。通过金融科技赋能，打破信息不对称，打造数字信用，为供应链中的小微企业提供高效、低成本、风险可控的普惠金融服务，助力各供应链节点企业发展强大，实现国企供应链的强链补链固链，打造具有全球竞争力的世界一流供应链。

## 参考文献

［1］祝嫣然．明年“七一”前基本完成 国资委详解国企改革三年行动成效［N/OL］．第一财经日报，http：//news. hexun. com/2021 -09 -28/204437310. html，2021 -9 -28.

［2］大连理工大学经济管理学院科创治理研究团队．中国研发经费报告（2020）［EB/OL］．http：//m. zhishifenzi. com/news/multiple/11239. html，2021 -5 -1.

［3］尚振锋．“互联网 +”时代的企业供应链管理模式创新［J］．产业创新研究，2020（8）．

［4］人民日报．做强做优做大国有资本［N/OL］．http：//www. sasac. gov. cn/n2588025/n2588134/c18916273/content. html，2021 -6 -2.

［5］韩文振．互联网时代 H 企业基于人单合一双赢模式创新的供应链转型研究［D］．西南交通大学，2017.

［6］中国网财经．黄奇帆：产业互联网金融是金融科技发展的下一个蓝海［EB/OL］．http：//finance. china. com. cn/news/special/2020wtjrfh/20201025/5415909. shtml，2020 -10 -25.

# 中国与欧盟关税制度比较研究

张小三[①] 陈书洋[②] 胡晓洁[③]

## 一、引言

### （一）现实背景

一直以来，中国和欧盟是亲密的贸易伙伴，双方经贸合作发展迅速。2020 年，中国与欧盟进出口总额为 6731 亿美元，中国首次跃居欧盟第一大贸易伙伴，欧盟业已成为我国第二大贸易伙伴。如表 1 所示，中国与欧盟自 2010 年至今，进出口总额整体稳中有升，虽然 2020 年中国与欧盟进出口总额增长率比 2019 年下降 6.52%，出口增长率同比下降 5.93%，但考虑疫情因素影响，这一成果来之不易。随着《中欧投资协定》如期完成谈判，双方未来投资和经济贸易往来将迎来更好的发展机遇。

**表 1　　中国向欧盟进出口数据**

| 年份 | 出口额（亿美元） | 出口同比增长率（%） | 进口额（亿美元） | 进口同比增长率（%） | 进出口总额（亿美元） | 进出口总额增长率（%） | 顺差额（亿美元） |
|---|---|---|---|---|---|---|---|
| 2010 | 3755 | 25.13 | 1494 | 29.79 | 5248 | 26.42 | 2261 |
| 2011 | 4100 | 9.20 | 1889 | 26.45 | 5989 | 14.11 | 2211 |
| 2012 | 3749 | -8.55 | 1845 | -2.30 | 5595 | -6.58 | 1904 |
| 2013 | 3714 | -0.95 | 1956 | 6.01 | 5670 | 1.35 | 1758 |
| 2014 | 4011 | 8.01 | 2174 | 11.13 | 6185 | 9.08 | 1837 |
| 2015 | 3887 | -3.10 | 1876 | -13.70 | 5763 | -6.82 | 2011 |
| 2016 | 3891 | 0.11 | 1865 | -0.60 | 5756 | -0.12 | 2026 |

① 张小三：厦门国家会计学院“一带一路”财经发展研究中心讲师。
② 陈书洋：中梁控股集团财务管理部管培生。
③ 胡晓洁：厦门国家会计学院在读研究生。

续表

| 年份 | 出口额（亿美元） | 出口同比增长率（%） | 进口额（亿美元） | 进口同比增长率（%） | 进出口总额（亿美元） | 进出口总额增长率（%） | 顺差额（亿美元） |
|---|---|---|---|---|---|---|---|
| 2017 | 4227 | 8.64 | 2210 | 18.53 | 6437 | 11.85 | 2017 |
| 2018 | 4664 | 10.32 | 2469 | 11.70 | 7132 | 10.79 | 2195 |
| 2019 | 4705 | 0.89 | 2495 | 1.08 | 7200 | 0.95 | 2210 |
| 2020 | 4426 | -5.93 | 2304 | -7.65 | 6731 | -6.52 | 2122 |

资料来源：根据 UN COMTRADE 数据库历年数据整理所得。

虽然中国与欧盟经济贸易往来整体形势向好，然而，双方经贸间还存在复杂的摩擦与纠纷。2020 年贸促会发布报告称欧盟设置太多复杂而又不必要的制度，导致对欧投资和贸易的中国企业深受其害，认为欧盟营商环境比较差的中国企业比认为满意的超过近 7%①。欧盟过渡规制亦为中欧投资和贸易往来带来不稳定性。另外，欧盟关税法律制度及征管方式是把双刃剑，既能够成为维持国家间贸易蓬勃发展的利器，也能够成为影响双方贸易往来的隐形壁垒。关税制度存在的阻隔等因素，直接影响中欧双边贸易与投资。关税制度性壁垒（并非仅指高关税）的隐蔽性高、破除难度大，对我国企业而言，无论再低的税率优惠碰上不合理的关税征收规则（如三大技术规则），足以将之前的税率优惠抵销。

因此，深入了解欧盟关税制度，有助于中欧双边贸易畅通，有助于我国企业预防和克服在欧盟遭遇关税制度上的诸多障碍，在面对复杂多变的欧盟关税制度、不公平的关税征纳程序和不可调和的关税法律责任时，可以及时作出反映切实维护自身利益。

### （二）文献回顾

现有研究从以下不同视角研究如何优化和完善我国现有关税制度：

一是认为促进关税立法完善我国关税制度。钟昌元（2011）认为我国当前关税税率结构不合理，国内初级产品税率低，最终产品税率高，虽然最终产品的平均名义税率高，但实际征收率较低；关税优惠政策对国内经济发展负作用越发明显。钟昌元（2012）认为关税应与国内其他税种一并完善，可以达到相互补充的效果。施正文和刘奇超（2016）认为当前我国关税法律制度体系章节逻辑和结构混乱，征管流程趋于形式缺乏理论依据，建议应根据税收法定原则，将关税立法提上日程。苏铁和郭颖超（2017）认为关税税则和税率是关税法的核心要素，确定两者的法律地位和要素设计及立法机制对关税立法至关重要。苏铁和施正文（2017）认为各国关税制度虽各不相同，但都依据税收法定原则对关税立法，我国应当予以立法明确关税税率的法律地位，征税对象作为衡量征税范围的要素，亦应在《关税法》上予以确定。

二是认为完善关税制度应遵循相关原则。苏铁（2014）认为我国关税制度应该完善估价制度，加大对于特许权使用费的研究，优化归类标准建设形成有本国特色的商品归类体

① 2020 年，中国贸促会研究院发布《欧盟营商环境报告 2019/2020》。

系，加强原产地法制基础建设和优惠政策的规范执行，在坚持计征原则的基础上，保持计征标准的弹性。邓力平等（2017）认为关税作为国家调控宏观经济的工具，需要注意关税调整时机，从长期看，关税政策调整要基于国家利益优先；从短期看，我国需要降低中游产业产品的税率，提高下游产品的有效关税保护税率，还应考虑降低消费品的关税税率，提高人民的满足感。此外，关税的调整还应考虑特定行业关税与增值税等大税种之间交叉征税情况，避免重复征税对纳税人造成利益损害。

三是关税制度的国际比较和政策启示。苏铁（2014）通过对比中欧关税立法的差异发现我国关税立法还存在不科学之处，与欧盟相比，民众几乎未参与立法过程，关税专家对于立法中的技术贡献率较低，全民网络时代立法部门仍然缺乏足够的敏感性，会导致立法后的不确定性和不可预见性增强。刘兴开（2016）通过对日本与韩国关税保税区和我国保税港对比研究，认为日韩对保税制度早已立法，申请程序简单、审核速度快，而我国尚未立法，申请手续复杂、审核周期长，建议我国应当对保税港制度进行立法，确立其法律地位、简化申请程序、完善监管制度。邓力平和王智烜（2018）比较我国与发达国家的关税税目差异，并从贸易保护、要素禀赋、当地消费者偏好等方面进行阐释，指出我国关税的调整要体现关税政策的意图，关税税目不应为了征税而设置，税目设置的手段可以多样化，例如借鉴欧盟设置季节税，对季节性产品进行贸易保护。

综上，虽然学者们从不同视角提出完善我国关税制度的政策启示，但关税制度的改革探索还应结合贸易国的关税制度进行对比分析和经验借鉴。基于中国和欧盟投资和经济贸易向好的背景，结合关税同盟理论、最优关税理论、幼稚产业保护理论，通过对比分析中国与欧盟关税制度的异同，得出在欧盟季节性关税、税率设置、入境价格体系、税收征管等方面的政策启示，从而为完善我国关税制度提出现实性的对策。

本文第一部分为实践背景和文献回顾。第二部分梳理中欧关税制度法律体系的差异。第三部分通过对比双方在关税具体税目上的异同，并从多角度阐述原因以及双方关税征管制度上的异同。第四部分基于三种商品分类形式的税率分布统计，从不同角度对中欧税率结构进行分析。第五部分总结了我国在税收征管、税率、法律体系等方面的不足，以及欧盟关税制度政策启示，为完善我国关税制度提相应对策。

## 二、中欧关税制度法律体系比较

### （一）中国关税制度法律体系

1. 关税制度法律的变迁

我国现代关税制度变迁经历三个阶段。第一阶段为 1949—1952 年。随着新中国成立，我国开始制定新中国保护关税制度。1951 年 5 月，我国第一部海关基本法——《暂行海关法》颁布实施，后来陆续颁布了《进出口税则》和《进出口税则暂行实施条例》，彰显了我国力图实现关税自主、保护国内市场的决心。第二阶段为 1953—1979 年。为简化关税征收程序和税款清缴的效率，1963 年，我国颁布了《关于进口商品实行统一作价办法的暂行规定》，规定出口产品由海关征收，进口产品由外贸公司向海关上缴。1967 年下半年开始，凡由外贸公司通过统一作价办法进口的商品，其税款不再由海关征收而是作为利润上缴国库，其他仍由海关根据关税税则征收。1979 年 8 月，国务院恢复了关税的单独计征。第三阶段为 1980 年至今。1987 年，我国正式颁布《中华人民共和国海关法》（以下简称《海关法》）。2000 年，我国对《海关法》作出较大修正，并分别于 2004 年、2011 年、2013 年及 2017 年进行了一定幅度的修正。目前，我国关税制度还处于发展时期，新区域经济联盟和经济贸易全球化都给我国关税制度带来冲击，关税制度仍需不断完善。

2. 关税法律体系的构成

根据《中华人民共和国立法法》的规定，我国海关税收制度实行三级立法程序：一级法是《中华人民共和国海关法》，共九章，其中第五章共十三法条对关税制度要素进行陈述，其余八章陈述了海关的地位、职责等作用。《海关法》奠定了我国关税制度的基础，具有海关法律系统的最高法律效力。二级法是《关税条例》《进出口货物原产地条例》等行政法规。三级法包括《进出口货物征税管理办法》等在内的行政规章和行政解释。然而，《海关法》对于关税的内容太少也过于宽泛，一些系统性的规定虽然在《关税条例》单独列出，但仅是行政法规，一些关税税制要素还没进行立法。虽然《海关法》仅对关税部分制度要素作出规定，但税率作为重要的税收要素之一，却没有位列其中，仅在《进出口税则》中出现。虽然其他关税税制要素以条例的形式规定，但《海关法》《关税条例》《原产地条例》存在对某一相同内容规定不同，例如，海关申报程序在上述法律法规中的内容就有些许差异，这就使关税征管依据稍显凌乱琐碎。因此，当前关税立法问题亟待解决。从目前我国关税制度改革的方向来看，也需要梳理《海关法》与《关税条例》《进出口税则》之间的关系，细化法规，使《海关法》与海关征管工作更易衔接。

### （二）欧盟关税制度法律体系

1. 关税制度法律的变迁

欧盟关税制度变迁分为三个阶段。第一阶段：为了建立关税同盟和农业市场联盟，1957 年，以德、法为首的 6 个国家签订了《罗马条约》，制定了 12 年内实现三步走的计划，最终取消关税实现市场内自由贸易。欧共同体于 1968 年完成该项计划，为欧共同体关税同盟奠定了坚实的发展基础。1992 年 10 月，欧共同体委员会通过了《欧共体海关法典》，对欧共体海关的基本权利义务、关税政策与税则等做出了详细规定。第二阶段：1993 年，欧盟正式成立，欧盟继续沿用《欧共体海关法典》。2008 年，为适应当时欧盟的经济发展，欧盟理事会通过了欧盟《现代化海关法典》。《现代化海关法典》在《欧共体海关法典》的基础上彻底翻新。第三阶段：2013 年，在《现代化海关法典》将要执行的前夕，欧盟议会与理事会重新通过了《欧盟海关法典》（UCC），并拟定于 2016 年 6 月 1 日实施。《UCC》共计 9 编，288 个条款，其中前 3 编对欧盟关税法的总体规则、海关估价与归类、优惠性与非优惠性原产地规则、海关债及其担保等问题进行了全面规范。

2. 关税法律体系的构成

现行欧盟关税法体系是以《欧盟海关税则条例》和《UCC》为中心形成的一套体系庞大和结构复杂的法律制度体系。

（1）欧盟税则条例体系。到本文结稿时止，《欧盟海关税则条例》先后经历 6 次修改，但在税则条例中并不体现税则税率的变化。具体税则税率的变化由欧盟一体化税则（TARIC）负责，TARIC 由欧盟委员会予以规定、更新、管理和发布。TARIC 主体部分是"共同海关税则（CCT）"，包括对于综合商品归类的名称（CN）和适用于每种货物的关税税率。所有欧盟成员国对外关税税则保持一致，但不同货物之间税率不同，这取决于货物的来源地与类别。每年下半年，欧盟委员会都会以指令形式对外发布一次更新后的关税税则。

（2）欧盟海关法典体系。欧盟三部海关法典之间关系复杂，交替更迭。2016 年 5 月前，欧盟所实施的是 1992 年的《欧共体海关法典》，虽然 2008 年通过的《现代化海关法典》没有实际执行过，但法律已然生效过。2016 年 5 月后，欧盟正式实施《欧盟海关法典》。《欧共体海关法典》主要陈述海关的地位、职责等原则性概念，而操作性和指导性法规内容以条例的形式规定于《欧共体海关法典实施条例》中。《UCC》颁布生效后，欧委会根据授权和执法条例的规定，规则被细化分解为《授权条例》和《执行条例》，前者多为条文规则，后者对海关执法程序作出流程规范。《UCC》有一些条款因为客观因素的存在，还未正式实施，所以欧委会出台了一些过渡性条例。因此，欧盟关税制度远比明文规定的法典复杂。

### （三）中欧关税制度法律体系对比

从关税制度变迁看，欧盟顺应时代发展，简化纳税程序，完善税收清缴制度。从最初的《欧共体海关法典》到《现代化海关法典》，欧盟委员会旨在让海关征管规范化向关税制度符合经济发展规律迈进。《现代化海关法典》内容上大幅简化海关程序，加快进口厂商通关效率，通过征管程序与科技的结合，进一步简化海关手续，推行集中清关制度，效率大幅提升。我国虽然也在加大在关税征管科技上的投入，但还处于发展探索阶段。

从关税法律体系来看，欧盟关税法律虽然经过多次修改，但是法律法规相互关联。然而，我国关税制度体系还缺少部分要素，各条例、规章办法之间的联系较小，尚未做到相互兼容，例如，《海关法》《关税条例》《原产地条例》分别对海关申报程序有着各自规定，《海关法》还存在税收要素内容缺失的情况，并未对税率作出具体规定，导致海关税收征管背后的法律依据不完整。

## 三、中欧关税税目与税收征管比较

关税税目反映了关税课税的广度，征管制度承担了关税最重要的执行工作。虽然关税制度要素众多，但是税目和征管制度更能体现国家关税制度的本质。中国关税税目与税收征管比较如下：

### （一）中欧关税税目比较

我国与欧盟均依据 WTO《协调制度》（HS）编制税目。HS 制度统一规定将商品货物分为 21 类、98 章，采用 6 位编码，编码前两位表示商品章节，3、4 位表示标题，5、6 位表示副标题。各国可以根据需要编制 6 位以上的编码，例如，我国最多的商品编码达到 10

位数，欧盟最多编码达到 12 位数，欧盟还将关税的类别扩展到 22 类，税目分类详细见表 2。

**表 2　中欧关税税目 6 位以上编码税目数量对比**　　单位：个

| 关税类别 | 类别描述 | 中国 | 欧盟 |
|---|---|---|---|
| 第一类 | 活动物、动物产品 | 533 | 2012 |
| 第二类 | 植物产品 | 514 | 860 |
| 第三类 | 动植物油、脂、蜡 | 56 | 215 |
| 第四类 | 食品，饮料，酒醋，烟草 | 315 | 2901 |
| 第五类 | 矿产品 | 201 | 224 |
| 第六类 | 化工产品 | 1354 | 2714 |
| 第七类 | 塑料橡胶及其制品 | 280 | 720 |
| 第八类 | 皮革、生皮及其制品，旅行包等 | 106 | 152 |
| 第九类 | 木及其制品，稻草柳条等编织品 | 235 | 283 |
| 第十类 | 木浆，纸及其制品 | 161 | 130 |
| 第十一类 | 纺织原料及制品 | 1147 | 1385 |
| 第十二类 | 鞋帽伞杖鞭及其零件，羽毛及其制品 | 73 | 161 |
| 第十三类 | 石膏、石棉及类似制品，陶瓷玻璃制品 | 205 | 327 |
| 第十四类 | 珍珠、宝石、贵金属及其制品 | 90 | 12 |
| 第十五类 | 贱金属及其制品 | 773 | 1782 |
| 第十六类 | 机器及其零件，电视等设备及附件等 | 1545 | 2179 |
| 第十七类 | 车辆航空器船舶 | 439 | 542 |
| 第十八类 | 光学、乐器、医疗、精密仪器及零件 | 336 | 278 |
| 第十九类 | 武器弹药等 | 21 | 12 |
| 第二十类 | 杂项制品 | 186 | 250 |
| 第二十一类 | 艺术品、收藏品 | 10 | 6 |
| 第二十二类 | 未分类物品 | 0 | 6 |

资料来源：《2021 年中国进出口关税税则》、欧盟 TARIC 数据库。

如表 2 所示，我国除了少数类别税目数量超过欧盟，但总体税目分类远不及欧盟分类详细，例如，第四类别税目中，我国有 315 个，而欧盟高达 2901 个。税目量差异的背后除了欧盟对于该税目有着专业的分类外，还有欧盟对于本国贸易保护政策、当地消费偏好等因素。

从贸易保护角度看，以第四类别为例，欧盟主要在蔬菜、水果、坚果分类较多，分类为 1327 个子税目，而我国仅分为 101 个子税目。例如，我国对于罐头仅分为两类，而欧盟按照重量、含糖量、工业加工的净含量、煮沸后质地和化学成分是否发生变化等标准划分为 180 类。欧洲是水果和蔬菜罐头的最大进口地区，占世界进口总量的 70% 以上，其中德国又是欧洲最大的水果和蔬菜罐头进口国。根据欧盟经济贸易报告①，2019年，德国水果和蔬菜罐头的进口总值为21亿欧元，占欧盟进口总额的20%。因此，为了保护当地水果蔬菜罐头产商和果农的利益，对此类税目按不同的标准进行分类并适用不同关税税率。

从当地消费偏好看，欧盟根据当地饮食习惯拟定关税税目。例如，第一类税目中，欧盟数量是我国的3倍多，欧盟根据乳制品、蛋品的脂肪含量、含糖量、蛋白质含量将其分为285个子税目，而我国的乳制品、蛋品等子税目为38个而且几乎没有分类。究其原因有二：其一，欧洲消费者酷爱乳制品、奶油、奶酪，根据国际营养科学会，欧美国家牛奶人均消费量每年超过300千克，而中国只有21千克，相差15倍，而我国对于乳制品、奶酪的消费较少，这与我国人民的饮食偏好有关。其二，欧盟对此类商品质量要求高，对于乳制品的质量、脂肪含量、蛋白质含量精确到个位，对蛋白质含量中的含氮量进一步细分，例如，乳制品（0404100200 20）的税目，依据重量、不含添加的糖或其他甜味物质、蛋白质含量（氮含量｜！x！｜6，38）规定，而我国尚无此类详细到元素的规定。

相反，表2显示第十八类税目中，我国数量比欧盟多。我国光学摄影技术产业尚处于发展阶段，而欧盟已处于世界一流水平，拥有哈苏、莱卡等先进影像技术企业，欧盟鼓励此类产业出口。我国照相机（4位编码9006）中6位编码以上的有18种，而欧盟仅有2种。因此，根据幼稚产业保护理论，如果不对我国照相机产业进行贸易保护和政策扶持，国内相机厂商的发展将十分艰难。

### （二）中欧关税税收征管

1. 中国关税税收征管

（1）关税申报与征收。根据我国《关税条例》相关规定，进口货物的纳税义务人应当自运输工具申报进境之日起14日内，向货物的进境地海关申报，进口货物需要转关运输的，按照海关总署的相关规定执行。

我国关税征收程序是指将已经确定的应纳关税税额征收入库的行为。正常情况下，纳税人在申报后按期自行缴纳税款。若由于国家税收政策调整或不可抗力，纳税义务人不能按期缴纳税款的，经过依法提供纳税担保后，可以申请延期缴纳税款，但最长不超过6个月。若纳税义务人由于国家税收政策调整或不可抗力的情况下，不能按期缴纳关税税款的，可以在依法提供税款担保后，进行延期缴纳税款，但是延期最长不能超过6个月。若进口货物放行后，纳税义务人由于违反相关规定导致少征或漏征税款的，海关部门可以自货物放行之日起或纳税人缴纳税款之日起在3年内追征税款，并从自放行之日起或要缴纳的税款之日起按照少收或漏征税款的万分之五缴纳税收滞纳金。若是由海关部门发现少征或漏征税款的，可以在1年内向纳税人补征②。

（2）原产地规则与商品归类：

第一，原产地规则。我国原产地规则分为原产地标准、补充规则、直接运输规则和实施程序四方面（见图1）。我国自由贸易协定中的原产地标准与国际通行做法一致，按照

① 2019年欧盟经济贸易报告。

② 《中华人民共和国关税条例》。

完全获得标准与实质性改变标准两大类进行判定。其中，完全获得性是指判定货物是否在一个国家（地区）完全获得或生产的规则，实质性改变标准是指当两个以上国家（地区）参与生产、加工时，如何判定最终所得货物原产地的规则。实质性改变标准细分为税则归类改变、增值百分比、加工工序三类。

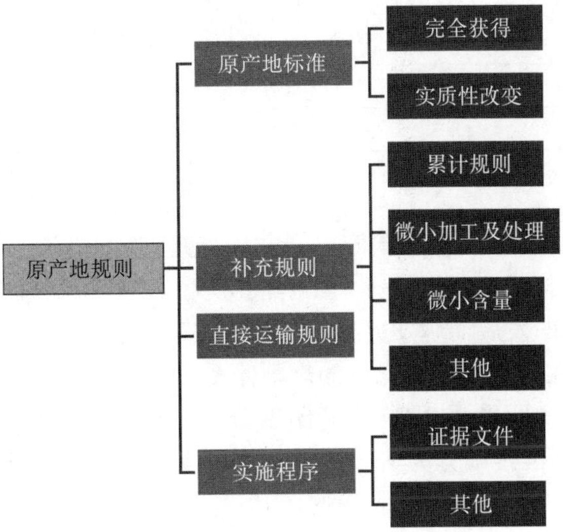


**图1　我国原产地规则**

如表3所示，在与我国签订的16份自贸协定中，混合标准占主流，有11份采用了税则归类改变、增值百分比、加工工序混合标准，如《中韩贸易协定》《中澳贸易协定》；其次，有3份采用了以增值百分比标准为主要标准，其中以《亚太贸易协定》最具有代表性；此外，《中国－智利贸易协定》和《中国－新西兰贸易协定》分别采用增值百分比、税则归类改变混合标准和税则归类改变、加工工序混合标准。

**表3　　我国主要自由贸易协定实质性改变标准使用情况**

| 实质性改变标准 | 自贸协定使用该标准的份数 |
|---|---|
| 增值百分比 | 3 |
| 税则归类改变、增值百分比、加工工序混合标准 | 11 |
| 税则归类改变、加工工序混合标准 | 1 |
| 增值百分比、税则归类改变混合标准 | 1 |

资料来源：根据自贸协议文本整理所得。

由表4可知，我国自贸协议大部分选择采用双边累积规则。然而，我国与东盟签订的协议中采用了完全累积，即如果越南向中国出口的产品里包含其他东盟成员国（例如老挝）的中间产品，这些中间产品不管全部还是部分来自老挝，都将视为全部来自越南。而其他签订双边累积协议的则不行，必须全部取得缔约方的原产资格，双边累积的要求会比完全累积严格。在实施程序方面，我国原产地证书的签发机关为国家质检总局和贸促会，负责对符合要求的货物签发原产地证书。

表 4　　中国原产地累计规则使用情况

| 自贸区协定 | 累积类别 | 累积标准 |
|---|---|---|
| 中国－东盟 | 完全 | 40% |
| 中国－秘鲁 | 双边 | |
| 中国－澳大利亚 | 双边 | |
| 中国－冰岛 | 双边 | |
| 中国－智利 | 双边 | 40% |
| 中国－韩国 | 双边 | |

资料来源：根据自贸协议文本整理所得。

截至本文结稿，我国已与 16 个国家（地区）签订自贸协议，其中与新加坡、智利、东盟签订了升级协议，与巴基斯坦签订了二阶段协议。原产地规则作为 FTA 协议的重要组成部分，随着经济贸易的发展而越发完善。从规则内容上看，我国原产地规则已从简单照搬 WTO 协议发展到现在已具有相对完备的规则体系。

第二，商品归类。我国采用 WTO 协调制度分类税目，协调制度按商品按性质用途的不同分为 21 类，根据标准再细分为 98 章，每一章有具体分类。协调制度中每一种商品对应 6 位数字编码，前 2 位数字编码代表货物在 HS 中的章，如数字“34”代表第 34 章。前 4 位数编码为章下具体的税目，如数字“3401”代表第 34 章下的具体税目，而 6 位数字编码则为更加详细的二级子目。各国可以在 6 位数字编码的基础上添加编码数字进一步细化归类。我国使用 8 位数编码对商品进行统计区分，增加的两位是为了区分税率。我国《税则》进口税目总数达到 8580 个，出口税目 102 个（2021 年版《税则》）。每年税则的更新由海关总署负责，商品归类规则由国务院关税税则委员会制定、更新和发布。

2. 欧盟关税税收征管

（1）关税申报与征收。欧盟海关实行二次申报，分别为进境简要申报和海关申报。根据《欧盟海关法典》，进境简要申报是指进口货商按规定在期限内通知海关要带货物入境的申报，而海关申报分为标准海关申报、简化申报和补充申报。欧盟海关管理制度以 AEO（经认证经营者）为基础，企业获得 AEO 资格，可以高效通关；企业无 AEO 资格，按照流程接受烦琐的检查。欧盟海关实行 AEO 制度的目的是协调海关服务，使企业通关更为方便、高效。欧盟海关统一鉴定标准，为符合条件的企业颁发统一认证的 AEO 证书。欧盟海关与世界各国签署 AEO 证书互认协议，未来 AEO 制度将会使海关服务标准从国内和国际层面统一。

（2）关税征收程序。依据欧盟关税制度，欧盟将纳税人应当上缴的关税称为“海关债”，将税费转换成应履行的债务，是为通关产生的债务而上缴。根据《欧盟海关法典》的规定，除了因为税额纠纷向海关申诉而引起的义务中止外，海关债债务人应当在 10 日内完成履行金钱支付义务。如果主体选择将债务登记入账后统一支付，则根据具体情况债务人债务履行期限为 14 天，最多不超过 31 天。如果海关涉及以关税形式的临时商业政策措施登记入账，该日期应当在公布之日起两个月之内。海关债义务人在提出申请和提供担保的前提下，可以申请延期缴纳债务，欧盟的延期缴纳不是给予债务人支付债务的宽限期限，而是一种缴纳便利措施，延期缴纳应当在30天内完成。主体可以在规定情况下提出纳税中止，但是下列情况下的纳税中止应当在1年以内完成债务的支付：①依法提出退免税申请；②货物毁损、灭失或捐赠给国家；③违法产生的海关债且债务义务人不止1人。

（3）原产地规则与商品归类。一是欧盟原产地规则。欧盟原产地规则分为非优惠性和优惠性原产地规则，优惠性安排又分为自定和协定两种。非优惠性规则是在WTO的原产地规则的基础上欧盟进行国内法转化的。优惠性原产地完全是根据其自定的优惠性安排设定的，规则体系相对复杂。欧盟优惠性原产地规则分为实体性规则和程序性规则，具体如图2所示：

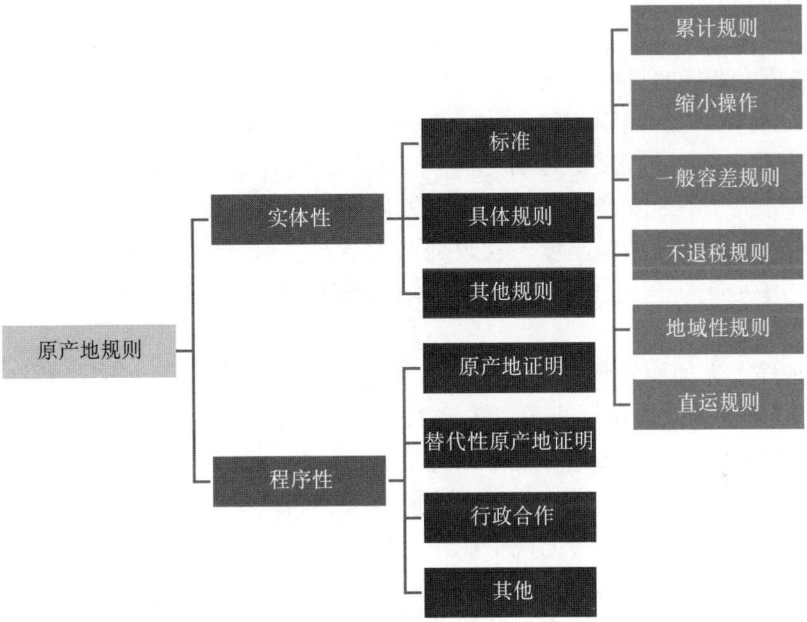


**图2　欧盟原产地规则**

截至本文结稿，与欧盟签订生效的贸易协定有76个，批准或通过的有24个，正在商谈的有5个。如表5所示，欧盟与大多数国家的签订的累积规则为双边和对角累积，要求严格；对于非洲等国家采用的是双边和全面累积，要求较小；对哥伦比亚采用的是双边和区域累积。欧盟原产地签发机构为经认证的欧盟商会。

**表5　欧盟主要签订协议国家的累积规则情况**

| 协议国家 | 累积规则 |
|---|---|
| 埃及、黑山、塞尔维亚、瑞士、冰岛、土耳其、挪威、以色列、丹麦、约旦 | 双边和对角累积 |
| 欧洲经济区、阿尔及利亚、突尼斯、摩洛哥 | 双边、对角和全面累积 |
| 黎巴嫩、叙利亚、墨西哥、韩国、越南 | 双边累积 |
| 非洲，加勒比和太平洋国家 | 双边和全面累积 |
| 哥伦比亚 | 双边和区域累积 |

资料来源：根据欧盟官网公告整理所得。

二是商品归类。欧盟使用综合商品分类目录（CN）方法，通过一个目录同时满足共同海关税则（CCT）和外部贸易统计的需要。企业申报进出口必须根据 CN 进行归类。CN 包括：①符合协调制度的商品分类目录；②目录下的共同体细分；③增加章节注释以及 CN 子目相关的脚注。各 CN 子目拥有 8 位数字编码，前 6 位为协调制度中的编码，后两位为是识别 CN 子目的数字，此外，欧盟还在 8 位数编码后增加 TARIC 子目对产品再细分，最多达 12 位数编码。商品归类规则由欧盟委员会进行更新、管理和发布。

### （三）中欧关税税目与税收征管对比

1. 征管方式。欧盟实行进境简要申报和海关申报，二次申报程序使纳税人缴纳税款的期限要晚于我国。从支付手段看，欧盟除使用货币支付外，在符合规定的情况下，可以使用登记入账，在特定日期统一支付，我国仅允许使用货币支付。从缴纳税款时限看，欧盟债务人可以选择规定时间内支付税款（即时支付），在特定情况下，债务人提供担保后可申请延期支付，或简易程序下延期支付。目前，我国仅有与欧盟对应的即时支付，纳税人只有在因不可抗力不能支付税额或税收政策调整时上报经海关总署批准同意后才能延期缴纳，我国并未形成延期缴纳制度。欧盟延迟缴纳制度基于企业信用和担保，宽限企业支付时间。我国海关尚未建立完善的企业信用体系和成熟的税额担保制度，这使延迟缴纳难以实行。

2. 征管布局。为加快货物通关效率，欧盟境内推行电子申报和无纸化征管，还推行“集中清关”制度，即欧盟边境海关对入境的货物进行授权，货物进入欧盟另一个国家时可以出示经授权的报关单，属地海关可以直接放行。边境海关主要是工作是检查货物的安全性、真实性，对货物的物流进行控制，边境海关和属地海关都会对货物进行反恐安全检查以保证国民安全。欧盟海关会无视企业的资信，凡过境货物必须接受安全检查。属地海关主要负责对货物的贸易流向核实和税后稽查工作。而我国关税计征的相关工作大部分还是由口岸海关完成，内地海关稽查辅助的功能相对有限。

3. 原产地与商品归类。

（1）我国在原产地规则方面还需要继续进行优化和完善，完全累积规则认为来自与非原产地的材料作为商品的一部分也应当计入该商品的价值当中作为原产地产品进行认定，造成原产地认定混淆。我国与欧盟都和越南签订过 FTA，我国采取完全累积原产地规则，而欧盟为双边累积规则，其累积的部分必须全部取得协议方的原产资格，可见涉及越南的累积规则欧盟相比中国更加严格。

（2）我国采用“一官一民”（国家市场监督管理总局和贸促会）作为原产地证书的签发机构，两者没有隶属关系，签发权力理应相当，但从签发证书数量上看，市场监督管理总局远大于贸促会。贸促会签发的优势在于，贸促会为民间组织，与其他国家的商会联系密切，而且第三方机构具有公正性、合理性，程序相对简便高效。欧盟也是由于上述原因才把签发权力下放给商会。另外，我国市场监督管理总局和贸促会对于原产地的填制要求不同，使原产地证书的管理更加混乱。我国的原产地签发效率远不及欧盟，部分小企业因此选择放弃原产地优惠，造成企业成本上升。

（3）我国关于商品分类不如欧盟具体化和专业化，我国 CN 编码最高为 10 位，欧盟

CN 编码最多达 12 位数，我国税目数量少于欧盟。此外，欧盟海关在发现商品归类错误后可以自行根据《联盟海关法典》进行更正，我国对于商品归类错误，执行海关并无此权利，需要作类似处理或上报海关总署进行审核，效率较低，从而影响纳税人的通关速度。

## 四、中欧关税税率、名义税率与有效保护率比较

### （一）中欧关税税率对比

1. 中国关税税率。我国关税税率按性质分为七类：协定税率、特惠税率、最惠国税率、关税配额税率、暂定税率以及普通税率。2020 年，中国与 15 个亚太国家签署了《区域全面经济伙伴关系协定》（《RECP》），根据协议内容，各国将大幅调整关税，90% 的税目将适用零关税。我国与巴基斯坦、毛里求斯、智利等多个国家签订 FTA，我国还与巴拿马、巴勒斯坦等几个国家正在商议签订 FTA，签订 FTA 的国家适用协定税率；此外，对与我国签订含有特殊关税条款的国家适用特惠税率，与我国建交的最不发达的国家适用零关税特惠税率，税目覆盖范围达 95% 以上。我国仅对稻谷、化肥、毛条等 8 类商品适用关税配额税率。

我国积极响应世界自由贸易、反对贸易保护主义。自加入世界贸易组织 20 年来，我国逐渐削减关税水平，关税总水平已由 15.3% 降至 7.4%，低于 9.8% 的入世承诺，全面履行入世承诺。如表 6 所示，以 2019 年为例，我国关税税率区间为 0～65%。其中，我国动物肉制品、水果蔬菜、咖啡茶类产品的最终约束性平均关税分别为 14.9%、14.8%、14.9%，税率相近，免税产品占比较低，咖啡、茶的免税占比为 0；烟草和饮料等商品的税率高，最惠国适用平均税率为 18.2%，最高达 65%，其中原因一是国家对部分产品实施关税配额管理，维持本国产品需求和价格稳定，二是通过加大关税税率控制进口烟草价格，对烟草商品消费进行引导。我国在电机、运输装备、橡胶制品、服装等制造业上的最终约束性平均关税分别为 8.9%、11.4%、12.2%、16.1%，最高关税 45%，而且免税占比极高，其中，运输装备的免税占比达到 45%。从国家发展层面来讲，这样的税率设置有利于加快我国制造业发展，加速我国产业结构由加工制造向创新制造转型升级。

**表 6　　2019 年我国主要产品关税税率分布情况**　　%

| 产品组 | 最终约束性关税 | | 关税 | | 最惠国适用关税 | | 出口产品 | | |
|---|---|---|---|---|---|---|---|---|---|
| | 平均 | 免税 | 最高 | 约束 | 平均 | 免税 | 最高 | 出口比重 | 免税 |
| 动物产品 | 14.9 | 10.4 | 25 | 100 | 13.3 | 13.8 | 25 | 0.6 | 1.3 |
| 乳制品 | 12.2 | 0 | 20 | 100 | 12.3 | 0 | 20 | 0.3 | 0 |
| 果蔬等植物 | 14.8 | 4.9 | 30 | 100 | 12.2 | 4.9 | 30 | 0.6 | 1.2 |
| 咖啡、茶 | 14.9 | 0 | 32 | 100 | 12.3 | 0 | 30 | 0.1 | 0 |
| 谷物和制剂 | 23.7 | 3.3 | 65 | 100 | 19.5 | 8.8 | 65 | 0.9 | 0 |
| 油籽、脂肪和油 | 11.1 | 6.7 | 30 | 100 | 10.9 | 9.1 | 30 | 2.6 | 0 |
| 糖和糖果 | 27.4 | 0 | 50 | 100 | 28.7 | 0 | 50 | 0.1 | 0 |

续表

| 产品组 | 最终约束性关税 | | 关税 | | 最惠国适用关税 | | 出口产品 | | |
|---|---|---|---|---|---|---|---|---|---|
| | 平均 | 免税 | 最高 | 约束 | 平均 | 免税 | 最高 | 出口比重 | 免税 |
| 饮料和烟草 | 23.2 | 2.1 | 65 | 100 | 18.2 | 2 | 65 | 0.4 | 11 |
| 棉花 | 22 | 0 | 40 | 100 | 22 | 0 | 40 | 0.2 | 0 |
| 其他农产品 | 12.1 | 9.3 | 38 | 100 | 11.8 | 8.5 | 38 | 0.5 | 4.7 |
| 鱼和鱼产品 | 11 | 6.1 | 23 | 100 | 7.2 | 4.4 | 15 | 0.7 | 0.1 |
| 矿物和金属 | 8 | 5.6 | 50 | 100 | 6.3 | 5.9 | 50 | 21.7 | 56.3 |
| 石油 | 5 | 20 | 9 | 100 | 5.3 | 16.7 | 9 | 13.2 | 92.3 |
| 化学品 | 6.7 | 0.5 | 47 | 100 | 6 | 1.8 | 35 | 11.1 | 0.9 |
| 木材、纸张等 | 5 | 22.3 | 20 | 100 | 3.2 | 41 | 12 | 3.1 | 84.2 |
| 纺织品 | 9.8 | 0.2 | 38 | 100 | 7 | 0 | 38 | 1.1 | 0 |
| 服装 | 16.1 | 0 | 25 | 100 | 6.8 | 0 | 12 | 0.3 | 0 |
| 皮革、鞋类等 | 13.7 | 0.6 | 25 | 100 | 10.6 | 0.6 | 25 | 1.3 | 0.3 |
| 非电气机械 | 8.4 | 7.9 | 35 | 100 | 6.8 | 9.1 | 25 | 9 | 44.3 |
| 电机 | 8.9 | 25.9 | 35 | 100 | 6 | 23.4 | 20 | 21.1 | 81.6 |
| 运输装备 | 11.4 | 0.8 | 45 | 100 | 9.6 | 0.8 | 45 | 5.7 | 0 |
| 橡胶制品 | 12.2 | 15.2 | 35 | 100 | 7.1 | 10 | 20 | 5.4 | 23.7 |

资料来源：根据 WTO 数据资料库整理所得。

2. 欧盟关税税率。欧盟关税税率包括约束税率、最惠国税率、关税配额税率、协定税率、特殊保障措施关税税率、普惠制（GSP）关税税率。具体看来，欧盟对于关税配额制度监管严格，根据市场国经济水平对关税配额进行设定，差异较大。2019 年，有 13.5% 的税目（1286 个）适用关税配额制度，还有部分税目的关税配额很小。关税配额的分配并没有统一标准，有些分配给出口国，有些则分配给潜在出口企业。欧盟普惠制关税由 3 个安排组成：标准 GSP，GSP +，GSP – EBA，依次对发展中国家、弱小国家和最不发达国家的安排。为了照顾经济落后的国家，欧盟承诺对这些国家实行零关税和无配额限制的待遇，但欠发达国家为了实施军事活动购买武器适用正常关税税率。

如表 7 所示，从最惠国税率水平看，欧盟大多采用从价税征税，而非从价税占比仅为 5%，主要对燃料、汽油、矿石等从量征收，还有部分从价与从量结合的复合征税。欧盟约束税目比例较高，达到 100% 全覆盖，最惠国免税占比 28.1%，农产品的关税税率是非农产品的 3 倍左右。

**表 7　　2019 年欧盟税率结构**

| 项目 | 约束关税 | 最惠国关税 |
|---|---|---|
| 约束税目比例（%） | 100 | 100 |
| 平均税率（%） | 5.1 | 5.1 |
| 农产品平均名义税率（%） | 12.7 | 11.4 |

续表

| 项目 | 约束关税 | 最惠国关税 |
|---|---|---|
| 非农产品平均名义税率（%） | 3.9 | 4.2 |
| 免税占比（%） | 29.2 | 28.1 |
| 非从价税占比（%） | 4.7 | 5 |
| 关税高峰（%） | 4.2 | 4.3 |
| 关税＞3% | 4.2 | 4.1 |
| 最大关税税目数（个） | 405 | 261 |
| 不同税率的数目（个） | 1186 | 924 |
| 变异系数 | 208 | 172 |
| 适用最惠国的关税项目数 | 9532个 | |

资料来源：根据WTO数据资料库整理所得。

从表8中可知，农业中关税配额占比13.5%，特殊保障措施占比为23%，说明欧盟对本国的农产品保护程度严重，关税高峰（＞15%）占比程度仅4.2%，说明欧盟的关税税率水平较低。此外，如表7所示，欧盟税目种类繁多最惠国税目有9532个，不同税率的税目达924个，同一类别税目数最高达405个。

**表8　税率汇总**

| 项目 | 年份 | 总税率 | 农业 | 非农 | | | |
|---|---|---|---|---|---|---|---|
| 平均约束税率（%） | 2019 | 5.1 | 12.7 | 3.9 | 约束覆盖范围 | 总计 | 100 |
| 平均税率（%） | 2019 | 5.1 | 11.4 | 4.2 | | 非农 | 100 |
| 交易加权平均值（%） | 2018 | 3 | 9.2 | 2.6 | 农业：关税配额占比（%） | | 13.5 |
| 进口量（10亿美元） | 2018 | 2074.1 | 130.6 | 1943.5 | 农业：特殊保障措施占比（%） | | 23 |

资料来源：WTO数据资料库。

表9显示了欧盟主要产品税率分布。在所列举出的动物产品、果蔬等植物的最终约束性平均关税税率分别为17.2%、12.2%，处于较低的关税税率水平；乳制品的最惠国平均关税税率达到37.5%，约束税率达42.2%，这是因为当地消费偏好造成，欧盟为了保护境内乳制品商品价格的稳定和牧民的利益，关税壁垒较高。其他农产品类别税率最高达到405%，这是由于欧盟采用配额外关税税率，并且在进口商品中的所占比例不高，仅占比0.5%；部分农产品高关税税率一方面是由于欧盟部分国家是农业大国，例如法国一年的农业产值占欧盟整体农业产值的1/5；另外，欧盟农产品关税壁垒高是为了防止进口农产品破坏境内市场稳定。对于电机、运输装备、橡胶制品等工业品，欧盟进口比重相比农产品较高，平均税率为3%，税率水平较低。

表9　　欧盟主要产品税率分布　　%

| 产品组 | 最终约束性关税 | | 关税 | | 最惠国适用关税 | | 出口产品 | | |
|---|---|---|---|---|---|---|---|---|---|
| | 平均 | 免税 | 最高 | 约束 | 平均 | 免税 | 最高 | 出口比重 | 免税 |
| 动物产品 | 17.2 | 24.3 | 112 | 100 | 16.3 | 28.4 | 112 | 0.3 | 5.9 |
| 乳制品 | 42.2 | 0 | 244 | 100 | 37.5 | 0 | 205 | 0 | 0 |
| 果蔬等植物 | 12.2 | 21.7 | 280 | 100 | 10.9 | 19.8 | 261 | 1.8 | 15.9 |
| 咖啡、茶 | 6 | 27.1 | 17 | 100 | 5.9 | 27.1 | 16 | 0.8 | 69.4 |
| 谷物和制剂 | 18 | 6.5 | 82 | 100 | 13.9 | 13 | 62 | 0.7 | 3.8 |
| 油籽、脂肪和油 | 5.7 | 47 | 140 | 100 | 5.3 | 48.1 | 129 | 1.4 | 67.6 |
| 糖和糖果 | 26.9 | 0 | 117 | 100 | 24.5 | 11.8 | 109 | 0.1 | 15.8 |
| 饮料和烟草 | 19.8 | 19.6 | 148 | 100 | 19.3 | 18.4 | 140 | 0.6 | 21.4 |
| 棉花 | 0 | 100 | 0 | 100 | 0 | 100 | 0 | 0 | 100 |
| 其他农产品 | 4.6 | 64.7 | 405 | 100 | 3.1 | 65.5 | 66 | 0.5 | 65.3 |
| 鱼和鱼产品 | 11.4 | 11.8 | 26 | 100 | 11.6 | 7.5 | 26 | 1.5 | 4 |
| 矿物和金属 | 1.9 | 50 | 12 | 100 | 2 | 49.9 | 12 | 16.2 | 68.4 |
| 石油 | 3.1 | 20 | 5 | 100 | 2.5 | 33.9 | 5 | 15.1 | 98.2 |
| 化学品 | 4.5 | 21.9 | 7 | 100 | 4.5 | 22.4 | 13 | 11.3 | 48.4 |
| 木材、纸张等 | 0.9 | 82.9 | 10 | 100 | 0.9 | 81.5 | 11 | 2.7 | 83.7 |
| 纺织品 | 6.6 | 3.1 | 12 | 100 | 6.5 | 2.1 | 12 | 2.4 | 2 |
| 服装 | 11.5 | 0 | 12 | 100 | 11.5 | 0 | 12 | 4.6 | 0 |
| 皮革、鞋类等 | 4.2 | 25.7 | 17 | 100 | 4.1 | 27.2 | 17 | 2.5 | 12.4 |
| 非电气机械 | 1.7 | 27.6 | 10 | 100 | 1.8 | 23.9 | 10 | 11.4 | 46.1 |
| 电机 | 2.4 | 32.8 | 14 | 100 | 2.3 | 23.9 | 14 | 13.5 | 58.7 |
| 运输装备 | 4.1 | 16.5 | 22 | 100 | 4.7 | 12.9 | 22 | 6 | 5.3 |
| 橡胶制品，不另作说明 | 2.4 | 27.1 | 14 | 100 | 2.2 | 28.4 | 10 | 6.5 | 57.7 |

资料来源：WTO数据资料库。

### （二）中欧关税平均名义税率分析

1. 基于BEC分类的中欧平均名义税率分析

为比较双方各生产阶段的平均名义税率，按联合国BEC形式进行分类，将其分为3阶段和5阶段的各类形态，将税则HS6位编码装换为BEC编码分类，最后根据税则进行整理统计。

金祥荣等（1999）认为国家的关税结构应满足越低加工阶段的产品名义关税率越低的梯度结构。我国与欧盟的关税结构符合上述观点，但我国三个阶段各阶段的平均名义税率我国皆高于欧盟（见表10）。

**表 10　　2020 年基于 BEC 分类的中国与欧盟平均名义税率分析**

| 3 阶段 | 5 阶段 | BEC 编号 | 产品名称 | 平均名义税率（%） | | 统计数目（个） | |
|---|---|---|---|---|---|---|---|
| | | | | 中国 | 欧盟 | 中国 | 欧盟 |
| 初级产品 | | 111 | 工业生产用的食品和饮料 | 11.143 | 4.293 | 182 | 224 |
| | | 21 | 初级工业供应品 | 6.892 | 2.755 | 687 | 584 |
| | | 31 | 初级燃料和润滑剂 | 3.071 | 0.140 | 14 | 15 |
| | | | 平均税率 | 7.708 | 3.126 | | |
| 中间产品 | 半成品 | 121 | 工业生产用的加工过的食品和饮料 | 17.165 | 5.142 | 127 | 380 |
| | | 22 | 加工过的工业供应品 | 6.375 | 4.356 | 5058 | 9504 |
| | | 322 | 加工过的燃料和润滑剂（汽油除外） | 5.304 | 1.895 | 23 | 40 |
| | 零部件 | 42 | 资本品的零部件（运输工具除外） | 5.159 | 2.367 | 581 | 1130 |
| | | 53 | 运输工具的零部件 | 7.664 | 3.512 | 278 | 694 |
| | | | 平均税率 | 6.539 | 4.132 | | |
| 最终产品 | 资本品 | 41 | 资本品（运输工具除外） | 5.625 | 1.857 | 1638 | 1937 |
| | | 521 | 其他工业运输工具 | 9.044 | 6.900 | 137 | 150 |
| | 消费品 | 112 | 居民消费用的初级食品和饮料 | 11.833 | 7.601 | 427 | 782 |
| | | 122 | 居民消费用的加工过的食品和饮料 | 10.188 | 10.883 | 662 | 4062 |
| | | 51 | 客车 | 15.000 | 10.000 | 232 | 49 |
| | | 522 | 其他非工业运输工具 | 22.705 | 5.826 | 44 | 62 |
| | | 61 | 耐用消费品 | 7.140 | 3.942 | 268 | 389 |
| | | 62 | 准耐用消费品 | 6.961 | 8.747 | 802 | 1388 |
| | | 63 | 非耐用消费品 | 5.293 | 6.110 | 587 | 478 |
| | | | 平均税率 | 7.782 | 7.769 | | |
| | | 7 | 未另归类的货物 | 10.121 | 1.139 | 29 | 23 |

资料来源：根据《中国进出口税则》和欧盟《共同关税税则》整理得出。

如表 10 所示，中国与欧盟的相同点有：①加工阶段越高名义税率越高，中间产品中半成品比零部件要处于更高的加工阶段，名义税率高于零部件；最终产品中消费品是直接流入市场进行流转，而资本品被企业买入作为生产设备，其实际属于中间产品阶段，因此消费品名义税率高于资本品。②燃料和润滑剂在各阶段税率都较低，或是从量税或复合税，均属于不可再生的稀缺资源，我国与欧盟大多靠进口维持国内市场需求，较低的关税能够保持稳定的进口。③消费品中的客车在中国与欧盟名义税率都极高，我国为 15%，欧盟为 10%。中国与欧盟都对汽车产业进行了关税保护。虽然德、法是汽车工业强国，按理说不用进行贸易保护，但相对于韩国车和日本车，欧系车价格较高，如果降低关税，日韩汽车将会迅速抢占欧洲市场。我国汽车工业明显落后于上述国家，汽车是可替代性极强的商品，只有对其征收关税才能防止国外汽车冲击国内市场。

中国与欧盟的不同点包括：①我国工业生产用的食品和饮料的关税名义税率均高于欧盟同类产品（我国没经过加工的工业生产食品和饮料名义税率为 11.143%，欧盟仅为

4.293%，我国经过加工的为17.165%，欧盟仅为5.142%），这是为了防止国外进口的食品和饮料对我国国内市场造成冲击。②我国非耐用消费品进口需求大，其关税名义税率低于耐用品，但欧盟非耐用消费品关税名义税率高于耐用消费品。例如，欧盟对玫瑰、抗癌药等非耐用消费品征收低关税或免关税，而我国对玫瑰等植物消费品征收10%~23%的关税，对抗癌药品征收0~5%的关税，我国对大部分抗癌药物已经免关税，仅队部分药物还征收关税。然而，从国家引导消费方式角度看，我国与欧盟相同点是均对非耐用消费品中的烟草征收高关税，欧盟最高征收74.9%，我国最高征收57%关税。

2. 基于SITC分类的中欧平均名义税率分析

如表11所示，基于国际标准贸易分类（SITC）的分析，我国与欧盟在部分商品种类中的关税税率差异具体如下：

**表11　2020年基于SITC分类中国与欧盟平均名义税率分析**

| 部门和类说明 | 明细 | 欧盟（%） | 中国（%） |
|---|---|---|---|
| 食品和活动物 | 鱼、甲壳动物及其他水产品 | 13.080 | 7.021 |
| | 谷物、蔬菜、糖 | 13.679 | 13.814 |
| | 咖啡、茶、可可及其制品 | 6.373 | 13.03 |
| | 肉制品及其杂项 | 5.280 | 10.904 |
| | 平均税率 | 10.970 | 10.905 |
| 饮料及烟草 | 饮料 | 0.419 | 13.325 |
| | 烟草及烟草制品 | 16.717 | 32.8 |
| | 平均税率 | 1.704 | 18.636 |
| 非食用原料（不包括燃料） | 油籽及含油果实 | 0.167 | 8.6 |
| | 金属矿及金属屑 | 0.126 | 1.481 |
| | 未另列明的动物及植物原料 | 4.877 | 9.803 |
| | 其他 | 1.012 | 4.513 |
| | 平均税率 | 1.772 | 5.7 |
| 矿物燃料、润滑油及有关原料 | 煤、焦炭及煤砖 | 0 | 4.25 |
| | 石油、石油产品及有关原料 | 2.881 | 6.425 |
| | 天然气及人造气 | 1.622 | 4 |
| | 平均税率 | 2.602 | 5.594 |
| 动植物油、脂和蜡 | 平均税率 | 5.88 | 12.781 |
| 未另列明的化学品和有关产品 | 化学品、染料、色料 | 5.454 | 6.021 |
| | 医药品 | 0.688 | 2.601 |
| | 香料、光洁用品 | 4.213 | 8.462 |
| | 塑料 | 5.985 | 7.242 |
| | 其他 | 5.758 | 7.682 |
| | 平均税率 | 5.364 | 5.819 |

续表

| 部门和类说明 | 明细 | 欧盟（%） | 中国（%） |
|---|---|---|---|
| 主要按原料分类的制成品 | 软木及纸质制品（家具除外） | 1.983 | 4.653 |
| | 皮革及橡胶制品 | 3.311 | 11.324 |
| | 纺织纱及相关产品 | 7.176 | 7.007 |
| | 钢铁、有色金属及其他金属 | 2.402 | 6.808 |
| | 平均税率 | 4.063 | 6.89 |
| 机械及运输设备 | 平均税率 | 2.715 | 7.234 |
| 杂项制品 | 照明设备、家具及其配件 | 2.99 | 4.112 |
| | 服装、服饰用品 | 10.568 | 6.812 |
| | 鞋类 | 9.147 | 9 |
| | 专业科学仪器、摄影、光学及杂项制品 | 2.689 | 5.891 |
| | 平均税率 | 6.104 | 6.245 |
| 其他 | 平均税率 | 0 | 2.8 |

资料来源：根据《中国进出口税则》和欧盟《共同关税税则》整理得出。

（1）我国与欧盟在食品和活动物类的平均关税税率基本持平，但欧盟对于鱼类等水产品征收的关税税率要远高于我国。欧盟鱼类的税目数量远超我国，欧盟是全球最大的水产品消费市场之一，境内对于水产品有很大需求，但是过量进口会影响国内水产商的利益，所以欧盟对部分鱼类等水产品实行配额关税，配额内的实行最惠国关税，配额外实行高关税。

（2）对于非食用原料，矿物燃料、动植物油，我国的平均关税税率都高于欧盟，这一类产品主要是用来加工成其他产品，属于中间产品，欧盟对中间产品的关税税率控制得非常低，这样对最终产品的关税有效保护税率就会更高。欧盟在杂项制品中的照明设备和摄影光学等技术设备制造中处于世界领先地位，也是全球这类商品的净出口国，不需要使用关税壁垒对进口商品进行价格干预，因此低税率可以吸引外商投资。

（3）我国在服装及服装饰品的关税税率低于欧盟，服装的主要原材料是染料和棉、麻、丝、尼、纤，我国是世界棉花三大产地之一，也是全球最大的服装出口国，对于棉花主要是征收滑准税，防止低价进口棉花进入我国倾销。对于欧盟来说，欧洲由于气候原因，不适合种植棉花等作物，这就导致他们的原材料大部分依靠进口，对于进口棉花作物免关税，但是对服装却征收高关税。欧洲是现代服装时尚的起源，虽然欧洲的服装设计世界闻名，但是服装制造却不及中国与美国，欧盟出于对服装制造业的保护和打压服装净出口国的贸易量的目的，对服装征收高关税。

### （三）中欧（德）关税有效保护率比较分析

关税有效保护率是指关税对产业保护的程度，其原始公式为：

$$ERP_j = \frac{W_j - W_j^*}{W_j^*},$$

其中，$W_j$ 是关税作用下产业的贸易增加值，$W_j^*$ 为自由贸易下产业的贸易增加值。

金祥荣（1999）对关税有效保护率进行推导变形：

$$ERP_j = \frac{1 - \sum_i a'_{i,j}}{\frac{1}{1+t_j} - \sum_i \frac{a'_{i,j}}{1+t_i}} - 1$$

$$a'_{i,j} = a_{i,j}\frac{1+t_i}{1+t_j}$$

其中，$a_{i,j}$是指自由贸易条件下的投入产出系数，$a'_{i,j}$为经过修饰的投入产出系数。故需要计算的指标为$a_{i,j}$、$t_i$、$t_j$。

由于投入产出系数是根据投入产出表（2012）计算得出的，所以需要将商品的 HS 编码与我国投入产出表的行业分类进行转换，根据盛斌（2002）工业制造业与 HS 编码对照表，将制造业分为 9 类，加上农林牧渔行业总共十类行业。$t_i$ 、$t_j$ 分别取行业的平均名义税率。由于欧盟方面没有完整的投入产出表，近有个别成员国的投入产出表（2012）。鉴于此，欧盟选择由德国来替代，原因为：其一，德国是欧盟的创始国之一；其二，德国对欧盟 GDP 贡献率最高。总体计算结果见表 12。

**表 12　　行业名义税率与有效保护率比较**

| 类别 | 平均名义税率（%） | | 关税有效保护率（%） | |
|---|---|---|---|---|
| | 中国 | 欧盟 | 中国 | 德国 |
| 农、林、牧、渔业 | 11.202 | 8.022 | 12.114 | 8.619 |
| 采矿业 | 3.683 | 2.003 | 3.228 | 0.023 |
| 食品、饮料制造及烟草制品业 | 10.932 | 10.276 | 11.100 | 11.132 |
| 纺织、服装及皮革产品制造业 | 7.541 | 8.618 | 6.765 | 10.127 |
| 炼焦、燃气及石油加工业 | 6.008 | 2.772 | 11.260 | 3.690 |
| 化学工业 | 6.031 | 5.428 | 5.310 | 6.063 |
| 非金属矿物制品业 | 10.377 | 4.491 | 13.788 | 4.827 |
| 金属产品制造业 | 5.776 | 2.374 | 5.593 | 2.268 |
| 机械设备制造业 | 7.055 | 2.707 | 13.466 | 5.019 |
| 其他制造业 | 4.925 | 1.894 | 2.638 | -3.232 |

资料来源：投入产出系数由《2012 中国投入产出表》和 World Input - Output Database 数据计算整理所得，平均名义税率由《中国进出口税则》和《欧盟共同关税》分类计算整理所得。

由表 12 可知，除了纺织服装皮革制造业外，德国各行业平均名义税率均低于我国。我国名义税率最高的为农林牧渔行业，关税有效保护率高于名义税率，作为农业大国，我国应当防范进口产品对该类产业的影响，高关税体现我国保护农林牧渔行业的决心。我国关税名义税率最低为采矿业，采矿业有效保护率低于名义税率。有效保护率是否高于名义税率取决于投入品与完成品的名义税率的高低，投入品税率高则完成品有效保护率高于名义税率。采矿业在上文 BEC 分类税率的分析中，其中间产品的名义税率低于最终产品，采矿业的低关税税率和低保护率说明我国大力支持采矿业的商品进口，以弥补我国在此行业的不足。

我国与德国在食品饮料烟草行业名义税率都居高不下，两国有效保护率均在11%以上且均大于名义税率，原因一是食品饮料作为日常生活中不可或缺的一部分，其需求弹性较大，高关税可以对国内的食品饮料行业进行保护；原因二是烟草征收高关税是国家利用税收调节此类商品的消费。

对于纺织服装皮革行业，我国与德国采取了不同的关税政策，我国此类行业的有效保护率低于名义税率，德国则远远高于，原因如上文所述，德国是棉花等服装原材料的净进口国，高关税能对国内棉花产业进行贸易保护。

对于非金属矿物制品业和机械设备制造业，我国有效保护率达到13%以上，远高于德国的有效保护率。虽然我国作为非金属矿含量的大国，由于自身技术因素，导致供给本国内需不够，须依赖进口非金属矿，为了使国内非金属矿市场价格稳定，高关税是方法之一。我国非金属矿的贸易不仅受关税政策的影响，更大程度上是受非关税贸易壁垒的影响，例如贸易协定的影响，同种矿物进口单价相差巨大。其他制造业方面我国与德国均处于低关税税率水平，有效保护率均低于名义税率。此外，德国的关税有效保护率小于0，出现这种负关税有效保护率的主要原因还是德国对于其他制造业有鼓励进口的目的。

由表13可知，欧盟平均关税税率低于我国，无论是农产品还是非农产品，都低于我国。欧盟关税平均税率为5.1%，比我国低2.5%，属于低关税地区，虽然欧盟有两万多个税目，但有些税率极低，只是象征性地征收，并且有三成税率为零。欧盟税率虽低，但其分布没有规律，在统计的税目税率中，税率高于15%的占到1/5，农产品与非农产品的平均税率相差7.2%，一些实行配额制度的农产品的非关税贸易壁垒极高。此外，欧盟使用各种复合税、非从价税、入境价格体系与“配方表”体系，实际税率水平并非像统计出的数据那么清晰透明。我国自2001年加入WTO后不断削减关税，关税总水平已由15.3%降至2010年的9.8%，2019年的7.6%和2021年的7.4%，全面履行入世9.8%的承诺。我国大幅度削减关税不仅是为了履行入世的承诺，而且有利于推进更高层次的对外开放水平，发展我国出口主导型经济，吸引大量外商在我国进行投资，有利于世界各国尤其是周边发展中国家加快与中国的经贸合作，从而有助于建造人类命运共同体。

**表13　　2019年中欧关税平均税率对比**

| | 关税平均水平 | 农产品关税水平 | 非农产品关税水平 |
|---|---|---|---|
| 中国（%） | 7.6 | 13.9 | 6.5 |
| 欧盟（%） | 5.1 | 11.4 | 4.2 |

资料来源：根据WTO数据资料库整理所得。

## 五、结论与启示

### （一）研究结论

1. 关税立法方面。由于我国与欧盟的立法渊源、环境、制度和经济发展水平不同，关税立法进度有所差异。欧盟关税历经多次修改，虽错综复杂但是其法律法规之间的关联性较强，相比之下，我国法律、行政法规之间的联系较小，尚未做到相互兼容。

2. 制度要素方面：(1) 关税税目。我国与欧盟在关税税目的差异一是我国的关税税目远远少于欧盟关税税目的数量，如活动物、动物产品、食品饮料烟草、贱金属等类别产品。二是欧盟关税税目分类详尽，依据多套标准对同一类产品进行细分。(2) 税收征管。一是在征管方式上，欧盟进境实行“二次申报”制度，税款缴纳期限晚于我国，欧盟允许货币支付和记账支付。欧盟在申请延期支付的程序比我国简单便利，企业在提供纳税担保后即可实行延期支付。二是在征管布局上，欧盟属地与边境海关的稽查配合紧密，我国关税计征工作大多由口岸海关完成，内地稽查辅助功能有限。(3) 关税税率。欧盟平均关税税率低于我国，我国与欧盟在农产品上的关税水平明显高于非农产品水平。欧盟税目多但有三成税目税率为零，大多税目税率极低，总体分布不均匀，一些实行配额制度的农产品的非关税贸易壁垒极高。欧盟使用各种复合税、非从价税、入境价格体系与“配方表”体系，实际税率水平并非像统计出的数据那么清晰透明。按 BEC 分类，我国与欧盟都符合加工阶段越高名义税率越高的特点，双方对于稀缺不可再生的资源均实行低税率，对于烟草都实行极高税率。我国生产的饮料食品等消费品平均税率高于欧盟同类商品。我国非耐用消费品关税名义税率低于耐用品，但欧盟非耐用消费品的关税名义税率则高于耐用消费品的税率。

### (二) 政策启示

1. 进一步完善我国关税税收征管

(1) 进一步简化关税申报。我国海关从纳税申报人申报开始，在规定时间内要完成多个环节（申报、审核、接单、征税、放行）的作业，并且审核工作中的风险判断难度较大，从而影响通关效率和风险管控。因此，我国海关加快通关一体化云平台建设，实现全国海关机构间的一体化，还要实现海关业务的一体化。加强海关业务部门的联系，建立全国性风险集中防控中心和关税征管中心，进一步完善企业自报自缴和纳税人管理。

(2) 完善 AEO 互认制度。我国海关应继续加强与世界各国海关之间的协作，促进海关通关协作、实现信息共享。我国应当继续完善 AEO 机制，建立符合有中国特色的 AEO 制度，加快推动与其他国家的认证经营者资质进行互认，加快货物的通关效率。

(3) 提升大数据税收征管能力。利用大数据、人工智能、移动互联网、云计算、物联网、区块链等数字化技术赋能关税征管升级转型，促进税收征管的网智能化、数字化和精细化，构建符合新技术时代的海关税收征管方式。建立全国海关数据库，实现全国海关信息开放和共享，打通海关与其他监管部门的数据孤岛，有利于海关利用大数据对企业相关信息的审核、比对，对商品市场价格区间、类别等信息的实时查询和获取等。利用数字化技术进一步完善企业纳税信用系统建设、优化信用评估模型，实现智能化和精细化的纳税人管理机制。

(4) 完善商品归类规则和原产地规则。首先，为避免各地海关工作人员的经验和理解差异导致执法偏差等问题，建立全国海关统一口径的商品归类数据库，实现全国商品归类统一，加强商品归类专家对数据库中商品归类的复核，促进归类制度的公开透明。此外，还应进一步细化关税税目、细分商品类别，增加税目梳理。其次，针对原产地证书样本，应建立起资料库，做到原产地认定有迹可循，加强与国外海关沟通交流，形成国际互助机制。加强原产地证书的联网管理和加快原产地认定的学术研究，保证原产地规则实时有效准确。

2. 促进关税立法，依法灵活调整关税税率

依据税收法定原则，促进关税立法，优化和完善现有关税制度法律体系。应考虑税率在特定情况下的小幅微调，特定情况包括经济贸易状况发生重大改变、国家利益遭到严重侵犯、供求价格弹性和商品贸易量变化等。由此，增强关税调整的灵活度，匹配经济发展状况，更好地发挥关税调控进出口经济的功能。

从现实看，其一，适当降低中间产品的税率成为关税未来发展的目标。对于贸易量大、价格高且国内尚无生产的中间产品，应当下调中间产品的关税税率，关注国内市场贸易经济的平稳成长，同时兼顾企业的生产积极性。其二，适当降低消费品的关税税率。随着生活水平的提高，人们对消费品的支出随之增加，然而大多数消费品的关税税率过高，造成产品最终价格过高，消费者只能去低关税国家或者原产地买，造成经济外流。其三，灵活运用弹性税率。从我国关税的设置来看，并没有像欧盟设置的季节税和对深加工的农产品采用“配方表”确认税率，我国应运用季节税、关税配额等对加强我国农产品或者水果蔬菜等相关产业的保护，防止我国相关产业市场遭受冲击和经济主体的利益被侵害。

## 参考文献


[1] 钟昌元. 中国关税研究二十年综述 [J]. 上海海关学院学报, 2011, 32 (4): 64 - 70, 84.

[2] 钟昌元. 海关税收制度 [M]. 北京: 中国海关出版社, 2012.

[3] 施正文, 刘奇超. 关税法立法架构的国际比较与结构分析 [J]. 海关与经贸研究, 2016, 37 (4): 1 - 14.

[4] 苏铁, 施正文, 刘奇超, 等. 关税税则、税率立法的国际比较与立法建议 [J]. 国际税收, 2017 (3): 39 - 44.

[5] 苏铁. 中欧关税立法内容差异的比较研究——基于欧盟海关立法嬗变之分析 [J]. 海关法评论, 2014, 4 (00): 269 - 302.

[6] 邓力平, 吴迪, 王智烜. 新时期中国关税运用: 定位、水平与调整 [J]. 财经智库, 2017, 2 (6): 47 - 61.

[7] 刘兴开. 我国保税 (港) 区与日韩保税区发展的比较分析 [J]. 特区经济, 2012 (2): 100 - 102.

[8] 邓力平, 樊政荣, 王智烜. 关税税目比较研究与新形势下我国对策建议 [J]. 经济与管理评论, 2018, 34 (5): 107 - 113.

[9]《中华人民共和国海关法》等相关法律法规及规章, 中国海关官方网站。

[10] 朱秋沅. 欧盟关税法及其壁垒性研究 [M]. 北京: 法律出版社, 2017.

[11] 郑伊, 杨小强. 欧盟海关法典上的通关、海关债与担保制度 [J]. 地方立法研

究, 2019, 4 (5): 39 - 60.

[12] 钟昌元. 我国海关税收征管方式改革探析 [J]. 税收经济研究, 2016, 21 (3): 38 - 44.

[13] 苏铁, 刘奇超, 曹明星, 等. 商品归类、海关估价与原产地规则: 国际比较与立法建议 [J]. 国际税收, 2017 (5): 56 - 61.

[14] 欧盟关税概况 [J]. 预算管理与会计, 2015 (9): 49 - 51.

[15] 崔景华, 陈盛光, 荣海楼. 日本关税制度及对我国的启示 [J]. 涉外税务, 2007 (10): 51 - 54.

[16] 王鑫. 中韩关税制度比较研究 [D]. 上海: 上海海关学院, 2018.

[17] 韩剑. 构建中国特色自由贸易港的关税制度体系 [J]. 中国发展观察, 2020 (Z3): 45 - 49.

# 中国“双碳”目标中长期减排路径

阎虎勤[①]

## 一、中国的“双碳”目标

为了抵御全球气候变化，发展低碳经济，应对全球气候变化这一人类面临的最大威胁，2014 年 11 月 12 日，在北京举办的亚太经合组织第二十二次领导人非正式会议上，中美两国签署了《中美气候变化联合声明》，习近平主席代表中国政府向世界庄严承诺：“中国计划 2030 年左右二氧化碳排放达到峰值且将努力早日达峰（新华社，2014）。”2015 年 12 月 12 日，《联合国气候变化框架公约》第 21 次缔约方会议在巴黎召开，中国政府进一步正式提出到 2030 年单位国内生产总值二氧化碳排放比 2005 年下降 60% 到 65%（新华网，2015）。这就是中国的“碳达峰”目标。

2020 年 9 月 22 日，中国国家主席习近平在北京参加第七十五届联合国大会一般性辩论视频会议，对于如何加快形成绿色发展方式，建设生态文明和美丽地球，进一步阐明“中国将提高国家自主贡献力度，采取更加有力的政策和措施，二氧化碳排放力争于 2030 年前达到峰值，努力争取 2060 年前实现碳中和”（新华网，2020）。这就是中国的“碳中和”目标。“碳中和”目标就是希望到 2060 年前中国直接或间接产生的温室气体排放总量，通过植树造林、节能减排等形式，抵销自身产生的二氧化碳排放，实现二氧化碳的“零排放”。

中国的“碳达峰”和“碳中和”目标，统称“双碳”目标。对于中国“双碳”目标的理解，需要回答四个基本问题：第一，中国实现“双碳”目标的理论基础是什么？第二，如果不加控制，中国碳排放发展的趋势是什么？第三，中国单位国内生产总值二氧化碳排放的发展趋势是什么？第四，中国“双碳”目标的中长期减排路径是什么？关于这四个问题，由于现有文献普遍缺乏量化数据，所以，本文将以世界银行所提供的数据为样本，借助 Python 软件编程分析功能，从量化分析角度予以回答。

---

① 阎虎勤：厦门国家会计学院信息处处长。

## 二、环境库兹涅茨曲线及其动态性特征

### （一）环境库兹涅茨曲线及其相关概念

全球“碳达峰”和“碳中和”目标的理论基础是环境库兹涅茨曲线（Environmental Kuznets Curve，EKC）。库兹涅茨曲线假设由库兹涅茨于1955年首次提出（Kuznets，1955），用于反映在长期条件下一国的居民人均收入随着人均经济增长而变化的倒“U”形曲线结构。库兹涅茨曲线自提出以后，就受到研究者的普遍关注，虽然其原理简单，但应用广泛。自20世纪90年代起，库兹涅茨曲线也被引入环境研究领域（Sun，2011），因为人们研究发现在环境恶化与经济增长之间普遍存在着环境库兹涅茨曲线。环境库兹涅茨曲线已经成为人们研究经济增长与环境恶化因素之间关系的基本理论。

环境库兹涅茨曲线理论认为，当一国的经济处于农业经济向工业经济的发展过渡时期时，由于生产力水平较低，节能减排的理念和技术水平都还处于初级发展阶段，所以需要大量使用初级能源，包括化石能源，碳排放等污染物排放量在经济快速增长过程中也会快速增加；但是，当工业化发展到一定程度之后，随着新技术的应用，新能源等清洁替代能源的使用比例会不断提高，化石能源的使用比例会逐渐减少，碳排放等污染物排放量也会相应地减少。环境库兹涅茨曲线的倒“U”形结构，具有一个极值点（Extreme Point），也就是环境从加速恶化到逐渐好转的转折点（Turning Point）。由于这个极值点往往也是二次曲线上的一个最大值点，所以，该极值点也就成为库兹涅茨曲线的峰值。建立有效库兹涅茨曲线，并且求出转折点，是环境库兹涅茨曲线研究的重点。

### （二）基于中国1960—2018年数据的静态库兹涅茨曲线

关于2030年之前中国的人均 $CO_2$ 排放量水平是否可以达到峰值的问题，我们使用库兹涅茨曲线假设理论来解释。按照环境库兹涅茨曲线假设，自20世纪60年代以来，中国经济发展长期处于由农业经济向工业化转变的过程之中，自然也就处于碳排放不断增加的高排放期。假如到2030年之前，中国的人均碳排放量转折点可以早日到来，则在转折点之后就会进入碳排放逐渐减少的阶段。我们将尝试使用环境库兹涅茨曲线来表现中国人均碳排放与人均经济增长之间的关系。

为了对 $CO_2$ 排放总量与人均 $CO_2$ 排放量、国内生产总值GDP总值与人均GDP值等概念加以区别，本文中，在定义这四个概念时，我们采用了不同字母形式。

假设变量 $\bar{y}_t$ 表示一国的人均碳排放量，变量 $\bar{x}_t$ 表示一国的人均实际GDP值，那么，环境库兹涅茨曲线就可以由一个二次回归多项式来表示：

$$\bar{y}_t = a\bar{x}_t^2 + b\bar{x}_t + c + \varepsilon_t \tag{1}$$

有效库兹涅茨曲线假设认为，如果该二次多项式满足 $a<0$，且 $b>0$，那么，其二次曲线图形将具有一个倒“U”形结构，图形开口向下，顶点朝上，具有一个极大值点，这个极大值点就是二次曲线的转折点（Turning Point）。在转折点之前，人均GDP增长，碳排放也增长；而在转折点之后，人均GDP增长，但碳排放下降。

我们以世界银行（Worldbank，2021）提供的中国1960—2018年的统计数据为样本，编制Python程序，通过多项式拟合，产出了一个二次方程模型。

表1列出了基于中国1960—2018年数据的人均$CO_2$排放量随着人均实际GDP的变化而变化的环境库兹涅茨曲线方程模型。由于可决系数值（$R^2$）很高，而均方根误差值（*RMSE*）与原样本值相比较小，且模型的二次方与一次方系数项分别小于0和大于0，符合有效库兹涅茨曲线假设，所以，该模型表示在中国人均实际GDP与人均$CO_2$排放量之间存在着有效库兹涅茨曲线。该模型可以被用来作为有效模型进行相关分析。

**表1　基于中国1960—2018年数据的人均$CO_2$排放量依赖人均实际GDP变化的环境库兹涅茨曲线模型**

| 模型 | $\bar{x}_t^2$ | $\bar{x}_t$ | $c$ | $R^2$ | R | Adj. $R^2$ | *RMSE* |
|---|---|---|---|---|---|---|---|
| $\bar{y}_t$ | -0.0001068 | 1.75401017 | 1165.12914518 | 0.9599 | 0.9797 | 0.9585 | 485.5190 |

备注：（1）自变量$\bar{x}_t$表示人均实际GDP，单位为美元（US＄）；（2）因变量$\bar{y}_t$表示人均$CO_2$排放量，单位为千克（kg）；（3）参数$c$为常数项。（4）*RMSE*表示均方根误差（Root mean squared error）。

经过计算，该模型的极大值点即转折点为：

$$\bar{x}_{t*} = -\frac{b}{2a} = 8214.1902（美元），\bar{y}_t = y（\bar{x}_{t*}）= 8369.0158（kg） \quad (2)$$

参照自变量$\bar{x}_t$所表示的人均实际GDP取值以及因变量$\bar{y}_t$所表示的人均$CO_2$排放量取值，该库兹涅茨曲线的转折点大约在2018年前到达。

当以人均实际GDP预测值作为横轴，则基于回归模型的人均$CO_2$排放量预测值所表现的曲线图形将呈现出标准倒“U”形特征。为了分析方便，我们提前使用了人均GDP预测值，具体预测模型之后介绍。

如图1所示，这是环境库兹涅茨曲线的一种理想状态，具有标准倒“U”形结构。在转折点$\bar{x}_{t*}$之前，随着人均实际GDP的增长，人均$CO_2$排放量也增长；但是在转折点$\bar{x}_{t*}$之后，随着人均实际GDP的增长，人均$CO_2$排放量开始下降

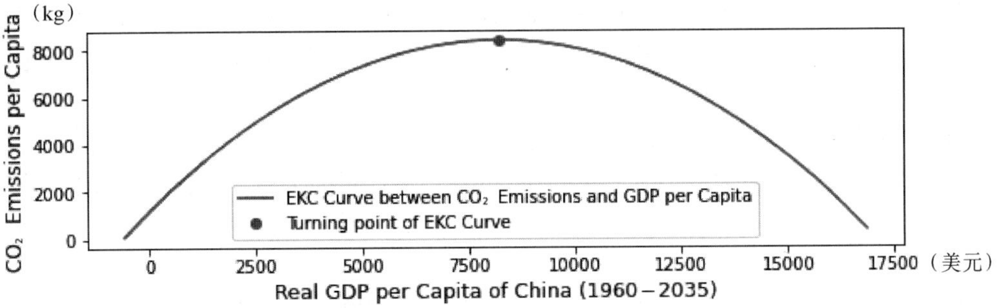


**图1　中国人均$CO_2$排放与人均GDP之间关系的EKC曲线**

由于以人均实际GDP值作为自变量的环境EKC曲线无法反映EKC曲线随着时间变化的情况，我们再以时间轴为横轴，反映人均$CO_2$排放量随着时间变化的情况。

图2是以时间轴为横轴表现中国人均$CO_2$排放与人均GDP之间关系的库兹涅茨曲线。

因为是以人均 GDP 为自变量，所以，库兹涅兹曲线下人均 $CO_2$ 排放量表现出先升后降的趋势，从上升到下降的转折点发生在 2018 年左右。

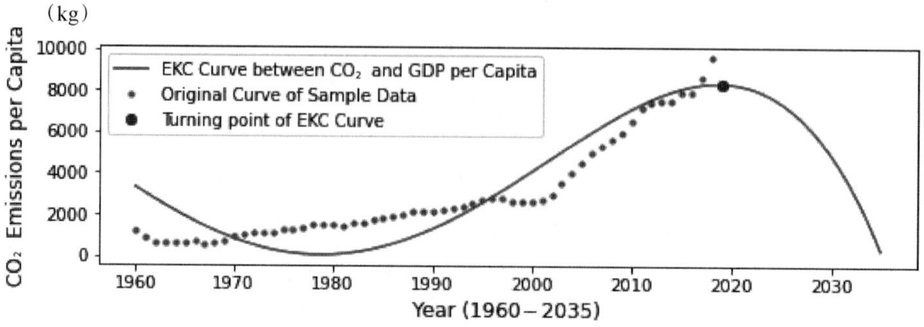


**图 2　中国人均 $CO_2$ 排放与人均 GDP 之间关系的 EKC 曲线**

库兹涅茨曲线拟合结果是一种理想情况，按照这个结果，中国的人均 $CO_2$ 排放应该于 2018 年达到转折点，即达到峰值。这虽然符合中国二氧化碳排放力争于 2030 年前达到峰值的理想预期，但是却与实际情况不符，还必须考虑 EKC 曲线的动态性特征。

### （三）中国"碳达峰"目标必须考虑 EKC 曲线的动态性

在拟合 EKC 曲线之前，本文已经使用二次曲线模型对中国今后到 2060 年的人均 $CO_2$ 排放量建立了预测模型，发现在不加控制的情况下，今后很长一段时间，中国的人均 $CO_2$ 排放量预测值都是不断增长的，即在 2018 年之后仍然会持续增长。所以，利用中国 1960—2018 年统计数据建立起来的 EKC 曲线与通过其他预测模型得到的中国人均 $CO_2$ 排放量预测值之间存在着显著矛盾，还不能说中国的人均 $CO_2$ 排放量水平的峰值就一定是 EKC 曲线的极值。

事实上，表现人均 $CO_2$ 排放量随着人均 GDP 值的变化而变化的库兹涅茨曲线在以 1960—2018 年的样本数据为基础进行回归拟合时，所得到的库兹涅茨曲线其实是一个相对静态的拟合结果。假如使样本区间进行动态变化，那么则会得到不同的有效库兹涅茨曲线以及具有动态变化特征的不同转折点，且部分拟合曲线的转折点有后移的现象。这说明，在动态情况下，环境库兹涅茨曲线不止一条，碳排放在 2018 年达到峰值的结论只是一组环境 EKC 曲线中一条 EKC 曲线的一个局部极值点；而真正的全局性峰值应该是所有各条 EKC 曲线极大值点中的最大值，或者是由动态 EKC 曲线的顶点所构成的包络曲线的顶点。对于中国的情况而言，这个最大值点是否一定会在 2030 年或之前达到，从目前的统计数据出发，还无法得出这个结论。

尽管如此，由于中国政府已经向世界承诺将要在 2030 年或之前实现"碳达峰"，并且已经在政策上做出极大努力，许多政策措施也已经开始实施，所以，我们认为中国实现"碳达峰"的所有动态 EKC 曲线的最大极值点就在 2030 年。我们也将基于这一判断，来设计和分析中国"双碳"目标实现中长期减排的路径。

## 三、中国实际 GDP 和 $CO_2$ 排放量预测值

### （一）时间窗口及数据来源

由于中国的“双碳”目标是一个未来发展目标，所以，在讨论之前，首先需要对“双碳”目标所覆盖时间范围内的总体和人均实际 GDP 值，以及总体和人均 $CO_2$ 排放量进行预测。具体涉及时间窗口宽度应该至少延伸到 2060 年。

世界银行公开数据（Worldbank，2021）提供了中国 1960—2020 年以现价表现的年度 GDP 值（单位为美元）、以 2010 年不变价格表现的年度 GDP 值（单位为美元）、GDP 价格缩减指数（%）、$CO_2$ 排放量（单位为千吨，kt）、人口数量（单位为个，人）等相关统计数据。依据世界银行数据，容易计算得到中国 1960—2020 年的总体和人均实际 GDP 值，以及总体和人均 $CO_2$ 排放量。有了数据样本，就容易得到 2021—2060 年的预测值。

### （二）建立预测模型

通过利用 Python 语言编制软件程序，可以建立相关预测函数。通过对不同类型函数进行模拟测试，最后发现二阶多项式模型可以较好地拟合实际 GDP 和 $CO_2$ 排放量样本数据发展趋势。

为了提高预测模型的计算精度，我们采用了切比雪夫多项式（Chebyshev Polynomials）进行拟合，然后再转化为普通多项式。

表 2 列出了基于中国 1960—2020 年样本数据所建立的有关总体和人均实际 GDP 和 $CO_2$ 排放量的 4 个二次多项式回归预测模型。这 4 个模型的可决系数值（$R^2$）都很高，均方根误差值（RMSE）与原样本值比较都比较小，所以模型可以作为预测模型使用。

**表 2　　基于中国 1960—2020 年样本数据的总体和人均实际 GDP 和 $CO_2$ 排放量二次多项式回归模型**

| 变量 | $t^2$ | $t$ | $c$ | $R^2$ | R | Adj. $R^2$ | RMSE |
|---|---|---|---|---|---|---|---|
| $x_t$ | 20. 8342 | 25. 6547 | 6. 8497 | 0. 9136 | 0. 9558 | 0. 9106 | 1. 2048 |
| $y_t$ | 10936933. 5 | 17503895. 5 | 7603929. 03 | 0. 9706 | 0. 9852 | 0. 9696 | 576338. 83 |
| $\bar{x}_t$ | 14880. 0566 | 18412. 5967 | 5009. 4859 | 0. 9173 | 0. 9577 | 0. 9144 | 847. 7445 |
| $\bar{y}_t$ | 7. 2741 | 17503895. 5 | 5. 644 | 0. 9624 | 0. 9810 | 0. 9611 | 0. 4474 |

备注：（1）自变量 $t$ 表示年度时间变量，其定义既与年份数不同，也与表示年份的序数值不同，该时间变量是按照切比雪夫多项式定义域区间［-1，1］将年份数据进行变换得到的值作为时间变量取值；（2）参数 $c$ 为二次曲线模型的常数项；（3）变量 $x_t$ 表示以当年不变价格（上年为 1）表示的实际 GDP 总值，单位为万亿美元；（4）变量 $\bar{x}_t$ 表示以当年不变价格（上年为 1）表示的人均实际 GDP 值，单位为美元（US $）；（5）变量 $y_t$ 表示 $CO_2$ 排放总量，单位为千克（kg）；（6）变量 $\bar{y}_t$ 表示人均 $CO_2$ 排放量，单位为吨（t）；（6）RMSE 表示均方根误差（Root mean squared error）；（7）$CO_2$ 排放量单位换算公式按照 1t = 1000kg，1kt = 1000t = 1000000kg 进行换算，具体采用什么单位视文章表述需要确定。

图3、图4、图5、图6分别列出了1960—2060年的中国实际GDP总值和$CO_2$排放总量，以及1960—2060年的中国人均实际GDP值和人均$CO_2$排放量的预测值曲线图。

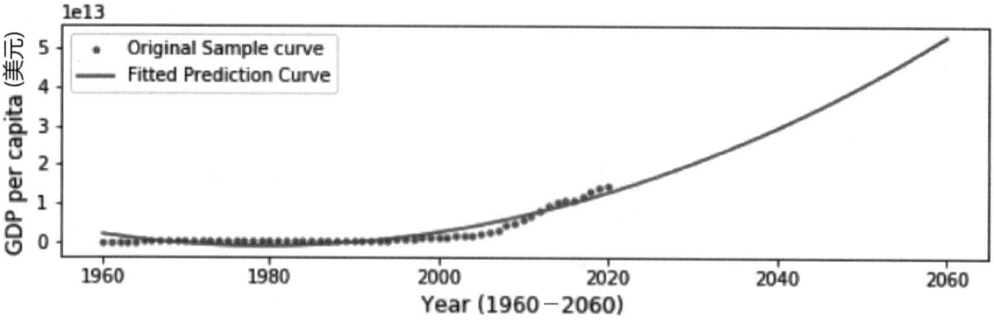


图3　中国1960—2060年实际国内生产总值预测曲线

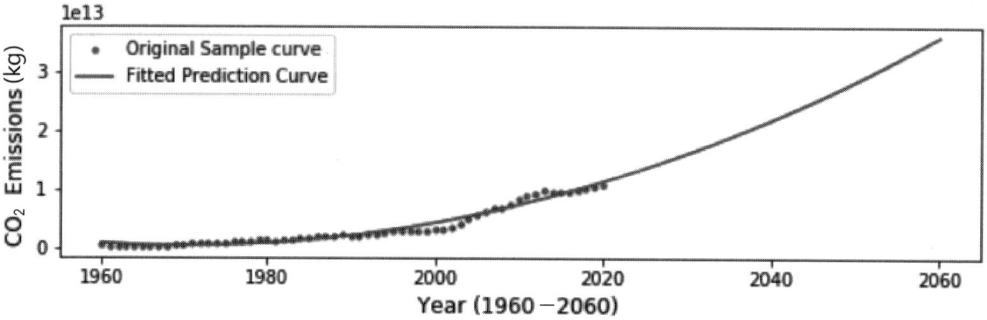


图4　中国1960—2060年二氧化碳排放量预测曲线

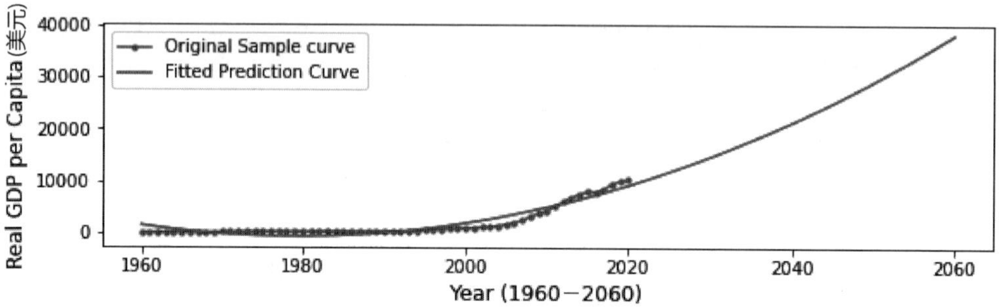


图5　中国1960—2060年人均实际国内生产总值预测曲线

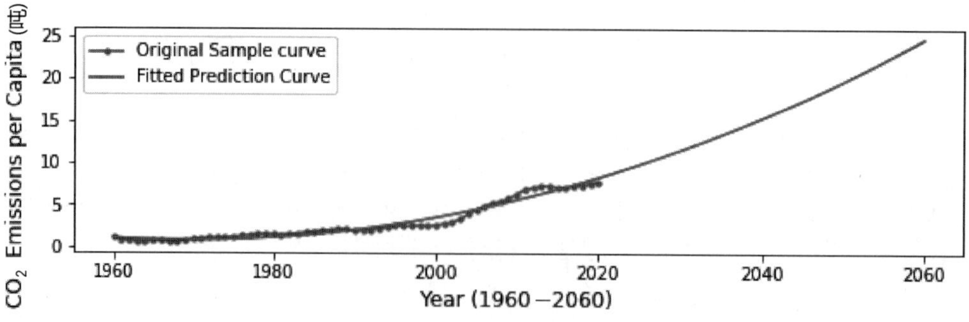


图6　中国1960—2060年人均二氧化碳排放量预测曲线

### （三）中国2020—2060年实际GDP总值发展趋势预测

图3给出了中国1960—2060年实际国内生产总值预测曲线。根据统计和计算，中国经济长期持续增长的趋势很明显。1960年，中国总体实际GDP值只有0.0528万亿美元；到2020年，已经达到14.6244万亿美元；预计到2030年，将接近20.4451万亿美元；到2060年，将达到53.3386万亿美元。

1. 中国2030年“碳达峰”总量目标预测

图4给出了中国1960—2060年$CO_2$排放量预测曲线。显然，如果不加以控制，中国$CO_2$排放量在今后会保持长期持续性增长。根据统计和计算，1960年，中国$CO_2$排放总量为7.81亿吨；到2020年，已经增长达到109.28亿吨；如果不加以控制，预计到2030年将达到163.55亿吨。

从预测值可以看出，也就是说到2030年，中国“碳达峰”目标实现时，$CO_2$排放总量将达到163.55亿吨。

如果将$CO_2$排放量163.55亿吨作为中国2030年之后$CO_2$排放总量的最高峰值水平，那么，由于2060年$CO_2$排放量的预测值将高达360.45亿吨，比2030年水平高出120.39%，表明中国在2030年之后$CO_2$减排的目标任务，特别是到2060年实现“碳中和”的目标任务将变得非常艰巨。

显然，2021—2030年这10年时间将是中国“双碳”目标最后的喘息期。

2. 中国2020—2060人均GDP值趋势预测

图5是在以1960—2020年样本数据为基础所得到的二次多项式回归模型方程下计算得到的中国1960—2060年人均实际国内生产总值预测曲线。

根据统计和计算，中国经济长期持续增长的趋势很明显。1960年，人均实际GDP值只有79美元；到2020年，人均实际GDP值已经超过1万美元，达到人均10430美元；预计到2030年，将接近人均1.5万美元。

3. 中国2030年“碳达峰”人均目标预测

图6是以1960—2020年统计数据为基础样本所得到的二次多项式回归模型方程下计算得到的中国1960—2060年人均$CO_2$排放量预测曲线。如果不加以控制，中国人均$CO_2$排放量在今后会保持长期持续性增长。

根据统计和计算，中国在全面进入工业化之前，即到1980年为止，中国人均$CO_2$排放量不高于人均1.5吨（t）。

按照清华大学气候变化研究院的研究报告（何建坤，2020），如果要保持全球气温变化比工业化之前水平上升高度不超过2℃情景，则中国的“碳中和”目标应该定位人均$CO_2$排放不超过1.5吨（t）。

中国人均$CO_2$排放量1.5吨（t）正好是1980年的水平，我们将把1980年作为中国进入工业化社会的一个标志性年份，在研究“碳中和”目标时，就把中国1980年的人均$CO_2$排放量和总体$CO_2$排放量作为2060年实现“碳中和”的目标情景之一。

很显然，如果以中国人均$CO_2$排放量1.5吨（t）作为中国所承诺的“碳中和”目标，使人均$CO_2$排放量在2060年回到1980年的水平，几乎是一个难以实现的目标，因为到

2020年，中国人均$CO_2$排放量已经达到人均7.79吨（t），如果不加控制或者控制不力，到2030年、2060年，将分别达到人均11.54吨（t）和24.75吨（t）。

## 四、单位国内生产总值二氧化碳排放量

### （一）单位国内生产总值二氧化碳排放量

到2030年，中国单位国内生产总值二氧化碳排放量比2005年下降60%到65%的目标，是一个可测度的具体目标。一般来说，单位GDP所承载的$CO_2$排放量可以定义为：

$$单位\ GDP\ 碳排放量=\frac{CO_2排放量}{实际\ GDP\ 值}=\frac{CO_2排放量/人口总数}{实际\ GDP\ 值/人口总数}=\frac{人均CO_2排放量}{人均实际\ GDP\ 值} \tag{3}$$

这里，实际GDP值为年度实际国内生产总值，碳排放量为年度$CO_2$排放总量。显然，单位GDP所承载的$CO_2$排放量与人均GDP所承载的人均$CO_2$排放量是一致的。由于考虑到预测模型的计算可能带来误差，我们将分别使用总体值和人均值分别来计算，最后取二者的平均值，后面的计算也可以看出，两者之间的差距很小。

### （二）单位国内生产总值二氧化碳排放量比2005年下降率

假设变量$x_t$和$\bar{x}_t$分别表示以当年不变价格计算的实际GDP总值和人均GDP值；变量$y_t$和$\bar{y}_t$分别表示$CO_2$排放总量和人均$CO_2$排放量；变量$\phi_t$和$\overline{\varphi_t}$分别表示由总体值和人均值计算的国内生产总值$CO_2$排放比；变量$\theta_t$和$\overline{\theta_t}$分别表示由总体值和人均值计算的国内生产总值$CO_2$排放比2005年水平下降的百分比；变量$\phi_{t,AVE}$表示总体值、平均值两种公式计算的国内生产总值$CO_2$排放比平均值；变量$\theta_{t,AVE}$表示由总体值、平均值两种公式计算的国内生产总值$CO_2$排放比2005年水平下降的百分比平均值。则它们可以被定义为：

$$\phi_t=\frac{y_t}{x_t} \tag{4}$$

$$\theta_t=\left\{\frac{\frac{y_t}{x_t}}{\frac{y_{t=2005}}{x_{t=2005}}}-1\right\}\times 100\% \tag{5}$$

$$\overline{\phi_t}=\frac{\bar{y}_t}{\bar{x}_t} \tag{6}$$

$$\overline{\theta_t}=\left\{\frac{\frac{\bar{y}_t}{\bar{x}_t}}{\frac{\bar{y}_{t=2005}}{\bar{x}_{t=2005}}}-1\right\}\times 100\% \tag{7}$$

$$\phi_{t,AVE}=\frac{1}{2}\ \{\phi_t+\overline{\varphi_t}\} \tag{8}$$

$$\theta_{t,AVE}=\frac{1}{2}\ \{\theta_t+\overline{\theta_t}\} \tag{9}$$

### （三）计算结果分析

利用以上公式，很容易得到中国单位实际国内生产总值 $CO_2$ 排放比 2005 年水平的下降率。与 2005 年相比，平均来说，从 2005 年开始，中国单位国内生产总值 $CO_2$ 排放（$\phi_{t,AVE}$）值的发展趋势持续下降，且趋于平稳化。

根据预测，预计到 2030 年，中国单位国内生产总值 $CO_2$ 排放比 2005 年水平的下降率（$\theta_{t,AVE}$）将下降 70.11%。很显然，到 2030 年，中国单位国内生产总值 $CO_2$ 排放比 2005 年下降 60% ~65% 的目标是可以实现的。

世界银行公开数据库推荐的单位国内生产总值 $CO_2$ 排放比采用了以 2010 年不变价格计算的 GDP 值，经过计算，按照 2010 年不变价格计算的中国单位 GDP $CO_2$ 排放量比 2005 年下降的速度，会比以当年不变价格计算的单位 GDP $CO_2$ 排放量比 2005 年下降速度低，尽管两种比率值都是下降的。经过反复测算，我们认为，使用以当年不变价格（上年为 1）表现的 GDP 值是较为合理的，所以，本文推荐使用以当年不变价格表现的实际 GDP 值作为参考值来进行计算。

### （四）中国 1960—2060 年单位国内生产总值 $CO_2$ 排放量以及比 2005 年水平下降率模型和图示

为了更加清晰地表现单位国内生产总值 $CO_2$ 排放比率以及比 2005 年比率水平的下降值，我们还建立了相应的二次函数回归拟合模型。

表 3 列出了中国单位 GDP 与 $CO_2$ 排放量之间比率值的二次多项式拟合模型，以及比 2005 年水平下降率的回归模型。模型的可决系数值较高，误差较小，可以作为分析模型使用。

**表 3　中国单位 GDP 的 $CO_2$ 排放量水平以及比 2005 年水平下降率的二次多项式回归模型**

| 模型 | $t^2$ | $t$ | $c$ | $R^2$ | $R$ | Adj. $R^2$ | *RMSE* |
|---|---|---|---|---|---|---|---|
| $\phi_t$ | 3.3287 | -5.1013 | 2.3998 | 0.8679 | 0.9316 | 0.8652 | 1.2255 |
| $\theta_t$ | 1.2585 | -1.9287 | -0.0926 | 0.8679 | 0.9316 | 0.8652 | 0.4633 |

注：（1）样本数据来自 1960—2020 年统计值和 2021—2060 年预测值；（2）参数与前面定义一致。

图 7 是以 1960—2060 年数据为样本值计算得到的中国 1960—2060 年单位国内生产总值 $CO_2$ 排放量比值曲线。

图 8 是中国单位 GDP 的 $CO_2$ 排放量水平比 2005 年水平下降率的二次多项式曲线。中国单位国内生产总值 $CO_2$ 排放量长期呈现出下降趋势的本质，表现了技术进步对于 GDP 总值与 $CO_2$ 排放量之间结构关系的影响。

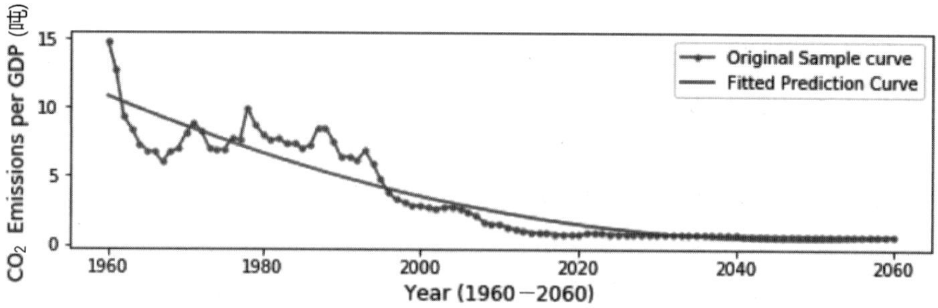


图 7　中国单位 GDP 的 $CO_2$ 排放量（$\phi_t$）曲线

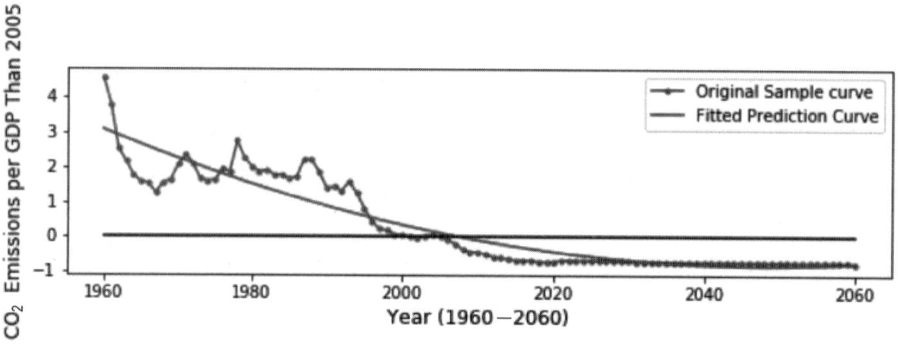


图 8　中国单位 GDP 的 $CO_2$ 排放量水平比 2005 年下降率（$\theta_t$）曲线

尽管长期以来中国实际 GDP 值与 $CO_2$ 排放量都是增长的，但是，由于技术进步，实际 GDP 的增长速度高于 $CO_2$ 排放量的增长速度。在 2005 年之前，虽然国内生产总值和 $CO_2$ 排放量的绝对值都不是很高，但是，单位国内生产总值 $CO_2$ 排放比率值都还是比较高的，都比 2005 年的水平高，主要原因是 2005 年之前，生产技术水平还较低，相对于实际 GDP，$CO_2$ 排放量水平还偏高；2005 年之后，随着改革开放的进一步深入，生产技术水平快速发展，虽然实际 GDP 快速提高，但单位国内生产总值 $CO_2$ 排放水平的下降趋势却日趋稳定。

从以上分析也可以看出，到 2030 年，中国单位国内生产总值 $CO_2$ 排放比 2005 年下降 60% ~65% 的目标，仅仅反映了中国经济快速增长过程中 GDP 值与 $CO_2$ 排放量之间的实际比例关系和结构性发展变化的趋势，对于 $CO_2$ 排放总量的绝对值水平下降而言，该承诺还远远不够，因为它更大程度上只是宣示了中国政府降低 $CO_2$ 排放的决心。

## 五、实现“碳中和”目标中长期减排路径

### （一）“碳中和”目标以及中长期减排的二种情景

以 2015 年 12 月通过的《巴黎协定》为导向，全球到 2050 年（UN，2021）[8] 之前（中国 2060 年之前）实现“碳中和”目标，就是要把全球气温升幅控制在工业化前 2℃之内，并努力控制在工业化前 1.5℃之内。

由于中国政府承诺的“碳中和”目标比联合国要求的 2050 年目标要延迟 10 年，所以，我们分别考虑 2050 年和 2060 年两种情况进行测算。

由于以往研究对于2030年的“碳达峰”水平都没有确定，所以，本文就以自己的预测值作为“碳达峰”目标值。

由于以往研究对于“碳中和”所定义的净零值并不确定，本文就以1980年作为全球进入工业化社会的标志年份，以1980年中国人均$CO_2$排放量和总体人均$CO_2$排放总量，分别作为测算“碳中和”路径的一种典型目标情景予以研究。

参考清华大学气候变化研究院的研究报告（何建坤，2020），我们将中国的长期低碳发展战略与转型路径划分为两种情景：

情景1：2℃情景，到2050/2060年，中国人均或总体$CO_2$排放不超过1980年水平。

情景2：1.5℃情景，到2050/2060年，中国人均或总体$CO_2$排放实现净零排放。

由于清华大学气候变化研究报告（何建坤，2020）仅仅考虑了人均$CO_2$排放目标，所以，我们分别从人均和总量两个角度进行研究。

### （二）以人均$CO_2$排放量为基础测算“碳中和”中长期减排路径

对于以人均$CO_2$排放总量为基础计算中国实现“碳中和”目标的中长期碳减排发展路径，由于以2050年和2060年作为“碳中和”目标年时，都包含4种情况，所以，一共有8种情况。

1. 以联合国定义的2050年作为实现“碳中和”的目标年。图9显示了以2050年为“碳中和”目标年的中国人均$CO_2$排放量长期减排路径。由于自2020年和2030年减排都存在情景1、情景2等2种情况，所以，有4种途径。

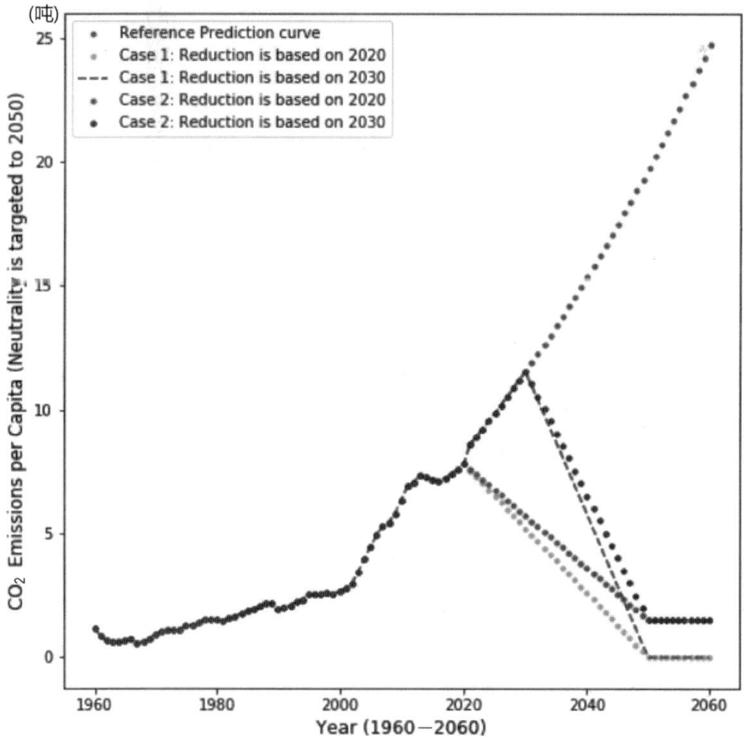


图9　以2050年为“碳中和”目标年的中国人均$CO_2$排放量长期减排路径

如果自从2020年之后立即开始强力减排，则在情景1下，在2021—2050年，中国平均每人每年需要比上年减排$CO_2$约0.2098吨；在情景2下则需要比上年减排$CO_2$约0.2598吨。

如果自从2030年之后才开始强力减排，则在情景1下，在2031—2050年，平均每人每年需要比上年减排$CO_2$约0.5020吨；在情景2下则需要比上年减排$CO_2$约0.5770吨。

2. 以中国定义的2060年作为实现“碳中和”的目标年。图10显示了以2060年为“碳中和”目标年的中国人均$CO_2$排放量长期减排路径。由于自2020年和2030年减排都存在情景1、情景2等2种情况，所以，有4种途径。

如果自2020年之后就开始强力减排，则在情景1下，在2021—2060年，中国平均每人每年需要比上年减排$CO_2$约0.1573吨；在情景2下则需要比上年减排$CO_2$约0.1948吨。

如果自2030年以后才开始强力减排，则在情景1下，在2031—2060年，平均每人每年需要比上年减排$CO_2$约0.3347吨；在情景2下则需要比上年减排$CO_2$约0.3847吨。

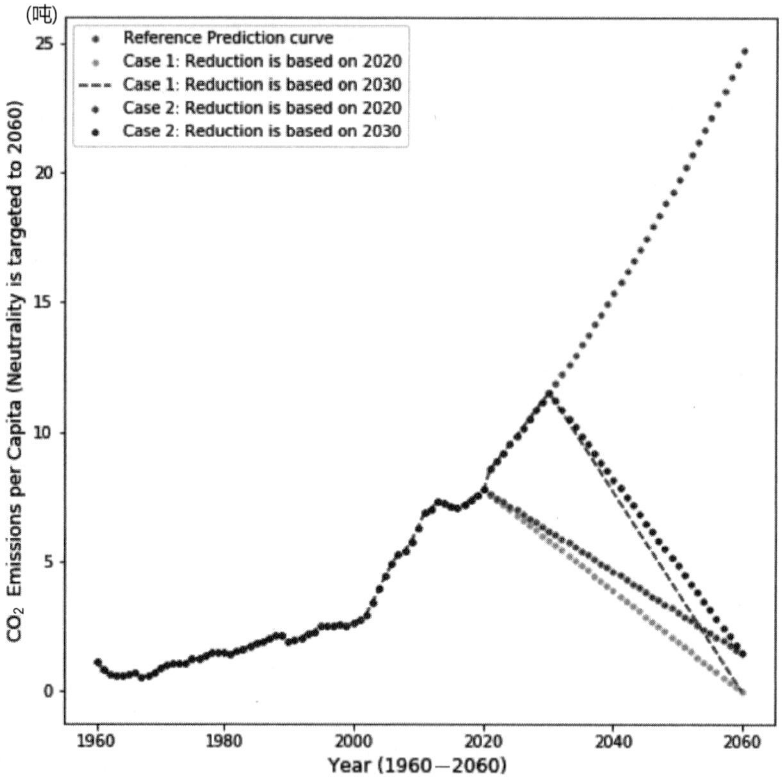


**图10　以2060年为“碳中和”目标年的中国人均$CO_2$排放量长期减排路径**

### （三）以$CO_2$排放总量为基础测算“碳中和”中长期减排路径

对于以$CO_2$排放总量为基础计算的中国实现“碳中和”目标的中长期碳减排发展路径，以1980年的$CO_2$排放总量14.67亿吨作为“碳中和”目标值的情景之一。

由于以2050年作为“碳中和”目标年和以2060年作为“碳中和”目标年，都有4种情况，所以一共有8种情况。

1. 以联合国定义的2050年作为实现“碳中和”的目标年。图11列出了以2050年为“碳中和”目标年的中国$CO_2$排放总量长期减排路径，分4种情况。

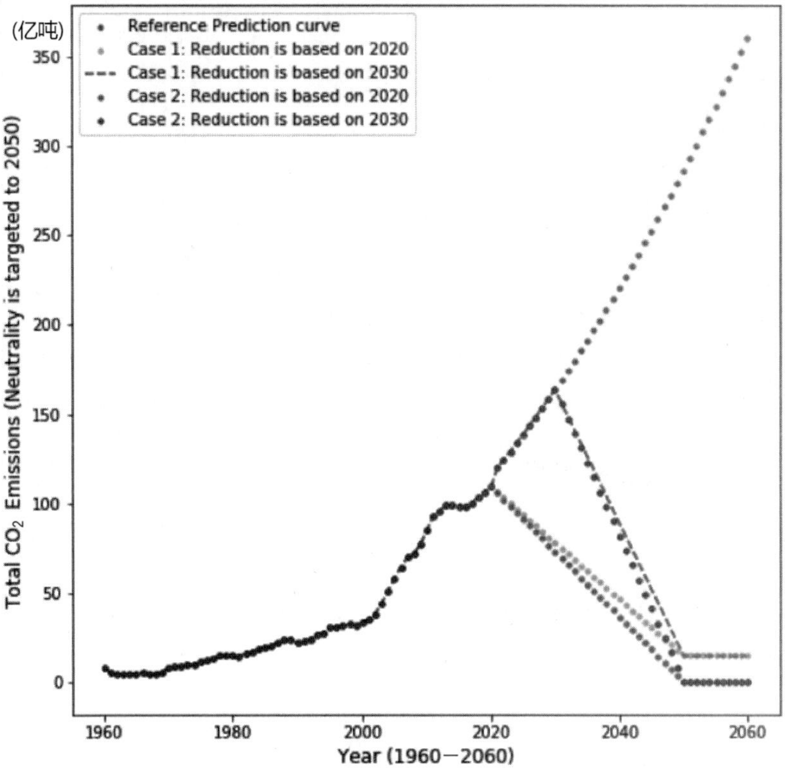


**图11　以2050年为“碳中和”目标年的中国$CO_2$排放总量长期减排路径**

如果自2020年以后就开始强力减排，则在情景1下，在2021—2050年，平均每年需要比上年减排$CO_2$总量约3.15亿吨；在情景2下，则需要比上年减排$CO_2$总量约3.64亿吨。

如果自2030年以后才开始强力减排，则在情景1下，在2031—2050年，平均每年需要比上年减排$CO_2$总量约7.44亿吨；在情景2下则需要比上年减排$CO_2$总量约8.18亿吨。

2. 以中国定义的2060年作为实现“碳中和”的目标年。图12列出了以2060年为“碳中和”目标年的中国$CO_2$排放总量长期减排路径。由于自2020年和2030年减排都存在情景1、情景2等2种情况，所以，有4种途径。

当自2020年就开始强力减排时，在情景1下，在2021—2060年，平均每年需要比上年减排$CO_2$排放总量2.37亿吨；在情景2下，则需要比上年减排$CO_2$排放总量约2.73亿吨。

如果以2060年作为“碳中和”目标年，当自2030年后开始强力减排时，在情景1

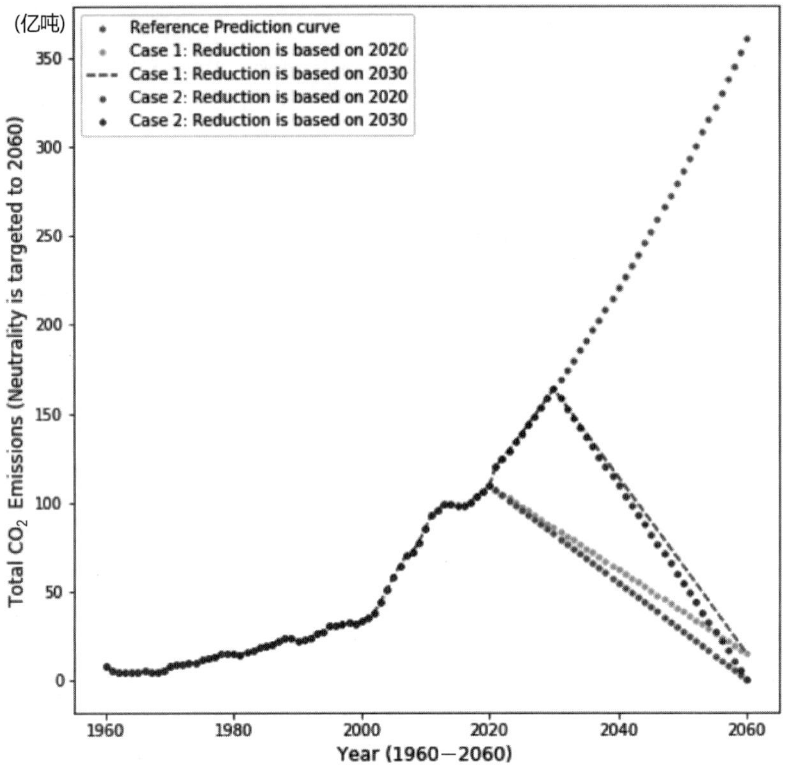


**图 12　以 2060 年为“碳中和”目标年的中国 $CO_2$ 排放总量长期减排路径**

下，在 2031—2060 年，平均每年需要比上年减排 $CO_2$ 排放总量约 4.96 亿吨；在情景 2 下则需要比上年减排 $CO_2$ 排放总量约 5.45 亿吨。

很显然，与实现全球“碳中和”目标相比，虽然中国 $CO_2$ 减排的目标任务非常艰巨，但仍然获得了从 2050—2060 年共 10 年的延长期。只要中国自 2020 年之后立即开始每年坚持 $CO_2$ 减排措施，2060 年实现中国“碳中和”目标，就是每年减排任务最小，也即压力最小的一条实现中国“碳中和”目标减排路径。

## 六、小结

围绕中国的“双碳”目标，通过以上分析，本文得到了如下四个主要结论：

第一，虽然环境库兹涅茨曲线是实现全球“碳达峰”和“碳中和”目标的理论基础，但是，在使用 EKC 曲线分析中国的“双碳”目标时，还要考虑到 EKC 曲线的动态性特征，在目前情况下，结合理论和实际，可以将中国实现“碳达峰”的所有动态 EKC 曲线的最大极值点定在 2030 年，即相信中国将在 2030 年实现“碳达峰”。

第二，如果不加以控制或者控制不力，在中国经济增长持续向好发展的同时，不论是中国的总体 $CO_2$ 排放量，还是人均 $CO_2$ 排放量，在今后长期一段时间，都将保持增长势头，预计到2030年中国$CO_2$排放总量将达到163.55亿吨，人均$CO_2$排放量将达到11.54吨（t），如果以1980年的中国$CO_2$排放量不高于人均1.5吨（t）作为2060年“碳中和”目标情景之一，则2060年实现“碳中和”目标的难度将非常大。

第三，到2030年，中国单位国内生产总值$CO_2$排放量比2005年下降60%～65%的目标，是一个可实现的目标，但是，该目标仅仅反映了中国经济快速增长过程中GDP值与$CO_2$排放量之间的实际比例和结构关系发生变化的趋势，对于$CO_2$排放总量的绝对值水平下降而言，几乎于事无补。

第四，与实现全球“碳中和”目标相比，虽然中国$CO_2$减排的目标任务非常艰巨，但仍然获得了从2050—2060年10年的延缓期，中国只有从现在开始，切实地实施各项$CO_2$减排措施，持续努力，则到2060年实现“碳中和”目标，就是每年减排任务最小、压力最小的一条中长期减排路径。

本文研究也存在一些不足。本文虽然指出了实现中国“双碳”目标的路径，但对于在具体实现过程中所涉及的具体措施，却没有进行任何讨论，例如对于如何通过减少对$CO_2$排放量贡献最大的化石能源的使用量、如何增加有利于$CO_2$减排效果的清洁能源使用量、如何通过碳交易碳税碳金融等措施来完善长期碳减排路径等问题，都没有做任何讨论，关于这些问题，在今后的研究中，还需要花费相当大的力量去仔细考虑。

本文研究也存在一定的局限性。由于灰色系统模型的解析解是指数函数，比较适合符从指数函数变化特征的样本序列，特别是GM（1，1）模型，比较适合增长型时间序列，如果经济时间序列在增长过程中出现转折或者波动，则预测曲线的准确率就会降低，所以，对于波动性较高的经济时间序列，灰色系统模型的适应性就会变差，必须寻找其他类型的函数模型，关于这一点，只能根据样本序列的具体特征去考虑

## 参考文献

[1] Kuznets, S. Economic growth and income inequality. The American Economic Review, 1955, 45 (1).

[2] Sun, B. A literature survey on environmental Kuznets curve. Energy Procedia, 2011 (5): 1322 - 1325.

[3] Worldbank. World Bank Open Data. Worldbank. On 1 September 2021from https: //data. worldbank. org/country/china? view = chart, 2021.

[4] UN. For a livable climate: Net - zero commitments must be backed by credible action. United Nations, August, 2021. On 1 September 2021 from https: //www. un. org/en/climate-change/net - zero - coalition, 2021.

[5] 新华社. 中美气候变化联合声明 [EB/OL]. 新华社北京11月12日电. 2021 - 9 - 1. 中国政府网. http: //www. gov. cn/xinwen/2014 - 11/13/content_ 2777663. htm.

[6] 新华网.《巴黎协定》背后的中国智慧与力量 [EB/OL]. 新华网, 2015 - 12 - 14. http: //www. xinhuanet. com/world/2015 - 12/14/c_ 1117455218. htm.

[7] 新华网. 习近平在第七十五届联合国大会一般性辩论上的讲话 [EB/OL]. 新华

网，2020－9－22. https：//baijiahao. baidu. com/s？id＝1678546728556033497.

［8］何建坤．中国长期低碳发展战略与转型路径［EB/OL］. 全国能源信息平台，2020－12－17.

［9］阎虎勤．Python 财务数据分析（讲义）［D］. 厦门：厦门国家会计学院，2021.

# 完善我国电子烟税收体系的国际比较与政策启示

张小三[①] 胡晓洁[②]

## 一、引言

现阶段，我国监管部门正逐步加强对电子烟的法律监管。2018 年 8 月 28 日，国家市场监督管理总局、国家烟草专卖局发布《关于禁止向未成年人出售电子烟的通告》，指出电子烟作为卷烟等传统烟草制品的补充，其自身存在较大的安全和健康风险，要求我国市场主体不得向未成年人销售电子烟。2019 年 11 月 1 日，国家烟草专卖局和国家市场监督管理总局共同发布《关于进一步保护未成年人免受电子烟侵害的通告》，再次要求各类市场主体不得向未成年人销售电子烟，并敦促电子烟生产、销售企业或个人及时关闭电子烟互联网销售网站或客户端，电商平台及时关闭电子烟店铺并将电子烟产品及时下架，电子烟生产、销售企业或个人撤回通过互联网发布的电子烟广告。2021 年 3 月，工信部《关于修改〈中华人民共和国烟草专卖法实施条例〉的决定（征求意见稿）》，首次明确提出电子烟等新型烟草制品参照本条例中关于卷烟的有关规定执行。2021 年 4 月，烟草控制框架公约履约工作部际协调领导小组会议强调将推动解决电子烟监管、税价联动等重点问题。2021 年 5 月，国家卫生健康委于第 34 个世界无烟日发布《中国吸烟危害健康报告 2020》，明确指出“有充分证据表明电子烟是不安全的，会对健康产生危害”。因此，在电子烟迎来新的法律监管背景下，如何完善和发挥消费税等税收政策对电子烟的调节功能已迫在眉睫。以税控烟一直是我国实施控烟行动、助力健康中国建设的重要手段之一，然而，对于新型电子烟我国还缺乏使用税收和价格的调节手段。

现有文献讨论了电子烟的危害性以及如何建立如何开征电子烟税收的政策体系。Kedar N. Prasad 和 Stephen C. Bondy（2021）通过相关实验得出电子烟产生含有不同浓度尼古丁的吸入气溶胶，以及无机和有机毒剂以及致癌化合物的结论。赵文华（2019）认为烟草

① 张小三：厦门国家会计学院“一带一路”财经发展研究中心讲师。
② 胡晓洁：厦门国家会计学院在读研究生。

税法可以发挥控烟效用的主要功能。刘杰村和王少康（2021）对比了国内电子烟与传统卷烟税收征管现状，通过梳理世界部分国家和地区开征电子烟税的做法，提出应在统筹考虑电子烟的属性、作用及产业现状的基础上，改革完善我国电子烟的税收征管。郑榕和张自力（2021）阐述了对新型烟草制品征收消费税的合理性，详细介绍了美国和日本对电子烟和加热不燃烧烟草征收消费税的经验和政策效果，提出我国应尽快对新型烟草制品征收消费税。

以上文献已形成相应研究成果，但仍然存在一定的局限性。例如，刘杰村和王少康（2021）仅梳理了少数国家开征电子烟税的国际经验，并主要侧重于对电子烟的税收监管，没有提出如何完善电子烟税收的政策体系。郑榕和张自力（2021）并没有细化消费税的征收方式、环节、范围和税率设计，缺乏从市场层面对电子烟市场规模分析以及企业所得税层面对电子烟税收体系的完善。

综上，本文基于我国电子烟与传统烟草的行业税负、税收政策的对比分析，详细梳理电子烟消费税的国际经验，进一步讨论了我国对电子烟开征消费税的必要性，并为完善我国电子烟开征消费税、提高对电子烟企业高新技术认定门槛等税收体系提出相关政策建议。

## 二、全球及我国电子烟市场规模现状

1. 国内外电子烟市场增长迅速。新型电子烟自问世以来在国内外市场迅速流行。受消费者观念的转变，烟草企业开始利用发达的科学技术研发新型“减害 + 环保型”替代传统烟草产品，不仅成为传统烟民的“慰藉神器”，更成为“追求时尚的潮流”，因此，全球电子烟行业市场规模持续增长。如图 1 所示，全球电子烟市场规模从 2016 年的 30.5 亿美元增长至 2020 年的 76.7 亿美元①，年均复合增长率为 25.9%，预计到 2025 年，其市场规模预计将增长至 287.5 亿美元，年均复合增长率将高达 32.6%。随着消费者接受意愿提高以及电子烟公司的积极营销，预计电子烟需求将会进一步扩大。

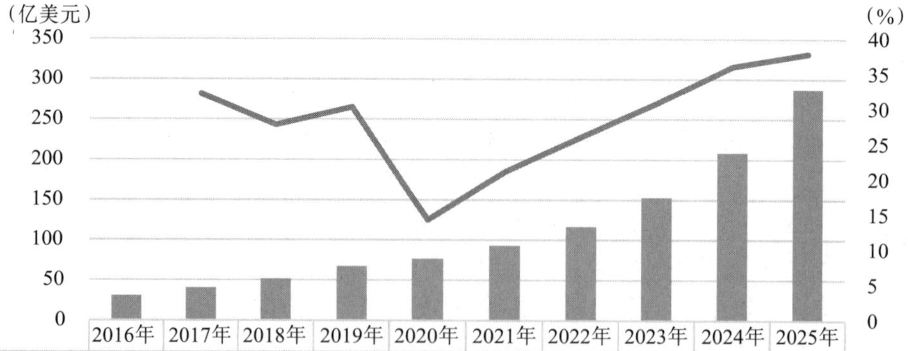


| | 2016年 | 2017年 | 2018年 | 2019年 | 2020年 | 2021年 | 2022年 | 2023年 | 2024年 | 2025年 |
|---|---|---|---|---|---|---|---|---|---|---|
| 全球电子烟 | 30.5 | 40.3 | 51.5 | 67.1 | 76.7 | 92.9 | 117.1 | 153.2 | 208.5 | 287.5 |
| 增长率 | | 32.1% | 27.8% | 30.3% | 14.3% | 21.1% | 26.0% | 30.8% | 36.1% | 37.9% |

**图 1　全球电子烟市场规模**

资料来源：沙利文报告。

① 资料来源：全球企业增长咨询公司弗若斯特沙利文于 2021 年 3 月发布的关于电子烟行业的独立市场研究报告。

2. 国内外电子烟渗透率[①]不断提高。英国电子烟渗透率一直维持全球最高而且增速最快，如图 2 所示，其渗透率由 2013 年的 17.9% 增长至 2020 年的 50.4%，增长近 3 倍。美国电子烟渗透率也呈现稳步快速增长，从 2013 年的 14.7% 增长至 2020 年的 38.0%。相比较而言，我国电子烟渗透率远低于英、美两国，2020 年仅为 1.5%，但对比 2013 年的 0.1%，保持了较快的增长速度。此外，我国吸烟人口基数庞大，随着绿色发展和烟民对健康的关注，电子烟在我国的渗透率预计将不断攀升，因此，我国电子烟市场还有较大的成长空间。

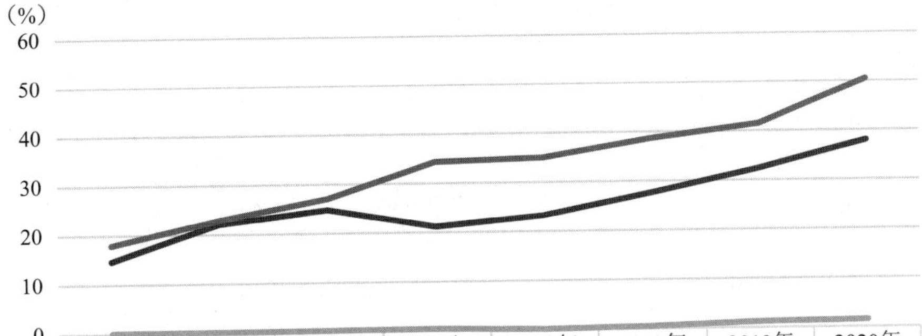


| | 2013年 | 2014年 | 2015年 | 2016年 | 2017年 | 2018年 | 2019年 | 2020年 |
|---|---|---|---|---|---|---|---|---|
| 美国 | 14.7% | 22.1% | 24.8% | 21.2% | 23.2% | 27.6% | 32.4% | 38 |
| 英国 | 17.9% | 22.9% | 27.1% | 34.4% | 35 | 38.7% | 41.5% | 50.4% |
| 中国 | 0.1% | 0.2% | 0.3% | 0.4% | 0.1% | 0.5% | 1.2% | 1.5% |

**图 2　中美英电子烟产品渗透率**

资料来源：悦刻招股说明书、前瞻产业研究院整理。

3. 我国电子烟市场规模不断扩大。我国电子烟行业始于 2003 年，先后经历了初始发展、急速扩张等阶段，我国电子烟行业市场规模不断扩大。如图 3 所示，我国电子烟市场规模由 2016 年的 0.6 亿美元增长至 2020 年的 25 亿美元，年均复合增长率为 154.1%，预计到 2023 年，其市场规模将达到 113 亿美元，年均复合增长率为 48.9%，进一步表明我国未来电子烟市场规模将不断扩大。虽然 2020 年我国传统烟草市场规模为 2518 亿美元，但 2016—2020 年年均复合增长率仅为 5.2%，预计到 2023 年，其市场规模为 2725 亿美元，年均复合增长率仅为 2.2%，与处于快速增长的电子烟形成鲜明反差。

4. 我国电子烟产业投资保持较快增长。随着我国控烟力度的加强，我国电子烟产品有望成为传统烟民的新的选择，因此将促进电子烟行业的整体发展。同时，较好的发展前景吸引着大批企业涌入该行业，行业现已逐步形成头部竞争企业，如雾芯科技、思魔尔国际等。截至目前，我国存续电子烟企业为 17.44 万户。如图 4 所示，我国电子烟企业注册数量从 2013 年的 4.55 万户增长至 2020 年的 16.85 万户，年均复合增长率为 20.6%，仅 2020 年增速就高达 30.3%。预计未来新增电子烟企业注册数量仍将保持较快增长。从

① 渗透率：在美国、英国和中国，电子烟产品使用者的渗透率定义为电子烟产品使用者的数量除以成人可燃烟草制品使用者的数量。

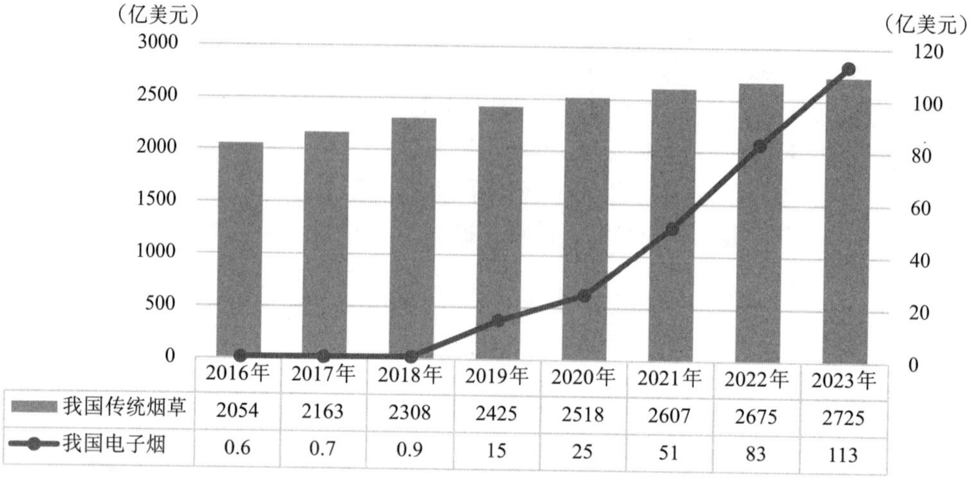


**图 3　我国传统卷烟与电子烟市场规模**

资料来源：悦刻招股说明书。

需求侧看，我国拥有超过 3 亿烟民，成人电子烟使用率从 2015 年的 1.3% 升至 2019 年的 1.6%①，另据《中国吸烟危害健康报告 2020》显示，我国使用电子烟人数约为 1035 万，其中年轻人使用比例相对较高，15～24 岁年龄组为最高的 1.5%。因此，可以预见电子烟行业企业数量将会持续增加，且电子烟潜在用户规模巨大。

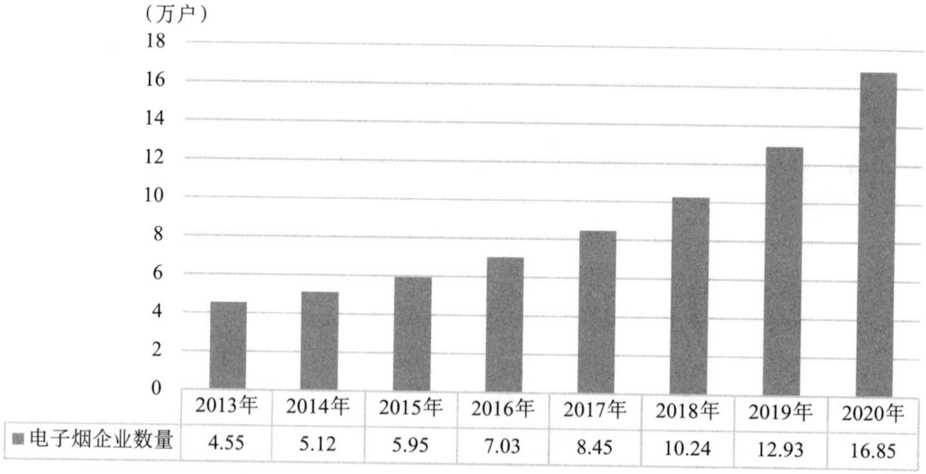


**图 4　2013—2020 年中国电子烟行业企业数量**

资料来源：艾媒数据中心。

5. 我国电子烟头部企业增速强劲。如表 1 所示，在 A 股、港交所和美国纽交所上市的我国 5 家电子烟企业营收增速强劲。其中，思魔尔国际增速最为明显，其营业收入从 2016 年的 7.1 亿元增长至 2020 年的 100.1 亿元，年均收入复合增长率为 93.8%，毛利从 2016 年 1.2 亿元增长至 2020 年的 41.2 亿元，年均毛利复合增长率高达 142.1%。整体看

① 资料来源：中国疾控中心《中国成年人电子烟使用情况：2015—2016 年及 2018—2019 年多次横向调查结果》。

来，5 家企业年均收入和年均毛利复合增长率分别为 30.1% 和 42.1%，说明我国电子烟行业发展空间大、盈利潜力较好。

**表 1　　我国电子烟头部企业市场分析**　　（单位：亿元）

| 年份＼收益＼企业 | 艾维普斯 | | 盈趣科技 | | 五轮电子 | | 思魔尔国际 | | 雾芯科技 | |
|---|---|---|---|---|---|---|---|---|---|---|
| | 收入 | 毛利 | 收入 | 毛利 | 收入 | 毛利 | 收入 | 毛利 | 收入 | 毛利 |
| 2016 | 22.8 | 2.3 | 16.5 | 5.1 | 0.8 | 0.1 | 7.1 | 1.2 | – | – |
| 2017 | 23.2 | 2.0 | 32.7 | 11.5 | 1.0 | 0.1 | 15.7 | 2.4 | – | – |
| 2018 | 25.0 | 1.7 | 27.8 | 9.2 | 1.5 | 0.03 | 34.3 | 8.6 | – | – |
| 2019 | 24.8 | 2.1 | 38.5 | 11.3 | 1.5 | –0.2 | 76.1 | 25.7 | 15.5 | 3.6 |
| 2020 | 26.7 | 2.4 | 53.1 | 12.5 | 1.2 | –0.3 | 100.1 | 41.2 | 38.2 | 8.0 |

资料来源：财务报表、Wind 数据库。

## 三、我国电子烟与传统卷烟的税负差异分析

### （一）我国电子烟与传统卷烟的税负差异悬殊

税负是应缴税费与营收的比率，是衡量行业或企业的税收承受能力的重要指标①。本文对传统卷烟和电子烟行业的税收负担进行了测算，发现二者税负差异悬殊。如表 2 所示，2016—2020 年，我国传统卷烟产业综合税负分别为 65.6%～67.4%，而我国 5 家电子烟上市企业综合税负均低于 5%，其中艾维普斯综合税负为 0.9%～1.8%，思魔尔国际综合税负为 1.7%～3.9%。由此可见，传统卷烟与电子烟行业综合税负相差悬殊。

**表 2　　我国电子烟头部企业与传统卷烟的综合税负比较**　　%

| 年份 | 艾维普斯 | 盈趣科技 | 五轮电子 | 思魔尔国际 | 雾芯科技 | 传统卷烟 |
|---|---|---|---|---|---|---|
| 2016 年 | 1.6 | 3.7 | 2.3 | 2.4 | – | 65.6 |
| 2017 年 | 1.8 | 7.4 | 1.1 | 1.8 | – | 65.6 |
| 2018 年 | 1.0 | 5.2 | 1.3 | 3.9 | – | 66.8 |
| 2019 年 | 0.9 | 7.4 | 0.9 | 1.7 | –0.2 | 67.0 |
| 2020 年 | 1.1 | 10.8 | 0.2 | 2.8 | 9.5 | 67.4 |

资料来源：根据企业财务报表自行计算、中国烟草局。

### （二）我国电子烟与传统卷烟的税收政策差异主要体现在消费税上

目前，我国传统卷烟业缴纳烟草消费税，而电子烟无须缴纳，同时，电子烟企业还享有高新技术企业的所得税优惠。

---

① 综合税收负担 =（支付的各项税费 – 收到的税收返还）/营业收入。

1. 消费税占传统烟草综合税负比最大，决定了行业税负水平。我国现行的烟草税收体系主要包含的税种有：烟叶税、烟草消费税、增值税、企业所得税等，其中，专门针对烟草行业征收的税种有烟叶税和烟草消费税。总体而言，消费税是传统烟草行业税负占比最大的税目①，我国对传统卷烟实行从价税与从量税相结合征收烟草消费税，对除卷烟的剩余烟草制品实行从价征收。对传统烟草开征消费税对于"以税控烟"和为国家贡献财政收入方面均起到了积极的作用。而我国的现行电子烟税收体系主要包含的税种有：烟叶税、增值税、企业所得税等，从以上税种的简单对比，烟草消费税并没有在电子烟的税收体系中体现。

2. 电子烟企业享有企业所得税优惠。根据《中华人民共和国企业所得税暂行条例》，从1994年1月1日起，烟草行业的工业企业，均应以独立核算的企业为纳税人，照章缴纳企业所得税，与其他行业的计税依据和征收方式相同，税率为25%。然而，如表3所示，电子烟行业适用的企业所得税率普遍在15%左右，享受高新技术企业的优惠税率，例如，思魔尔国际、盈趣科技、雾芯科技等电子烟龙头企业被认定为高新技术企业等，均享受高新技术企业减按15%优惠税率缴纳企业所得税。

表3　　　　我国传统卷烟与电子烟税收体系比较

| No. | 税种 | 税率 | 传统卷烟 | 电子烟 |
|---|---|---|---|---|
| 1 | 增值税 | 13% | √ | √ |
| 2 | 企业所得税 | 25%/15% | 25% | 普遍适用15% |
| 3 | 关税 | 卷烟：25%（最惠国待遇）、180%（普通税率） | √ | 普通消费品税率 |
| 4 | 印花税 | 按照合同种类不同税率不同 | √ | √ |
| 5 | 城市维护建设税 | 7%/5%/1% | √ | √ |
| 6 | 教育费附加 | 3% | √ | √ |
| 7 | 地方教育费附加 | 2% | √ | √ |
| 8 | 消费税 | 甲类卷烟：56%+0.003元/支；<br>乙类卷烟：36%+0.003元/支；<br>批发环节：11%+0.005元/支 | √ | × |
| 9 | 烟叶税 | 20% | √ | √ |

资料来源：通过查找资料自行整理。

### （三）我国电子烟与传统卷烟产业链具有较强同质性

新型烟草主要包括加热不燃烧卷烟、电子烟等，国家烟草专卖局在相关的通知中对"加热不燃烧卷烟""电子烟"等概念进行了区分，并在2017年5月对加热不燃烧卷烟归属为烟草制品，纳入烟草监管范围，但是并没有对电子烟做出清晰界定，因此，本文主要对比新型烟草中的电子烟和传统烟草产业链。

1. 电子烟与传统卷烟在核心成分、产品功能等方面具有很强的同质性。电子烟是电

① 资料来源：对国家烟草总局公布的数据以及各个税目对应的税收占总税收的比例得出。

子尼古丁传送系统最为常见的典型形式，通过雾化器将烟管中含有尼古丁、丙二醇、甘油、香精等成分的烟油雾化，模拟吸烟时产生的烟雾，通过香精模拟吸烟口感，同时满足烟民对尼古丁的摄入需求。电子香烟产生含有不同浓度尼古丁的吸入气溶胶，以及无机和有机毒剂等致癌化合物，气溶胶通过在高温下用尼古丁和调味料加热丙二醇和甘油溶液来产生。现有研究表明，电子香烟的气溶胶也会对健康产生不良影响。与传统香烟相比，电子烟产生的气体虽然不含焦油和二氧化碳，但其所含的丙二醇含量较高，电子烟在一定温度下加热，产生的这种物质会损害我们的气道，不利于健康；再次，电池加热烟液产生的气雾剂，也含有对心血管有害的醛等，包括甲醛，乙醛，丙烯醛等。

2. 电子烟与传统卷烟产业链有很强的同质性。如图 5 显示，电子烟产业链的上游包括雾化器、烟油、芯片、电池等配件生产企业，其中，烟油属于电子烟的最主要的消耗品。中游是电子烟的设计制造环节，主要包括电子烟制造商和传统烟草商。目前国内大部分的电子烟生产商是采用 OEM 和 ODM 的商业模式，行业内一款电子烟产品的设计生产周期平均为 3 ~5 个月。下游主要包括代理商、经销商、零售商和终端消费者，零售商从代理商和经销商手中获得产品，将其销售给终端客户。代理商和经销商包括知名电子烟品牌商、大型超市、便利店以及药店等。

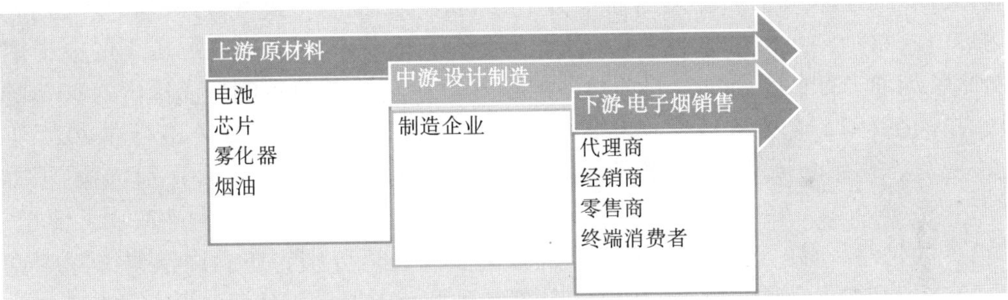


**图 5　电子烟产业链**

3. 电子烟主要消耗品是烟油。如图 6 所示，烟油业已形成相对独立的完整产业链，包括上游烟叶供应商，中游的提纯、合成尼古丁烟油的烟油厂以及下游雾化电子烟企业。

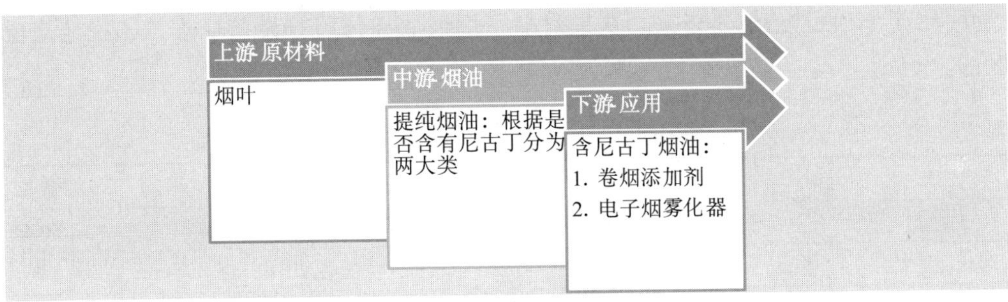


**图 6　烟油产业链**

我国电子烟龙头企业已经打通了上下游，完成了全产业链的整体布局，再加上智能化技术，驱动电子厂商从生产到销售改造升级。虽然电子烟与传统烟草具有很强同质性，但由于电子烟税收体系的不健全导致二者综合税负相差悬殊，一方面有违税收公平、不利于市场竞争；另一方面不符合“以税控烟”、助力健康中国建设的目标。因此，如何发挥“以税控电子烟”的税收调节功能已刻不容缓。

## 四、国际电子烟消费税课征经验

目前，全球已有51个国家和地区将电子烟视同烟草制品实施管制。多数国家对电子烟征收消费税的经验包括：课税对象涵盖电子烟烟具、烟油和添加的香精等组成部分，其中烟油主要为含有尼古丁的烟油；税率形式包括从价、从量或从价与从量混合税率，采用比例或定额税率；征税环节包括生产、批发和零售环节；征税主体包括中央政府、地方政府单独征收或各级政府叠加征收等不同形式。

### （一）从价计征

在美国，电子烟消费税的课征主体主要为州政府。截至2021年初，美国29个州以及哥伦比亚特区和波多黎各等对电子烟产品征税，各州从价计征的税率差异较大。如表4所示，从征收对象角度看，一是对含有尼古丁电子烟产品征收，税率按照批发价分别为加州（56.93%）、哥伦比亚特区（96%）、明尼苏达州（95%）。二是对含尼古丁的电子烟产品（包括瓶装烟油）征收，例如：科罗拉多州于2021年1月1日按制造商标价的30%的税率生效，并将在2022年增至35%，2023年增至50%，2024年增至56%最终在2027年增至62%。三是对所有电子烟液和电子烟设备征收，税率按照批发价分别为康涅狄格州（10%）、格鲁吉亚（7%）、肯塔基州（15%）、宾尼法尼亚洲（40%）、佛蒙特州（92%）。四是对所有电子烟产品征收，税率按照批发价分别为伊利诺伊州（除库克县和芝加哥市）（15%）、缅因州（43%）、印第安纳州（15%）、马萨诸塞州（75%）、内华达州（30%）、新罕布什尔州（8%）、怀俄明州（15%），而纽约州税率为零售价的20%。五是对所有电子烟产品和烟油分别征收，如马里兰州税率分别为二者批发价的6%与60%。六是对电子烟烟油征收，如新泽西州税率为零售价的10%与批发价的30%之和，新墨西哥州税率为批发价的12.5%。七是对“吸入输送系统”（包括硬件和烟油）征收，如俄勒冈州税率为批发价的65%。八是对电子烟烟油和预填充设备征收，如犹他州税率为批发价的56%。

表4　美国部分州电子烟从价消费税课征情况

| 州 | 征收方式 | 征收环节 | 征收对象 | 税率（%） |
|---|---|---|---|---|
| 加州 | 从价 | 批发 | 含尼古丁电子烟产品 | 56.93 |
| 哥伦比亚特区 | 从价 | 批发 | 含尼古丁电子烟产品 | 96 |
| 明尼苏达州 | 从价 | 批发 | 含尼古丁电子烟产品 | 95 |
| 康涅狄格州 | 从价 | 批发 | 所有电子烟产品和烟油 | 10 |
| 格鲁吉亚州 | 从价 | 批发 | 所有电子烟产品和烟油 | 7 |
| 肯塔基州 | 从价 | 批发 | 所有电子烟产品和烟油 | 15 |

续表

| 州 | 征收方式 | 征收环节 | 征收对象 | 税率（%） |
|---|---|---|---|---|
| 宾尼法尼亚州 | 从价 | 批发 | 所有电子烟产品和烟油 | 40 |
| 佛蒙特州 | 从价 | 批发 | 所有电子烟产品和烟油 | 92 |
| 马里兰州 | 从价 | 零售 | 所有电子烟产品和烟油 | 6 +60 |
| 伊利诺伊州 | 从价 | 批发 | 所有电子烟产品 | 15 |
| 缅因州 | 从价 | 零售 | 所有电子烟产品 | 43 |
| 印第安纳州 | 从价 | 零售 | 所有电子烟产品 | 15 |
| 马萨诸塞州 | 从价 | 零售 | 所有电子烟产品 | 75 |
| 内华达州 | 从价 | 零售 | 所有电子烟产品 | 30 |
| 新罕布什尔州 | 从价 | 零售 | 所有电子烟产品 | 8 |
| 怀俄明州 | 从价 | 零售 | 所有电子烟产品 | 15 |
| 新泽西州 | 从价 | 零售 | 所有电子烟烟油 | 10 +30 |

资料来源：通过查阅资料自行整理。

其他国家，如表5所示，巴林对含有尼古丁的电子烟烟油征收，税率为零售价的50%；印度尼西亚对含尼古丁烟油（烟草的提取物和精华）征收，税率为零售价的57%；约旦对设备和含有尼古丁的电子烟烟油征税，税率为到岸价的200%；巴拉圭对所有电子烟产品征收，税率为批发价的16%；沙特阿拉伯对所有电子烟产品和烟油征收，税率为零售价的50%；厄瓜多尔对电子烟和加热烟草产品征收特别消费税，税率为150%；日本先将电子烟换算为卷烟，再按国家烟草税为24.1%、地方烟草税为27.8%、烟草特别税为3.7%和消费税为7.4%分别征收。

**表5　　部分代表国家电子烟从价消费税课征情况**

| 国家 | 所属地域 | 征收方式 | 征收环节 | 征收对象 | 税率（%） |
|---|---|---|---|---|---|
| 巴林 | 亚洲 | 从价 | 生产 | 含尼古丁电子烟烟油 | 50 |
| 印度尼西亚 | 亚洲 | 从价 | 生产 | 电子烟烟油 | 57 |
| 约旦 | 亚洲 | 从价 | 进口 | 电子烟产品和烟油 | 到岸价200 |
| 巴拉圭 | 南美洲 | 从价 | 批发 | 所有电子烟产品 | 15 |
| 厄瓜多尔 | 南美洲 | 从价 | 生产 | 所有电子烟产品 | 150 |
| 日本 | 亚洲 | 从价 | 生产 | 所有电子烟产品 | 按卷烟税率 |
| 沙特阿拉伯 | 亚洲 | 从价 | 生产 | 所有电子烟产品和烟油 | 50 |

资料来源：通过查阅资料自行整理。

### （二）从量计征

如表6所示，在从量计征方式中，依征收对象看，美国特拉华州、路易斯安那州、北卡罗来纳州对含尼古丁烟油按0.05美元/毫升征收；堪萨斯州、波多利古、华盛顿州、威斯康星州对所有烟油按0.05美元/毫升征收；弗吉尼亚州对含尼古丁的烟油按0.066美元

/毫升征收。

其他国家可分为以下几类：一是对含尼古丁的烟油征收，税率分别为阿尔巴尼亚（0.091 美元/毫升）、吉尔吉斯坦（1 吉尔/毫升）、波兰（0.5 波兰茨罗迪/毫升）、葡萄牙（0.3 欧元/毫升）、罗马尼亚（0.52 罗马尼亚列伊/毫升）、俄罗斯（13 卢布/毫升）、斯洛文尼亚（0.52 罗马尼亚列伊/毫升）、瑞典（13 卢布/毫升）、德国（0.18 欧元/毫升）、菲律宾（2 克朗/毫升）。

二是对所有电子烟烟油征收，税率分别为阿塞拜疆（0.01 美元/毫升）、立陶宛（0.12 欧元/毫升）、塞浦路斯（0.14 美元/毫升）、爱沙尼亚（0.24 美元/毫升）、芬兰（0.3 欧元/毫升）、希腊（0.1 欧元/毫升）、匈牙利（20 福林/毫升）、黑山（0.9 欧元/毫升）。

表 6　　部分代表国家电子烟消费税从量课征情况

| 国家、州 | 所属地域 | 征收环节 | 征收对象 | 税率 |
|---|---|---|---|---|
| 特拉华州 | 美国 | 零售 | 含尼古丁电子烟烟油 | 0.05 美元/毫升 |
| 路易斯安那州 | 美国 | 零售 | 含尼古丁电子烟烟油 | 0.05 美元/毫升 |
| 北卡罗来纳州 | 美国 | 零售 | 含尼古丁电子烟烟油 | 0.05 美元/毫升 |
| 阿尔巴尼亚 | 欧洲 | 生产 | 含尼古丁电子烟烟油 | 0.091 美元/毫升 |
| 瑞典 | 欧洲 | 生产 | 含尼古丁电子烟烟油 | 2 克朗/毫升 |
| 菲律宾 | 亚洲 | 零售 | 含尼古丁电子烟烟油 | 37 比索/毫升 |
| 波兰 | 欧洲 | 生产 | 含尼古丁电子烟烟油 | 0.5 波兰兹罗提/毫升 |
| 葡萄牙 | 欧洲 | 生产 | 含尼古丁电子烟烟油 | 0.3 欧元/毫升 |
| 罗马尼亚 | 欧洲 | 生产 | 含尼古丁电子烟烟油 | 0.52 罗马尼亚列伊 |
| 俄罗斯 | 欧洲 | 生产 | 含尼古丁电子烟烟油 | 13 卢布/毫升 |
| 德国 | 欧洲 | 零售 | 含尼古丁电子烟烟油 | 0.16 欧元/毫升 |
| 堪萨斯州 | 美国 | 零售 | 所有电子烟烟油 | 0.05 美元/毫升 |
| 波多利古 | 美国 | 零售 | 所有电子烟烟油 | 0.05 美元/毫升 |
| 华盛顿州 | 美国 | 零售 | 所有电子烟烟油 | 0.05 美元/毫升 |
| 丹麦 | 欧洲 | 生产 | 所有电子烟烟油 | 0.30 美元/毫升 |
| 芬兰 | 欧洲 | 生产 | 所有电子烟烟油 | 0.3 欧元/毫升 |
| 希腊 | 欧洲 | 生产 | 所有电子烟烟油 | 0.1 欧元/毫升 |
| 匈牙利 | 欧洲 | 零售 | 所有电子烟烟油 | 20 福林/毫升 |
| 意大利 | 欧洲 | 零售 | 所有电子烟烟油 | 含尼古丁：0.08 欧元/毫升<br>不含尼古丁：0.04 欧元/毫升 |
| 韩国 | 亚洲 | 生产 | 所有电子烟烟油 | 638 韩元/毫升 +370 韩元/毫升 |
| 吉尔吉斯斯坦 | 亚洲 | 生产 | 所有电子烟烟油 | 1 索姆/毫升 |
| 北马其顿 | 欧洲 | 生产 | 所有电子烟烟油 | 0.2 马其顿第纳尔/毫升<br>（每年自动提高税率） |
| 拉脱维亚 | 欧洲 | 零售 | 电子烟油和尼古丁 | 烟油：0.01 欧元/毫升<br>尼古丁：0.005 欧元/毫克 |
| 肯尼亚 | 非洲 | 生产 | 电子烟产品和替换物 | 定额税率：3000、2000 肯尼亚先令 |

资料来源：通过查阅资料自行整理。

其他类别包括：丹麦从 2022 年起对电子烟烟油按 0.30 美元/毫升征收；意大利对含尼古丁的电子烟烟油按 0.08 欧元/毫升、不含尼古丁烟油按 0.04 欧元/毫升征收，对于选择自己制作烟油的意大利电子烟用户，PG、VG 和调味剂均不征收消费税；拉脱维亚对电子烟液体按 0.01 欧元/毫升和对尼古丁含量按照 0.005 欧元/毫克双税基税收；北马其顿对所有电子烟烟油按 0.2 马其顿第纳尔/毫升征收，该法律包含允许从 2020—2023 年每年 7 月 1 日自动提高税率；菲律宾对含尼古丁烟液体按 37 比索/毫升和对含自由碱尼古丁液 45 比索/毫升征收；韩国对电子烟液体按 638 韩元/毫升的香烟消费税和 370 韩元/毫升的个别消费税的加总征收；在肯尼亚，对电子烟产品和替换物征收，税率采取定额税率分别为 3000 肯尼亚先令、2000 肯尼亚先令。

### （三）混合从价从量计征

如表 7 所示，美国伊利诺伊州的库克县和芝加哥市，采取混合从价从量计征，对含有尼古丁的电子烟产品从价征收，税率为批发价的 15%，并对烟油从量按 0.2 美元/毫升征税。马来西亚对所有电子烟设备按批发价的 10% 与对所有烟油按 40 仙/毫升混合计征消费税。

**表 7　部分代表国家电子烟消费税混合课征情况**

| 国家、州 | 所属地域 | 征收方式 | 征收环节 | 征收对象 | 税率 |
|---|---|---|---|---|---|
| 伊利诺伊州的库克县和芝加哥市 | 美国 | 从价 + 从价 | 零售 | 含尼古丁电子烟产品和烟油 | 批发价的 15% +0.2 美元/毫升 |
| 马来西亚 | 亚洲 | 从价 + 从量 | 生产 | 所有电子烟产品和烟油 | 批发价的 10% +40 仙/毫升 |

资料来源：作者通过查阅资料自行整理。

综上，美国各州对电子烟多是采用从价对电子烟产品征收消费税，少数采用从量征收方式对电子烟烟油征税，仅有伊利诺伊州的库克县和芝加哥市采取混合从价从量征收方式。在欧洲，多数国家选择从量的征税方式对电子烟烟油开征消费税。总体看来，已有国家在课征方式和税率方面存在一定差异，但国际对电子烟课征消费税已逐渐形成共识，这对于完善我国电子烟税收政策具有一定政策启示。

## 五、对完善我国电子烟税收体系建设的政策建议

### （一）对我国电子烟征税的必要性

1. 符合征收消费税的功能要求。目前，我国电子烟行业的税负并没有起到抑制依赖尼古丁消费需求的作用。电子烟产品对身体健康具有危害性、负外部性，会对社会福利造成损害，而消费税则是对货物普遍征收增值税的基础上，选择少数消费品再征收的一个税种，具有引导消费方向调节产业结构的重要作用，因此对电子烟开征消费税符合消费税功能要求，既可助力健康中国的建设，又能进一步完善和扩充我国现行消费税的税收体系。

2. 符合税收一般性原则。①符合税收财政原则。2020 年我国电子烟市场规模已经高达 25 亿美元，虽与我国万亿规模的传统烟草市场相比较小，但传统烟民基数超过 3 亿人，未来电子烟渗透空间广阔，如果参照传统卷烟约 66% 的税负比例，其对应的税收收入是客观的。电子烟行业毛利呈现逐年快速上升趋势，在考虑企业纳税人的负担能力上开征消费税，符合税收财政原则。②符合税收公平原则。对于含有尼古丁等危害成分的电子烟和卷烟几乎是同质的，但是两者税负相差甚远，违背了市场经济条件下价值规律和竞争规律的要求。因此，对电子烟开征消费税，符合税收公平的原则。③符合税收行政原则。该原则以征纳简便易行、以最小的费用获取最大的税收收入，有利于提高纳税效率，将电子烟纳入消费税的征税范围，制定完善的税收管理体制，符合税收行政原则。因此，促进电子烟行业的税收政策符合税收一般原则的要求。

3. 有利于促进行业的健康发展。目前，电子烟行业缺乏统一的行业标准和监管法规，导致该行业的质量和品质良莠不齐。一方面，相应管理部门应该通过制定科学合理的法律法规来规范电子烟行业发展。另一方面，通过以税控烟，对电子烟征收合理的消费税，改善生产企业在生产制造、成本核算、销售渠道等方面的创新升级，使其符合“健康、环保”的生产理念，进而规范原材料采购、生产、财务核算、产品质量标准和相关部门监督机制的建立，推动电子烟行业的规范和健康发展。

### （二）开征消费税的建议

1. 将含有尼古丁的电子烟纳入征税范围。其一，遵循国际通用的以尼古丁作为判断烟草制品的依据，将含有尼古丁的电子烟纳入烟草制品范围开征消费税，以含有尼古丁的烟油和烟弹为课征对象。其二，在消费税烟草制品科目中增加“电子烟弹和烟油”子目。其三，根据国际经验，禁止销售含有香精的电子烟，因为其具有诱导抽烟和加重危害健康的原罪。

2. 混合采用从价与从量计征方式。现有国际经验包括对电子烟销售价格采取从价计征或对每毫升烟油从量计征消费税，极少数国家混合采用从价与从量计征方式。结合国际经验和我国传统卷烟的课税方式，建议采取从价与从量相结合的方式对电子烟计征：其一，从价方面，以销售价格为计税依据，适用固定税率征收；其二，从量方面，适用阶梯式税率征收。

3. 混合采用比例税率、累进税率和定额税率。其一，从价计征税率：根据电子烟的销售价格按照比例税率征收烟草税，税率不宜过高。其二，从量计征税率：对尼古丁含量的限制值，采用累进税率分层级计征，对不同尼古丁含量范围分别适用不同层级的税率。

4. 选择在生产环节与批发环节征收。依据我国传统烟草的征收环节以及消费税改革方向，其一，当电子烟生产企业批发给电子烟批发企业时，对生产企业在此环节从价从量征收。其二，当批发企业将电子烟销售（批发）给零售单位，对电子烟批发企业在批发环节加征从价税。

### （三）建议提高对电子烟企业高新技术认定门槛，避免“伪高新技术企业”享受减税优惠

其一，从电子烟产业链来看，电子烟设备仅改变了传统卷烟中尼古丁的传送方式，并

没有改变尼古丁对人体伤害的本质，建议加强对电子烟企业的创新能力严格审查。其二，从电子烟组成部分看，雾化器是电子烟设备的核心零部件，是否属于高新技术企业认定范围的微电子科学和电子信息技术值得商榷，建议提高对电子烟企业高新技术认定条件。

## 参考文献

[1] Prasad Kedar N. , Bondy Stephen C. Electronic cigarette aerosol increases the risk of organ dysfunction by enhancing oxidative stress and inflammation [J]. Drug and chemical toxicology, 2021.

[2] 赵文华. 烟草税法的功能定位和改革趋势 [D]. 武汉大学, 2019.

[3] 郑榕, 张自力. 对新型烟草制品征收消费税的国际经验与政策建议 [J]. 国际税收, 2020 (1): 64 – 70.

# “向西开放”的自贸区布局研究
## ——新发展格局下我国自贸区布局与供应链安全

“‘向西开放’的自贸区布局研究”课题组[①]

全球经济正步入一个深刻调整和变革的“再平衡”阶段，世界百年变局和疫情的共同影响下，全球经历了自“大萧条”以来最严重的经济衰退。2021 年，全球经济在疫情反复和供应链扰乱中缓慢复苏，我国经贸发展也面临着更为严峻的国际形势挑战和压力。目前，我国正处于“加快形成以国内大循环为主体、国内国际双循环相互促进的新发展格局”的发展阶段，为实现高质量发展，解决国民经济和产业循环不畅的突出矛盾、保障供应链安全成为我国统筹发展及开放与安全的关系，促进国内国际双循环的重中之重。

加快实施自由贸易区战略是我国新一轮对外开放的重要内容，尤其在当前全球范围内各经济体均通过自由贸易区建设，不断提升市场开放程度和新议题规则制定的趋势下，我国应充分发挥自贸区在联通国内国际两个市场的纽带作用，在增强产业链供应链自主可控能力、推动供应链产业链优化升级的同时，增强供应链黏性，稳定产业链布局，使自贸区建设服务于我国社会主义经济建设，为新发展格局下我国实现高质量发展提供安全稳定的市场环境和供应链保障。

## 一、我国自贸区战略布局现状与供应链安全

### （一）我国自贸区战略

我国始终是多边贸易体制的坚定支持者，自 2001 年加入世界贸易组织以来，我国积极履行入世义务，对外贸易高速发展，国际竞争力不断提升，深度参与经济全球化和全球价值链扩张。与此同时，我国也积极推动区域贸易安排，实施自贸区战略。作为多边贸易体制的有益补充，区域贸易安排有力地推动了我国与贸易伙伴的经济贸易合作，在我国与

① 项目负责人：黄鹏，上海 WTO 事务咨询中心总裁；成员：谈茜，上海 WTO 事务咨询中心统计分析部主任；陈春梅，厦门国家会计学院“一带一路”财经发展研究中心；霍晓璐、邹家阳、林乔影、张颖，上海 WTO 事务咨询中心统计分析部咨询师。

自贸伙伴间建立起更为开放稳定的贸易与投资环境和更为高效融合的产业链、供应链体系，为我国的长期稳定发展创造了有利条件。

党的十七大以来，我国持续推进自由贸易区建设进程。党的十七大把自由贸易区建设上升为国家战略，将实施自由贸易区战略作为我国拓展对外开放广度和深度，提高开放型经济水平的渠道之一，突出要以“促进国民经济又好又快发展”为目标，服务于完善内外联动、互利共赢、安全高效的开放性经济体系。

党的十八大提出要加快实施自由贸易区战略，将实施自由贸易区战略作为我国全面提高开放型经济水平的重要举措，明确在实施中要统筹双边、多边、区域次区域开放合作，通过推动同周边国家互联互通，提高抵御国际经济风险能力。党的十八届三中、五中全会进一步要求以周边为基础加快实施自由贸易区战略，形成面向全球的高标准自由贸易区网络。

党的十九大对推动形成全面开放新格局提出了要求和部署，明确指出通过稳步推进自由贸易区建设，逐步构筑起立足周边、辐射“一带一路”、面向全球的高标准自由贸易区网络。

面对全球区域经济加速调整的新形势，“十四五”规划纲要明确提出“实施自由贸易区提升战略，构建面向全球的高标准自由贸易区网络”的目标，在我国构建以国内大循环为主体、国内国际双循环相互促进的新发展格局的重要时期，依托高水平对外开放，开拓合作共赢新局面，使自贸区成为联结双循环的重要纽带和载体。

### （二）我国自贸区布局现状

我国持续推进自贸区建设，成果丰硕。截至2021年12月，我国已与相关国家或地区正式签署了20项自由贸易协定及贸易优惠安排①，自贸区数量和质量不断提升，对外开放水平稳步提高。此外，我国正开展中日韩、海合会等10项自贸协定谈判（含升级谈判）②，与哥伦比亚、斐济等国家展开8项自贸区可行性研究③。

“十五”时期，我国自贸区建设实现了两个“第一”——2002年与东盟签署自贸协定，成为我国对外建立的第一个自贸区，2005年与智利签署我国第一个双边自贸协定。

“十一五”期间，我国自贸区战略全面提升，与新西兰签署《中国—新西兰自由贸易协定》，是我国首次与发达国家签署自贸协定，促进了双边贸易合作交流。与此同时，我国还分别与巴基斯坦、新加坡和秘鲁达成自贸协定，有力促进了区域贸易发展。

“十二五”期间，我国自贸区建设进一步加速，首次与冰岛和瑞士等欧洲国家以及哥

---

① 20项自由贸易协定及贸易优惠安排包括中国—东盟、中国—智利、中国—巴基斯坦、中国—新西兰、中国—新加坡、中国—秘鲁、中国—哥斯达黎加、中国—冰岛、中国—瑞士、中国—韩国、中国—澳大利亚、中国—格鲁吉亚、中国—马尔代夫、中国—毛里求斯、中国—柬埔寨自贸协定，以及《亚太贸易协定》《内地与香港关于建立更紧密经贸关系的安排》《内地与澳门关于建立更紧密经贸关系的安排》《海峡两岸经济合作框架协议》和《区域全面经济伙伴关系协定》。

② 10项自贸协定谈判（含升级谈判）包括与中日韩、海合会、斯里兰卡、以色列、挪威、摩尔多瓦、巴拿马和巴基斯坦的自贸协定谈判，以及与韩国和秘鲁的自贸协定升级谈判。

③ 8项自贸区可行性研究包括与哥伦比亚、斐济、尼泊尔、巴新、加拿大、孟加拉国和蒙古国，以及与瑞士自贸协定升级的联合研究。

斯达黎加等中美洲国家签署自贸协定。尤其是在2014年习近平总书记强调“加快实施自由贸易区战略，加快构建开放型经济新体制”后，我国在2015年分别与韩国和澳大利亚等经济总量较大的发达经济体签署了自贸协定，自贸区范围和规模不断扩大。

“十三五”时期是我国自贸区战略的升级阶段，我国与格鲁吉亚和马尔代夫签署自贸协定，同时与毛里求斯等非洲国家和柬埔寨等最不发达国家首次签署自贸协定，还与智利、新加坡、东盟和巴基斯坦签署了自贸协定升级议定书，协定质量不断提升。2020年11月15日，我国与日本、韩国、澳大利亚和新西兰，以及东盟共15个成员共同签署《区域全面经济伙伴关系协定》（RCEP），标志着全球最大的自由贸易区成功启航，在RCEP协定中我国首次与日本建立自贸关系，不仅将有力推动区域经济一体化，还将为全球，尤其是东亚区域疫后经济复苏注入新动力。

“十四五”伊始，我国与新西兰签署了自贸协定升级议定书，2022年1月1日，RCEP对包括我国在内的首批10个成员生效，我国与柬埔寨的自贸协定也将如期实施，自贸区建设为我国在新发展格局下，服务高质量发展奠定了坚实基础。

从自贸区布局的区域分布来看，我国自贸区已呈现出“立足周边、辐射‘一带一路’、面向全球”的自贸区网络建设格局。已生效的自贸协定中，自贸伙伴主要集中于周边国家和地区和主要“一带一路”亚太国家，以包括日本、韩国、东盟，以及澳大利亚和新西兰等亚太地区经济体为主，基本实现了以周边为基础加快实施自由贸易区战略的目标。为建设面向全球的高标准自由贸易区网络，我国自贸伙伴呈现出稳步扩展趋势，与瑞士和冰岛等欧洲国家，智利、秘鲁等拉美国家、哥斯达黎加等中美洲国家以及毛里求斯等非洲国家均签有自贸协定，并积极与海合会成员等开展自贸协定谈判和可行性研究，通过辐射“一带一路”等沿线国家，实现互联互通，不断延伸我国自贸区布局版图，为开启全面建设社会主义现代化国家新征程提供有力支撑。

### （三）自贸伙伴在我国供应链中的地位

我国通过加快实施自贸区战略，不断提升对外开放广度和深度，尤其是在切实履行入世降税承诺的基础上，以高水平货物贸易自由化安排有力推动我国自贸伙伴间贸易快速增长，促进建立更为紧密的经贸合作关系，持续打造更具有韧性的产业链供应链网络。

我国与自贸伙伴间贸易成为我国拉动对外贸易复苏的重要动力。2021年，我国外贸进出口持续快速增长，1—6月进出口规模创历史同期新高，进出口总额达2.8万亿美元，同比增长37.1%，增幅为近10年来同期最高水平；其中，我国与28个自贸伙伴间贸易额1.2万亿美元，增长38.2%，对总体进出口增长贡献率达43.0%。

从自贸伙伴在我国外贸进出口中占比来看，上半年，我国与自贸伙伴间贸易额占我外贸进出口总额比重为42.0%，增幅同比提高0.3个百分点；其中，进口占比44.0%，出口占比40.4%。如果考虑已签署但尚未生效的RCEP，我国与自贸伙伴间贸易占比将达48.5%。上半年，我国与RCEP成员间贸易额8789亿美元，快速增长32.2%，占我国进出口总额的31.6%；同期，RCEP的15个成员间贸易额1.3万亿美元，增长22.4%。RCEP协定于2022年1月1日起对包括中国、日本在内10个成员生效，在更有利于区域供应链发展的关税优惠、原产地规则和贸易便利化措施的合力作用下，RCEP的实施将为我国产业对外开拓与其他成员构建紧密合作关系带来新机遇，构建更稳定、更具韧性的供应链提供有力保障。同时，RCEP 的实施也将推动我国先进制造业和高新技术产业的发展，提升我国在全球价值链中的地位。

从国别看，我国与韩国、马来西亚、越南等邻近自贸伙伴间贸易持续增长，特别是对越南增势显著。值得注意的是，越南自 2017 年以来，超过马来西亚成为东盟国家中我国最大贸易伙伴，中越贸易近几年年均增幅约 20%，2021 年上半年继续快速增长 40.7%。

与其他贸易伙伴相比，考虑到中美贸易在第一阶段经贸协议执行及 2020 年同期基数较低等因素影响下，上半年快速增长 45.7% 的特殊性，在扣除美国的情况下，上半年我国与其他贸易伙伴间贸易增长为 33.9%，低于我国与自贸伙伴间 38.2% 的增幅，我国与自贸伙伴间贸易增长实现领跑，优惠关税安排在推动区域经济一体化、增强产业链供应链韧性、缓解疫情及经贸摩擦不利影响等方面继续发挥积极作用。

## 二、当前经济再平衡背景下的供应链安全

在全球经济再平衡和疫情蔓延的叠加影响下，各国强烈意识到其国内高度依赖全球分工的供应链将对国家经济安全构成威胁，这使全球供应链调整由此前在"中美贸易摩擦"背景下为规避市场准入风险而进行调整的"企业行为"，上升为保障本国供应链安全而实施的供应链战略布局的"国家行为"。

### （一）全球供应链变化趋势

为维护本国供应链安全，在全球供应链中具有重要地位的美国、欧盟等经济体展开对国内关键产品供应链的审查和评估工作，出台调整方案以建立更具弹性和安全性的供应链。

美国于 2021 年 2 月发布了《确保美国的关键供应链》总统行政命令，要求联邦机构立即进行 100 天的审查，并同时要求对更广泛的美国供应链进行更深入的一年审查。6 月 8 日，美国发布了关于半导体制造和先进封装、大容量电池、关键矿物和材料以及药品和活性药物成分（API）四种关键产品的全面供应链百日审查结果，并提出基于审查结果采取相应措施，包括采取行动应对关键产品供应链中的脆弱性、建立公平和可持续的工业基地、解决近期供应链的中断问题和为加强美国供应链的复原力制定长期战略。

同时，美国加强与其他国家的合作，以确保共同拥有强大而有弹性的供应链，先后与日本、韩国、印度以及东盟国家等就包括半导体、农业和关键矿物等在内的供应链安全问题达成共识，并发表声明，共同合作建立具有韧性的供应链。

欧盟委员会于 2021 年 5 月 5 日更新了其 2020 年 3 月公布的《欧洲产业战略》，旨在于新冠肺炎疫情危机后，帮助欧洲产业向更可持续、数字化、有复原力、有全球竞争力的经济转型。更新后的战略重点关注领域包括：增强单一市场的复原力；分析和解决技术上和产业上的战略依赖性问题；加速欧盟产业向绿色和数字化双重转型。此外，美国与欧盟于 2021 年 6 月成立贸易和技术委员会（TTC），目标是协调全球贸易、经济和技术的关键问题，深化基于共同民主价值观的跨大西洋贸易和经济关系。该委员会于 9 月 29 日在匹

兹堡举行首次会议，在投资审查制度、出口管制合作、人工智能系统、重新平衡全球半导体供应链和全球贸易挑战等具体领域确定了相应成果，并就未来重点工作范围设立工作组以加强合作。

七国集团的领导人在2021年6月发布的卡比斯湾七国集团首脑会议公报中提出，共同应对疫情、推进经济复苏；倡导更自由、更公平的贸易，更有弹性的全球经济，以及一个更公平的全球税收体系；支持绿色革命，创造就业机会；加强与其他国家的伙伴关系；考虑各种机制以应对关键领域全球供应链的复原力所面临的风险。

随着各主要经济体应对供应链安全措施的出台，高速扩张的全球价值链网络的生产模式将逐步收缩，“本土化、近岸化、区域化”将成为后疫情时代全球供应链新的发展趋势，跨国公司全球生产布局将出现大的调整。我国在全球供应链中处于供应端（主要出口国），跨国公司的全球供应链布局调整战略将使我国面临需求下降风险，国内产业体系的完整性也可能受到影响，各经济体在供应链布局调整的动向值得密切关注。

### （二）中美贸易摩擦对供应链影响

中美经贸摩擦是考察我国现有供应链安全水平的重要影响因素之一。自2018年相互加征关税至今已有3年时间，从中美相互间月度进口额与2017年同期的比较来看，在历次加征关税后，中美双边进口加征关税产品规模均出现萎缩，且带动了中美整体进口贸易的下滑，中国也由美国第一大进口来源降至第二。2020年中美一阶段协议实施后，尽管中国自美进口出现显著恢复，但仍显著低于自全球进口的增长水平。此外，中国仍是美国第一大贸易逆差来源，但在其贸易逆差中的占比持续下滑，由2017年的47.3%降至2021年1~5月的32.6%，即使在疫情后的恢复期，两国互相间进口的增速仍低于各自全球进口的增速，显示出中美相互间供应链降低依赖的趋势在疫情后仍在持续。

中美互为主要贸易伙伴，受加征关税影响，两国贸易紧密度下降，两国供应链重心都有向欧洲和除中国以外亚洲地区转移的趋势，东盟在两国进口中的地位提升显著。对于中国而言，亚洲地区是中国进口加征关税产品的重点区域，2017年占到32.0%的进口份额，东盟和日韩为主要来源。加征关税后，中国自东盟加征关税产品进口快速增长，进口份额也从2017年的13.2%提升至2021年1~5月的16.0%。此外，中国自欧洲绝大部分国家进口加征关税产品规模均呈增长态势，尤其是法国和意大利，进口份额稳中有增。

对于美国而言，加征关税产品的进口除中国自2019年起同比降幅均超过15%外，自其他来源的进口均仅在2020年受疫情影响有所下滑，2021年迅速恢复。其中，美国自东盟的进口增长迅猛，且份额快速扩张，由2018年的7.7%增至2021年1~5月的11.2%，墨西哥、英国、印度和日韩在疫情后也整体表现突出，份额稳步提升，显示出美国正逐渐将该类产品的供应链重心分散至其他贸易伙伴和地区，包括墨西哥、英国等欧洲国家以及东盟等除中国以外的亚洲国家，已完成了中国进口产品来源的替代。

从供应链安全角度来看，中美贸易摩擦的影响不仅是持续降低相互间供应链的依赖度，更影响着全球供应链和生产布局的走向，由短期的供应链调整发展为长期的生产布局调整，将对维护我国供应链安全带来挑战。

### （三）我国供应链安全现状

随着我国自贸区建设工作的不断推进，我国与自贸伙伴的贸易紧密度不断提升，自贸伙伴已成为我国供应链的重要组成部分。

1. 自贸伙伴在我供应链安全中的作用

今年上半年，自贸伙伴占我国对外贸易总额比重达到42.0%，尤其是与东亚区域自贸伙伴的区域一体化进程不断加快，东亚区域在我国进口和出口中的份额达到40.0%和37.5%，是我国供应链的核心区域，尤其是东盟在我国供应链中重要度不断提升。自2010年中国－东盟自贸区全面建成，并于2019年实现自贸协定议定书对所有协定成员全面生效后，双方持续发挥区位优势，充分利用在产业和资源方面的互补性，推动双边贸易和投资持续扩大。东盟于2020年起成为我国第一大区域贸易伙伴，尤其是农产品、能源及电子产品贸易大幅增长。2021年1～9月，我国与东盟间贸易总额为6296.8亿美元，占我国与RCEP贸易总额的近一半（46.4%），且增速高于我国对RCEP双边贸易整体水平。

澳大利亚和新西兰在我国对外贸易中的地位总体保持稳定，但自澳进口扣除资源类产品后贸易规模略有下降。澳新是RCEP成员中我国主要资源类产品和农产品的重要来源，1～9月我国与澳新间贸易额合计为1904.6亿美元，占我国对外贸易的4.4%，较2020年同期上升0.2个百分点。其中，我国与新西兰贸易保持稳定，但自澳进口在铁矿石进口均价同比增长87.8%的拉动下，带动我国自澳进口总额增长46.2%，澳占我国进口比重上升0.6个百分点，但扣除铁矿石后其余产品进口规模则同比下降近2%。

此外，我国与日本和韩国的双边贸易近年来呈下滑态势。自2019年起，受日韩两国对外贸易规模整体下降影响，我国与日韩间贸易也出现贸易规模萎缩、贸易比重下降、增速低于平均水平的下滑态势。2021年1～9月，我国与日、韩贸易额分别为2751.0亿美元和2624.8亿美元，虽整体规模较去年有所增长，但同比增速均低于我国对全球32.5%的平均增长水平，在我国贸易中所占比重均低于7%。其中，我国自日韩进口下降显著，2021年1～9月虽然同比分别增长21.3%和22.4%，但增速均较全球平均水平低10个百分点，份额也较2020年同期下滑0.7个和0.6个百分点。中、日、韩三国是RCEP成员中排名前三位经济体，虽然近年来贸易紧密度略有下降，但三国具有稳固的供应链和生产布局基础，三国在RCEP中首次达成贸易协定将为中日韩进一步紧密合作、推动区域供应链深度融合提供有利条件。

2. 自贸伙伴在我重点产品供应链安全中的作用

（1）供给保障。2021年上半年，我国共有174项产品（6位税目计）自全球进口额均超过10亿美元，合计进口9660亿美元，占我国全球进口总额的76.5%，主要集中于电子电气、矿及金属和化石能源等产品，我国已实施协定的自贸伙伴进口比重为46.2%，较此前有所提升。其中，电子电气、纺织服装、矿及金属、贵金属及宝石、精密仪器、塑料及化工品的重点产品我国自贸伙伴进口的比重超过50%，供给保障较为充分；RCEP实施后，重要机械装置和肉禽等其他农水产品的供给率也将提升至50%以上；重要化石能源的进口若能推动与海合会等在谈在研自贸伙伴的进程，也有望将现有18.4%的供给率提高至50%以上。其余非自贸伙伴进口来源中，我国医药制造业和运输设备中的重点进口产品对欧盟的进口依赖超过 50%，粮棉油糖等重点农产品自南方共同市场的进口份额也接近 40%，与这些国家和地区建立更紧密的经贸关系可以进一步保障我国的供给稳定。因此，从我国重点产品进口的供给来看，现有自贸区的建设已发挥了较为有效的保障作用，随着 RCEP 的实施和后续有针对性地推进和拓展自贸区网络，将形成更为稳定的供给来源。

值得注意的是，我国仍对自美进口的部分农产品和高端制造业产品依赖度较高，包括高粱、玉米、棉花和大豆在内的农产品、发动机和精密仪器及零部件、液化丙烷等产品，美占我国同类产品进口份额的 40% 以上；另有集成电路、汽车、石油、半导体或集成电路生产设备、液化天然气、航空器等产品我国自美进口额超过 10 亿美元。对于中美贸易摩擦持续而使此类产品的供给仍存在较高不确定性的情况下，自贸区建设无疑是稳定供给来源，满足我国内需求的优选途径。

（2）出口稳定。2021 年上半年，我国共有 268 项产品（6 位税目计）向全球出口额均超过 10 亿美元，合计出口 9875.6 亿美元，占我国向全球出口总额的 65.0%，主要集中于电子电气、纺织服装、塑料及化工品和运输设备等产品，已实施协定的自贸伙伴占我国重要产品出口的比重为 40.3%，电子电气、化石能源、精密仪器、矿及金属、农产品等我国向自贸伙伴出口的比重接近 50%；RCEP 实施后，其余大部分产品的出口比重也将提升至 30% 以上。因此，从我国重点产品出口市场来看，我国出口市场较为多元化，随着 RCEP 的实施，自贸区伙伴能够对我国对外出口起到较好的稳定作用。

此外，数据显示，美欧等市场仍在我国对外出口中占据较为重要地位，除化石能源等部分产品外，美欧在我国各类重要产品出口中所占比重合计超过 30%，尤其是笔记本电脑和手机，上半年对美出口占我国同类产品出口份额的 35.1% 和 24.5%，出口额分别达到 220.3 亿美元和 129.7 亿美元。因此，在全球经济和市场需求尚处于复苏阶段的情况下，积极拓展自贸区网络将有助于更好发挥我国作为制造业大国的供给端作用，稳定我国对外出口。

## 三、结论和建议

全球经济在疫情反复和供给扰动的影响下，复苏势头有所减弱，不确定性增加。国际货币基金组织（IMF）在 10 月的《世界经济展望报告》中将 2021 年全球经济体增长预期下调至 5.9%，中国、日本和东盟（5 国）① 以及美国和德国等发达经济体的增长预期均出现下调。面对严峻复杂多变的国际经贸形势和我国在新发展格局下实现高质量发展的要求，我国应坚定推进“实施自由贸易区提升战略，构建面向全球的高标准自由贸易区网络”的自贸区布局目标，并从以下两方面着手，更好服务我国社会主义经济建设和供应链安全。

1. 新发展格局下的自贸区布局应以全球经济“再平衡”和国际经贸规则重构为大背景

自 2018 年世界经济进入再平衡阶段之后，各经济体纷纷通过自贸区谈判加快开放步

① 印度尼西亚、马来西亚、菲律宾、泰国和越南。

伐，自贸谈判内容和内涵也都发生了重大的改变。同时，在国际经贸规则重构的过程中，将包括气候等各类议题与贸易挂钩的趋势也日益显著。此外，疫情带来的冲击，使各经济体在疫情后的供应链调整措施频繁，加速了全球供应链的调整，这种调整也由此前在“中美贸易摩擦”背景下为规避市场准入风险而进行调整的“企业行为”，上升为保障本国供应链安全而实施的供应链战略布局的“国家行为”。因此，在新发展格局下，自贸区布局应充分考虑全球经济“再平衡”和国际经贸规则重构的大背景，为我国把握此轮全球价值链调整契机提供有力支撑。

2. 新发展格局下的自贸区布局应以“保障国家供应链安全和弹性”为核心

全球经济“再平衡”的本质是跨国公司生产布局调整引发的供应链“再调整”，此前美国发布的“美国供应链”百日审查结果和欧盟更新的《欧洲产业战略》，均将中国作为保障其供应链安全和韧性的主要调整目标。

而从我国现有贸易结构和产品结构来看，我国尚有部分产品和产业的供应链对美欧等非自贸伙伴具有较高依赖度，同时，我国在拓展自贸伙伴、提升供应链供给和出口稳定性上仍有一定空间。因此，在“双循环”的新发展格局下，自贸区布局应以“保障国家供应链安全和弹性”为目标，而安全和弹性的标准应是可形成供应链的基本闭合，即自贸伙伴在我关键供应链上能提供可靠的供给，且也是我国供应链的有效出口市场，形成“国内和国际”“需求和供给”的双向安全供应链循环。

# 新发展格局下我国稳贸易对策研究

刘天琦[①]

## 一、引言

2020年伊始，我国暴发了新冠肺炎疫情，在疫情暴发的初期，中央政府果断采取了强有力的防控措施将疫情封锁在了湖北省境内。正当我国本土疫情防控取得阶段性重要成效之际，海外疫情形势却愈演愈烈。全球国际贸易本已在2019年出现了萎缩，2020年受新冠肺炎疫情冲击，国际贸易再次萎缩，且萎缩幅度显著扩大。2020年一季度和二季度，世界货物出口额同比增长率分别为-6.4%和-21.3%。比上年同期降幅分别扩大4.0和18.1个百分点。排除价格因素后的实际世界货物出口总量同比增长率分别为-2.7%和-16.3%，比上年同期分别下降3.3和16.0个百分点。在经济全球化的时代，疫情在世界范围内的暴发必然会对我国的外贸进出口造成极大的影响，据海关总署统计，以人民币计，2020年前两个月，中国货物贸易进出口总值4.12万亿元，较上年同期（下同）下降9.6%。其中，出口2.04万亿元，下降15.9%；进口2.08万亿元，下降2.4%；贸易逆差425.9亿元，上年同期为顺差2934.8亿元。新冠肺炎疫情的蔓延让中国外贸运行受到了前所未有的挑战，在疫情的冲击下，产业链、供应链中断，国际贸易受阻。党的十九届五中全会提出加快构建以国内大循环为主体、国内国际双循环相互促进的新发展格局。外循环的目标是通过高水平对外开放，更好支持和服务内循环，实现双循环相互促进。如何稳定贸易成为畅通外循环的关键问题，而稳外贸稳外资的关键就是稳定产业链供应链。因此，本文从新冠肺炎疫情全球蔓延对产业链冲击入手，分析新冠肺炎疫情全球蔓延对中国主导产业链重构带来的危机和机遇，探讨中国主导产业链重构过程中补链、强链、延链的着力点，从而有针对性地提出主动出击的贸易开放对策建议，建立稳外贸稳外资的有效机制。

## 二、危机：新冠疫情全球蔓延对产业链的冲击

随着国内外疫情的暴发，全球产业链受阻，国际贸易形势严峻。2020年1~2月与中

① 刘天琦：厦门国家会计学院“一带一路”财经发展研究中心讲师。

国贸易最为密切的20个国家（地区）贸易总额同比下降了9.6%，其中与美国的贸易额下降了19.6%，与日本和德国也分别下降了15.3%和18.1%。疫情让全球的产业链均受到了冲击，为了快速遏制疫情，全世界范围内不同程度采用了封城封国的紧急措施，给各国的产业链和国际贸易带来了极大地打击（见表1）。

**表1　　2020年1~2月中国进出口贸易总值TOP20国家（地区）排行榜**

| 排名 | 进口原产国（地区）/出口最终目的国（地区） | 1~2月进出口总值（亿元） | 同比增长（±%） |
|---|---|---|---|
| | 总值 | 41237.6 | -9.6 |
| 1 | 美国 | 4225 | -19.6 |
| 2 | 日本 | 2749.5 | -15.3 |
| 3 | 韩国 | 2619.2 | -10.8 |
| 4 | 中国台湾 | 2170.9 | -0.9 |
| 5 | 中国香港 | 2097.6 | -19.6 |
| 6 | 澳大利亚 | 1711.9 | -1.4 |
| 7 | 德国 | 1636.4 | -18.1 |
| 8 | 越南 | 1410.5 | 10.7 |
| 9 | 马来西亚 | 1205.3 | 6.4 |
| 10 | 俄罗斯联邦 | 1197.1 | 7.3 |
| 11 | 巴西 | 1167 | -3.3 |
| 12 | 新加坡 | 867.5 | -3.8 |
| 13 | 印度 | 851.7 | -12.4 |
| 14 | 泰国 | 843.9 | -5.1 |
| 15 | 印度尼西亚 | 776.6 | -1.5 |
| 16 | 荷兰 | 721.5 | -11 |
| 17 | 英国 | 682.9 | -23.8 |
| 18 | 法国 | 573 | -21.5 |
| 19 | 菲律宾 | 529.6 | 1.6 |
| 20 | 加拿大 | 483 | -34.9 |

数据来源：中商产业研究院。

### （一）疫情爆发导致国内产业链碎片化

随着产品内分工的高度发展，发展中国家的每个工厂都成为了嵌入全球产业链上的一个加工环节，产品生产呈现工序化、片段化。对于国内的产业链而言则有以下几个方面的影响：第一，物流运输不畅。2020年初新冠肺炎疫情突然造访，疫情防控起点时间恰逢春节，农民工基本上已经返乡，企业员工多数已回老家过春节，大多工厂已经停工。春节过后，由于各级政府推出的封路、封村、劝返、拒入、隔离等严格的疫情防控措施，再加上重点疫区工人返回工厂手续多以及受疫情影响导致的人际接触心理恐惧障碍，人员、原材料等生产要素流动陷于停滞，除了疫情必需的物资，全国各地设置了各种路障关卡，供应商原材料、零部件进不来，复工生产后产品运不出去，部分供应链断链，国内产业链碎片化加剧。第二，疫情对制造业实体经济冲击很大。随着国内疫情的暴发，加上遇上春节假期的特殊时点，原本应该火热的春节消费受到沉重的打击。并且随着武汉宣布封城、全国各地启动重大突发公共卫生事件一级响应机制，传统的消费“春节黄金周”变成了“全民防疫周”，车站、酒店、宾馆、影院、百货商场等基本上全部“停摆”，春节后在较短时间内也很难恢复。同时由于2019年中国第三产业占比已经高达53.9%、消费对经济增长的贡献高达57.8%，与2003年“非典”流行期间的33.4%和35.3%相比，分别高出20.5及22.5个百分点。显然，这一结构的变化将导致疫情对经济的影响程度更深。在疫情期间中国消费者一定程度上削减了非必需品的消费，也间接导致了中国对海外商品需求的减少。国内实体经济消费不足，加剧了产业链的破碎。

### （二）疫情引起的长久刺痛是来自全球供应链的重组对中国制造的撕裂

因为疫情产生的中国零部件短期断供，引发跨国公司绕开中国企业重组产业链，而当中国大面积复产复工之后，国外需求端受疫情波及被掐断：一是跨国公司试图绕开中国重组产业链，形成国际产业配套的转移替代。中美贸易争端以来，全球产业链已经显现出重组趋势，部分企业转移出中国。根据瑞银集团（UBS）2019年2月公布的一份针对日本、韩国和中国台湾企业高管的调研报告显示，参与调研的450位高管中有82%表示所在企业已经或者将要把部分制造业产能迁移出中国（正在转移为46%，将要转移为36%），而新冠肺炎疫情的暴发也将加速产业链转移。事实上，在疫情冲击下，现代汽车也正在启动应急方法，紧急扩大在国内和东南亚的采购规模，多方位应对，美国苹果公司这样的巨头也在考虑转移部分风险以分散今后遇到突发状况的风险。如果在全球找到了合适的转移替代，其损伤将是不可恢复的。如果疫情防控措施引发跨国公司产业链大规模重组，对我国制造业带来的冲击将比中美贸易争端更加严重，某些行业几十年形成的配套基础一旦流失，将会很难再找回来。二是国内制造业全面复产复工，无奈需求端贸易受阻。本以为我国控制住疫情，排除万难复产复工之后，一切都会好转，结果新冠肺炎疫情蔓延全球，全世界范围的产业链受到冲击。为了快速遏制疫情，全世界范围内不同程度采用了封城封国的紧急措施，给各国实体经济和国际贸易带来了极大地打击，工厂停产、供应链受阻以及产业链中断，尤其是汽车、电子产业面临断裂的风险。例如美国时尚入门手表Fossil受疫情的影响，暂停了其在华代加工业务。承接美国Fossil代加工业务的东莞精度公司在公告中称，由于其最重要客户现已全部停止下单，同时要求取消或暂停原生产订单，导致工厂无法正常开工，公司经营已出现重大危机，面临随时关停的风险，在公告中，精度公司宣布全厂停产三个月的放假安排。这也就使刚刚得以复工的工人们再次面临无工可做的困境。新冠肺炎疫情破坏了国际供应链稳定性，势必造成全球产业链破碎，而这又将倒逼中国产业链停摆。

### （三）新冠肺炎疫情致使上下游企业“瘫痪”，双环流产业链引擎停摆

我国一直处于双环流的枢纽位置，对上承接来自“上环流”的欧美发达国家的高端中间品，同时向下输送给“下环流”的发展中国家中低端中间品。而我国作为引擎，像一颗时刻跳动的心脏，推动着这两条产业链的正常运转。然而因为疫情的冲击，导致中国这颗

制造业的心脏突然“休克”，引擎作用中断，上下环流都会因此受到严重影响。一方面，由于“中国制造”的短暂休克，“上环流”发达国家的高端中间品可能会出现非常态的过剩现象；另一方面，我国制造业停摆会直接影响我国的出口能力，这会导致对我国产品依赖程度高的“下环流”国家的生产停滞。2019 年数据显示，菲律宾、印度尼西亚、马来西亚等“下环流”国家对我国进口占总进口的比例超过了 25%。虽然我国已经初步推动全球价值链形成了“双环流”生产模式，但同时也受到了来自其他发展中经济体的威胁。不管是“上环流”的发达国家，还是“下环流”的发展中国家都有可能重新寻找贸易伙伴。疫情得到有效控制后，我国已经按下复产复工的快进键，全国各地加速复产复工，珠三角地区的用电量已经恢复至春节前水平，已复工企业返岗率超九成，仅仅是产业链某一关节的复工复产并不能有效带动整个产业链条的复苏，仍然需要打通产业链的各个环节，加速复产复工。与此同时，新冠肺炎疫情继续扩散至全球各个国家地区，刚刚恢复起来的产业链又要面临一次大考，很多出口企业的订单被取消或者是被暂停，这又导致了慢慢恢复的引擎面临新的挑战，上环流的经济停摆势必出现“上环流”发达国家的高端中间品没法提供；另一方面，下环流国家受疫情影响制造业停工，会导致我国产能出现过剩。在这种情况下如果内需消耗不了过剩的产生，很多外贸型中小企业也只能再次停工。

## 三、机遇：建立产业链优势促进外贸“因疫而强”

疫情在全球的蔓延无疑增加了我国疫情防控难度，给经济增长恢复带来了不确定性。但我国疫情防控已取得实质性成果，全国规模以上企业大部分已逐渐恢复生产，受疫情蔓延产生的国际防疫需求和国际产业调整的需要，率先走出疫情阴霾的国内产业链似乎占据了主导国际产业链重构的先机。

### （一）中国率先结束疫情抢得了重构产业链的先手

疫情最早在中国集中暴发，但是中国目前已经控制住国内的疫情，使对中国经济影响总体可控，甚至随着世界疫情的不断蔓延，中国有望成为提振世界经济的重要引擎，引领本轮经济复苏。前文提到，不少企业在中国发生疫情之时纷纷选择将产业链移出，随着疫情形势逆转，本来已经转移或准备转移的外资企业重新布局在华的产业链。2020 年 3 月份以来，外资企业在华生产经营逐步正常，订单完成情况不断好转，企业信心加快恢复。在谈到面对疫情冲击做好稳外贸、稳外资工作时，商务部外资司司长宗长青表示，一批有战略眼光的跨国公司没有止步于疫情影响，反而加快了在中国的投资布局步伐。零售巨头开市客（Costco）宣布将在上海开设中国大陆第 2 家门店；丰田将与一汽合作，在天津投资兴建电动车工厂；星巴克将在江苏昆山投资 1.29 亿美元建造绿色环保的咖啡烘焙工厂，同期，美国嘉吉公司也有意在长三角继续扩大投资；2020 年 3 月 4 日，日本电产（大连）有限公司新工厂落成，投资方日本电产株式会社因为看好中国未来市场，在疫情防控期间决定扩大投资，使投资计划由此前 500 亿日元提高至 1000 亿日元，该工厂主要用于建设新能源汽车马达生产基地、研发中心等。随着复工复产大力推进，产业链上下游环节逐步打通，总体形势正在好转，中国的投资吸引力反而因为疫情的控制而更加鲜明。

### （二）中国“一带一路”战略实施打下了重构产业链的基础

新冠肺炎疫情给了中国乃至全球的经济活动一记重创，欧美及日韩股市一周内屡屡触及熔断，全世界正在从利益共同体到命运共同体的转变过程中。在我国贸易总量呈明显下降的情况下，与“一带一路”沿线国家经贸合作呈现了积极的一面，稳定了我国贸易基本面。海关统计显示，2020 前两个月，对欧盟、美国和日本等传统贸易伙伴进出口下降，对东盟进出口 5941.1 亿元，增长 2%，东盟已成为我国第一大贸易伙伴。我国与“一带一路”沿线国家合计进出口 1.3 万亿元，同比增长 1.8%，高出我国外贸增速 11.4 个百分点，占 31.7%，比重首超三成。在“一带一路”价值链的构建中，中国已具备了一定的优势和基础。也正是因为这些优势，中国在疫情得到基本控制之后，又立即投入到了世界的抗疫过程中。在意大利求助的西方各同盟国均自顾不暇时，中国向意大利伸出了援手，意大利外长迪马约在谈到中国的援助时更是感慨加入“一带一路”倡议可以救命。中国也在积极帮助帮助更多“一带一路”沿线国家抗击疫情，通过“抗疫”合作，可以加强与“一带一路”沿线国家基础设施建设规划、技术标准体系对接，推动建设“一带一路”沿线国家和地区间的产业链网络（见表 2）。

表 2　　2020 年 1～2 月地方对“一带一路”沿线国家进出口数据

| | |
|---|---|
| 陕西省 | 对“一带一路”沿线国家进出口总值 101.9 亿元，同比增长 32.99% |
| 青海省 | 对“一带一路”沿线国家和地区贸易进出口总值为 12055.3 万元人民币，比上年同期增长 9% |
| 湖南省 | 对“一带一路”沿线国家进出口额 144.5 亿元，增长 2.4%，占同期湖南进出口总值的 30.6% |
| 天津市 | 对“一带一路”沿线国家进出口 253 亿元，增长 6.2%，占全市外贸进出口总值的 25.5% |
| 河北省 | 对“一带一路”沿线国家进出口 169.4 亿元，比上年同期增长 7.5% |
| 吉林省 | 对“一带一路”沿线国家进出口 56.5 亿元，增长 2.2%，占全省进出口总值 29.4% |
| 山东省 | 对“一带一路”沿线国家进出口 903.3 亿元，同比增长 11.3%，占全省外贸总值的 32.5% |
| 海南省 | 对“一带一路”相关国家外贸进出口 52.4 亿元，增长 15.6% |

数据来源：中国网

### （三）中国较完整的产业配套体系提供了重构产业链的条件

中国是世界上唯一拥有联合国产业分类中全部工业门类的国家，中国产业链几乎覆盖全部产业类型，拥有 41 个工业大类、207 个工业中类、666 个工业小类，200 多种工业品产量居世界第一，近 10 年来制造业增加值稳居世界首位。中国制造业门类之完备可以自主生产从价值链高端的航天航空、高铁、核电，到价值链低端的生活产品如服装鞋袜；从产业链最初的原材料矿产到工业产成品母机、汽车等，足够满足民生、基建和科研等各领域的全产业链需求。在这场全球性灾难中，中国率先走出疫情，并作为“世界工厂”发挥着生产网络引擎的功能，一些企业能成功突围，产业链的完善功不可没。以深圳的电子制造业为例，超过 80% 的相关配套零部件能实现本地生产，当国际市场出现空缺时，国内生产自主率高的产业就脱颖而出。作为全球第二大 FDI 目的国，中国是全球产业链的重要组成部分，加速布局全球产业链势在必行。硬件上我们有 14 亿人口，特别是 4 亿中等收入人口的巨大市场作为支撑，软件上，我们优化营商环境，大力发展“新基建”，推动数字化、网络化、智能化技术在各领域的深入应用。随着疫情平息，各国必然释放流动性，中国完备的产业链以及高效的生产必然成为吸引外资的亮点，我们要抓住机遇，吸引外资进行“补链延链”，最终互利双赢。

## 四、措施：稳外贸的关键就是稳定产业链

贸易竞争其实质是产业链竞争，疫情全球蔓延下的外贸保卫战就是产业链保卫战，稳外贸的关键就是稳定产业链。传统的国际贸易是指不同国家或者地区之间的商品、服务和生产要素的交换活动，这种贸易形式建立在比较优势理论的基础上。如果一个国家的产业结构高效且合理，就可以在产业竞争力不断提高和产业结构不断优化的过程中，不断创造出新的比较优势，在国际贸易中最大限度地获取贸易利益。随着贸易分工的发展，以中间品贸易为特征的产业链贸易成为贸易的主要形式。到了 2018 年，我国中间品贸易在国际贸易总额中的占比达 70% 以上。在中间品为主的贸易时代，没有一个产品可以由某一家企业单独提供，而是由各个国家的不同企业共同完成。所以对制造业规模的评价不能仅仅局限于单个国家或者某个行业，还要综合评估上下游的能力，这样就形成了产业链的概念。现代贸易竞争优势已经超出了自身能力和资源的范畴，还要考虑链上其他环节的限制。

### （一）贸易竞争优势在于把握产业链的控制地位及关键环节

在全球化时代，无论是产品贸易还是服务贸易，都与上下游产业链紧密相连，贸易竞争，不仅仅是资本、技术之间的角逐，更是对一个国家能否把握核心竞争力，取得产业链的控制能力以及占据价值链的高端位置能力的一种考验。近年来，以美国为首的西方强国围堵中国，实质上就是要将整个产业链特别是高端环节挤出中国，并全面遏制中国产业升级，中国供应链松动也是值得我们高度警惕的风险：一是新冠肺炎疫情给了美国钉入“锲子”离间中国与友好国家关系的机会。美国商务部长罗斯在 Fox 电视接受采访表示，新型冠状病毒的暴发有助于制造业回归美国。而就在 2020 年 4 月白宫国家经济委员会主任库德洛提出为了让美国企业从中国回流，美国政府 100% 为企业回流成本买单，而这番言论的背景是美国政府正在寻找办法以提振因新冠肺炎病毒大流行而陷入困境的经济。这些做法充分暴露了西方国家遏制中国发展的真实面目。目前，美国政府正在与微软、戴尔、AT&T 等合作，开发替代华为的 5G 产品，“举国之力”加紧研究遏制华为的新手段。因此，贸易战达成第一阶段协议很可能只是一场较长期战争中的短暂休战。二是美国可能乘人之危加紧长臂管辖针对中国。美国商务部正在部署修改相关规则将管控范围从美国技术占比的 25% 降到 10%，美国白宫也在酝酿对中国航企断供商用航空发动机，并一直不遗余力地游说盟国弃用华为 5G 技术，这些措施一旦得逞就意味着大量国际厂商将无法与中国高科技企业开展贸易合作，相关高科技产业链很可能因此而断裂，中国产业升级的进程将受到阻滞。

### （二）稳外贸的长效机制在于优化产业链的全球布局

全球供应链、产业链、价值链紧密联系，各国都是全球合作链条中的一环，日益形成

利益共同体、命运共同体，如何促进外贸的长期稳定发展的关键就在于优化全球产业链布局。随着新技术的发展，全球产业链布局会朝着新方向发展，虚拟链和实体链互补支持，成为更具有黏性、更具有依赖性的新型产业链结构，这种新型的产业链连接方式使得产业链高端越来越集中在创新能力强的地方，产业链的中低端越来越集中在那些资源密集的地方。中国经过多年努力，一方面加快研发具有自主知识产权的核心技术，另一方面加强服务并整体提升产品附加值，凭借全产业链和全球最大消费市场优势逐步提升中国制造业在全球价值链的位置。而“一带一路”沿线国家构成的比较优势梯度层次差异较大，多为资源密集型国家，中国与“一带一路”沿线国家间具有优势互补效应，通过产品交换和产业分工网络，我国可利用“一带一路”建设契机有重点、有节奏、有策略地优化全球产业链布局。我国作为“一带一路”价值链的核心枢纽国通过对外直接投资等途径主导构建区域价值链，推进沿线国家产能合作，帮助其培育巩固优势产业，摆脱对发达经济体的过度依赖，带动区域内国家以区域价值链为跳板和缓冲，深度参与全球产业链分工，共享经济全球化红利，长期稳定国际贸易。

### （三）促贸易稳定发展在于健全产业链启动经济内循环

中国制造业在全球产业链重构过程中存在一些容易被“卡脖子”的短板，国际上“逆全球化”思潮泛起、贸易保护主义抬头，以美国为首的西方国家试图“去中国化”构建一条没有中国的产业链，而促进贸易长期稳定发展的关键在于“补短板煅长板”，健全产业链启动经济内循环。我国产业链长期存在的短板关系着中国产业链的安全和稳定，影响着中国企业的竞争力。根据中国工程院牵头的“中国制造强国发展指数”研究显示中国制造业产业链60%左右是安全可控的，但部分产业对国外依赖程度大；其中，6类产业自主可控，占比23%；10类产业安全可控，占比38.5%；而2类产业对外依赖度高，占比0.77%；8类产业对外依赖度极高，占比30.8%。尤其是，光刻机（集成电路产业）、高端芯片（通信装备产业）、轴承和运行控制系统（轨道交通装备产业）、燃气轮机热部件（电力装备产业）、设计和仿真软件（飞机、汽车等行业）等产业和领域的问题需要重点关注。首先，中国制造业和产业链在总体规模和布局方面长期存在优势，但是在全员劳动生产率、研发投入强度、标志性产业的产业集中度等方面跟西方制造业强国还有不小的差距。在一些高端制造业领域，产业基础还很薄弱，关键核心技术受制于人，产业风险不容忽视。中国的出口涉及到国际上的疫情治理，在疫情蔓延的背景下，西方国家再次提出产业链“去中国化”。我国可以加快启动国内经济循环，鼓励出口型企业把自己的产品根据国内市场的需要进行改造，扩大内销份额。其次，中国的人口基数以及自然资源等因素决定了中国拥有巨大的市场，各行各业都存在着大量基于新技术的市场空间，鼓励传统产业数字化转型，用新技术开发国内市场才能确保以国内强大的市场为依托确保贸易长期稳定发展。

## 五、对策：积极举措打赢“产业链保卫战”

突如其来的新冠肺炎疫情让中国外贸产业链和供应链经受着从未有过的“大考”。面对疫情对外贸的冲击，从中央到地方陆续出台一系列稳外贸稳外资的政策来帮助外贸企业从多个方面增强“免疫力”，而优先保障供应链集中的重点地区以及外贸领域龙头企业、关键环节复工复产，保障外贸产业链、供应链畅通运转也称为重中之重。疫情对国内产业链造成严重冲击，我国作为制造业大国，必须采取积极措施打赢“产业链保卫战”。

### （一）以强化重点环节为抓手实现全产业链有序复工，确保中国的外贸持续力

保障外贸产业链、供应链畅通运转，就是要确保中国外贸产业链优势不会因“疫”而变。因疫情导致的停工停产在客观上影响了外贸产业链和供应链的正常运转，而随着疫情防控取得阶段性成果和复工复产率的提升，稳外贸相关政策陆续落地将对外贸领域产业链释放更大利好，因此，疫情对外贸产业链和供应链的冲击和影响将是阶段性和短期的。2020 年初新冠肺炎疫情对我国经济短期内产生较大冲击，一季度对外贸易下滑明显，进出口同比下降 6.4%，出口同比下降 11.4%。3 月出现回升迹象，出口降幅较 1 ~ 2 月收窄 4.8 个百分点。自 6 月起进出口连续 7 个月实现正增长，全年进出口、出口总值均创历史新高，国际市场份额创历史最好纪录。我国成为全球唯一实现货物贸易正增长的主要经济体，货物贸易第一大国地位进一步巩固。海关总署数据显示，2020 年我国货物贸易进出口总值 32.16 万亿元人民币，比 2019 年增长 1.9%。其中，出口 17.93 万亿元，增长 4%；进口 14.23 万亿元，下降 0.7%；贸易顺差 3.7 万亿元，增长 27.4%，总体表现超出市场普遍预期。稳定的中国经济是世界经济的“压舱石”，稳外贸和稳外资有利于扩大对外开放，有助中国经济和世界经济动能恢复。在全球产业链和供应链环环相扣、密不可分的大环境下，境外疫情蔓延，不仅会给世界经济造成冲击，也会给我国企业复工复产带来影响。因此，加大稳外贸稳外资政策力度，在集中力量打通中国经济内循环的同时，维护好全球供应体系稳定，有利于最大限度减少疫情对全球产业链的影响。

### （二）以发展新兴产业为抓手注入产业链新活力，提升中国的外贸竞争力

中国是很多跨国公司全球供应链中的重要环节，疫情对外贸领域供应链的影响主要体现在生产配套层面，产品集成暂时遇到困难。但这种影响是局部的、有限的，也是可控的。而中国是世界上唯一拥有联合国产业分类中全部工业门类的国家，中国制造业门类之完备可以自主生产从价值链高端的航天航空、高铁、核电，到价值链低端的生活产品如服装鞋袜；从产业链最初的原材料矿产到工业产成品汽车等，足够满足民生、基建和科研等各领域的全产业链需求。正因为中国在全球产业链的优势无可替代，加之外贸发展韧性足、余地大、创新能力强，长期向好的趋势不会改变，所以中国在全球产业链、供应链中的地位不会改变。因此，提升中国外贸竞争力重点抓几个问题：一是构建现代化产业体系。坚持以市场为导向，引导传统产业加快转型升级，主动融入新一轮科技和产业革命，大力发展“新基建”，推动数字化、网络化、智能化技术在各领域的深入应用，加快研发具有自主知识产权的核心技术，培养储备高水平人才队伍，突破核心技术封锁，加强知识产权保护，增强技术转化能力，加大对自主创新技术和产品进入市场的扶持力度，不断提升出口商品国内附加值占比和国际市场占有率，逐渐掌握在价值链体系中的主导权和掌控力。二是促进高水平对外开放。深化与价值链上游企业对接，进一步开放市场准入，增加

国际高水平中间品和资本品进口，吸引跨国企业持续对华投资。

### （三）畅通外循环以重塑产业链全球主导地位，增强中国的外贸控制力

“一带一路”倡议的发展、RCEP签署、中欧投资协定完成谈判以及积极寻求加入CPTPP，都为我国构建积极稳定的外部贸易环境发挥重要作用。经过过去20年对“走出去”模式的探索，特别是在“一带一路”倡议推动下，一大批国内企业已经深深扎根于“一带一路”沿线国家，特别是，大量中小企业为规避中美贸易战影响、寻求海外市场及拓展上下游产业链进入沿线国家。这些企业不仅成为中外经贸联系和人文交流的重要纽带，也日益成为产业链海外衍生发展的重要载体。在全球分工背景下，如果国际通道被封堵，或者西方发达国家借机恶意围剿，跨国产业链合作关系就难免受损。RCEP的签署将有助于优化亚太地区贸易结构，稳固区域内产业链，推动我向产业链高端环节迈进，加快形成双循环新发展格局。未来，中欧投资协定的生效将有效扩大中欧间贸易投资。而我国明确表示积极寻求加入CPTPP，也将为我国融入高标准的国际经贸规则，构建稳定的外部贸易环境创造有利条件。为此我们建议从深化国际合作入手，畅通产业链国际连接通道。当下要抓好以下几个方面的工作：一是加强区域合作，打破关税和投资壁垒，将域外贸易也进一步转向域内贸易，延长产业链分工，降低企业参与国际产业链分工的成本。二是利用“一带一路”国际合作优势，与沿线国家进行政策沟通及外交沟通，消除疫情可能带来的歧视，推动各国尽早解除针对中方人员的贸易往来管制措施。三是各方承诺携手抗击疫情，提高各国公共卫生能力建设，开展疫苗、药物研发合作。致力于维护多边主义和自由贸易，促进贸易投资和人员往来，深化共建区域合作，悉心维护产业链合作关系，推动后疫情时代经济复苏。四是充分发挥海外侨商组织和其他华人华侨组织的作用，统筹利用贸促机构境外办事处、境外商会、双边企业家理事会等组织和网络，为中资企业海外运营提供便利服务，引导海外企业抱团取暖和积极自救。

### （四）中国外贸产业链优势在经历这场大考之后要努力因“疫”而强

2020年5月14日中共中央政治局常委会召开会议，在此次会议上，中央首次提出构建国内国际双循环相互促进的新发展格局，为稳定经济社会发展作出新谋划、新布局，也为我们中国的企业在全球产业链重构中指明了方向。新冠肺炎疫情让全球和中国更加深刻地认识到中国外贸产业链和供应链举足轻重的地位。中国是世界上具有最完整和最全面的产业链优势的国家，没有之一。这种优势的保持需要大而强、大而优的产业链。我们已经拥有了产业链大而全这个坚实基础，部分行业领域已经做到了大而优和大而强。而随着“后疫情”阶段的到来，全球产业链的重新组合必将带动全球经济贸易格局的大变化。因此，成就“中国制造”的产业链和供应链，大跨步地挺进全面性的大而优，就显得意义重大。这就要求加速推进产业链高效整合，提升在全球产业链和价值链中的站位，从而形成没有别国能够替代的综合优势。